权威·前沿·原创

皮书系列为

“十二五”“十三五”“十四五”时期国家重点出版物出版专项规划项目

智库成果出版与传播平台

四川文化产业发展报告

（2025）

ANNUAL REPORT ON CULTURAL DEVELOPMENT OF SICHUAN

(2025)

主　编／向宝云　张立伟
副主编／彭　剑

图书在版编目(CIP)数据

四川文化产业发展报告 . 2025 / 向宝云，张立伟主编；彭剑副主编 . --北京：社会科学文献出版社，2025. 7. --（四川蓝皮书）. --ISBN 978-7-5228-5696-4

Ⅰ. G127. 71

中国国家版本馆 CIP 数据核字第 20250CR912 号

四川蓝皮书

四川文化产业发展报告（2025）

主　　编 / 向宝云　张立伟

副 主 编 / 彭　剑

出 版 人 / 冀祥德

责任编辑 / 王　展

责任印制 / 岳　阳

出　　版 / 社会科学文献出版社 · 皮书分社（010）59367127

地址：北京市北三环中路甲 29 号院华龙大厦　邮编：100029

网址：www. ssap. com. cn

发　　行 / 社会科学文献出版社（010）59367028

印　　装 / 三河市东方印刷有限公司

规　　格 / 开 本：787mm × 1092mm　1/16

印 张：23. 5　字 数：352 千字

版　　次 / 2025 年 7 月第 1 版　2025 年 7 月第 1 次印刷

书　　号 / ISBN 978-7-5228-5696-4

定　　价 / 158. 00 元

读者服务电话：4008918866

四川蓝皮书编委会

主编、副主编简介

向宝云　文学博士，四川省社会科学院原院长，研究员。主要研究方向为文艺学、中国现当代文学、文化产业。在《新华文摘》《学术月刊》《光明日报》等报刊上发表学术论文80余篇，出版著作有《曹禺悲剧美学思想研究》等。多项成果获四川省哲学社会科学优秀成果奖二等奖、三等奖，四川省文学奖，四川省文艺评论奖一等奖、二等奖，四川省“五个一工程”理论文章奖等。

张立伟　四川省社会科学院四川省网络舆情研究中心副主任，研究员。曾在西南师范学院、重庆师范学院任教。近年来重点研究新闻宣传、媒体竞争、文化产业。有独立专著5部，学术论文两百余篇。两次获中国新闻奖论文二等奖，六次获四川新闻奖论文一等奖，五次获四川省哲学社会科学优秀成果奖。

彭　剑　四川省社会科学院新闻传播研究所所长，研究员。四川省学术技术带头人后备人选。主要研究方向为新闻学、新媒体和文化创意产业等。主持三项国家社科基金课题。在《人民日报》《社会科学研究》《中华文化论坛》《当代传播》等发表论文60余篇。获四川省哲学社会科学优秀成果奖二等奖两项。

摘　要

《四川文化产业发展报告（2025）》整合学术研究机构与文化管理部门的力量，是年鉴与研究的结合，既有年鉴的事实和数据，又有研究的理论与智力支撑。本书立足四川、放眼世界，既总结四川文化产业的发展情况，又对全球文化产业的重要问题有独到研究。

本报告共五部分。一是总报告，聚焦以新质生产力引领四川文化产业高质量发展。二是前沿观察，主要分析四川科幻产业发展、四川“交通+旅游”融合发展、四川非物质文化遗产知识产权发展、四川数字游民、四川微短剧产业发展等情况。三是产业新潮，主要研究四川文艺赛事产业发展、四川体育赛事产业发展、四川音乐产业发展、四川传媒教育发展、四川旅游民宿精品化发展、四川对外文化贸易发展、四川音乐小镇发展等。四是传承创新，主要关注古蜀文明三星堆国际传播、四川非遗传统美术、四川石窟文化资源产业转化、四川民族地区体育旅游发展。五是附录：2024 年四川文化产业大事记。以上五部分，总分结合、纵横交错，有助于读者了解四川文化产业发展的总体态势与前沿变化，认清存在的问题与困难，努力从经验的探索走向规律的把握。

针对四川省情，本书提出以新质生产力引领四川文化产业高质量发展的对策建议：强化技术创新，催生文化产业新业态；加强品牌建设，培育国际市场竞争新优势；优化产业布局，因地制宜发展新质生产力；体制机制创新，优化文化产业高质量发展环境；强化人才队伍，激发文化产业创新创造活力。

关键词： 新质生产力　前沿观察　产业新潮　传承创新

Abstract

Sichuan Cultural Industry Development Report (2023) integrates the strength of academic research institutions and cultural administration departments. It is a combination of yearbook and research, with facts and data of yearbook, as well as theoretical and intellectual support of research. Based on Sichuan and looking to the world, it not only summarizes the frontier development of Sichuan's cultural industry, but also has unique research on the important issues of the global cultural industry.

This report is divided into five sections: the first is the general report, which outlines hownew quality productive forces can lead the high-quality development of Sichuan's cultural industry. The second section is Frontier Observations, which includes reports on the development of Sichuan's science fiction industry, the integration of transportation and tourism, the development of intellectual property in Sichuan's intangible cultural heritage, a survey on digital nomads in Sichuan, and the development of the micro-drama industry in Sichuan. The third section, New Trends in Industry, primarily examines the development of Sichuan's cultural and artistic events industry, the sports events industry, the music industry, media education, research on the boutique development of tourism homestays, the development of cultural trade, and the growth of music towns. The fourth section, Inheritance and Innovation, focuses on studies such as the research on the external dissemination of the ancient Shu civilization and the Sanxingdui site, the development of traditional art in Sichuan's intangible cultural heritage, the industrial transformation of Sichuan's cave culture resources, and the development of sports tourism in ethnic minority regions of Sichuan. The fifth section is the Appendix: 2024 Sichuan Cultural Industry Chronicle. The five sections above, combining both an overview and in-depth analysis, provide readers with a comprehensive understanding of the overall trend and frontier changes in Sichuan's cultural industry, helping them identify existing problems and challenges, while striving to transition from experiential exploration to the grasp of underlying logic.

In light of Sichuan's provincial conditions, this paper proposes strategies to drive the high-quality development of Sichuan's cultural industry through new quality productive forces: strengthening technological innovation to spur new business models, enhancing brand building to foster international competitiveness, optimizing industrial layouts for locally tailored development, innovating institutional mechanisms to improve the policy environment, and cultivating talent to unleash creative vitality in the cultural sector.

Keywords: New Quality Productive Forces; Frontier Observations; Emerging Industrial Currents; Inheritance And Innovation

目录

Ⅰ 总报告

Ⅱ 前沿观察

Ⅲ 产业新潮

Ⅳ　传承创新

附　录

皮书数据库阅读**使用指南**

CONTENTS

I The General Report

II Frontier Observations

Ⅲ Emerging Industrial Currents

Ⅳ Inheritance and Innovation

Appendices

总 报 告

B.1 以新质生产力引领四川文化产业高质量发展报告

向宝云　蹇　莉　陈玉霞　潘英乔*

摘　要： 本报告立足于四川省丰富的文化资源、历史底蕴及文化产业发展潜力，深入探究了四川文化产业高质量发展的现状。首先，报告从宏观视角分析了国内外文化产业发展的大背景，详细解析了四川文化产业发展的机遇，即文化资源禀赋多样、政策支持力度大、文化消费市场广阔、对外文化贸易繁荣，揭示了当前文化产业发展进程中面临的挑战、存在的问题与短板。其次，本报告从数字技术、人才培养、产业升级和产业发展环境等方面，系统性地梳理了四川文化产业高质量发展的现状。最后，报告提出了强化技术创新、加强品牌建设、优化产业布局、体制机制创新等策略建议，旨

* 向宝云，四川省社会科学院原院长，研究员，主要研究方向为文艺学、中国现当代文学、文化产业；蹇莉，四川省社会科学院新闻与传播研究所研究员，主要研究方向为文化产业；陈玉霞，四川省社会科学院新闻与传播研究所研究员，主要研究方向为新媒体、文化产业；潘英乔，博士，四川省社会科学院新闻与传播研究所助理研究员，主要研究方向为文化产业、数字编辑。

在推动四川省文化产业在新质生产力引领下走向更高层次、更高水平的融合发展之路。

关键词： 新质生产力　四川文化产业　高质量发展

随着我国文化强国战略和数字中国战略的深入推进，以新质生产力为引领的文化产业发展已成为推动区域经济社会高质量发展的重要引擎。四川省拥有深厚的历史底蕴和丰富的文化资源，发展潜力巨大，为文化产业高质量发展提供了得天独厚的条件。在以数字技术引领的全球文化新格局的浪潮下，技术的革新为四川文化产业创造了机遇，但也带来一些挑战，需要在新质生产力的引领下探索符合四川实际、促进区域协同、满足人民精神文化需求、以技术创新推动文化产业高质量发展的路径。

一　新质生产力：引领四川文化产业发展的新动能

（一）国内外文化产业发展新背景

1. “华流”强势出圈：重塑全球文化新格局

当前，国际文化产业市场呈现“多元博弈、分层共生”的特征。以美国、日本、韩国为代表的老牌文化产业输出强国仍占据主导地位，但以中国、印度等为代表的文化力量正在加速崛起。美国好莱坞通过成熟的工业化制作体系和全球发行网络，持续输出各类影视产品。数据显示，截至2019年全球票房TOP20影片中，好莱坞电影的海外票房平均占比达65.26%[①]，印证其文化产品强大的跨境渗透力。但这一优势地位正面临结构性调整，

---

① 《好莱坞退守美国，娱乐全球化进入新阶段?》，https://mp.weixin.qq.com/s/jLFjCE_Vr7CbrG8hprst0g。

2023 年该指标降至 59.1%，2024 年进一步下滑至 55.6%[①]。

在这场全球文化变局中，中国的影响力变得尤为突出。根据华经产业研究院数据，2024 年 1~6 月中国文化产品出口金额约 61 亿美元[②]。从文化内涵来看，中国文化的“柔性辐射力”日益凸显。从传统的武术、戏曲到现代的短视频、流行音乐，中国文化的多样性为全球文化交流提供了丰富的素材。以《黑神话：悟空》为代表的游戏，以《苍兰诀》为代表的偶像剧等，都在海外市场取得了显著的成绩。2024 年国产游戏《黑神话：悟空》在被称为“游戏界奥斯卡”的全球年度游戏大奖 TGA 中斩获年度“最佳动作游戏”和“玩家之声”两个奖项，实现了中国游戏史上“零的突破”[③]。这一成就不仅彰显了中国游戏制作的高水平，也体现了中国传统文化在数字化时代的创新演绎对全球玩家的巨大吸引力。中国文化产业的快速崛起为全球文化产业的发展提供了新的思路与模式。

2. 新业态驱动升级：数字技术提升发展新动能

文化新业态指的是文化产业发展在数字化、网络化、智能化等技术驱动下，以创意为核心，以科技为支撑，融合传统文化形成的新型文化产品和服务形态[④]。作为数字时代新质生产力在文化领域的具象化表达，文化新业态的升级发展不仅推动着传统文化产业的价值链重构，更在数字经济时代重新定义了文化软实力的构建路径。

国际文化产业市场格局呈现“数字化转型加速”与“新兴市场崛起”两大趋势。一方面，传统出版、影视制作等业态增长趋缓，而数字内容、流媒体服务等新业态成为增长引擎。2024 年全球在线娱乐市场规模约为

① 《好莱坞退守美国，娱乐全球化进入新阶段?》，https：//mp. weixin. qq. com/s/jLFjCE_Vr7CbrG8hprst0g。

② 《2024 年 6 月中国文化产品出口金额统计分析》，https：//www. huaon. com/channel/tradedata/1002610. html。

③ 《中国游戏史上“零的突破”，外交部：祝贺〈黑神话：悟空〉》，https：//mp. weixin. qq. com/s/TSGhnJJKT uYJ ocCZaFEigw。

④ 《互联网时代下文化产业新业态的主要特征》，https：//bAIjiahao. bAIdu. com/s? id = 1808451380628283394 &wfr = spider&for = pc。

1018.2亿美元，并预计在2024~2034年以12.8%的复合年增长率增长至3389.6亿美元[①]。在这个过程中，奈飞（Netflix）的表现尤为突出。它正加速向流媒体与IP全产业链布局，其平台中非英语内容占比突破40%[②]，不仅打破了传统媒体长期以来的垄断地位，更为全球观众带来了更为丰富多元的文化选择。另一方面，新兴市场依托本土文化资源数字化开发实现文化市场弯道超车。被誉为“东南亚小腾讯”的Sea，在数字文娱领域构建了以游戏为核心，涵盖电商与数字金融的生态化布局。其旗下游戏公司Garena凭借游戏Free Fire的成功，积累了庞大用户基础，并通过本地化运营推出符合东南亚玩家需求的游戏产品[③]。借助网络游戏的新兴市场，Sea成功拓展相关产业，成为东南亚具有代表性的互联网公司。

国内数字文化产业的爆发式增长提升文化新业态的升级动能。2024年前三季度，全国数字文化新业态的营业收入已飙升至4.16万亿元，与2019年相比，实现了惊人的2.1倍增长[④]。以内容生产端为例，阅文集团将数字技术全面赋能网文的内容生产，其首创的AI辅助创作系统阅文妙笔覆盖83%的网文作家。而在传播消费端，以爱奇艺为例，其数万份内容专辑已引入数字辅助生成运营素材，站内全端AIGC视频看点卡段、图文等运营素材超70万条[⑤]。

3. 数智变革赋能：激活文化产业新生态

当前全球文化产业竞争的核心已发生深刻转变，从传统的内容生产模式已逐步聚焦至数字生态体系的搭建完善，AIGC崭露头角，成为推动文化产

① 《数字娱乐行业市场深度分析及发展前景预测研究》，https：//www.chinAIrn.com/hyzx/20241219/151738516.shtml。

② 《好莱坞退守美国，娱乐全球化进入新阶段?》，https：//mp.weixin.qq.com/s/jLFjCE_Vr7CbrG8hprst0g。

③ 《“东南亚小腾讯”Sea，凭什么撑起万亿市值?》，https：//mp.weixin.qq.com/s/VFXgOuMEDOA7XVjUhR4qFQ。

④ 《2024-2025年中国数字文化产业发展现状及趋势分析报告》，https：//www.iimedia.cn/c400/104005.html。

⑤ 《爱奇艺引入AIGC辅助内容运营：站内全端AIGC运营素材超70万条》，https：//pages.iqiyi.com/p/zbs/news2023082401.html。

业发展的技术核心引擎。全球文化产业正经历由 AIGC 技术引领的深刻转型。从 AI 绘画到 AI 文本生成，再到 AI 视频制作，ChatGPT、Sora 等创新产品涌现。美国凭借 OpenAI 等独角兽企业的技术优势，在通用大模型、多模态生成工具以及行业应用方面占据了主导地位。Omdia 发布报告称，AI 软件市场规模将在 2024 年达到 970 亿美元，较 2023 年增长 32%，到 2029 年市场规模预计达到 2180 亿美元①。这些前沿技术的落地应用，不仅显著提升了内容创作的效率与质量，更为文化的创新与传播开辟了全新路径。全球最大的设计软件公司 Adobe 推出了新的创意生成 AI 模型 Firefly，专注于图像和文本效果生成，标志着专业创作流程的智能化升级②。

中国在 AIGC 领域的崛起，既是技术追赶的成果，也是政策与市场双重驱动的体现。党的二十大报告提出“实施国家文化数字化战略”，推动文化与科技深度融合，进一步加强科技创新在文化产业发展中的战略支撑作用。全国规模以上文化制造业企业研究与试验发展（R&D）经费投入由 2012 年的 267 亿元增加到 2022 年的 577 亿元，年均增长 8.0%③。这种持续的技术研发投入强化了产业基础能力，使我国文化产业实现了从网络化基础建设到智能化生态重构的跨越。随着文化产业领域“AIGC+”趋势的不断深化，其应用场景得到不断普及，AIGC 不再仅仅是作为工具而存在，更是推动了文化产品走向个性化定制。以影视产业为例，成都恒图科技开发的全球首个正式上线的一站式 AI 长视频平台 Clipfly，整合生成式 AI 与智能增强技术，将传统影视制作周期压缩 80%以上，仅上线 3 个月海外用户便突破 10 万个④。

4. 政策多维助力：稳固产业发展根基

英国作为世界上最早提出“文化创意产业”概念的国家，自 20 世纪 90

① 《机构：预计 AI 软件市场 2029 年将达 2180 亿美元 复合年增长率（CAGR）为 18%》，https：//bAIjiahao. bAIdu. com/s？ id = 1822279477781799477&wfr = spider&for = pc。

② 《Adobe 全新 AI 工具引关注，Adobe Firefly 助力创作更高效、更有创意》，https：//bAIjiahao. bAIdu. com/ s？ id = 1762846604128628683&wfr = spider&for = pc。

③ 《75 年来我国文化产业规模扩大、数字化战略扎实推进》，https：//baijiahao. baidu. com/s？id = 181186390977934 9095&wfr = spider&for = pc。

④ 《成都造 AIGC 出海又出圈》，https：//bAIjiahao. bAIdu. com/s？ id = 1798359331476652168&wfr = spider&for = pc。

年代开始发展文化产业起，就强调用政策来打造创意，推动文化产业发展。英国政府通过设立文化创意产业基金、提供创业支持等方式，推动文化产业的创新和发展。韩国一直将文化产业作为21世纪国家发展的重点产业加以大力扶持。韩国政府通过《文化产业振兴基本法》等一系列政策，为文化产业的发展提供了法律和制度保障。近年来，被韩国政府称为K-Culture的韩国文化产品出口成绩不俗。从2020年出口额突破119亿美元，到2023年超过143亿美元，K-Culture出口量不断创新高。按照韩国政府的目标，其2024年文化产业出口值将达到160亿美元，至2027年有望增至250亿美元①。

近年来，我国出台了一系列政策文件，通过顶层设计与具体政策形成了多层次扶持体系，深化了文化体制机制改革，推动了文化产业和文化市场健康发展。在国家层面，《“十四五”文化发展规划》明确提出推动文化产业高质量发展，强调数字化转型和优质内容创作。在政策引导下，我国文化产业实现了产业结构的优化升级②。根据国家统计局的数据，2024年前三季度，全国规模以上文化及相关产业企业实现营业收入99668亿元，同比增长5.9%③。地方层面，四川省作为我国文化产业的重要发展区域，近年来在政策支持下取得了显著的成就。以游戏产业为例，四川作为游戏强省，诞生了《王者荣耀》等多个现象级作品。2023年，四川省游戏产业的营收规模为600亿元，游戏企业增速排全国第二④。在政策的扶持之下，四川省商务厅积极推动游戏产业的国际合作，游戏企业积极响应政策号召，通过参加科隆国际游戏展等国际性展会，向全球展示“四川造”游戏产品。

---

① 《四大平台联袂发力 韩国文化产品出口持续增长》，https://business.sohu.com/a/829921027_114986。

② 《中共中央办公厅 国务院办公厅印发〈“十四五”文化发展规划〉》，https://www.gov.cn/xinwen/2022-08/16/content_5705612.htm。

③ 《国家统计局解读2024年前三季度全国规模以上文化及相关产业企业数据》，https://www.gov.cn/lianbo/bumen/202410/content_6983845.htm。

④ 《新答卷！四川游戏进入发展快车道》，https://baijiahao.baidu.com/s?id=1771273143062223072&wfr=spider&for=pc。

5. 融合跨界深耕：拓展产业融合新边界

近年来，全球文化产业与旅游业的深度融合成为推动经济增长与文化传播的动力来源。美国、日本等发达国家一直处于领先地位。美国凭借其强大的文化创新能力，通过电影、主题公园等多种形式，将文化与旅游深度融合，打造了迪士尼乐园、环球影城等全球知名的文化旅游品牌。迪士尼乐园不仅是娱乐场所，更是展示美国文化的重要窗口，通过各种游乐设施、表演和互动体验，让游客深入了解美国的文化和价值观。迪士尼在全球共拥有12 座主题乐园，2023 年迪士尼全球游客总数达到 1.42 亿人次，位居全球主题公园集团榜首[①]。

国内文化旅游深度融合的创新实践不断涌现。2024 年中国文旅 IP 商业化市场规模将达到 4314 亿元，同比增速约为 15.5%[②]。这一增长态势的背后，是传统文化资源与现代科技手段的深度融合，以及跨界创新带来的产业格局重构。以三星堆博物馆为例，其通过深度挖掘古蜀文明的内涵，结合现代数字技术，推出了国内首个考古发掘现场实景 VR 大空间沉浸式体验项目，通过 3D 建模和 LBE 技术，1∶1 还原了三星堆祭祀坑遗址及周边环境[③]。在体验项目中，游客可以“亲临”考古现场，跟随虚拟考古专家的讲解，深入了解三星堆的历史文化。借助数字化技术，三星堆成功地将文化遗产与现代旅游相结合，极大地提升了三星堆文化的传播力和影响力。作为2024 年现象级的国产 3A 游戏，《黑神话：悟空》凭借对传统建筑美学的精准复刻，为文旅行业提供了新的爆点。山西、四川等游戏取景地的文旅部门，纷纷开启“跟着悟空旅游”的线路宣传，邀请游客实地游览。这一系列跨界融合的成功案例都证明了文旅文创的深度融合能够有效拓展产业的多元边界，为文化产业的可持续发展提供新的动力。

---

① 《全球主题乐园排行榜：米老鼠很强，但中国巨龙已崛起》，https：//mp.weixin.qq.com/s/NH1GYumPtCAgPA1fNkWE2g。

② 《中国文旅 IP 商业化市场规模》，https：//news.iresearch.cn/content/202501/517130.shtml。

③ 《想变身青铜小人跳舞？来三星堆博物馆沉浸式体验一把》，https：//baijiahao.baidu.com/s？id=1822038489142207911&wfr=spider&for=pc。

（二）四川文化产业发展机遇及挑战

1. 四川文化产业发展机遇

（1）历史文化底蕴深厚，文化资源禀赋多样

文化产业的核心是内容生产，而内容生产的过程实质是文化资源不断转化为文化产品和服务的价值实现过程[①]。在2019年“双普查”中，四川文化资源在数量、质量上均居全国第一方阵，全省共普查出非物质文化遗产、文物、地方戏曲剧种等六大类文化资源305.7万余件，地文景观、水域景观、生物景观、历史遗迹等八大类旅游资源24.5万余处[②]，这为文化产业发展提供了原始基因。

在历史人文景观方面，三星堆遗址展示了高度发达的古蜀文明，为现代文化创意产业等提供了丰富的素材和灵感；都江堰、乐山大佛等工程奇迹体现了古蜀国人民的智慧，为现代文化旅游开发提供了独特资源；武侯祠、杜甫草堂、三苏祠等名人遗迹为历史名人IP打造提供文脉支撑；泸定桥等红色遗迹是传承红色基因、弘扬革命精神的重要载体，为红色旅游、文化产品开发提供了宝贵资源；青城山道观、文殊院等宗教遗址为宗教文化的传承与开发提供了活动场所。

在自然风光景观方面，四川省既有蕴含深厚宗教文化的峨眉山、青城山等风景秀丽的名山，又有以“日照金山”闻名的贡嘎山等高原雪山，还有九寨沟、黄龙独特的喀斯特景观以及稻城亚丁、色达、理塘等川西高原风光。丰富的自然景观为多样生物提供了栖息地，也造就了大熊猫、小熊猫等生物景观。

在文化遗产方面，四川既拥有丰富的非物质文化遗产，如川剧、蜀绣、竹编等，又拥有都江堰、青城山建筑群等物质文化遗产。此外，四川少数民族文化资源独具特色，羌族碉楼、彝族火把节、藏族雕版印刷等民族文化元

---

① 张振鹏：《中国文化产业新质生产力的核心要素及其结构形态》，《深圳大学学报》（人文社会科学版）2024年第4期，第47~55页。

② 吴梦琳：《数读这五年集纳最优质资源打造四川文旅IP》，《四川日报》2022年5月18日。

素，为文化产业发展提供了多样性选择。

（2）政策资金引导扶持，文化企业健康发展

为引导扶持文化企业持续健康发展，推动文化产业的高质量发展，四川文化产业政策资金扶持从“规模驱动”向“效能驱动”转变。在政策方面，四川既有顶层设计的战略导向，又有基层实施的详细指导。《四川省“十四五”文化发展和改革规划》明确指出，到2025年，全省文化及相关产业增加值占GDP比重超过5%，成为国民经济重要支柱性产业，基本建成文化强省。《四川省引导扶持文化企业发展六条措施》旨在帮助解决文化企业当前面临的困难和问题，引导扶持文化企业持续健康发展。《四川省文化和旅游产业链专项工作方案》明确2025年将开展的30项具体重点工作，协调推进四川省文化和旅游产业链建设。

近年来，四川采用多路径方式对文化企业进行资金扶持。专项资金方面，设立了四川文化产业发展专项资金①，资金总规模为2亿元②。贷款融资方面，积极推广“天府文产贷”等财政金融产品，精准支持文化企业和文化产业园区③，同时稳步推广以核心企业带动为主的应收账款融资模式，进一步加大对文化企业的贷款支持力度。财政税收优惠方面，全面落实宣传文化增值税优惠、文化企业按规定全额退还增值税留抵税额等税费优惠政策。资金奖励方面，支持出版、印刷企业智能化、融合化、数字化转型，对被认定为国家级专精特新“小巨人”企业的文化企业，一次性给予省级专项资金奖补；支持各地争创国家级、省级文化产业园区（基地），并给予各种一次性奖励资金④。

---

① 《四川省财政厅 中共四川省委宣传部 关于印发〈四川省文化产业发展专项资金管理办法〉的通知》，https：//www.sc.gov.cn/10462/11555/11564/2021/2/1/d1c36f8fddf94bcb8c231f396f754338.shtml。

② 《2亿元的四川“文产资金”哪些可以申报？速看这份“官方指南”》，https：//sichuan.scol.com.cn/ggxw/202012/57988146.html。

③ 肖姗姗：《四川出台六条措施引导扶持文化企业持续健康发展》，《四川日报》2022年8月18日。

④ 肖姗姗：《四川出台六条措施引导扶持文化企业持续健康发展》，《四川日报》2022年8月18日。

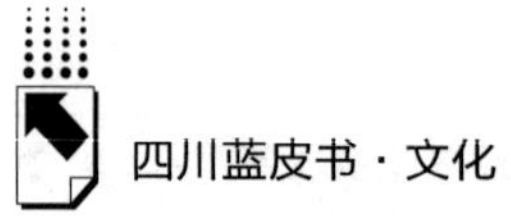

（3）科技助力跨界融合，文化新业态持续涌现

数字科技已在多领域蓬勃生长，形成了“多元融合、多维升级、多向赋能”的发展格局。数字科技重构了文化产业的内容形态、消费场景和组织模式，催生了“文化+人工智能”“文化+区块链”“文化+数字孪生”“文化+全真互联”等众多新业态，并在文旅企业转型升级、文旅资源创意转化、文旅产品和服务创新等方面发挥着日益重要的作用。区块链技术变革文创产品新形态，如成都金沙遗址博物馆的“太阳神鸟”数字藏品。人工智能技术在内容创作领域的应用催生新业态，如天府数字文创城建立的 AIGC 内容工厂。数字孪生技术与地理信息系统（GIS）的结合，推动虚实共生型文旅产品创新，如峨眉山景区智慧系统。虚拟现实（VR）与增强现实（AR）技术重构文化体验场景，如都江堰景区打造的“李冰治水”MR 沉浸剧场。四川已建成西部地区规模最大、技术领先的信息通信网络，同时拥有国家级超算、智算中心，开放数据资源超 21 万个①，为 5G 通信、云计算、大数据、物联网等多种先进技术使用提供了基础支撑，也为文化产业的数字化发展提供了技术支持。

（4）居民消费理念转变，文化消费市场广阔

中国居民消费结构逐渐从“物质生存型”向“精神发展型”转变，而四川省呈现明显的“文化加速度”特征。一是居民生活水平不断提升。2024 年，全省居民人均生活消费支出达 24878 元，较上年增长 5.6%，人均教育文化娱乐消费支出 2736 元，增长 13.1%②。二是代际更替引发价值重构，“Z 世代”群体将文化消费视为身份认同的核心载体。三是技术革命催生的消费场景革新，虚拟现实、元宇宙等新技术重构了文化消费的时空边界。

此外，四川不断举办各类文化活动刺激文化消费市场，如全省文化和旅游消费季、全省体育旅游休闲消费季等系列活动。2023 年，四川实施“三

① 唐泽文、邵明亮：《数字四川发展报告首次发布》，《四川日报》2024 年 12 月 4 日。

② 《城乡差异绘壮丽，消费升级活力现——2024 年四川居民收入破 3.4 万》，https://www.163.com/dy/article/JMDURHO005449RE8.html。

品一创”提质扩容工程，培育“蜀里安逸”消费品牌，打造40个“商文旅体康”融合消费新场景；举办促消费活动近2万场，发放消费券超7亿元；成功举办中国曲艺节、中国京剧艺术节、中国网络视听大会等国家级文化活动，音乐会、演唱会等城市演艺持续火爆；举办县级以上赛事活动7500多项次，参与群众超4000万人次，文化、消费品零售总额由全国第六位升至第五位[①]。

（5）国际文化交流频繁，对外文化贸易繁荣

四川依托“一带一路”倡议与成渝地区双城经济圈建设的历史性机遇，通过不断加强与国际文化交流、文化贸易合作，正在加速融入全球高端文化价值环节。截至2024年10月，四川与87个国家的500个省、州缔结了国际友城或友好合作关系，建立国际友城127对、国际友好合作关系373对[②]，有利于进一步深化文化交流、文旅、文化贸易等方面的国际交流合作。四川实施巴蜀文化旅游走廊建设计划，举办世界大学生夏季运动会、世界乒乓球团体锦标赛等一系列体育赛事，不断推动四川文化走向世界。近年来，四川省重点文化企业也不断加强动漫游戏、彩灯展会等文化产业出口。四川打造“川灯耀世界”海外灯会品牌，不断融入新的设计元素和技术手段，深受海外受众的喜爱。截至2022年，自贡彩灯占据海外92%的灯展市场份额，先后在80多个国家和地区、国内500多个城市累计举办灯会数千场，吸引海内外观众达6亿多人次[③]。四川游戏产业规模居全国第四位，打造了现象级爆款游戏《王者荣耀》等，创人所爱和星合互娱2家本土游戏企业跻身2023年中国游戏出海30强[④]。

---

① 《2024年四川省人民政府工作报告》，https：//www. sc. gov. cn/zfgbdb/detail/f7d8ef8f350f408d93b4b06bf1947736. shtml。

② 《与87国500城交朋友！“E城”四川如何炼就》，https：//www. scwsb. gov. cn/xwzx/yw/202411/t20241114_18796. html。

③ 《“自贡彩灯”再次点亮海外 讲述美好“中国故事”》，https：//www. sc. chinanews. com. cn/bwbd/2022-06-08/168536. html。

④ 《开辟中东电竞游戏新市场 四川组团抓订单》，https：//sichuan. scol. com. cn/ggxw/202410/82630344. html。

（6）多方搭建平台，文化人才培养体系化

文化产业属于典型的知识密集型和创意引领型产业，其本质是以人类智慧创造社会财富，因此，需要大量具有知识储备和创意能力的人才。近年来，四川大力发展文化产业领域的职业专业教育，高校、职业院校、科研机构设置考古、文物保护、博物馆、文化产业管理等相关专业，健全课程设置与教学制度。各文化企业不断加快文化产业领域中高端人才的引进和培养，加强员工文化产业专业知识与技能培养，打造符合文化产业发展规律和新业态新需求的人才发展机制，并设置流动岗位吸引高校和科研院所科研人员、大学生到一线获取实践经验。政府创建四川文化创意产业研究院等研究机构与智库，设立省级社科基金文化产业系列研究课题，举办职业技能比武以及文化行业各类技能竞赛，与高校企业合作搭建文化技能学习平台，并在“天府峨眉计划”、“天府青城计划”、四川学术和技术带头人等省级人才建设计划中对文化产业领域予以倾斜。

2. 四川文化产业发展挑战

（1）文化资源转化效能不足：从“富矿”到“活水”的梗阻

首先，四川文化资源转化模式单一，以文旅以及开发低端附加值产品为主。例如，都江堰水利文化开发仍以观光旅游为主导，其蕴含的治水智慧、生态哲学尚未转化为教育培训、咨询服务等知识型产品。其次，数字技术对于文化资源的转化运用多停留在展示层面。如在第二十届深圳文博会上，虽然以三星堆和大熊猫为主题的产品吸引了观众，但沉浸式体验空间、数字名人馆等均是基于已有文化进行简单数字再现①，而非深度创新，缺乏对新兴技术如区块链、元宇宙等的深度探索和应用。最后，四川地域辽阔，文化资源碎片化分布，资源转化难以协同发展，如川西高原藏羌文化资源分散在32个县市。四川的文化数字化建设中还存在“数字孤岛”现象，文化数据资源之间缺乏互联互通，未形成统一的文化大数据体系。

① 《第二十届深圳文博会开幕，“数字赋能 文化四川”精彩亮相》，https：//news. qq. com/rain/a/20240523A08VUQ00。

（2）文化产业链条不完整：从“量变”到“质变”的鸿沟

目前，四川文化产业链条呈现“两端弱中间散”的特质。产业前端，创意与技术研发能力薄弱。大部分文化企业仍停留在复制、模仿的阶段，缺乏自主研发和创新能力，文化产品的同质化现象严重，难以形成独特的竞争优势。中间市场主体“小散弱”特征突出。四川文化企业以民营企业为主，普遍实力较弱，尚未有龙头企业，且是各自为政。“中国文化企业30强”中，2023年全省仅成都市有1家[①]。后端品牌运营与市场拓展乏力。四川文化产业对本土文化和品牌意识相对薄弱，文化价值和内涵的深入挖掘和理解不够，导致品牌建设深度和广度不足，未能有效将文化资源转化为市场优势，以至于市场发展迟缓。如大熊猫文化授权商品中，多数为低附加值毛绒玩具，缺乏像迪士尼主题乐园、电影影视等全产业链开发。

（3）文化市场拓展缓慢：从“全国化”到“全球化”的畛域

一是国际传播环境艰难。在全球化的背景下，各国都在积极推广自己的文化产品和服务，争夺国际市场份额，国际市场竞争激烈，中国文化国际传播面临较大困难。二是国际传播“文化折扣”严重。四川文化符号多根植于地域性文化基因，如三星堆青铜器的“纵目”形象、羌族“释比文化”的仪式等象征意义在跨文化语境中，易被缺乏文化知识与文化经历的海外受众误读。三是传播方式与叙事范式未能贴合国际受众。四川文化依赖节庆活动、展览等进行国际传播，而数字传播效能低下，文化内涵难以触达主流文化消费群体。文化产品多采用“历史溯源—文化阐释—价值升华”的线性叙事结构，与海外受众偏好“情感共鸣—个体体验—价值发现”的叙事逻辑存在冲突，难以引起国外受众的情感共鸣与价值认同。四是文化贸易结构失衡。文化出口以低附加值的实体产品为主，如蜀绣、竹编、彩灯手工艺品等，而文化服务、知识产权如数字内容、创意设计、游戏动漫等高附加值的

① 《2023年四川省文化产业发展指数报告》，https：//mp. weixin. qq. com/s/fGybcuZutfTA93V30JEmxQ。

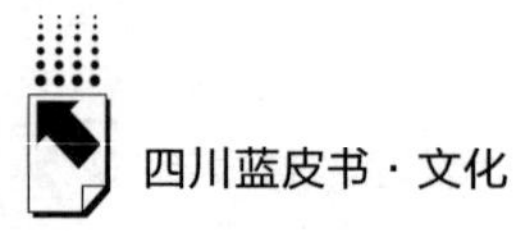

贸易发展相对滞后，难以满足国际市场对多元化文化产品的需求，限制了四川文化贸易出口的广度和深度。

（三）新质生产力引领四川文化产业发展的理论逻辑

1. 新质生产力的核心要义

（1）创新驱动：新质生产力的活力源泉

科技创新是新质生产力形成与发展的重要引擎，也是新质生产力的内在要求，形成和发展新质生产力需要顺应创新驱动发展战略。① 从新质生产力的提出以及发展来看，新质生产力的创新本质就是在国家政策支持下，制度创新与技术创新的协同演化。2016 年国务院印发《“十三五”国家科技创新规划》，强调系统谋划创新发展新路径，以科技创新为引领开拓发展新境界，加速迈进创新型国家行列，加快建设世界科技强国②；2019 年国务院印发《国家新一代人工智能创新发展试验区建设指引》，推动人工智能创新试验区的建立③；2024 年工业和信息化部等七部门发布的《关于推动未来产业创新发展的实施意见》，目标是建设一批未来产业孵化器和先导区，突破百项前沿关键核心技术，初步形成符合我国实际的未来产业发展模式④。从国家发布的一系列政策可以看出，整合汇聚科技创新资源、提升创新体系整体效能是我们最近几年科技创新的主要目标。

制度创新与技术创新的协同演化同时也在推动整体科技创新的发展：制度创新为文化与技术的融合提供了结构化支持，这主要体现在对区块链技术的运用上。在区块链技术的推动下，文物 IP 衍生品的开发周期大幅缩

① 宋德勇、陈梁：《发展新质生产力的理论逻辑、关键问题与实践路径》，《经济与管理评论》2024 年第 5 期，第 55~68 页。

② 《国务院关于印发“十三五”国家科技创新规划的通知》，https：//www. gov. cn/zhengce/content/2016-08/08/content_5098072. htm。

③ 《国家新一代人工智能创新发展试验区建设工作指引》，https：//www. ncsti. gov. cn/kjdt/ztbd/rgzn/zczc/202308/t20230831_132565. html。

④ 《工业和信息化部等七部门关于推动未来产业创新发展的实施意见》，https：//www. gov. cn/zhengce/zhengceku/202401/content_6929021. htm。

短，例如腾讯运用区块链技术帮助敦煌研究院建立数据库，对文物素材进行全周期跟踪，挖掘保护与开发同步进行，一举解决了多年来文化遗产资源保护和开发速度缓慢的问题，为文博行业开创了数字文化遗产开放与共创的新模式[①]。技术创新则主要体现在文化产业的实际发展中，其一直运用不断迭代更新的计算机技术，来提升文化产业的传播效率，比如运用 AI 技术进行文创制作与展出等。以三星堆博物馆为例，其 2024 年在北京利用 VR/AI 等技术举办了“三星堆与金沙展”，使远在北京的游客也能被古蜀文化所震撼。

（2）数字化与实体产业融合：新质生产力的转型路径

作为一种本质上由创新驱动的生产力，新质生产力形成的关键在于科技创新和产业升级之间的良性互动[②]，也就是数字化的转型与升级。“数实融合”（数字经济与实体经济融合）以数字技术创新与扩散为基本支点，以数据要素的使用为内在形态，在实体产业的应用场景中实现生产力跃迁，是新质生产力发展的典型形态[③]。传统实体产业的数字化转型与升级作为新质生产力的发展路径，正在影响着文化产业的未来发展方向。在这一转型升级的过程中，数字技术不仅重塑了文化产业的生产、传播与消费模式，还在一定程度上推动了文化产业与其他行业的深度融合，催生了“文化+旅游”“文化+研学教育”等一系列新模式。

三星堆博物馆在新馆重建之后，不仅吸引了大批省内游客去现场参观，还开发了“数字三星堆”小程序，为无法到现场观看的游客提供了“云游”机会，在“数字三星堆”上，游客们既可以参观查看馆藏，也可以深度体验古蜀国的一些文化仪式，例如小程序上利用 AR/VR 等技术还原的古蜀国祭祀场景等。数字技术的介入，为三星堆博物馆从考古研究、实体展览向数

① 《全球首创！数字敦煌“上链”开放，腾讯助解确权难题》，https：//mp. weixin. qq. com/s/1bOBP1vhqEPQvXlvXcYFqQ。

② 刘洋：《深刻理解和把握发展新质生产力的内涵要义》，《红旗文稿》2023 年第 24 期，第 20~22 页。

③ 《以数实深度融合为抓手加快发展新质生产力》，http：//www. sasac. gov. cn/n2588025/n2588134/c32689193/content. html。

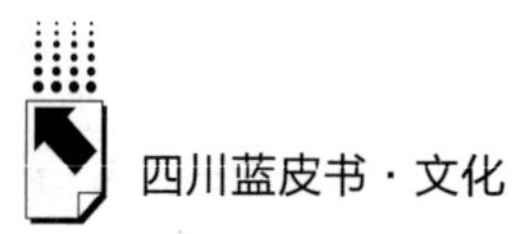

字化传播与产业化运营提供了转型机遇。可见数字技术为文化资源的挖掘、整合与创新提供了新的技术手段，这既丰富了文化产品的形态和内涵，也拓宽了文化产品的传播渠道。

（3）文化赋能：新质生产力的价值体现

文化产业具有独特的创意性、知识密集性和高附加值等特性，文化赋能新质生产力的核心在于将文化资源转化为高附加值生产要素，通过技术重构与场景创新等，来实现文化价值的释放。习近平总书记曾在全国宣传思想文化工作会议上强调，要“促进文化事业和文化产业繁荣发展，推动中华优秀传统文化保护传承”①。挖掘和保护文化资源，促进文化产业的发展是新质生产力发展的题中应有之义，也是新质生产力丰富内涵中不可缺少的一部分。

随着人工智能与虚拟现实技术的发展，文化产业运用新技术进行开发与运用的案例逐渐增多，文化的“随取性”也为新质生产力的发展提供了机会。新质生产力强调创新、科技与数字化，同时也强调智慧。智慧不仅仅是数字化的体现，也是新质生产力文化内涵的一种体现。文化赋能不仅推动了文化产业自身的发展，也为整个社会新质生产力的发展提供了“说明书”，提升了新质生产力的价值内涵。

2. 文化产业新质生产力的内涵

（1）智慧融合：文化与科技的深度交织

数字文化产业体现了文化与科技的融合创新，高质量发展文化产业是推动中国式现代化的内在要求，也是文化产业转型发展的根本遵循②。将科技的力量与文化的深厚内涵相结合，既能更好地保护传统文化，也能更好地将当地文化个性体现出来。四川自贡国际恐龙灯会运用 3D 光雕投影与 AR 交互技术，将千年彩灯工艺进行数字化升级，并开发“扫灯成剧”AR 应用，游客扫码即可触发非遗故事全息演绎，这些技术的运用既保护了自贡灯会的

① 《着力推动文化事业和文化产业繁荣发展》，https：//news.cnr.cn/native/gd/sz/20231031/t20231031_526469588.shtml。

② 向勇：《新质生产力与数字文化产业高质量发展的价值建构》，《江苏社会科学》2024 年第 5 期。

非遗文化，又能更好地打造出视觉盛宴，以此将灯会文化传播出去，从而带动整个自贡的旅游经济发展。文化与科技的智慧融合，不仅体现在技术手段的革新上，更体现在文化产业内涵与外延的拓展上。

（2）创意激发：创新思维在文化领域的绽放

创意是文化新质生产力的核心驱动力，其本质在于通过跨界融合与颠覆性思维，重构文化产业的表达方式与传播路径。成都“夜游锦江”项目借助数字光影技术的力量，将诗歌、蜀绣等文化符号投射于锦江之上，为游客提供了“人在画中游”的沉浸式体验。这种创意打破了以往局限于一个狭小空间的静态展示传统，4.4 公里长的河道都变成了文化投射的“电影幕布”，而游客也从观众的角色转化成了“画中人”。这样的创意既为当地的文化传播提供了新的载体，也为游客提供了美好的游览体验。

（3）价值重塑：新质生产力下的文化经济转型

在传统文化经济时代，文化价值只能依附于实体物质的单向传递，通常表现为工艺品的实体交易、影院场馆的门票收入等，但是在新质生产力驱动下的文化经济时代，文化价值已经转向以“符号”和数据为核心的价值链。这种转型本质上是文化经济从单纯实体经济向数字经济的变迁。传统经济模式下，文化旅游易受空间限制，如 2010 年九寨沟游客峰值 4.1 万人次/日触发生态承载红线。现代数字经济模式下，虚实共生的场景模式，打破了时空承载上的难题，如川剧开源数字资产库，对变脸技艺进行数字动作捕捉，全球川剧爱好者都能进行二次创作，使得川剧变脸的传播打破了地域与载体的束缚。

3. 新质生产力引领四川文化产业高质量发展的重要意义

（1）经济增长新引擎：助力四川文化产业规模扩张与效益提升

四川文化产业依托新质生产力实现量质双升，2023 年，四川省文化企业实现利润总额 633.8 亿元，比上年增长 16.2%；营业收入利润率为 11.25%，比全国高 2.32 个百分点；内容创作生产 892 亿元，增长 4.5%；文化传播渠道 562.5 亿元，增长 19.2%；文化投资运营 52.5 亿元，增长55.9%[①]。全省规模以上文化企业数量持续增加，且增速持续上升：2019~2023年，全省规模以上文化及相关产业企业数从1867家增至2724家，但增速从2019年的6.08%上升到2023年的19%，基本保持持续上升趋势[②]。这些数据充分展示了新质生产力对四川文化产业规模扩张与效益提升的显著推动作用。新质生产力的引入，不仅促进了文化产业内部的结构优化与升级，还带动了相关产业链条的延伸与拓展，形成了文化产业发展的新格局。

（2）产业升级驱动器：推动四川文化产业结构优化与融合发展

新质生产力提供了文化产业数字化转型的技术创新动力，新质生产力改变了文化产业数字化转型的价值增长方式[③]。文化产业的数字化转型为文化产业结构优化提供了动力，借助技术的不断进步以及文化产业对数字技术的不断应用，数字技术正使四川文化产业结构整体素质和效率向更高层次演进。以动漫产业为例，现如今成都动画人才链、产业链日益完善，达成了文化产业的集约效果，《哪吒2》的成功也是四川数字文创产业的成功。新质生产力在四川文化产业中的应用与融合，直接推动了文化产业的技术革新与模式创新。其中典型案例是“IP+文旅”的联动，游骑兵科技出版的《小虾米战三国》以正史《三国志》为游戏世界背景，借用技术的力量将现实文化载体融入游戏之中，是“三国游戏IP+文旅”打造出的本土文化出海项目，生动展示了成都武侯祠、青羊宫、古娘娘庙、万里桥等三国文化背景/遗址，促进了三国文化的对外推广，实现了“游戏+文旅”的融合发展。

① 《2023年四川省文化产业实现圆满收官》，https：//tjj.sc.gov.cn/scstjj/c105846/2024/2/6/e344fb3292c64fcd863c23d9633438a5.shtml？keywords = 2024% E5% B9% B4% E5% 9B% 9B% E5%B7%9D%E7%9C%81%E6%96%87%E5%8C%96%E4%BA%A7%E4%B8%9A。

② 《〈2023年四川省文化产业发展指数报告〉节选（一）》，https：//mp.weixin.qq.com/s/U-ZRUnoCuex6AzoeReTQ2Q。

③ 向勇：《新质生产力与数字文化产业高质量发展的价值建构》，《江苏社会科学》2024年第5期。

（3）文化传承新载体：促进四川特色文化资源的创造性转化与创新性发展

四川是文物资源大省，传承本地文化遗产以及创造性开发文化资源是发展四川文化产业的重要任务。借助于新质生产力的先进技术工具，省内文物的挖掘和保护工作得到了进一步的提升。安岳石窟研究院通过运用数字化测绘、交叉学科研究、信息系统建设、展示小程序开发等，成功推进了安岳石窟的价值挖掘、预防性保护与传承展示工作①。在非物质文化遗产保护与传承实践中，也有积极运用数字化虚拟现实技术的案例。2022 年，四川省科技厅尝试开展了对竹编工艺传承人的访谈、编织技法的拍摄、竹编成果的数字化扫描等工作，以期对四川非遗竹编工艺进行更好保护②。

（4）就业与人才培育摇篮：带动四川文化产业就业扩容与人才结构升级

新质生产力的引入，不仅促进了四川特色文化资源的保护与传承，还为文化产业领域带来了大量的就业机会，助推了文化产业的就业扩容与人才结构升级。

随着数字化转型的不断深入，文化产业对人才的需求也在不断变化，从传统的创意设计等领域，逐渐扩展到数字技术应用等新兴领域。为了适应这一变化，四川省内多所高校和职业培训机构开始调整课程设置，增设与文化产业数字化转型相关的专业，如数字媒体技术、数字艺术设计等，旨在培养符合新质生产力发展的新型文化人才。新质生产力还通过推动文化产业与其他行业的深度融合，催生出一系列新业态、新模式，如文化旅游、数字娱乐等。这些新业态、新模式的发展，为相关领域的从业人员提供了更多的就业机会和更大的职业发展空间。

---

① 《【成果展示】“数据要素×文化旅游”典型案例丨安岳石窟数字化保护利用案例》，https：//mp. weixin. qq. com/s/RqZUxIpU5hNsc5dli3AM7Q。

② 余书敏、赵芸、余随军：《形式、孪生、逻辑——虚拟现实技术在四川文化遗产数字化领域的实践》，《自然与文化遗产研究》2024 年第 2 期，第 26~35 页。

二　新质生产力引领四川文化产业发展现状

（一）新质生产力为四川文化产业创新发展提供新技术

1. 数字赋能内容创作，提升文化产品和服务

2023 年中央经济工作会议指出："要以科技创新推动产业创新，特别是以颠覆性技术和前沿技术催生新产业、新模式、新动能，发展新质生产力。"[①] "新质生产力"这一概念为中国经济和社会发展指明了方向，也为文化产业的发展指明了方向。新质生产力以数字技术为核心驱动力，推动四川文化产业从内容生产、传播到消费全链条的数字化重构，形成了"虚实共生"的产业生态。

一是数字技术底座不断夯实，新质生产力的核心在于科技创新与基础设施的协同发展。2024 年 12 月 20 日，四川 2.6 万个行政村全部实现通 5G。截至 2024 年底，四川全省 5G 基站达到 20.7 万个，算力规模达到 11.1EFLOPS，运力指数居全国第 4 位；5G 移动互联网用户接入流量达 104 亿 G，同比增长 50.3%[②]。此外，四川还积极推动文化大数据体系建设，通过汇聚各类文化数据资源，为文化产业的数字化转型提供了强大的数据支撑。2024 年，四川省文化和旅游厅进一步加强文旅数字化平台建设，通过整合资源、优化架构，提升了平台的服务能力。以"智游天府"文化和旅游公共服务平台为例，该平台以"数字产业化、产业数字化、数字化治理"为主线，构建了一个面向政府、企业、公众的开放性一站式服务平台，实现了文旅服务的总入口、文旅管理的总枢纽、文旅宣传的总展馆、文旅产销的总平台"四总"目标，极大促进了四川省文旅深度融合与创新发展。四川

---

① 《中央经济工作会议在北京举行习近平发表重要讲话》，https://www.gov.cn/yaowen/liebiao/202312/content_6919834.htm。

② 《四川全省提前实现"村村通 5G"五大运营商都做了什么》，《经济观察报》2025 年 1 月 15 日。

以“东数西算”工程为引领，自主搭建国内省级层面较为完备、成体系化的文化大数据服务平台之一，并在全国率先完成文化大数据“高速公路”基座建设。加速构建覆盖全省的算力网络与数字基础设施，为以新质生产力为引领的文化产业筑牢了技术底座。

二是内容创作的数字化革新，人工智能技术在文化内容生成领域展现巨大的潜力，极大提高了文化内容创作的效率且丰富了内容创作的模式。近年来，四川积极推动文化和科技融合，一系列新技术成果逐渐成为文化产品创新发展的动力引擎。从人工智能辅助创作到虚拟现实场景构建，再到大数据分析，这些先进技术为文化创作者提供了强大助力，使创作过程更加高效、多元且精准。“四川造”动画电影《哪吒之魔童闹海》创下票房神话。而在此之前，《王者荣耀》《万国觉醒》等“四川造”手游已相继突破百亿元流水大关①。自贡灯会引入全息投影技术打造“数字灯会”，综合运用 VR/AR、大数据等技术，开展 5G+4K“云观灯”超高清视频应用与元宇宙彩灯研发等，促进数字经济与彩灯文创深度融合。四川文化产业投资集团投建的“苏轼数字人”，不仅让苏轼的形象生动地呈现在游客面前，还通过不断训练和优化，使其回答问题的准确率高达 99%以上。该项目是四川名人馆首批打造的 22 位四川重点名人之一，未来还将有更多历史文化名人以数字人的形式“复活”，与人们互动交流，为文化传播开辟全新路径。

三是文化消费方式的数字化升级，数字技术改变了消费者对文化产品的消费方式，推动文化消费从线下向“云场景”延伸。四川省川剧院推出的“云尚川剧”线上平台，通过多机位高清直播技术使得单场演出观众突破百万人次②。图书馆、文化馆等公共文化场馆的数字化进程持续推进，已构建起初具规模的在线服务平台。利用虚拟现实和 AR 技术，观众通过手机或 VR 设备，在家中就能身临其境地参观博物馆，近距离欣赏文物的细节，甚

---

① 《从〈王者荣耀〉到〈哪吒 2〉看四川数字文化产业崛起密码》，https：//epaper. scdaily. cn/shtml/scrb/20250222/322807. shtml。

② 《以新质生产力推动川剧高质量发展》，http：//www. sc. chinanews. com. cn/whty/2024-10-16/217594. html。

至与虚拟讲解员进行互动交流，公共文化产品和服务的数字化水平极大提升。同时，文化企业通过大数据分析不同消费者的用户画像，并根据消费者的个性化需求，定制个性化的文化产品和服务，再通过算法推荐推送给特定的消费者。这种数字化升级不仅提升了消费者的满意度和忠诚度，还为文化产业创造了更多的盈利点和增长空间。智能驱动传播革新，增强文化传播效能。

数字化、网络化以及智能化技术的广泛应用，正在重塑文化产品的生产、传播与消费模式。面对这一趋势，四川文化产业的文化内容生产、运营和传播也正在积极转型。

一是智能分发平台拓展传播渠道。一站式内容生产和宣传平台初具规模，“智游天府”“安逸四川”等省级文旅宣传推广平台，正在持续建设面向文化产业的数字化内容生产与分发平台，整合全省文化资源，实现内容创作、审核、分发的全流程数字化，实现文化内容的精准推送。

二是算法推荐精准触达目标受众。2024 年 5 月 17 日，抖音发布的《2024 抖音博物馆生态数据报告》数据显示，2023 年，三星堆博物馆打卡量增长 126%，带动所在城市四川德阳打卡量增长 12%。越来越多人被博物馆和文物短视频“种草”，打卡一座博物馆、体验一座城市，成为年轻人出游新现象①。其中许多爆款视频都是通过算法推荐获得大量曝光的。这种精准化和高效化的传播方式不仅增强了文化产品的市场竞争力，还促进了文化的广泛传播和深入渗透，使四川文化更好地融入人们的日常生活。

三是利用数字技术分析大众文化消费趋势。识别文化消费的热点、趋势和潜在需求是服务文化生产的重要举措，数字技术为四川文化产业提供了强大的数据分析能力。AI 技术通过大数据分析与预测模型，助力四川文化产业精准把握市场趋势，实现供需动态平衡。泸州老窖通过 AI 算法分析消费

① 《抖音 2024 博物馆数据：成都川菜博物馆上榜最受欢迎博物馆账号 TOP10》，https：//finance. sina. com. cn/jjxw/2024-05-17/doc-inavqfah0801117. shtml。

画像，针对“Z世代”推出低度果酒“国仙”，联合啤酒品牌跨界营销，并打造“酒旅融合”场景，如泸州老窖景区内的沉浸式品鉴馆，增强年轻群体黏性，2024年会员数达3768万，同比增长60%①。数字技术的应用使文化企业能更精准地把握大众文化消费需求与消费趋势，从而实现文化内容的精准生产，同时也构建起文化产品竞争的新壁垒。

2. 科技赋能资源活化，重构历史文化场景

在文化遗产的数字化保护方面，四川近年来不断推动文化遗产的传承保护和文物资源数字化创新。2023年四川省文物局和四川省委网信办联合印发《四川省数字文物创新应用工程实施方案》②，同年，省委办公厅、省政府办公厅发布了《四川省推进国家文化数字化战略实施方案》③，明确了统筹利用文化资源普查成果、建设全省一体化数据体系、建设文化数据交互平台等重点任务，旨在贯彻落实党中央关于实施国家文化数字化战略的决策部署，加快建设数字四川和新时代文化强省。当前已建立省文化大数据中心、非遗数字保护平台及档案数字资源库、省少数民族古籍中心平台、“文脉四川”、三苏文化大数据库（一期）等文化大数据平台，其中三苏文化大数据库（一期）获评文旅部2024年优秀案例。

在场景创新方面，运用虚拟现实（VR）、增强现实（AR）以及混合现实（MR）等前沿技术打造的沉浸式文化体验项目、实景沉浸式演艺项目等不断涌现，为消费者创造更加丰富、多元的互动场景。2024年5月13日，文化和旅游部办公厅等部门发布《智慧旅游创新发展行动计划》指出，加快推进以数字化、网络化、智能化为特征的智慧旅游创新发展，支持利用虚拟现实（VR）、增强现实（AR）、拓展现实（XR）、混合现实（MR）、元宇宙、裸眼3D、全息投影、数字光影、智能感知等技术和设备建设智慧旅

① 《泸州老窖如何重回前三?》，https：//baijiahao. baidu. com/s？ id = 1825858773073914086&wfr = spider&for = pc。

② 《四川印发数字文物创新应用工程实施方案 到2025年文物数字化保护水平显著提升》，https：//wwj. sc. gov. cn/scwwj/wbyw/2023/10/26/1a289c06f44c49f79b936c6d0230209b. shtml。

③ 《省委办公厅、省政府办公厅印发〈四川省推进国家文化数字化战略实施方案〉》，https：//www. sc. gov. cn/10462/10464/10797/2023/1/11/96015d3237c5494e9607cf78a2b4754c. shtml。

游沉浸式体验新空间，培育文化和旅游消费新场景①。在 2024 年文博会期间，“古蜀幻地”MR 导览项目、VR 体验项目“蜀道惊魂”、金沙遗址博物馆“考古时空门”数字体验项目等大放异彩，展示了四川文创与科技融合的沉浸式消费新场景。

2024 年，省委高规格召开文化遗产保护传承座谈会，系统推动巴蜀文化创造性转化、创新性传承取得显著成果。非遗保护传承深入推进，第八批 369 名省级非遗代表性传承人获正式认定。三星堆—金沙遗址申遗有序推进，濛溪河遗址入选 2024 年国内十大考古新闻，羌年进入人类非遗代表作名录，巴蜀非遗品牌大会、天府非遗周等活动成功举办，推动非遗融入现代生活，让传统技艺焕发新活力。科技赋能文化遗产活化成果显著。

（二）新质生产力为四川文化产业人才培养提供新机制

1.教育改革与产教融合增强人才专业素养

新质生产力驱动的文化产业转型升级，要求人才培养从传统学科边界向跨领域、实践导向转型。四川通过深化高等教育改革、强化校企协同育人、优化专业布局，形成“教育链—产业链—创新链”深度融合的育人机制。教育机构根据数字文化人才的培养需求，调整专业设置、优化课程体系、创新教学模式，注重培养学生的创新思维、实践能力和跨学科知识融合能力。近年来，四川高校围绕传统文化的创造性转化和创新性发展，服务文创及动漫产业，在学科建设和人才培养上着力布局、持续发力。四川大学 2017 年建立的中华文化传承与全球传播数字融合实验室，聚焦“中华文化传承与全球传播”这一重大问题，以数字技术融合创新为抓手，推进包括语言、

① 《文化和旅游部办公厅 中央网信办秘书局 国家发展改革委办公厅 工业和信息化部办公厅 国家数据局综合司关于印发〈智慧旅游创新发展行动计划〉的通知》，https://www.gov.cn/zhengce/zhengceku/202405/content_6950881.htm? ddtab=true。

符号、文学在内的优秀文化经典的保护、传承与跨文化传播①。四川文化产业职业学院通过完善双创课程体系、打造双创培训项目、深化协同育人途径等方式，培养高素质双创人才。同时，学校还积极推进混合式教学、创新教材形态和内容，适应数字化转型的需求，提高教学质量和效果。

校企合作与协同育人机制也不断深化。新质生产力背景下，四川文化产业人才培养更加注重校企合作与协同育人，通过建立紧密的校企合作关系，实现教育与产业的深度融合。学校与企业共同制定人才培养方案，共建实践教学基地，开展订单式培养和现代学徒制试点，使学生在学习过程中能够接触到实际的产业项目和工作场景，提高实践能力。为加快形成数字产业、数字科技、数字人才、数字教育一体融合的新质生产力，2023 年 2 月成都未来科技城国际教育园区正式投用，随后电子科技大学人才培养基地、研究生创新培养基地等合作办学项目陆续进驻园区，突出“教科产城”融合发展理念。在实践方面，四川多所高校学子参与《哪吒 2》的创作，体现了教育链、人才链与产业链、创新链的深度融合和全面发力，成为四川产教融合新范式。其中，成都大学的“四川省动漫游协同创新中心”，整合 12 个校内工作室，以项目制推动学生参与《哪吒 2》等电影制作，形成“学习即生产”的实战化培养路径②。2024 年 8 月，四川省人力资源和社会保障厅印发《四川省加快数字人才培育支撑数字经济发展行动实施方案（2024—2026 年）》，提出未来将加快培育高水平数字人才队伍，赋能全省文化产业高质量发展。

2. 国际教育与平台搭建助力跨文化人才培育

近年来，四川省积极推动文化企业和文化品牌“走出去”，鼓励文化企业在海外建立分支、分销机构，积极拓展国际市场。具有国际化视野的文化产业人才是推动文化产品出口、文化服务对外贸易和拓展国际市场的重要基础。近年来，四川在高校培养和国际交流上不断深入，积极为培养具有国际

① 《四川大学文理交融培育复合型创新人才》，https：//baijiahao. baidu. com/s? id = 1794645139116109662&wfr = spider&for = pc。

② 《“哪吒”火了，背后有这些高校的贡献》，https：//news. qq. com/rain/a/20250224A01SBP00。

化视野的复合型人才打造平台。四川文化产业职业学院融媒体学院选派学生参加新加坡国际课程学习，课程涵盖传媒领域技术与创新，教学方式多样，旨在培养具有国际视野的复合型传媒人才。同时，成都大学也积极面向“一带一路”共建国家办学，开设了中国-东盟艺术学院，通过联合培养、师生互换、项目研发、短期游学等多种形式不断加强国际合作。

四川省文化产业商会在全球 20 多个国家和地区设立联络处，积极融入文化“走出去”战略，主办或联办各类大型文化活动和项目，为文化产业人才提供了广阔的国际交流与合作平台。在产业实践上，四川积极举办各类国际文化活动，吸引国内外文化人才参与，2024 年在秘鲁举办“太阳之光：古蜀与印加文明互鉴展”；联合人民日报社举办 2024“一带一路”媒体合作论坛；金熊猫奖赴 28 个国家和地区开展宣传推广；举办“熊猫走世界·四川文旅卡塔尔行”“寻迹蜀道·风起三国”“川灯耀世界”“童声唱中国”等文化交流活动，极大促进了国际交流与合作，提升了文化产业人才的国际视野。

3. 政策支持完善人才激励与保障机制

为了适应数字文化产业的发展要求，四川文化产业不断完善人才激励与保障机制，激发人才的创新创造活力，取得了显著成效。四川省政府出台了一系列政策，推动文化产业人才的培养和激励。《四川省“十四五”文化发展和改革规划》提出，要建立健全充分体现创新要素价值的收益分配机制，推动符合条件的文化单位从业人员享受科技创新扶持政策。在四川《2024 年职业能力建设工作要点》中，培育高技能领军人才被列为首要任务，全省正集中力量从多个关键领域推进这项工作，旨在扎实推进“技能四川”建设，为全省的高质量发展提供强大的技能人才保障。另外，建立荣誉与表彰激励机制，通过评选“巴蜀文艺奖”等奖项，对获奖者给予资金奖励和政策支持，增强人才的荣誉感和成就感。

在人才服务方面，四川已建成 1 个国家级和 14 个省级人力资源服务产业园，人力资源体系建设取得了显著成效。以成都天府长岛数字文创园为例，该园区通过集聚数字文创企业，形成了完整的产业链，为文化产业人才提供了广阔的发展空间。“蓉漂计划”“蓉城英才计划”等政策深入实施，吸引和汇聚了大批文化创新人才。在创业支持上，设立专项基金支持文化产业人才创业与创新，如“天府文创贷”为文化企业提供融资支持，推动文化产业发展。

四川省在文化产业人才激励与保障机制方面已经构建了较为完善的体系，涵盖教育、职业发展、生活保障等多个维度，为文化产业人才提供了全方位的支持。通过政策引导、机制创新、教育与培训、激励与保障等多方面的措施，四川文化产业吸引了大量优秀人才，为文化产业的高质量发展提供了有力的支撑。

（三）新质生产力为四川文化产业转型升级提供新范式

1. 数据要素配置不断优化

在数据要素的宏观调控上，国家数据局的成立为数据要素的流通和利用提供了宏观统筹和政策支持，确保数据在文化产业中的高效应用。为响应国家战略需求，推动数字中国建设在四川落地，2024 年 1 月 11 日，四川省数据局正式成立，旨在构建数据管理体系，逐步建立由发展改革部门牵头、相关部门协同的数据管理体系。它还将促进数据要素市场化，发挥数据要素资产价值，以数据赋能经济社会高质量发展；通过统筹数据资源整合共享和开发利用，为四川的高质量发展提供动力。

数据产业发展初见成效，四川规划布局数据要素产业园，大力培养服务于数据要素资产化的企业，省内首个数据要素产业园落户德阳。根据万得全球企业数据库，对四川省工商备案的数据要素型企业成立注册情况进行统计分析可见，截至 2024 年 8 月，在工商部门备案的数据要素型企业共 13. 5 万家，2024 年新增 1. 8 万家。四川以数据要素市场化改革为核心，通过基础设施升级、确权交易与场景应用，推动文化资源向高附加值资产转化。

数据要素不断向数据资产转化，1 月 24 日，四川省文化大数据体系内完成了首笔文化数据资产交易。一家知名游戏公司通过四川省文化数据交易平台成功购买了“安岳石窟 · 毗卢幻境”3D 模型数据，此举标志着 2023

年启动的“311N”文化大数据体系建设取得了实质性进展，同时也是文化资源数字化保护与商业化应用领域的一次重大突破①。四川通过数据要素优化，正从“文化资源大省”向“文化产业强省”跨越。

2. 区域协同发展持续推进

2024 年 3 月习近平总书记在参加全国两会江苏代表团审议时提出，“要牢牢把握高质量发展这个首要任务，因地制宜发展新质生产力”②。党的二十届三中全会通过的《中共中央关于进一步全面深化改革、推进中国式现代化的决定》③ 对“健全因地制宜发展新质生产力体制机制”提出明确要求、作出具体部署。在迈向文化产业高质量发展的过程中，四川存在区域发展不平衡的短板。为优化四川文化产业布局、因地制宜发展新质生产力，近年来，四川聚焦各地文化资源禀赋与产业基础，通过多项措施推动文化产业各环节的协同发展。

《四川省文化和旅游产业链专项工作方案》提出，数字文化产业以成都为主要承载地，德阳、绵阳、遂宁、眉山、宜宾、资阳等为协同发展地。近年来，成都作为四川文化产业的核心增长极，充分发挥其在文化资源、科技研发、人才集聚等方面的聚集效应，打造了天府长岛数字文创园等具有国际竞争力的文化产业集群，推动了文化科技“链主”企业创新发展，延伸了产业链，提升了价值链。同时，成都利用省会城市的辐射作用，带动德阳、眉山、资阳等周边城市协同发展，形成“极核辐射、一圈环构、两翼齐飞”的文化产业新格局。

此外，以成渝地区双城经济圈为牵引，近年来，成都和重庆深入开展文化产业领域的合作，持续推进区域共兴。2021 年 3 月《中华人民共和国国

---

① 《千年石刻“走下崖壁” 全省文化大数据体系第一笔文化数据资产交易达成》，https：//baijiahao. baidu. com/s？ id=1822125150718921688&wfr=spider&for=pc。

② 《会内会外谋发展—牢牢把握高质量发展这个首要任务》，http：//cq. people. com. cn/n2/2024/0312/c365425-40772668. html。

③ 《中共中央关于进一步全面深化改革、推进中国式现代化的决定》，https：//www. gov. cn/zhengce/202407/content_6963770. htm？ jump=true。

民经济和社会发展第十四个五年规划和 2035 年远景目标纲要》① 将“打造巴蜀文化旅游走廊”列入 102 项重大工程项目。自该项目启动以来，川渝两地通过资源互通、市场共建，已形成成渝古道文化旅游带、长江上游生态文化旅游带等三大旅游带和七大特色旅游区②。2025 年 3 月，巴蜀文化旅游走廊产业联盟揭牌成立，其目标是借助市场化手段，加强两地文旅资源的整合与开发，致力于在全国范围内树立文旅协同发展的典范。

3. 科技赋能催生新业态

当前，文化与科技的深度融合已成为催生新兴文化产业业态、推动文化产业发展的核心驱动力，同时也是国家科技创新战略的关键领域。近年来，四川省积极推进文化与科技的深度融合，经过多年持续的探索与发展，取得了一系列具有创新性的成果，催生了丰富多样的新兴文化产业业态，正逐渐成为文化产业创新发展的重要引擎。数据显示，2023 年四川省文化新业态特征较为明显的 16 个行业小类实现营业收入 1941. 1 亿元，比上年增长 57. 3%，高于全部规模以上文化企业 38. 3 个百分点③。《2023 年四川省文化产业发展指数报告》显示，2019 ~ 2023 年，四川文化产业发展综合指数从全国第 12 位升至第 7 位，且科技赋能的文化产业发展呈强劲势头。

四川依托丰富的文化资源禀赋，通过系统性梳理与跨界融合，推动文化资源向多形态、多场景转化，形成“数字+”的文化产业生态体系，不断推动文化产业向高附加值领域升级。2024 年的《文化与科技融合创新技术及应用场景汇编》包括了虚实融合、多维视听、商业模式革新、数字技术跨界融合等 30 个创新项目。其中，由四川封面传媒科技有限责任公司打造的项目“天府文化数字云展及文化数据资产管理平台”采用混合云技术，结合人工智能和大数据分析，实现资源的高效管理。入选的大型沉浸式实景历

---

① 《中华人民共和国国民经济和社会发展第十四个五年规划和 2035 年远景目标纲要》，https：//www. gov. cn/xinwen/2021-03/13/content_5592681. htm。

② 王晋朝：《巴蜀文化旅游走廊产业联盟成立》，《四川日报》2025 年 3 月 3 日。

③ 《2023 年四川文化产业实现圆满收官》，http：//tjj. sc. gov. cn/scstjj/c112117/2024/2/6/a0c02a5ffbe14a84b78165e935e936f4. shtml。

史舞台剧《瓮城传奇》由力方数字科技打造，该公司聚焦于视觉科技在文化产业中的创新应用，已成功开发出包括飞行影院、全感 VR、裸眼大屏在内的 10 余种文化产品，将文化旅游产业链拓展至影视制作、创意设计和文化用品开发等领域。

在文旅产业，“运动+文旅”、“低空+文旅”、“影视+文旅”、“文旅+电竞”以及农文旅融合等也成为备受瞩目的新兴模式。这些融合模式不仅丰富了游客的旅游体验，也为文旅产业带来了新的增长点。通过结合不同领域的特色元素，文旅产业正逐步实现多元化、差异化发展。2024 年 11 月，东亚电竞锦标赛在成都举办，赛事期间四川围绕三国文化、大熊猫等特色文化旅游资源，同期推出“跟着赛事去旅行”系列文旅活动，探索出了“电竞+文旅”融合发展的新模式，助力四川打造世界重要旅游目的地的新增长点。创新产品也开始萌发。未来，四川还将在科技赋能的文化产业新业态上持续发力，以数字技术激活文化资源，打造全域数字文旅产业链。

（四）新质生产力为四川文化产业发展创造新环境

1. 政策体系强化制度保障

四川省政府高度重视文化产业的发展，通过完善政策体系，为文化产业的发展创造了良好的政策环境。近年来，四川出台了一系列政策引导扶持文化企业持续健康发展：2022 年四川印发《四川省引导扶持文化企业发展六条措施》；2023 年 2 月，四川省政府出台《聚焦高质量发展推动经济运行整体好转的若干政策措施》，其中提出要支持建设一批文化旅游融合示范项目，每个给予不超过 1200 万元补助；推进文化产业和旅游产业融合示范区、滑雪旅游度假地等新业态园区（基地）建设，安排专项资金支持打造文化和旅游网红打卡地[①]。2023 年末，四川省共有规模以上文化及相关产业企业 2724 家，全年实现营业收入 5633.6 亿元，按可比口径计算，比上年增长

① 《四川省人民政府关于印发〈聚焦高质量发展推动经济运行整体好转的若干政策措施〉的通知》https://www.sc.gov.cn/10462/11555/11562/2023/3/17/a5f850435cc749f1aa18ba0acbca4c06.shtml。

19%，增速比全国高 10.8 个百分点，文化企业经营效益不断提高，营业收入利润率为 11.25%，比全国高 2.32 个百分点[①]。这些数据彰显了政策利好对文化产业高质量发展的极大促进作用。

为营造良好的创业创新环境，四川积极开发如“天府文产贷”“天府科创贷”“园保贷”“制惠贷”“体育贷”等适合文化产业特点的信贷产品，为文化企业提供了更加便捷的融资渠道。在创意激励方面，2024 年四川省政府办公厅印发了《四川省重大文艺项目扶持和精品奖励办法》，旨在通过扶持重大文艺项目和奖励精品，激励四川省文艺作品创作、人才培养、经济效益提升和品牌建设，从而推动全省文艺事业的进一步发展。

在知识产权保护方面，2024 年 5 月，四川省第十四届人大常委会第十二次会议第二次全体会议，表决通过了《四川省知识产权促进和保护条例》，旨在激发全省的创新活力，推动新质生产力的发展，并为文化强省建设提供坚实的法治保障。

2. 文化消费逐步回暖

2024 年四川省文旅市场展现强劲的复苏态势，整体发展环境持续向好。与此同时，文旅产业消费场景提质升级。2024 年四川省 A 级景区在多个节假日表现突出。大数据监测显示，2024 年全省五一假期共接待游客 4207.58 万人次，同比增长 4.7%；实现旅游消费总额 211.48 亿元，同比增长 5.09%[②]。国庆期间据第三方大数据综合测算，全省共接待游客 5531.80 万人次，实现旅游消费总额 348.37 亿元，按可比口径计算，同比分别增长 11.09%和 9.48%。全省纳入统计的 890 家 A 级旅游景区，共接待游客 3987.31 万人次、实现门票收入 4.18 亿元，同比分别增长 21.21%和 7.73%[③]。

---

① 《2023 年四川省文化产业实现圆满收官》，http：//tjj.sc.gov.cn/scstjj/c105846/2024/2/6/e344fb3292c64fcd863c23d9633438a5.shtml。

② 《四川省文化和旅游厅关于 2024 年五一假期文化和旅游市场情况的报告》，http：//wlt.sc.gov.cn/scwlt/wlyw/2024/5/5/a69cabe7b0cd48fa8ace0e6b30681933.shtml。

③ 《2024 年国庆假期四川省文化和旅游市场情况综述》，http：//wlt.sc.gov.cn/scwlt/wlyw/2024/10/7/708c3bfedd7242a7b6a7c9bcf98e3bca.shtml。

四川凭借其独特的地理优势和丰富的冰雪资源，持续发力推动冬季旅游市场繁荣。近年来，四川通过举办“冬游四川消费季”活动，积极促进冬季旅游消费，推出5000余场文旅活动，发放1.5亿元消费“大礼包”，极大地激发了文旅经济的活力。四川还通过优化冰雪旅游消费环境、提升公共服务水平等措施，进一步推动了冰雪旅游产业的发展。例如，全省规划打造17家高水平重点滑雪场，支持各市州建设室内外滑冰滑雪场、旱雪场等设施，并完善交通网络，降低游客的交通成本。

2023年初，四川省委、省政府印发《关于实施“三品一创”消费提质扩容工程加快培育“蜀里安逸”消费品牌的意见》，旨在契合消费升级新趋势，激发消费新活力，培育消费增长新动能，充分发挥消费对经济发展的刺激作用。对此，四川打造了十大类别消费新场景，包括“味美四川”“乐游蜀地”“数字生活”等多元融合的商旅文体消费场景。“安逸熊猫”品牌营销入选全国国内旅游宣传推广十佳典型案例；演艺市场持续火爆，全省全年举办营业性演出3.2万场，成为文旅消费新增长点。2024年全省累计实现社零总额2.74万亿元，同比增长4.2%①。这些数据是过去一年全省文旅发展“成绩单”上的新亮点，彰显的是四川文旅市场持续向好。

3.绿色低碳引领可持续发展

在发展生态旅游的过程中，四川始终坚守生态保护的首要地位，以确保生态旅游的可持续发展。《中共四川省委关于以实现碳达峰碳中和目标为引领推动绿色低碳优势产业高质量发展的决定》明确提出，要以能源绿色低碳发展为关键，推动产业结构、能源结构战略性调整，大力促进经济社会发展全面绿色转型。在政策引领下，四川文化产业积极探索绿色转型路径，实现了文化保护与低碳发展的协同推进。德阳三星堆文化产业园通过采用光伏发电技术，实现了清洁能源的自给自足，年减排二氧化碳1.2万吨，有效降低了园区的碳排放，同时为文化产业园的运营提供了经济高效的能源解决方

① 《2024年四川经济形势新闻发布稿》，https：//www.sc.gov.cn/10462/c105627/2025/1/24/eed0d6a4ffbc445aacf4df7cc86f61d0.shtml。

案，为文化产业的可持续发展奠定了基础。

四川立足丰富的林草资源，以大熊猫为旗舰，以观光、游憩、度假、康养等为特色，加快发展生态旅游，积极推进生态产品价值变现。在推动文化旅游与生态资源的深度融合过程中，打造了一批具有特色的生态文旅项目。凭借大熊猫等高品级、原生性的优越资源，四川推出了众多新颖独特的旅游项目。从观林赏花、民俗体验到高山滑雪、草原露营等，围绕冰雪资源、森林资源、森林康养、森林徒步等的新业态正在兴起。青川县阴平村依托得天独厚的森林旅游资源，在 2024 年吸引了超 40 万名游客到访，生态旅游收入达 3800 余万元，占据全村总收入的 2/3。这些项目不仅促进了文化产业的发展，还将“生态资源优势”转化为“文旅消费动能”，推动了地方经济的绿色转型。2022 年，全省建设森林康养基地 220 个。2023 年四川省森林康养产业综合产值达到 400 亿元①。2023 年四川生态旅游综合收入达 1900 亿元，位居全国前列。

2024 年 9 月，四川省政府与国家林业和草原局共同发布了《建设“天府森林四库”实施方案》，提出将高质量建设天府“森林四库”，打造全国“森林四库”建设示范省。到 2030 年，全省生态旅游康养产值预计达到 3300 亿元，为实现这一目标，四川将实施森林旅游康养提质行动，不断拓展生态旅游的内涵与外延。

三　新质生产力引领四川文化产业高质量发展的建议

（一）强化技术创新，催生文化产业新业态

1. 以技术创新驱动文化生产的范式变革

在数字经济时代，文化产业的技术创新已从辅助工具升级为产业重构的

① 《为高质量建设“天府森林钱库”点燃绿色引擎——四川生态旅游引领经济新增长》，https：//www. forestry. gov. cn/c/www/dfdt/601351. jhtml。

核心变量。四川作为国家数字经济创新发展试验区，亟须把握新兴技术的窗口期，构建文化科技融合的创新生态系统。《2023 年四川省文化产业发展指数报告》显示，2019~2023 年，四川文化产业发展综合指数从全国第 12 位升至第 7 位，且科技赋能的文化产业发展呈强劲势头①。但在关键技术、成果转化等方面与发达国家和地区仍存在不小差距。对此，需建立“基础研究—应用开发—场景落地”的全链条创新体系。

在基础研究方面，可以集中电子科技大学数字媒体技术四川省重点实验室、成都市川剧研究院、成都纺织高等专科学校、四川省丝绸科学研究院、华为成都研究所等科研力量，开展人工智能大模型底层算法攻关。重点突破多模态大模型在川剧变脸动作捕捉、蜀锦羌绣纹样智能生成等领域的应用瓶颈，开发具有四川文化基因的专用算法库。成都纺织高等专科学校与四川省丝绸科学研究院合作，对四川省博物院等机构的馆藏蜀锦文物进行系统性扫描，采集了战国至明清时期的 400 余幅纹样，涵盖龙、凤、花卉、几何等主题；通过超分辨率重建、矢量化绘制等技术，构建了传统纹样基因库，并建立了唐代色谱体系②。在此基础上，可开发蜀锦 AI 大模型专用系统，实现传统纹样的智能衍生设计，缩短纹样开发周期。

在应用创新方面，可借助四川独具特色的山川风光、历史文化遗迹，结合高精度 3D 建模、渲染等技术手段，打造具有四川特色的数字内容创作中心。2024 年火爆全网的《黑神话：悟空》采用虚幻引擎 5 与 AI 辅助动画生成，在角色动作流畅度与场景真实感上超越传统 3A 游戏标准。游戏通过激光扫描技术 1∶1 复刻山西福胜寺等 36 处真实古迹③。四川文化产品可以借鉴这种技术，提升产品的视觉效果和真实感。

在场景落地方面，应促进技术与场景的有效结合。例如在广汉三星堆博

① 《科技赋能，四川文化产业还将涌现哪些新趋势、新动向》，https：//www. chengduzaixian. cn/4/10110/1819696。

② 《蜀锦与数字技术：传承与创新的华美交响》，https：//roll. sohu. com/a/842676492_121956422，2024-12-27。

③ 《从黑悟空到哪吒 2：中国 IP 如何用“神话炼金术”征服全球?》，https：//www. sohu. com/a/861590877_121304762。

物馆设置混合现实（MR）的导览系统，参观者戴上专用设备后，可看到古蜀人的生活场景与现实环境的融合，从而拉长游客的平均参观时间。

2. 构建文化科技融合的创新共同体

当前文化与科技的融合面临诸多挑战，其中最为突出的是“科技企业不懂文化、文化企业缺技术”的困境。要解决这一问题，需要建立新型的产学研协同机制，促进文化与科技的深度融合，构建文化科技融合的创新共同体。

一是激活企业主体的创新活力。政府可实施“文化科技小巨人”培育计划，对同时具备文化 IP 运营能力和技术研发能力的企业给予一定的所得税减免优惠。四川拥有众多此类文化科技企业，可建立专门的企业名录加以扶持。比如，成都可可豆动画影视有限公司（以下简称可可豆动画）制作的《哪吒之魔童闹海》的 2427 个镜头中，特效镜头占比达 80%。该动画通过高精度动作捕捉、全景光线追踪等技术实现电影级画面，其细腻程度达到国际顶尖水平①。元梦空间文化传播公司开发的《七勇士》交互式游戏，其可交互 VR/MR 大空间技术被纳入四川省《文化与科技融合创新技术及应用场景汇编》。对这些企业的激励，可带动其他企业投身于文化与科技的深度融合，促进整个行业的创新发展。

二是整合科研资源。在四川大学、电子科技大学、成都信息工程学院等高校设立文化科技融合研究中心，组建由计算机科学家、文化学者、产业专家构成的跨学科团队，共同研究文化与科技融合的前沿技术应用场景。比如，四川省艺术研究院联合成都理工大学建设的“川剧艺术传播数字博物馆”先后获得四川省文化和旅游厅 2022 年“四个一批”优秀空间和优秀案例、2023 年四川省首批网络综合治理数字化应用场景培育项目、2023 年四川省文化和旅游数字化创新示范优秀案例等多项荣誉。这些成功案例为四川文化科技融合提供了宝贵经验，未来可进一步

① 《从黑悟空到哪吒 2：中国 IP 如何用“神话炼金术”征服全球?》，https：//www. sohu. com/a/861590877_121304762。

推广和深化。

三是构建政府支撑平台。《四川省“十四五”公共服务规划》提到，将加强市县级公共文化设施建设，推进文化遗产数字化保护项目，传承发展川剧曲艺等传统艺术[①]。《四川省川剧保护传承条例（草案）》也指出，要推动川剧与科技应用深度融合，加强川剧文献档案、剧目表演、声腔曲牌等数字化建设，建立川剧资源数据库和信息共享交流网络平台[②]。四川省艺术研究院积极申报建设四川艺术（川剧）文献数字服务平台项目，对川剧文献资源进行数字化转化、加工和研究利用。这些措施虽已取得一定成效，但难以充分满足当前四川文化产业高质量发展的需求，对此，可将市级“天府文创云”升级为省级文化科技基础设施，集成云计算资源池、数字版权登记、跨境文化贸易、企业技术需求匹配等功能模块，为企业提供一站式服务，推动文化和科技的深度融合。

3. 完善技术扩散的生态系统建设

技术创新的价值实现依赖于完善的产业生态支撑，可重点构建三大支撑体系。

首先，大力推进基础设施体系建设。为夯实文化产业数字化转型的算力底座与数据基座，需构建新型文化基础设施体系，包括：在“东数西算”工程框架下，建设成都智算中心文化专用算力集群；规划建设高性能的AI算力池，优先保障4K/8K影视渲染、数字人训练等高算力需求场景；配套建设文化数据专网，实现全省457家博物馆[③]、900多个非遗工坊[④]的数据互联互通，构建文化大数据资源池。

---

① 《四川省人民政府关于印发〈四川省“十四五”公共服务规划〉的通知》，https：//www. sc. gov. cn/10462/zfwjts/2021/12/30/e38200d968c9480b8aa272da4835d629. shtml。

② 《四川省人大常委会办公厅关于公开征求〈四川省川剧保护传承条例（草案）〉修改意见的公告》，https：//www. scspc. gov. cn/yjzj_gg/202406/t20240605_46610. html。

③ 《457家！四川183个县市区实现博物馆全覆盖》，https：//kscgc. scgchc. com/sctv/h5/v7/newsShare. html? id=1889291761441173506。

④ 《四川900余个非遗工坊 点燃乡村振兴“新引擎”》，https：//www. scwmw. cn/yw/202306/t20230611_1273416. htm。

其次，进行标准规范体系建设。针对当前数字文化领域存在的技术参数混乱、AI 创作版权归属模糊等突出问题，亟须建立统一的技术基准与确权规则，为产业健康发展提供制度保障。具体措施包括：牵头制定《数字文化产品技术标准》，明确虚拟现实画面的流畅度、三维模型细节程度这些技术指标；联合国家版权局西南版权登记大厅，制定“AI 创作内容版权认定办法”，对 AI 参与程度超过 30%的文化产品，要明确标明“人类创作者和 AI 模型共同完成”的字样。

最后，有序推进金融支持体系建设。为激活创新资本动能，可探索和开发基金、信贷、期权等多元化的融资渠道。比如，设立文化科技融合基金，采用灵活多样的投融资模式支持 AR/VR 硬件研发等创新项目。同时，创新融资工具，提供优惠的贷款政策，并建立技术收益分享机制，以吸引更多资本投入四川省的文化科技产业。

（二）加强品牌建设，培育国际市场竞争新优势

1. 重构品牌价值

四川虽拥有丰富的文化资源，但存在符号分散、国际认知度低等问题。例如大熊猫 IP 开发多停留在玩偶等传统衍生品，三星堆文化传播仍以文物展览为主，缺乏现代转化。要提升四川文化产业的国际影响力，可通过三大工程突破传统的资源依赖型路径，重构品牌价值。

其一，实施文化符号提炼工程。一方面，由文化学者、品牌策划师、非遗传承人组成工作组，重点挖掘三星堆、九寨沟、大熊猫、川剧变脸、蜀锦蜀绣、哪吒等核心文化符号，将其打造成超级文化 IP。例如，联合蜀绣艺人推出有关大熊猫主题的高端刺绣艺术品，在纽约、巴黎开设快闪店。将“纵目面具”与人类早期宇宙观关联，制作《古蜀密码》动画短片，在 YouTube、TikTok 等社交媒体上进行多语种投放，同步发售青铜面具 3D 拼图、三星堆考古盲盒、哪吒之魔童闹海盲盒等。另一方面，在“天府文创云”建立“四川文化符号库”，提供可商用的设计素材，如川剧变脸脸谱矢量图、川西林盘建筑模型等，供企业免费使用。

其二，实施品牌价值转化工程。构建标准化的品牌授权体系，促进文化企业与国内外知名品牌开展品牌授权合作。三星堆博物馆与腾讯、阿里等30多家各类授权企业合作，推出各类影视、小说、游戏等作品20多部，开发文创产品800余种[①]，而与《哪吒》联名的潮玩销售额已经破5亿元[②]，实现了品牌价值的多元化转化。三星堆文创品牌还通过与政府机构、985重点高校、媒体机构、科技公司、出版社、邮政系统、社交媒体与旅游平台等积极联动，形成立体传播矩阵，拓展了品牌的应用场景和传播渠道[③]。未来，四川的大熊猫、三星堆、九寨沟等知名文化IP要积极与国际品牌展开联名合作，将四川文化元素融入国际品牌的商品设计，提升四川文化在国际市场的知名度和影响力。还要利用国际品牌在全球的销售和营销网络，让四川的文创品牌走向国际，实现品牌转化的国际化。

其三，实施市场渗透工程。根据品牌定位和目标市场，制定差异化的国际营销策略。例如，在欧美市场，可联合迪士尼、环球影城等国际IP，开发“熊猫+功夫”主题体验区，游客通过VR设备即可化身熊猫侠客参与剧情任务。针对东南亚市场，借助“一带一路”文化交流契机，在曼谷、吉隆坡等城市开设“三星堆文化体验馆”。此外，充分利用社交媒体平台的优势，加强品牌营销和推广。比如，《黑神话：悟空》持续发布实机演示视频，在YouTube累计播放量超2亿次，利用“悬念营销”吊足玩家胃口。《哪吒》系列在TikTok发起#DrawYourNeZha挑战，吸引了超过200万用户参与角色二创[④]。四川文化产品可以借鉴这种传播策略，通过知名国际社交媒体平台发布产品预告、制作过程、文化背景等内容，吸引海外消费者的关

① 《“沉睡数千年，再醒惊天下”——三星堆再发现传播案例》，https://history.sohu.com/a/812329574_121124431。

② 《从黑悟空到哪吒2：中国IP如何用“神话炼金术”征服全球?》，https://www.sohu.com/a/861590877_121304762。

③ 《三星堆文创火出圈！从品牌塑造向超级文化符号转化》，https://www.guanghan.gov.cn/gk/xxgk/jbxxgk/f/dtxx/1669011.htm。

④ 《从黑悟空到哪吒2：中国IP如何用“神话炼金术”征服全球?》，https://www.sohu.com/a/861590877_121304762。

注和兴趣，为产品在国际市场的推广打下基础。

2. 构建国际认证体系

四川文化品牌要赢得国际市场认可，需建立与国际接轨的认证体系，以标准化建设提升品牌公信力。

（1）建立国际认证标准。一是制定文化产品、工艺质量的国际认证标准。例如，“四川非遗”短视频账号发布的《国家级非物质文化遗产：流传千年的彝族漆器髹饰技艺》，因聚焦展现彝族漆器画师丝滑流畅的绘制技艺而在网络上走红，播放量接近 1400 万次，点赞数达 63.5 万个，留言达 4.7 万条[①]。可联合瑞士 SGS 等国际认证机构，对此类工艺制定全流程认证标准，通过认证的产品可贴上“天府匠心”国际认证标识。二是制定文化服务的国际认证标准。针对四川的文化旅游服务，建立国际认证标准，涵盖旅游接待、文化讲解、活动组织等方面。例如，制定三星堆文化旅游服务的国际认证标准，对导游的外语水平、文化专业知识、服务态度等进行规范和认证，提升四川文化旅游服务的国际形象和品质。

（2）加强知识产权保护。加强知识产权保护是构建国际认证体系的重要组成部分。[②] 四川亟须对“三星堆”“大熊猫”“川剧变脸”等核心文化符号进行全球商标的防御性注册，以防止海外恶意抢注和侵权行为。可设立专项基金，补贴企业海外商标的部分注册费用，并在成都知识产权法庭开通“文化品牌维权快审通道”，缩短侵权案件审理周期。同时，联合文化企业、行业协会、律师事务所等，成立四川文化知识产权保护联盟。联盟成员可共同制定知识产权保护策略，分享侵权案例和应对经验，加强在国际市场的知识产权维权合作。

（3）促成认证标准互认。为提升四川文化产品和服务的国际竞争力，还应该与国外认证机构展开合作，促成双方认证标准实现互认，减少重复认

---

① 《四川非遗：不断提升巴蜀文化凝聚力、影响力》，https://www.ihchina.cn/project_details/27538。

② 《第三财经：韩国有意将川剧变脸申遗？川剧演员回怼：哪里来的底气!》，https://www.toutiao.com/w/1740836070852699/?wid=1707086153121，2022-08-11。

证成本和时间投入。同时参与国外认证机构的培训和交流活动，不断提升四川文化企业、机构对国际认证标准的认知和利用程度。

3. 深化品牌的国际合作与交流

加强与国际伙伴的紧密合作，不仅能够引入先进技术和理念，还能拓展海外市场，提升四川文化品牌的全球知名度。

（1）搭建境外合作平台。品牌国际化离不开高端文化传播平台，四川应积极寻求与境外高端文化机构、国际组织及友好城市共同开展文化交流活动、展览、演出等，将其作为四川文化品牌塑造展示的对外窗口。例如，成都国际非遗节已经连续举办了八届，吸引了135个国家（地区）以及全国各省区市代表的广泛参与，其已经成为我国树立中国形象的节会。为了进一步扩大影响力，今后可以与联合国教科文组织等国际组织和友好城市联袂打造品牌活动，如大巡游、非遗成都论坛等，丰富活动内涵，建设具有非遗特色的文旅产业融合平台，扩大国内外非遗合作项目活动规模，提高活动实效①。

（2）加快文化产品和服务外销。一方面，针对海外市场受众，完善四川文化产品，满足国外消费者对文化产品审美和心理的需要，例如《哪吒之魔童闹海》以“反叛天命”主题、敖丙自我救赎线和高水平特效获得了海外观众青睐②。另一方面，提升文化服务的国际化水平，例如增加文化解说、导游的多语种服务，开发多语种App、网站等，为海外市场消费者提供优质贴心的国际化服务。

（3）参与国际文化议题。积极参加国际文化论坛和会议，主动发声，宣传四川文化产业发展的典型案例和经验，提出创新性观点和建设性建议，与国际同行共同推进全球文化的发展。还可联合国际文化组织，共同承办文化节、电影节、音乐节等国际性的文化活动，增强四川在国际文化领域的影响力。

---

① 《文旅要长红 需沉下心做高品质内容供给》，http://travel.china.com.cn/txt/2024-03/06/content_117042575.shtml。

② 《悟空和哪吒：中国本土神话重构全球叙事格局丨黑神话：悟空》，https://finance.sina.com.cn/jjxw/2025-02-23/doc-inemmpnt1457329.shtml。

（三）优化产业布局，因地制宜发展新质生产力

当前四川省文化产业面临的核心挑战在于“成都一城独大”与川西、川南等地区资源闲置并存的结构性矛盾，这种矛盾导致文化要素配置失衡，无法充分发挥区域文化资源的独特价值。需以系统性思维梳理区域文化基因，通过精准定位实现差异化发展，构建与资源禀赋、生态承载力和市场需求深度适配的新型产业格局。

1. 梳理文化产业区域优势和资源特色

破解结构性矛盾的首要任务是突破传统的经验决策惯性，构建科学化、量化的评估体系。建议从文化资源丰度、产业基础强度、市场需求热度三个维度建立量化模型，形成可视化的“四川文化资源数字地图”。例如：广安的红色遗址可利用 GIS 技术标注长征路线节点密度，结合游客停留时长、社交媒体打卡热力等数据，评估其作为红色教育基地的开发潜力；自贡恐龙 IP 可运用大数据、人工智能技术分析全球科幻电影市场的趋势，测算其衍生品开发的商业价值；巴中光雾山则需整合气象局气候数据与在线旅游平台的预订信息，构建冬季旅游资源价值指数。

这一评估体系要注重动态更新机制，还要通过“资源—能力—需求”匹配模型识别区域特色。如川西高原的藏羌文化适宜发展低干预生态旅游，川南丘陵带的农耕文明可以探索建设沉浸式田园综合体，而德阳三星堆遗址更适合将考古发现与 VR 技术、文创开发进行深度融合，进而将稀缺性资源转化为高附加值产品。这种评估体系既能避免同质化竞争，又能为后续规划提供精准导航。

2. 强化文化产业空间规划

在清晰认知区域资源禀赋的基础上，还需加强顶层设计，以“功能分区”替代“地理分割”，构建“一核四带”的特色产业集群。

成都核心区应聚焦增强数字文创与文博演艺的全球竞争力，可依托成都超算中心建设“元宇宙数字文博集群”，开发三星堆系列数字藏品；利用四川音乐学院、四川美术学院的人才优势，打造“成都设计之都”品牌。川

南文旅带需打通宜宾酒文化与自贡恐龙 IP 的产业链，宜宾可建设“长江酒文化数字孪生系统”，通过 AR 技术再现五粮液酿造场景；自贡恐龙博物馆可联合腾讯游戏开发《侏罗纪世界：川南冒险》，实现线下观展与线上游戏的流量闭环。川西生态带应探索“生态银行”模式，将九寨沟、四姑娘山的景观资源转化为碳汇交易产品。把松潘县川主寺镇打造为“唐卡艺术疗愈中心”，将艺术与心理健康服务结合，形成独具特色的康养业态。川北经济圈以红色文化为内核，广安邓小平故里可借鉴延安革命纪念馆经验，运用全息投影技术再现“南方谈话”历史场景。达州可联合成都影视基地打造“长征数字文创产业园”，开发《我的 1935》互动电影，实现红色教育与文旅消费的融合。

3. 构建区域协同创新网络

区域协同的关键，是打破区域行政区划限制，建设要素流通的产业生态圈。成都作为全省创新策源地，可通过“飞地经济”“产业链招商”等方式将成都的资本、技术、人才优势向周边辐射。比如鼓励成都文投在凉山建设彝绣创新工坊，配备设计师团队和数字化生产设备，形成设计研发和电商销售的产业闭环，让传统手工艺凉山彝绣变为现代文创产业。川北红色文化带广安和达州合作共建“长征数字文创产业园”，将成都影视制作技术和达州的红色遗址景点结合，研发体验沉浸式长征主题剧本杀和 VR 教育产品，实现资源互补、价值共创。

要推动这种跨区域的合作，需要创新协同机制。建议由省级文旅部门牵头成立“成渝地区双城经济圈文化产业发展联盟”，制定统一的技术标准、知识产权交易规则和人才互认机制；建设跨区域文化产权交易平台，促进非遗技艺、IP 版权等无形资产的流转；设立“新质生产力引导基金”，重点支持川南酒文化与川西生态旅游的联动开发、川北红色 IP 与数字技术的融合创新等项目。

（四）体制机制创新，优化文化产业高质量发展环境

1. 构建跨部门协同治理机制

针对文化产业发展中普遍存在的部门职能交叉、政策协同不足等制度性

问题，破除体制机制障碍，以系统性改革打通要素流动堵点。一方面建立省级文化产业统筹管理机构，由分管副省长担任小组长，文旅、经信、科技等部门派驻业务骨干组建实体化运行的“文化产业领导小组”。该机构需建立“三统三分”工作机制，即统一政策出口、统一数据归集、统一绩效评估，同时分领域制定实施细则、分区域开展政策适配、分阶段动态调整支持力度。

另一方面是建设智能中枢平台，借鉴杭州城市大脑的基本架构，建成“天府通”，既可智能推送政策、智能匹配资金，又能跨部门并联审批。比如企业只要输入“VR 内容开发”这几个字，就可以获知省科技厅的资金补助和文旅厅的创作扶持政策；通过部门之间的协同治理，提高政府工作效率，把项目落地规划、环保等行政审批时间压缩到 30 个工作日内。

2. 完善文化金融支持体系

为了进一步推动文化产业的发展，可以试点建立西部第一家文化银行。文化银行主要服务文化企业，解决文化企业贷款的困难。不同于传统的银行，文化银行将会建立一种新的信用评价模型，即评价指标除了企业的财务指标，还会综合考虑企业的网络媒体影响力和知识产权价值，从而更加客观公正地评价企业的信用，对企业的放款更加合理。

文化银行可提供三种个性化的金融服务。首先，文化银行推出“版权质押循环贷”金融服务，所谓版权质押循环贷是指文化银行可以根据影视衍生产品版权估值为企业提供贷款。以《哪吒之魔童闹海》这类热门 IP 为例，影视衍生品开发企业根据该项目当年的授权收入，可以按照 120%额度申请贷款，随着电影票房的增长，贷款额度可以动态调整。这种可浮动的贷款方式可以让企业更好地盘活版权资源，获取更多资金。其次，文化银行可以联合保险类机构推出“完片担保保险”服务。假如一部投入资金 5000 万元以上的热门 IP 电影，文化银行联合保险公司可以共同承担 20%的电影制作超支风险。这个担保保险可以降低企业的风险成本，做好项目保障和项目保险的前期工作，吸引更多企业和项目参与者，包括文化衍生品开发企业、担保公司等。最后，文化银行可以尝试文化资产证券化服务，如三星堆博物馆发行门票收益权 ABS 产品，首期发行规模 5 亿元，预期收益率 5.8%。这种融资方式可以为文化企业提供更多资金，同时也能吸引金融资本的关注。

3. 深化国有文化单位改革

2003 年，四川省积极响应国家关于公益性文化事业和经营性文化产业的分类改革号召，不断推进文化单位改革，有效提升了市场主体和管理效能，但仍面临公益性单位活力不足、经营性单位市场化程度有限以及社会资本参与度低等问题，需要进一步深化文化单位改革，以促进文化产业的高质量发展。

一是将文化单位划分为营利单位和非营利单位，继续深化文化体制改革。“两分法”虽然促进了国有文化机构的改革，有一定的合理性，但也暴露出管理体制僵化、管理范围狭隘及过于依赖政府与市场等问题。可采用营利组织与非营利组织的分类方法，替代过去的“两分法”。首先，营利与非营利组织的划分能够提供一个更为灵活、全面的改革框架。在这一框架下，营利组织以追求利润最大化为目标，在文化市场中自负盈亏，而非营利组织则以促进公益事业为宗旨，不追求投资的经济回报，并可享受税收优惠政策及接受社会捐助。其次，营利与非营利组织的划分还具备极大的灵活性和开放性，可不对运营机构的具体运营方式和内容作强制性规定，允许营利组织承担公益性文化项目，非营利组织在追求生存和发展的同时也可寻求一定的投资回报，只要这些收益用于服务社会①。因此，深化文化改革需完善相关政策与法规，优化管理体制，加强监管与评估，促进创新发展，并兼顾公平与效率，以确保各类文化单位在公平竞争中获得发展机会，满足人民群众日益增长的文化需求，推动文化事业的繁荣与发展。

二是支持文化产权交易市场发展，培育文化金融生态。文化产权交易市场是衔接文化产品和资本的重要载体，既有助于完善文化资源的整合和

---

① 《文化软实力研究》编辑部：《文化产业在当代中国具有多方面的价值与意义——祁述裕教授访谈录》，《文化软实力研究》2023 年第 1 期，第 118~125 页。

有效利用，又有助于发挥文化产权市场对企业技术更新和开发的激励效应，引入更多社会资本投资文化产业，实现文化与金融的共生共荣。完善文化金融生态则需要多举措并施，首先是政府出台相关文件，积极引导金融机构为文化企业提供多元化的金融服务，缓解文化企业融资成本高企难题，从而提升文化市场竞争力；其次是加快建立文化资产评估机制，为推动文化产权交易提供科学、公平的价值依据，切实保护文化产权交易的双方权益；最后是加强对文化产权交易市场的规范监管，防止市场垄断的出现以及恶性竞争行为。

4. 构建包容审慎的监管体系

面对文化领域新业态迭代加速与监管滞后性的结构性矛盾，需通过制度创新平衡文化市场活力激发与秩序规范，构建以动态适应性为核心的监管框架。

首先，建立分类监管清单制度。对于 AI 文化内容创作、街头艺人等处于探索阶段的创新业态实行一定的包容性观察期，其间暂缓设置准入许可限制。针对历史文化空间开发建立强约束指标，如成都宽窄巷子等历史文化街区的商业设施密度严格控制在 70%以内，红色文化遗址周边 200 米半径禁止设置娱乐化消费场景等。

其次，构建文化市场风险预警系统。集成 12345 市民热线、网络舆情监测、工商投诉等数据源，开发具有空间可视化功能的文化市场健康度指数。当系统识别到特定区域仿冒产品投诉量周环比增幅超过一定阈值时，自动触发文旅、市监、公安三部门联合执法响应机制。

最后，完善柔性执法制度设计。对首次出现轻微违规行为且未造成实质性损害的市场主体，以“警示教育+整改”的方式替代传统的行政处罚，并建立信用修复通道。

（五）强化人才队伍，激发文化产业创新创造活力

1. 培育文化技艺新生代

四川文化产业的高质量发展还要解决人才的结构性问题，比如需从基础

教育抓起，建立新型人才培养体系，形成文化创新的持续发展动力。具体而言，选择具有一定代表性的中小学作为试点，开设文化技艺培养课程。课程分为基础课与特色课，基础课侧重普及非遗常识，特色课则以学生的个人兴趣和地域文化为基础，如开设绵竹年画、青神竹编、蜀锦织造等非遗技艺课程或文化科技融合课程，引导学生发挥想象力、创造力，将非遗技艺与现代技术结合，打造富有时代特色的文化产品。

此外，教育部门应引导学校与本地区博物馆、文化遗址建立良好的合作关系，为学生提供校外研学渠道。鼓励学校多举行文化节、技艺比赛等活动，为学生提供更多的展示、交流平台，并对获奖者予以一定奖励和表彰，激发他们持续学习的动力。

2. 深化产教融合机制

在高等教育阶段，建议四川高校与行业内的龙头企业紧密合作，共同建立产业学院，以实现理论与实践的紧密结合。四川师范大学影视与传媒学院数字媒体艺术系及戏剧影视美术设计系分别有七名和一名毕业生参与了《哪吒之魔童闹海》的制作[①]。这些学生在参与电影制作的过程中，不仅将所学的专业知识运用到实际工作中，还在实践中学习到了许多新的技能和知识，为他们的职业发展打下了坚实的基础。

今后，需要在四川高等院校推进更加深入的产教融合模式。比如，四川师范大学影视与传媒学院可和可可豆动画合作，四川音乐学院可与腾讯游戏联手，共同培养企业需要的人才，开设数字动画特效、游戏音乐制作等前沿专业；并在课程设置中建立“双导师制”，即除了学校教师以外，聘请企业导师参与教学，特别是在实践教学环节。这种深度合作使学生在学习过程中就接触到行业前沿的技术理念，并且参与到实际的项目当中，积累工作和实践经验，提高实际问题的处理能力和解决能力，而企业也能提前选拔和培养人才，为企业的发展注入新鲜血液。

---

① 《四川师大师生闪耀〈哪吒之魔童闹海〉制作》，https：//mmc. sicnu. edu. cn/p/0/？StId＝st_App_news_i_x638754991165241683。

3. 构建非遗新生代培育体系

在四川文化产业的人才结构性矛盾中，还存在乡村文化传承人老龄化的问题，可实施“乡村非遗传承人培养计划”。

在全省范围内选择一批具有代表性的非遗项目，由政府主导，联合当地文化部门、非遗保护中心以及相关职业院校，共同建立“乡村非遗传承培训基地”。这些基地可定期开设培训班，邀请省级工艺美术大师和非遗传承人担任授课教师，为乡村青年学员提供系统的非遗技艺培训。培训内容不仅包括传统技艺，还应加入现代设计理念和市场营销知识，以提升学员的综合能力。对于在培训中表现优秀的学员，给予一定的物质奖励和荣誉证书，并优先推荐其参与各类非遗展示活动和文化交流项目。鼓励非遗传承人与当地企业合作，开发具有市场潜力的非遗产品。政府可提供一定的资金支持和政策优惠，帮助非遗产品拓展市场渠道，提高非遗传承人的经济收入，从而吸引更多年轻人投身乡村非遗传承事业，构建起一支年龄结构合理、技艺水平高超的乡村非遗传承人队伍，为四川文化产业的可持续发展奠定坚实基础。

4. 加强国际化人才的培养与引进

在全球文化产业竞争日益激烈的形势下，国际化人才的培养和引进有利于四川省文化产业引入前沿的理念和技术，增强四川文化产品的国际竞争力。

第一，促进高校与国外高校合作办学，开设国际化文化产业专业课程，借鉴国外高校先进的教学理念和方法，培养国际化文化产业人才。第二，拓宽国际化人才引进途径，通过丰厚的薪酬待遇、科研启动基金、住房补贴等方式，吸引海外高层次文化产业人才来四川工作。第三，建立健全国际化人才服务体系，为他们提供子女教育、医疗保健、住房安置服务等保障服务。同时，建立国际化人才服务中心，为他们提供一站式服务和咨询，帮助他们解决在工作和生活中遇到的问题和困难，营造良好的工作和生活环境，使他们能够安心在四川工作和生活。

前沿观察

B.2

四川科幻产业发展研究报告

李京丽　张炜婧　赵佳蔚　胡嘉玥*

摘　要：　四川是科幻产业发展的重要省份，省会成都居于全国科幻产业第一梯队。四川在科幻电影与剧集制作、科幻文学与出版、科幻动漫、科幻游戏等领域成绩斐然。四川拥有全国最知名的科幻杂志《科幻世界》，出版发行了《流浪地球》《三体》等重大科幻原创作品；科幻游戏以及动漫电影《哪吒》等，正成为四川科幻产业的新兴动力和新 IP。自 2023 年承办第 81 届世界科幻大会以后，四川的科幻产业迎来快速爆发期，三国文化、三星堆、大熊猫、牛背山观星等重要文化资源以及文学动漫游戏影视等人才基础成为四川科幻产业发展的重要依托。依托省内优质文旅资源和大熊猫等 IP，四川科幻产业正逐渐以成都为中心向市州拓展，呈现“科幻+文旅”“科幻+会展”“科幻+教育”等跨界发展态势。

关键词：　四川　科幻产业　内容生产　泛科幻

* 李京丽，四川省社会科学院新闻传播研究所副研究员，主要研究方向为媒介文化、媒介话语；张炜婧、赵佳蔚、胡嘉玥，四川省社会科学院研究生。

四川自古就是“天府之国”，不仅拥有三星堆、金沙遗址等既古老又充满现代想象的古蜀文明重大发现，还拥有三国文化、大熊猫等重要 IP，拥有九寨沟、牛背山观星、遆沙拉星空观测基地（川南天文台）等神秘又充满科技想象力的自然景观，加上川人善于创新、充满想象和敢于探索的基因，四川科幻产业发展拥有得天独厚的先天优势，形成了深厚的文化土壤。近几年，四川科幻在科幻出版、科幻影视、科幻会展等方面迎来了快速发展，在全国科幻产业格局中居于核心地位，未来科幻产业发展潜力巨大。

一　四川科幻产业发展概况

（一）悠久历程

20 世纪 70 年代，四川科幻产业开始萌芽，其形态以文学创作为主。1979 年，《科幻世界》杂志在成都创刊，杂志由《科技文艺》与《奇谈》化身而来，迄今已出版发行 46 年，成为全国最具影响力和最受欢迎的科幻期刊。在不断鼓励发掘本土新锐作家的同时，《科幻世界》也不断引进国外优秀科幻作品，极大丰富了科幻文学的内容与形式，奠定了产业延伸与跨界融合的基础。

全国科幻文学最高奖项“华语科幻星云奖”和“中国科幻银河奖”（简称“银河奖”），以及国内最具影响力的科幻新秀奖“未来科幻大师奖”均在四川首创，其中银河奖由《科幻世界》杂志主办，迄今已有 39 年历史，被誉为国内最有影响力的科幻文学奖项。“华语科幻星云奖”始创于 2010 年，2024 年在成都举办了第 15 届颁奖活动；“未来科幻大师奖”创办于 2012 年，是国内最具专业性、权威性的原创类中短篇科幻文学奖项。许多国际国内科幻盛会也多在四川举办：1991 年，《科幻世界》杂志社主办的世界科幻协会（WSF）年会吸引了中外科幻作家、从业者及科幻迷之间的交流与互动，被赞誉为“WSF 成立以来最隆重最成功的年会”；2007 国际科幻·奇幻大会、连续举办四届的中国（成都）国际科幻大会和 2017 中国科幻大会等在国内外产生巨大反响。四川科幻爱好者人数众多，全省 109 所普通高校建有科幻社团，常年开展科幻科普活动，培育产生了众多科幻迷，仅成都市区就拥有泛科幻迷 50 余万人。2018 年，四川诞生了全国首个省级科幻学术组织——四川省科幻学会，更创新性设立了首个市级科幻行业协作机构——成都市科幻协会，为科幻产业生态建设提供了重要支撑。

（二）产业布局

经过 40 多年的发展以后，四川科幻经历了 1.0 的想象力消费、2.0 的视听消费、3.0 的场景消费三个阶段，从上游科幻文学创作，到下游科幻文创、科幻动漫、科幻游戏、科幻电影、科幻场景等全产业链都有布局，科幻文化的“破圈”发展加速其产业化进程，但在商业孵化方面仍有不足。从 2017 年开始，成都投资 20 亿元建设科幻影视硅谷，极大提升了“中国科幻之都”的城市品牌影响力。2023 年 9 月，《四川省元宇宙产业发展行动计划（2023—2025 年）》印发，明确以工业元宇宙为主线，以新一代信息技术融合创新为驱动，构建人才、技术、产业、应用、生态“五位一体”的元宇宙产业创新发展体系，加快形成新质生产力，打造具有全球影响力的“中国元宇宙谷”。2024 年 9 月，成都市青白江区携手当红齐天集团，引入中国西南首个元宇宙数字文旅产业园，并落地城厢古城。园区将融合区块链、5G、VR、AR、人工智能、物联网、大数据等前沿数字技术，打造元宇宙数字化空间。

（三）发展效益

浓厚的科幻氛围、富有生机的科幻业态为四川科幻产业的发展带来了良好的经济效益和文化效益。以成都为例，2022 年，成都市科幻产业规模突破 200 亿元，占全国科幻产业总规模的 1/4，成功塑造了西部科幻产业发展的标杆范式。《2024 中国成都科幻产业报告》显示：2023 年成都科幻产业

（不含科幻装备制造）实现营收 235.21 亿元，较上年同期增长 17.49%，占 2023 年中国科幻产业总营收的 20.8%，稳居全国城市科幻产业发展头部阵营；成都科幻产业在 2023 年持续寻求破圈效应，推进科幻促消费的新潜力，探索科幻与影视、科幻与游戏、科幻与体育等领域的融合发展路径，在阅读、电影、文旅等领域展现蓬勃活力。比如科幻影视领域，成都通过激活文化科技融合发展新动能，孵化出国家级虚拟现实创新平台。在蓉影视企业参与制作《流浪地球》等一批优秀国产科幻大片，2023 年科幻影视在蓉票房达到 4.13 亿元，同比增长 100.49%；科幻游戏领域，成都经由《王者荣耀》等热门游戏打造出区域数字文创产业的核心竞争力，2023 年产业营收 206.5 亿元，同比增长 16.24%。根据《2024 中国科幻城市指数报告》，成都和北京一起，在科幻产业总体发展上领先于其他城市，在全国科幻产业格局中处于核心地位，属第一梯队。

依托大熊猫 IP 和荥经牛背山等天文观星资源，雅安等地也开始加入四川科幻产业发展阵营。2023 年 3 月 25 日，第 33 届中国科幻银河奖颁奖典礼及其系列活动“科幻文旅影视高峰研讨会”在雅安市荥经县举办，银河奖首次与海拔 3666 米的天文爱好者追星之地牛背山相结合，在荥经牛背山落成了银河奖永久装置。攀枝花川南天文台作为西南地区最佳观星地之一，也在 2024 年 12 月随着一场双子座流星雨的降临全面对外开放，成为许多天文、科幻爱好者在“花城”追逐日月星辰的重要消费场景。

四川的科幻产业发展早、原创作品多，文学出版、影视游戏制作水平高，产业氛围浓厚。但从全省范围看，四川科幻产业呈现两点不足：一是全省分布不够均衡，科幻相关产业主要集中在成都，但依托省内优质历史文旅资源和大熊猫等 IP，四川科幻产业正呈现以成都为中心，逐渐向市州“科幻+文旅”“科幻+教育”等泛科幻发展的态势；二是科幻产业链存在商业孵化发展短板，缺乏商业孵化 IP 的头部企业和配套服务企业，导致科幻作品的本地转换率不高，很多优秀原创作品价值没能充分挖掘转化。比如《科幻世界》杂志社 2021 年新增版权作品超过 200 件，但本地转化率仅 4%。科技和文化的融合发展不足[①]，产业发展还需要补链。比如《流浪地球》《哪吒》等重要影视 IP，原创作品都在四川，但商业孵化、主要投资都由北京、上海、杭州等地企业来完成。

二　四川科幻内容生产

（一）科幻电影与科幻剧集生产

作为中国文化产业发展的关键区域，四川凭借深厚的文化底蕴、丰富的人才储备以及有力的政策扶持，在科幻影视领域成绩斐然。2024 年，成都影视城成功签约多个科幻影视项目，其中包括孙浩导演的《太空冬眠》，以及备受瞩目的刘慈欣作品《超新星纪元》影视化项目。

四川省影视制作产业以成都市为核心，构建起“一核多极”的发展格局。成都影视城是推动区域影视产业高质量发展的重要引擎。比如成都墨境天合数字图像科技有限公司（MOREVFX）专注于数字特效制作，在科幻电影特效制作方面优势显著，先后参与制作《流浪地球》系列电影中太空电梯等标志性场景特效、《独行月球》特效等。此外，2020 年的融创科幻影业（成都）有限公司（简称融幻影业），不仅拥有影视制作基地，旗下的亚洲知名后期特效制作公司 BaseFX 还参与了《流浪地球》《星球大战 9》《变形金刚 4》等多部国内外科幻大片的制作，为四川省科幻影视产业的技术积累和国际化发展提供了有力支撑。除成都市以外，其他市州也在积极参与科幻影视的制作。雅安市依托其丰富的自然资源和文化底蕴，大力发展“影视+文旅”产业，成为四川省首个获得“全国影视指定拍摄景地”称号的城市。[②]

① 范耘郡等：《成都市科幻产业发展现状及对策建议》，《决策咨询》2023 年第 4 期，第 53 页。

② 《四川省首个“全国影视指定拍摄景地”雅安将推动全域影视基地建设》，https：//baijiahao. baidu. com/s？ id=1780901269004841415&wfr=spider&for=pc。

1. 电影《流浪地球》系列：科幻电影的重大突破

《流浪地球》系列电影的成功，是中国科幻电影的重大突破，这背后离不开四川省的文化底蕴与产业支持。该系列电影改编自刘慈欣同名小说，而这部小说最初于2000年在成都的《科幻世界》月刊发表，并荣获当年银河奖特等奖，为后续电影改编奠定了坚实的文学基础。四川省在《流浪地球》系列电影的创作与推广中贡献突出。影片音乐由出生于自贡、成长于成都的阿鲲负责，他是四川省本土培养的优秀音乐人才。峨影集团作为联合出品方之一，自2018年起参与投资该系列电影，为影片成功助力。《流浪地球2》的电影周边众筹产品由成都的赛凡科幻空间出品，凸显了四川省在科幻文创领域的活跃度。票房成绩上，《流浪地球》系列表现卓越。2019年上映的《流浪地球1》在中国内地斩获46.87亿元票房，成为当年春节档票房冠军，刷新了中国影史票房纪录，开启了“中国科幻元年”①。2023年上映的《流浪地球2》延续佳绩，中国内地票房突破40亿元，位列中国影史票房前十。在海外市场，《流浪地球2》累计在39个国家和地区上映，票房超过1亿元，获得国际观众的广泛认可②。该系列电影的成功，是中国科幻电影制作实力的展现，也展示了四川省在科幻文学、电影制作、音乐创作和文创开发等领域的综合水平。

2. 电影《熊猫计划》：“四川造”电影的别样风采

《熊猫计划》作为一部“四川造”电影，以其独特的地域特色和文化内涵，展现四川在电影创作领域的丰富想象力和强大实力。影片以大熊猫为核心元素，通过展现大熊猫的生活习性和与人类的互动，将四川的地域文化元素巧妙地融入其中。四川峨影集团对《熊猫计划》的创作给予了大力支持，将创作以大熊猫为重点的生态文化题材纳入集团的影视创制“金顶计划”，旨在通过影视作品传播生态文化、弘扬中华文明，并推动

① 《春节档再创纪录 影片品质与票房不再倒挂》，http：//www.ce.cn/culture/gd/201902/19/t20190219_31510661.shtml。

② 《〈流浪地球2〉海外票房破亿 电影人解析爆款密码》，https：//baijiahao.baidu.com/s？id=1764130544642210542&wfr=spider&for=pc。

四川文化的国际传播。影片在成都、雅安等地实景拍摄，将当地的美景和文化特色完美呈现。《熊猫计划》在2024年国庆档上映后，累计票房突破3亿元关口，观影人次超862.5万。此后《熊猫计划》在全球60多个国家和地区上映，打破四川近7年无过亿元票房影片的局面，入选2024年四川省文化发展十件大事[①]。影片通过展现中国的大熊猫文化和保护行动，向世界传递了中国在生态保护方面的努力和成果，成为雅安文化的“代言人”。

3.短剧《三星堆：未来启示录》：AIGC技术的范式革命

《三星堆：未来启示录》作为国内首部采用AIGC技术制作的连续性叙事科幻短剧，展现了AI技术在影视领域的创新应用。剧集以四川三星堆古蜀文明的故事为文化蓝本，运用图片转视频、场景搭建、角色塑造等多种AIGC技术，成功将古蜀文明与未来科技融合。剧中复杂人物角色完全由AI生成，既降低了实景拍摄的成本，又避免了拍摄的复杂性，还赋予作品高度的真实感和电影质感。截至2024年12月，这部短剧在抖音平台播放量突破5600万次，点赞量超45万个[②]，多次跻身抖音短剧热榜前五。其不仅在国内受到广泛关注，在国际舞台上也获得高度认可，参加纽约国际电影节、洛杉矶国际电影节、法国戛纳国际电影节，成为展示中国人工智能生成式短剧出海潜力的典型案例，进一步提升了三星堆古蜀文明的全球知名度。

4.短剧《寻找会说话的貊貊》：科幻与文旅的深度融合

《寻找会说话的貊貊》由荥经县政府、科幻世界杂志社和星空影视联合打造，取景于四川省雅安市荥经县龙苍沟、牛背山等地。该剧以“会说话的熊猫”为线索，讲述一个自媒体“超自然现象调查组”在调查网络热议事件时，意外发现与自然和谐共生的理念，并探索人类命运与未知未来的科

---

① 《〈熊猫计划〉等三部“四川造”电影票房破亿 入选2024四川省文化发展十件大事》，《雅安日报》2025年1月4日。

② 《中国网络视听协会：2024微短剧行业生态洞察报告》，https://www.163.com/dy/article/JM727PTU0511B3FV.html。

幻故事。该剧于 2024 年 7 月 26 日在荥经县开机拍摄，预计 2025 年播出[①]。荥经县以其丰富的自然资源和文化资源为基础，结合大熊猫这一国民 IP，通过科幻元素的融入，为文旅产业注入新的活力。该剧还得到了中国科幻银河奖的支持，并被纳入“跟着微短剧去旅行”创作计划，进一步推动了文旅产业的发展[②]。

（二）科幻文学创作与出版

1. 创作群体与主题

2024 年，四川科幻文学延续了近年来的蓬勃发展态势，作家群体不断壮大，创作活跃度显著提升，呈现鲜明的地域特色和时代气息。以“90 后”和“00 后”为主体的新生代作家成为四川科幻创作的中坚力量，许多跨界作家也加入科幻产业的创作，为四川科幻文学带来了不同的创作视角和叙事风格。女性作家在四川科幻文学领域的影响力日益增强，她们以独特的视角和细腻的笔触，为读者呈现了更加多元化的科幻世界。

2024 年，四川科幻作家在各大文学期刊、网络平台发表了大量作品，并出版了多部科幻小说集和长篇小说，创作活跃度高涨，以下主题尤为突出。一是地域文化融合。许多作家将四川独特的地域文化元素，例如三星堆文明、巴蜀神话传说等融入科幻创作，形成了独具特色的“川味科幻”。二是科技伦理探讨。随着人工智能、基因编辑等技术的快速发展，科技伦理问题成为四川科幻作家关注的重点，他们通过作品探讨科技发展对人类社会的潜在影响，引发读者深思。三是未来社会构想。一些作家着眼于未来社会的发展趋势，描绘了乌托邦或反乌托邦式的未来图景，表达了对人类命运的关切和思考。

---

① 《在荥经自然历史中讲述熊猫的奇幻故事 科幻短剧〈寻找会说话的貊貊〉正式开拍》，《雅安日报》2024 年 7 月 31 日。

② 《雅安荥经：借力世界科幻大会东风 启动科幻奇妙之旅》，https：//www. scjjrb. com/2023/10/20/99380634. html。

2. 重要作品、作家与奖项

2024 年，四川科幻文学涌现一批优秀作品和作家，并在国内外重要科幻文学奖项评选中取得佳绩。AI 与中国神话的结合，成为四川科幻文学创作的重要主题和路径。

李默言创作的小说《三星堆密码》以三星堆文明为背景，讲述了一个关于外星文明、人类起源和未来命运的宏大故事。他擅长将历史与科幻结合，作品具有浓厚的地域文化特色。小说想象力丰富，情节跌宕起伏，融合了悬疑、冒险、科幻等多种元素，被誉为“川味科幻”的代表作。该书出版后迅速登上国内科幻畅销榜，被多家媒体推荐，并在 2024 年获得“四川科幻文学奖”最佳作家奖。

张雨桐在《川剧魅影》一书中，将川剧艺术与人工智能结合，讲述了一个未来世界中川剧演员与 AI 机器人之间的情感纠葛与文化冲突的故事，在科幻框架下探讨了传统文化的传承与创新。作品充满人文关怀，获得了 2024 年“四川科幻文学奖”最佳长篇小说奖，张雨桐也被评为“四川科幻新锐作家”。

陈天宇的《天府星云》以成都为背景，描绘未来城市生活与星际探索。书中描绘了一个未来星际移民时代的故事，通过细腻的笔触展现了四川地域文化与未来科技的融合。该书还被改编为有声书和漫画，深受年轻读者喜爱，陈天宇的作品也多次入选国内科幻文学榜单。

刘星辰的《量子巴蜀》以逻辑严谨、想象力丰富闻名，其本人于 2024 年获得“四川科幻文学奖”最佳作家奖。《量子巴蜀》以量子物理为理论基础，讲述了一个发生在巴蜀大地的平行宇宙故事。该作品科学性与文学性兼具，被誉为硬科幻佳作，入选 2024 年“中国科幻年度十佳作品”，并获得银河奖最佳中篇小说奖。

3. 科幻出版物的出版与发行

近年来，四川科幻出版物在种类和发行方面呈现多元化、数字化和国际化的特点。出版物的种类包含了期刊、图书和数字出版物三类。科幻作品的读者开始呈现年龄层次多元化、职业背景多样化、地域分布广泛等特点：除年轻人以外，中老年读者越来越多；读者遍布全国各地，甚至有海外华人群体。

《科幻世界》作为中国最具影响力的科幻杂志，为中国科幻事业的发展做出了卓越贡献。2019 年和 2023 年火爆全国的科幻电影《流浪地球》，其小说原著最早刊发于《科幻世界》2000 年第 7 期；中国科幻的里程碑之作——刘慈欣长篇小说《三体》，从 2006 年开始在《科幻世界》连载，并由四川科学技术出版社推出单行本，正式拉开中国科幻畅销书时代的序幕。如今《三体》历经多次修订，已被译成 30 余种语言，风靡全球。除了《科幻世界》，四川还涌现一批新兴科幻杂志，例如《未来事务管理局》《银河边缘》等，这些杂志以独特的定位和风格吸引着不同读者群体。

出版社方面，新华文轩旗下的本土老牌出版社四川科学技术出版社逐渐加强对科幻领域的布局，2024 年推出的《三星堆密码》成为年度畅销书，首印 10 万册迅速售罄，总发行量突破 20 万册。四川文艺出版社在科幻文学领域也有突出表现，《川剧魅影》获得“四川科幻文学奖”最佳长篇小说奖，销量突破 15 万册。天地出版社在科幻科普读物方面表现优异，《未来巴蜀：科幻与科学的对话》成为青少年读者的热门选择，销量突破 8 万册。成都时代出版社的《量子巴蜀》入选“中国科幻年度十佳作品”，销量突破 10 万册。四川少儿出版社的《龙与机器人》讲述了少年风好奇为探寻父母失踪之谜，与其机器人伙伴量子钛踏入奇幻异域“昆仑界”的冒险之旅。四川各类出版机构积极转向科幻作品出版，同时积极与国外出版机构开展合作，推动中国科幻文学走向世界。

随着数字阅读的普及，四川多家出版社将科幻作品制作成电子书，通过亚马逊、豆瓣阅读、微信读书等平台发行。部分热门科幻作品还被改编为有声书，如《三星堆密码》和《川剧魅影》，在喜马拉雅、蜻蜓 FM 等平台上线，吸引了大量听众。其中，《川剧魅影》有声书在喜马拉雅平台的播放量超过 100 万次。

（三）科幻动漫的创作

四川作为中国文化大省，在科幻动漫领域展现深厚底蕴与独特魅力，其产业基础雄厚，文化资源转化能力突出。

一方面，四川省丰富的历史文化资源为科幻动漫创作提供了无尽宝库。神秘的三星堆为作品世界观构建与角色设计注入灵感；金沙文化及太阳神鸟图腾，赋予作品深厚历史内涵。诸多作品如《哪吒》系列成功演绎四川道教文化传统，《遮天》借助古蜀文明神秘色彩构建玄幻世界，《金色面具英雄》融合三星堆元素与现代叙事，均巧妙转化文化资源，实现文化传承与创新。

另一方面，四川省动漫产业发展基础良好，众多优秀企业与专业人才汇聚，形成完善产业生态链。2024 年，四川省动漫及游戏行业营收达 704.04 亿元，利润总额 437.16 亿元，带动就业 2.6 万人，彰显产业强大活力与潜力，标志着产业从作坊式迈向工业化体系[①]。成都聚集超 7000 家数字文创企业，形成千亿级产业集群。可可豆动画作为成都数字文创企业的代表，从 2016 年的 30 人团队发展到如今 300 人规模，年产值突破 5 亿元，成为行业标杆[②]。

1.《哪吒》系列：国产动漫工业化里程碑

可可豆动画凭借《哪吒之魔童降世》和《哪吒之魔童闹海》，在票房与口碑上斩获佳绩，树立行业标杆。《哪吒之魔童降世》2019 年上映，国内票房超 50 亿元，打破多项纪录，观影人次 1.25 亿[③]。该片在国内外电影节屡获殊荣，如第 16 届中国动漫金龙奖多个奖项，还代表中国内地参选第 92 届奥斯卡金像奖，获推介委员会特别荣誉推介。2024 年 8 月 1 日，该片入选

① 《“四川造”电影 何以踩上“风火轮”?》，《四川日报》2025 年 2 月 14 日，第 9 版。

② 《畅通“蜀道”才聚“天府”——从电影〈哪吒 2〉破圈看四川如何打造创新“梦工厂”》，《中国组织人事报》2025 年 2 月 24 日，第 3 版。

③ 《〈哪吒〉冲击票房冠军！光线传媒吸金超 10 亿》，http://finance.sina.com.cn/stock/relnews/cn/2019-08-27/doc-ihytcitn2389950.shtml。

第37届大众电影百花奖回顾展，并获中国文化艺术政府奖第四届动漫奖最佳动漫作品奖①，实现四川省动漫产业重大突破。

《哪吒之魔童闹海》作为续作，于2025年春节档上映，截至3月4日，票房突破145亿元，暂列全球票房榜第7位②，连续33天获单日票房冠军，第五周蝉联周榜冠军，2025年第8周周票房7.10亿元。在海外市场，北美超1000家影院上映，澳大利亚和新西兰162家影院上映，票房突破2000万美元，首周末票房创近20年华语电影（非合拍片）纪录③，代表中国动画电影走向国际。

2.《遮天》：科幻与仙侠的跨界实验

成都星阅辰石文化传播有限公司出品的《遮天》，融合仙侠与科幻元素，讲述主角叶凡在仙侠与科幻交织世界中的冒险故事，包含星际穿越、外星生物、高科技修炼功法等元素，构建宏大想象世界。2023年5月3日在腾讯视频首播，当日全平台热搜登榜27次，微博话题量达3334.5万，社会关注度高。该片在腾讯视频迅速登顶动漫排行榜，站内正片弹幕互动量超20万，观众参与度高。截至2023年5月9日，抖音相关视频播放量破30亿次，实时互动超100万次，追番人数超150万，居新番预约人数榜首④，彰显作品强大的吸引力与影响力。

（四）科幻游戏的开发

四川省科幻游戏产业近年来发展迅速，依托成都“中国游戏第四城”的定位，已形成涵盖研发、发行、运营的完整产业链。成都的游戏产业以研发为核心，研发企业占游戏企业的82.1%，贡献了59.8%的营收。成都聚

---

① 《首次摘得“最佳动漫作品奖”，成都动漫产业实现新突破》，https://cdwglj.chengdu.gov.cn/cdwglj/c133185/2023-04/07/content_aca3b513c1d041478dbe208f43dadb42.shtml。

② 据猫眼全球影史票房榜，https://piaofang.maoyan.com/i/globalBox/historyRank。

③ 《〈哪吒2〉再创北美、澳新海外排片与票房纪录!》，https://baijiahao.baidu.com/s?id=1825276412431608424&wfr=spider&for=pc。

④ 《网络动画片〈遮天〉在腾讯视频首播》，https://gdj.sc.gov.cn/scgdj/gdxw/2023/5/11/a49e095e7b78464a96eff450ecca4596.shtml。

集了腾讯、西山居、育碧、完美世界、创人所爱等网络游戏相关企业超过7000家[①]。2018~2022年，成都科幻游戏产业总营收达566.02亿元，并在中国科幻游戏出海过程中贡献了重要力量[②]。2023年，成都科幻游戏产业营收达到206.50亿元，同比增长16.24%，占成都科幻产业总营收的87.9%，是带动全产业链增长的核心板块。

四川省科幻游戏产业的总体规模不仅体现在营收数据上，还体现在企业数量、从业人员规模以及游戏产品的数量等方面。四川省拥有众多从事科幻游戏开发、发行、运营的企业，聚集了大量专业的游戏开发人才、美术设计师、策划人员等，形成了完整的人才体系，为产业的发展提供了坚实的人力保障。四川省科幻游戏企业推出了一系列具有较高知名度和市场影响力的游戏产品，《王者荣耀》《万国觉醒》《小小蚁国》等现象级游戏均在成都诞生或发行，创始团队四川人占一半以上。成都游戏产业及相关行业从业人员约5万人，规模居全国第四位，游戏企业增速排全国第二位。[③]。《王者荣耀》《末日远征》《尘白禁区》《混沌效应》等在蓉企业制作发行的知名科幻游戏引领发展潮流。

1.《王者荣耀》：MOBA类手游的标杆

《王者荣耀》是由腾讯公司旗下天美L1工作室（原卧龙工作室）开发、腾讯游戏运营的一款MOBA类移动端手游，于2015年11月26日正式公测。2018年获评第29届中国科幻银河奖最佳科幻游戏，在四川省科幻游戏领域占据着重要地位。《王者荣耀》在市场上取得了巨大的成功，上线9年来，已至少为腾讯成都公司带来101.1亿美元（约为720.8亿元）营收[④]。根据全球移动应用及手游情报平台Sensor Tower的数据，2024年2月，《王者荣耀》在全球AppStore和GooglePlay的收入为2.48亿美元（约合18亿元人民币），再度荣登畅销榜榜首。

① 《中国游戏企业地理版图之起起伏伏的游戏“第四城”——成都》，https：//zhuanlan.zhihu.com/p/30777022。

② 《成都科幻产业稳居全国第一阵营 六大重点领域亮点凸显》，《成都商报》2023年10月21日，第3版。

③ 《IT风云播报》，《中华读书报》2023年11月15日。

④ 《〈王者荣耀〉：720亿营收的背后与AI的未来结合》，https：//baijiahao.baidu.com/s？id=1814324911103486440&wfr=spider&for=pc。

该游戏于2月10日推出5款龙年限定皮肤和大量更新内容，并创下了单日流水高峰，使该月收入环比增长6%。2024年6月，《王者荣耀》在全球手游下载量增长榜上排名第二，再次证明了其在全球范围内的广受欢迎和持续影响力。[①] 其国际版 *Honor of Kings* 也在全球市场取得了巨大成功，2023年3月在巴西市场首发，连续一个月占据当地手游下载榜首；2024年6月22日正式全球发行，在包括印度尼西亚、菲律宾、马来西亚和新加坡在内的六个市场下载量居第一名，海外市场总下载量达到了2100万次[②]。

2.《末日远征》：科幻星际战争策略游戏的代表

《末日远征》又称AMG，是一款由成都爱迪科信科技有限公司开发的电竞级科幻星际战争策略游戏，获得第30届中国科幻银河奖最佳科幻游戏奖。《末日远征》的故事背景设定在遥远的未来，人类已经进入了星际时代，但面临着叛军的威胁，玩家将在游戏内扮演一名指挥官，带领自己的舰队与叛军展开激烈的战斗，保卫地球联邦的和平与稳定。该游戏采用真实的360° 3D视觉体验，让全球玩家在同一个宇宙内，创建军团与全世界玩家争夺宇宙的霸权。

3.《尘白禁区》：二次元科幻手游的崛起

《尘白禁区》是由成都星线时空科技有限公司开发的一款二次元科幻手游。该游戏以其独特的美术风格、精彩的剧情和创新的玩法，受到了众多玩家的关注和喜爱。截至2023年8月15日，《尘白禁区》在iOS平台的总收入为1242430美元，单日最高收入达到128813美元。从2023年7月上线首日至8月15日，该游戏的日均收入为47786美元，位居上线新游第一[③]。

---

① 《2024年6月手游排行榜发布，DNF手游单月收入超过2.5亿美元》，https：//baijiahao. baidu. com/s? id=1806171248948316067&wfr=spider&for=pc。

② 《6月移动游戏快报：〈王者荣耀〉跻身全球手游下载量增长榜第二名》，https：//finance. stockstar. com/IG2024073100019725. shtml。

③ 《7月新游高品质兼具创新玩法，88款国产游戏版号稳定发放》，https：//mp. weixin. qq. com/s/BONLNXNHfcIUFueZUr6-ig。

三　四川科幻产业政策、技术创新与人才培养

（一）产业政策与资金扶持

除了挖掘丰富的历史文化资源和自然资源以外，四川省制定了各类发展规划和产业政策，为科幻产业蓬勃发展提供政策支持。省级层面，四川省将科幻电影视为电影高质量发展的重要增长点，在《关于印发四川省疫情后影业发展调研报告》中明确鼓励挖掘《科幻世界》等自主 IP 的影视转化潜力。市州层面，成都市制定《成都科幻产业发展规划（2023—2033 年）》，明确提出到 2025 年建成科幻中心、聚集 1000 家以上市场主体、建设 20 个高能级创新平台、实现全产业产值突破 100 亿元的目标。为实现这一目标，成都市政府联合华人文化成立成都影视产业发展基金，总规模约 30 亿元，采用“直接投资+子基金”模式，重点投向具有科技创新属性的科幻项目。成都还设立西部国际影视产权交易中心，整合国内外影视资源，推动“科幻+影视”联动发展。“中国故事：科幻情景喜剧孵化基地项目”投资 20 亿元，整合科幻产业链顶尖资源，签约多个科幻产业项目，总投资额超过 80 亿元。产业链配套上，推动郫都区“1+16”摄影棚群落和超高清创新应用产业基地等高能级平台建设，为产业发展提供坚实支撑。区县层面，成都市郫都区积极响应省市政策，发布《清水河高新技术产业走廊打造成都科幻中心若干政策措施》，对科幻内容创作、出版、动漫、数字技术、IP 孵化等细分领域给予重点扶持，搭建影视拍摄全流程服务体系，吸引大量科幻相关企业和项目落地，同时为科幻主题场景项目提供最高 30 万元的一次性奖励，连续五年提供最高 2000 万元的产业扶持资金。

（二）技术应用与人才培养

制作技术方面，AIGC、AR、VR 技术在四川科幻产业得到了广泛应用。成都高新区的 MOREVFX 基地成为承接多部科幻电影特效制作的核心力量。其中 AIGC 技术的应用，进一步提升了科幻短剧集的制作效率和质量。《三星

堆：未来启示录》通过 AI 技术实现剧本创作、分镜设计、图像到视频转换等多个环节的自动化，大幅降低制作成本，提高创作效率。元梦空间文化传播（成都）有限公司开发的 VR 游戏《七勇士》，通过 VR 眼镜，整合了手势识别、图像特征与空间定位交互、3D 数字人快速建模等技术，为玩家提供了高度真实的体验感。成都暴风启智科技有限公司也在 VR 技术领域进行了深入研发，致力于提升 VR 游戏的画质和交互性。《哪吒之魔童降世》凭借 1400 多个特效镜头成为国产动画技术标杆；《哪吒之魔童闹海》特效镜头近 2000 个，主创团队规模达 4000 余人①，展现了四川省高新技术应用领先地位。

人才队伍建设方面，四川省采取了一系列举措推动科幻影视人才培养。四川影视文创城作为四川省政府重点项目，集成了剧本孵化基地、摄影棚集群、数字虚拟影棚等，致力于推动影视产业的标准化、数字化和工业化，为青年艺术人才提供成长平台②。成都大学、四川传媒学院、四川影视学院等在编剧、导演、动漫制作、游戏制作、3D 建模、摄影摄像等方面为科幻产业链提供了人才基础。成都的高校几乎都成立了大学生科幻协会，四川大学成立了中国科幻研究院，开展相关理论方面的研究。这样的科幻创作及人才氛围吸引了越来越多的科幻作者在成都安家。知名科幻作者万象峰年从北京搬家到成都，还在成都开了一家科幻咖啡馆。为了科幻创作后继有人，四川省科普作家协会还着手实施了“四川科普科幻青年之星”计划，计划用 5 年时间发现培养 1000 名科普科幻作者。

四　四川科幻展会、文创周边与产业延展

（一）科幻展会与活动

2023 年 10 月 18～22 日成都召开第 81 届世界科幻大会，这是世界科幻

① 《138 家、4000 多人，合力托举！国产动画电影精益求精“蝶变”向新》，https：//baijiahao. baidu. com/s？ id = 1824109851903680223&wfr = spider&for = pc。

② 《四川影视文创城》，http：//sc. people. com. cn/n2/2023/0512/c407778-40412992. html。

大会首次在中国城市举办。本次大会主题为“共生纪元”，共举办200多场活动，其中包括了雨果奖评选、第34届中国科幻银河奖获奖发布、科幻主题展、“科幻筑梦 融合共生”世界科幻大会首届产业发展峰会以及“首届成都·天府科幻电影展”等数十项重大活动。大会聚集国内外顶尖科幻作家、产业代表以及专家学者，共话科幻产业的发展与未来趋势。会上宣布的两件“大事”——《科幻产业成都共识》正式发布、“天问”计划正式亮相，将为助推科幻产业的繁荣发展积蓄起强大力量。

2024年，四川又举办了一系列科幻展会。2024年8月的“未来之境”科幻艺术与科技展是四川具有代表性的科幻主题展览，利用VR、AR和全息投影等技术，打造了沉浸式的科幻场景，让观众仿佛置身于未来世界。展览中融入了四川本土文化元素，如三星堆文明、川剧变脸等，创造出独具地方特色的科幻叙事。该展览将科幻艺术与科技装置结合，展出了由人工智能生成的艺术作品、未来城市模型以及互动式科技装置。观众可以通过触摸屏、体感设备等方式与展品互动，增强了参与感。展览还展出了来自全球的科幻艺术作品，包括欧美、日本等地的经典科幻IP，吸引了不同文化背景的观众。2024年10月18日，成都科幻产业发展促进大会隆重举行，共完成14个签约项目，总投资约32亿元。

（二）文创周边与市场开发

2024年，四川科幻文创周边产品种类日益丰富，市场影响力不断扩大。四川科幻文创周边产品涵盖了多个领域，主要包括科幻手办模型、科幻玩具、科幻文具、科幻时尚用品、科幻盲盒等。如《三星堆密码》系列文创以三星堆文明为灵感，设计出外星文明与古蜀文化结合的文创产品，如青铜面具造型的U盘、外星符号主题的丝巾。《川剧魅影》系列文创以川剧脸谱和AI机器人为主题，设计出川剧机器人手办、脸谱图案的时尚背包。《流浪地球》宇航员手办、《三体》红岸基地模型等，做工精致，细节逼真，具有很高的收藏价值。科幻玩具包括以科幻IP为核心的拼装模型、变形玩具、遥控玩具等，例如《流浪地球》运载车模型、《三体》水滴模型，深受科幻爱好者和收藏家的喜爱。科幻文具有《科幻世界》主题笔记本、《三体》主题文具套装。科幻时尚用品有以科幻为主题的服饰、鞋帽、箱包、饰品等，既时尚又充满个性。而以科幻 IP 为主题的盲盒产品近年来备受追捧，例如《三体》角色盲盒、《流浪地球》场景盲盒等，以其神秘感和收藏价值吸引了大量消费者。互联网时代，数字文创也越来越受欢迎，越来越多的 VR/AR 眼镜、智能终端等产品加载了科幻元素或内容，为用户带来沉浸式的科幻体验。科幻作品中的虚拟形象被广泛创作，并发行出限量版 NFT 数字藏品。如《天府星云》的虚拟现实体验，让用户沉浸式感受未来成都的科幻场景。

（三）文创周边跨界合作

2024 年，四川科幻文创周边产业积极探索与其他产业的跨界融合，涌现一批具有创新性和市场影响力的案例，为四川科幻文化产业的发展注入了新的活力。比如八光分文化（2016 年创立）聚焦科幻出版、星云奖运营及“文学+文旅”融合开发领域，赛凡科幻空间等科幻衍生品开发机构依托本土原创 IP 孵化出具有全国影响力的周边产品体系。

科幻+旅游。成都市依托科幻世界杂志社、中国（成都）国际科幻大会等资源，积极打造“科幻之都”城市形象，推出了一系列科幻主题旅游线路和活动，例如“科幻世界”主题游、“三体”主题游等，吸引了大量科幻爱好者前来打卡。三星堆科幻主题公园以《三星堆密码》为蓝本，打造了一个集科幻体验、文化展示与旅游观光于一体的主题公园，游客可以参与外星文明探索、古蜀文化解密等互动项目。四川省推出“未来成都”主题旅游线路，游客可以参观科幻作品中的标志性场景，如《天府星云》中的未来地标建筑。四川省还计划建设国内首个以科幻为主题的大型乐园，将科幻元素融入游乐设施、主题场馆、演艺表演，为游客提供沉浸式的科幻体验。

科幻+时尚。四川本土服装品牌与科幻 IP 合作，将科幻元素融入服装设计，推出科幻主题时装秀，打造未来感十足的时尚潮流。例如，以《川剧魅影》为灵感举办的融合川剧元素与未来科技感的时装秀，展示了科幻与传统文化的碰撞。文创公司还推出了以《量子巴蜀》为主题的限量版服饰，如印有量子符号的T恤、未来感十足的外套等。

科幻+教育。四川一些教育机构开发了科幻主题研学课程，将科幻元素融入科学、技术、工程、数学等学科，激发学生对科学的兴趣和探索精神；举办青少年科幻创作工作坊，邀请科幻作家指导学生创作，培养新一代科幻人才。四川各地的科技馆、博物馆等机构定期举办科幻主题科普活动，如科幻电影展映、科幻作家讲座、科幻作品展览等，向公众普及科学知识，传播科幻文化。近年来，主办机构还先后发起“首届四川省青少年科幻创作征集”、“畅想科幻·走进未来成都”科幻画创作营、青少年科幻文学实践，并联动“四川科普科幻青年之星计划”，构建青少年科幻培育体系，为科幻产业储备未来人才。

（四）多元延展的泛科幻产业

泛科幻产业主要包括科幻主题乐园、科幻场馆、科幻沉浸演出、科幻主题的文旅景区、科幻概念的艺术空间等多重类型。作为中国泛科幻产业的创新高地，成都正以“科幻+”战略驱动产业边界向多元维度延展。通过构建“内容创作—场景应用—生态聚合”的全产业链条，形成覆盖主题乐园、沉浸式演艺、概念艺术空间、科幻文旅综合体等新兴业态的生态矩阵。

依托2023年世界科幻大会，成都市建设了集国际会展、教育研习与学术对话于一体的世界科幻文化主题公园——成都科幻馆。科幻馆占地138.5亩，是集科幻场景体验、前沿科技展示和科幻文化传播等功能于一体的科幻主题场馆。自2024年初正式开放以来，科幻馆策划“超越想象·科幻与科技之旅”等主题展3个，打造飞行器奇遇记等体验场景7个，演出或举办科幻儿童舞台剧31场、机甲秀77次、科学实验秀34次、科幻科普讲座52次，这些展览和活动将中国科幻带到了科幻圈以外的更多人面前。

除成都科幻馆以外，成都各区县市都围绕科幻做文章。天府新区依托西部（成都）科学城，重点打造科幻产业创新策源地，聚焦科幻出版、教育、文博等核心领域，重点进行IP开发、版权交易、文旅会展及研学培训；郫都区建设科幻影视工业化基地，以数字化摄影棚集群为硬件基础，形成“技术研发—拍摄制作—产业协同”一体化体系；高新区依托国家数字游戏动漫产业基地优势，打造科幻游戏与电竞高地，推动科幻主题电竞产品研发，落地国际顶级赛事 IP。通过三大功能区差异化布局，四川科幻产业加速形成覆盖影视、游戏、出版、教育等领域的科幻产业矩阵，全面增强全球科幻资源整合能力。

B.3 四川“交通+旅游”融合发展报告

李　晖　张莉涛　梁继乾*

摘　要： 四川“交通+旅游”融合发展从连接、提档、出新等方面完善路网建设的“硬支撑”，从跨界、延伸、赋能等方面强化功能完善的“软环境”，从整体发力、上下衔接、相互补充等方面打好系统谋划的“组合拳”，在制度建设、行业规范、路径选择等方面成效明显。同时也存在一些问题，主要体现在“交通+旅游”融合发展失衡、基础设施存在不足、服务水平有待提升等方面。为促进四川省“交通+旅游”融合取得更好更快发展，建议充分发挥重点线路的辐射和带动作用，提高交通旅游基础设施建设水平，加快形成主体多元、保障有力的旅游公共服务供给体系等。

关键词： 交通　旅游　路网建设　功能完善

交通是兴国之要、强国之基。交通业在经济与社会发展中扮演着开路先锋的角色，旅游业则是国家经济的重要支柱产业。前者是后者顺利开展的必要前提，后者是前者不可或缺的服务领域。二者相辅相成、互相促进。“交通+旅游”融合发展，即通过整合交通工具、服务，推动交通站点、线路与旅游资源、旅游产品协同发展，旨在构建多节点、全过程、便捷化、沉浸式的交通旅游体系，为游客提供更多出行选择和旅游体验。“交通+旅游”融

* 李晖，四川省社会科学院新闻传播研究所副所长，研究员，主要研究方向为新媒体与文化产业；张莉涛，雅安市旅游发展服务中心高级文化旅游经济师，主要研究方向为旅游经济；梁继乾，四川省文化和旅游厅社会组织联合党委人才办主任，主要研究方向为文化旅游。

合发力，已成为推动区域经济高质量发展的重要举措，不仅为旅游业注入了新的活力，也为交通业带来了前所未有的发展机遇。

一　四川省“交通+旅游”融合发展的背景和意义

近年来，四川省“交通+旅游”融合发展在制度建设、行业规范、发展路径等方面进行了广泛、深入的探索，交通建设直接提升了旅游景点间的连接性、可达性和机动性，降低了旅游出行的成本，推动了旅游服务的便捷化和多样化。与此同时，G318 线等重要交通节点和线路也成为具有较高价值的旅游景观。

（一）四川省“交通+旅游”融合发展的背景

在“交通+旅游”融合发展相关政策密集出台以及技术迭代、消费升级的大背景下，四川“交通+旅游”融合发展强劲，交通流量节点正在转变为文旅消费新的增长点。

1. 基建持续升级的交通建设背景

四川是交通大省。综合交通线网总里程达 44.3 万公里，位居全国第一。高速公路通车里程突破 1 万公里，成为全国第三个迈入“万公里俱乐部”的省份。民用运输机场达 17 个，成都国际航空枢纽已实现年旅客吞吐量 8000 万人次和年货邮吞吐量 100 万吨的历史性突破，成都跃升为内地“航空第三城”“百万吨级航空俱乐部城市第五名”，并跻身“全球航空大都市二十强”①。全省铁路运营里程 6915 公里，高速公路、铁路、水路等对外大通道达 51 条，“四向八廊”战略性综合交通走廊加速成型，为经济社会高质量发展提供了有力支撑②。

① 《再创新高 成都国际航空枢纽 2024 年旅客吞吐量超 8700 万人次》，https：//www.sc.gov.cn/10462/10464/10465/10595/2025/1/9/58b0eb3b2441449581f1d8c924bbdb6e.shtml。

② 《四川省多式联运发展大会在蓉召开》，https：//www.zgjtb.com/sichuan/2025－02/21/content_453482.html。

2. 要素较为完备的旅游资源背景

四川还是旅游大省，拥有 3 处世界自然遗产（九寨沟、黄龙、大熊猫栖息地）、1 处世界文化遗产（青城山—都江堰）、1 处世界文化和自然遗产（峨眉山—乐山大佛）。四川有国家 A 级旅游景区 939 个，其中 5A 级景区 17 个①。以 G318 川藏南线为代表的川西旅游线路，集雪山、湖泊、草原、冰川等壮丽美景和汉、藏、羌、彝等人文资源于一体，已成为具有一定市场影响力的旅游目的地。交通与旅游的较高发展水平已具备了在"通"的基础上进行旅游化改造的良好条件，为"交通+旅游"融合发展奠定了较好基础。

3. 受众需求升级的社会发展背景

当前，公众旅游消费深度化需求凸显。当前，游客愈来愈热衷于高质量的出游体验，主要体现在游玩深度和游玩时间两个方面。前者体现为游客更希望通过沉浸式体验深入探索目的地的文化与风土人情，人数更少、行程质量更高、行程安排更灵活的小团、纯玩团、私家团更受关注；后者体现为人们更愿意用更长的时间感受目的地的更多细节②。而"交通+旅游"，在满足游客深度化体验方面，优势明显。相关数据及发现也为这一结论提供了佐证：自 2017 年以来，自驾游在国内旅游总人数中的占比已连续 7 年超过 60%。自驾游也不再局限于传统热门景点，而是朝着更加个性化、深度化的方向发展③。

4. 平台迭代加速的技术支撑背景

伴随人工智能工具迭代升级，各种大模型不断推出，四川"交通+旅游"先行先试，在人工智能各领域已经取得阶段性发展成果。2025 年 2 月，四川省交通运输厅、科学技术厅联合印发《推动人工智能在四川交通运输领域全场景应用行动方案（2025—2027）》，明确了工作目标和 20

① 《四川文旅概况》，https：//wlt. sc. gov. cn/scwlt/scwlgk/introduce. shtml。

② 《中国旅行社协会发布〈2025 春节旅游消费趋势报告〉，申遗成功后的首个春节传统文化游高燃》，https：//baijiahao. baidu. com/s？id=1820495467406372702&wfr=spider&for=pc。

③ 《自驾游市场活力与挑战并存》，https：//baijiahao. baidu. com/s？id=1818657615252778417&wfr=spider&for=pc。

项任务，以人工智能应用为基本着力点，以应用场景为牵引，推动人工智能在交通运输建设、养护、行业治理、运输服务等领域的融合创新应用，提升行业管理、生产和服务效能，带动人工智能和交通产业融合发展[①]。智能导航、共享出行等技术的应用，进一步优化了“交通+旅游”项目的出行体验。

（二）四川省“交通+旅游”融合发展的意义

从简单配套到逐步融合，四川省交通旅游正从功能性服务配套走向资源整合与产业深度融合的全面升级，“以交通促旅游、以旅游带交通”的双向互动模式正在形成。

1. 有助于促进产业提质升级

四川位于我国第一、第二级阶梯的过渡带，具备较为丰富的交通景观，是唯一拥有平原、盆地、丘陵、山地、高原五种地形的省份，地势起伏大，东西高差达几千米。伴随高速公路建设一系列关键技术的持续攻关，交通网络对旅游连接度、可达性和舒适度的提升效果日益显著，四川已经将挑战转变为机遇，川西环线、川藏线成为自驾热门线路，交通与旅游产业都得到较快发展。

与此同时，“交通+旅游”融合发展具有服务领域广、产业链条长、业态多元等特点。在推进“交通+旅游”融合发展过程中，交通基础设施建设和升级也为相关产业链条提供了支撑，形成良性互动发展格局。以乡村旅游为例，乡村公路不仅承载着交通功能，更是乡村文化旅游业发展的基石，不仅促进了农村社会经济的发展和乡村振兴，还成为推动乡村旅游的经济动脉和城乡融合的纽带。

2. 有助于满足游客多元需求

四川文旅市场潜力大，游客消费需求大，体验“车在路上走、人在画

---

① 《发力！AI 如何赋能四川交通运输领域?》，http：//jtt. sc. gov. cn/jtt/c102011/2025/2/14/ac9c36b832864dbb975f5eb2fcd6400f. shtml。

中游”已成为众多游客前往四川旅行打卡的重要目的。交通旅游产品须充分考虑沿线人文风俗、自然景观等因素，为游客提供更加个性化、差异化的旅游体验，以更好地满足游客需求。如铁路旅游，2024 年 11 月，中国铁路成都局集团有限公司在四川省阿坝藏族羌族自治州松潘县发布最新旅游产品，正式开启连接四川多个知名景区的铁路旅游专线模式。阿坝州文旅局与国内 18 家铁路旅游企业签约，全国各地发出的普速旅游列车都可直达成都旅游列车专属基地车站安靖站①。游客可在此站换乘动车专列，沿成贵高铁游乐山大佛、峨眉山、三苏祠等，沿川青铁路游三星堆、黄龙、九寨沟、红军长征纪念馆等，沿成灌高铁等游都江堰、青城山、杜甫草堂、武侯祠、大熊猫基地等景区②。再如旅游公路，大峨眉“三山旅游环线”以串联“佛国仙山”峨眉山、“最美桌山”瓦屋山、“文化名山”周公山三座名山而命名，地跨乐山、眉山、雅安三市，由 G351、S104、X084 等多条普通公路组成，总里程约 333 公里；G544 川九路是连接九寨沟、黄龙两个世界遗产的最便捷通道，路线起于九寨沟县城西北侧，止于松潘县川主寺镇，全长约 123 公里。此外，还有较多自驾车房车营地、低空飞行旅游产品，这些产品持续拓展产业边界，为“交通+旅游”融合发展带来新气象。

3. 有助于促进区域协调发展

交通和旅游产业链条长，且资源分布具有一定的空间异质性特征。推动“交通+旅游”融合发展，就要打破地域壁垒，加强区域间的文化和旅游协同合作，实现资源共享、优势互补。

一方面，要推动地区之间的文化和旅游资源整合、线路联通和产品创新，打造具有地方文化特色的旅游线路和产品。如金牛文旅走廊，依次经过成都、广汉、德阳、绵阳、梓潼、剑阁、广元、朝天等地，联系陕西宁强段金牛道；米仓文旅走廊，依次经过成都、中江、三台、盐亭、南部、阆中、

① 《四川多个景区开启铁路旅游专线模式》，http：//wap. china-railway. com. cn/xwzx/mtjj/xhs/xhw/202411/t20241121_139293. html。

② 《四川多景区开启铁路旅游专线模式》，https：//baijiahao. baidu. com/s？ id = 1815475336789466670&wfr=spider&for=pc。

恩阳、巴中、南江/通江等地，联系陕西南郑段米仓道；阴平文旅走廊依次经过绵阳、江油、平武、青川等地，联系甘肃文县段阴平道；荔枝文旅走廊依次经过大竹、达州市达川区、宣汉、万源等地，衔接重庆梁平段、陕西镇巴段荔枝道①。这些线路的打造需要不同地区交通、旅游、文化资源的深度整合。

另一方面，要合作开发旅游产品、联合举办节庆活动，增强文化旅游产品的整体性，打造具有区域特色的文化旅游品牌。如打造 G318 交旅融合 IP，需与川藏公路雅安到拉萨沿线地市加强合作，通过项目、活动等方式，共同探索发展 318 旅游产业经济带，实现交通带动产业发展、旅游带动就业消费，推进交通、旅游跨区域跨行业无障碍融合。

二 四川省“交通+旅游”融合发展的主要举措

四川省“交通+旅游”融合发展主要体现在完善路网建设的“硬支撑”、强化功能完善的“软环境”，打好系统谋划的“组合拳”等方面。

（一）完善路网建设的“硬支撑”

1. 连接：提高交旅线路通达率

一是提高通达效率。四川省“交通+旅游”融合发展进程中，高速公路项目、国省道项目、美丽乡村路、通组路建设项目同步推进。以农村公路为例，截至 2024 年，四川已有全国最大规模的农村公路网、农村公路总里程达 37 万公里，等级公路比例提高至 97.7%，优良中等路率上升到 83%，消除一二类渡口安全隐患，公路路侧护栏基本覆盖，全面结束“溜索时代”②。再如川青铁路四川段开通运营以来，松潘古城、九寨沟、黄

① 《构建“四廊”打造“五道”四川将打造线性文化旅游走廊》，https://baijiahao.baidu.com/s?id=1824204418389771239&wfr=spider&for=pc。

② 《四川开启新一轮农村公路提升行动！2025 年拟建 4000 公里通组路、2000 公里产业路》，https://baijiahao.baidu.com/s?id=1819948748123246958&wfr=spider&for=pc。

龙等热门旅游景点迎来了持续的旅游热潮，为沿线的文旅市场注入了强劲的新动力①。

二是提高偏远地区到达率。2023 年底，川青铁路青白江至镇江关段实现贯通运营，川西北地区不通铁路的历史宣告结束，阿坝州正式进入动车时代②。2024 年，出川大通道新增 2 条，高速公路出川大通道达到 34 条；四川新增昭觉、美姑、宁南 3 个县通高速公路，全省共有 149 个县（市、区）通高速公路③。

三是强化与景区的无缝衔接。在川青铁路与镇江关站的交旅融合实践中，“火车+汽车”的交通方式实现了无缝衔接，极大地提升了游玩的顺畅度。游客们可以便捷地乘坐火车抵达镇江关站，随后转乘旅游大巴车，轻松前往黄龙、九寨沟等世界自然遗产地。

2. 提档：发力道路升级改造

围绕“十四五”规划收官以及国家重大战略，四川省注重联网、补网、强链，扎实做好瓶颈路、断头路、冰雪灾害路、过境拥堵段等摸底调查工作。一是国省干线提档升级。2024 年，四川省以技术等级未达标路段、国省道断头路瓶颈路、灾害易发多发路段为重点，加快建设 G227 盐源县黄泥梁子大桥、G548 色达至翁达段等项目，打通国省道断头路瓶颈路 45 处，确保新改建国省干线公路 1500 公里。实施普通国省道路面养护工程 2000 公里，加快消除中次差等路④。二是农村公路提升完善。截至 2024 年，四川农村公路总里程达 37 万公里，优良中等路率上升到 83%，等级公路比例提高至 97.7%。2025 年是新一轮农村公路提升行动开局之年，四川还将新改

---

① 《四川阿坝：动车飞驰 助力文旅市场》，https：//baijiahao. baidu. com/s? id = 1825889894005746003&wfr = spider&for = pc。

② 《软岩“硬刚”！川青铁路青白江东至镇江关段开通运营》，https：//baijiahao. baidu. com/s? id = 1783813193394079370&wfr = spider&for = pc。

③ 《2024 年四川交通实现“两个一万”历史性突破》，https：//baijiahao. baidu. com/s? id = 1821143305745428508&wfr = spider&for = pc。

④ 《四川交通着力 2024丨②全力以赴拼经济搞建设，大抓项目抓大项目努力扩大有效投资》，http：//jtt. sc. gov. cn/jtt/c112066/2024/6/17/39498819726046c78473712ca38ab91a. shtml。

建农村公路8000公里，实现乡镇通三级公路（“三州”通双车道四级公路）率、较大规模自然村（组）通硬化路率、农村公路优良中等路率、城乡交通运输一体化发展水平4A级以上县（市、区）占比“四个85%”①。三是推进旅游公路建设。根据沿线资源禀赋与交通区位规划与建设旅游公路，不断探索普通公路与沿线沿路资源或产业等统筹建设开发模式，持续发展路衍经济。2025年初，交通运输部、文化和旅游部联合公布“第一批旅游公路项目”，四川省大峨眉“三山旅游环线”公路、G544川主寺至九寨沟旅游公路和G4218雅叶高速天全服务区入选②。

3. 出新：推出交通旅游新产品

一是有全域规划。“交通+旅游”融合发展涉及路线设计、基础设施、体验活动等诸多方面，须统筹协调。无论是2017年出台的《四川省“交通+旅游”融合发展专项行动计划（2017—2020年）》，还是2023年以来出台的《大峨眉交旅融合先行示范区建设方案》《大九寨交旅融合发展示范区建设方案》《“大蜀道”交通与文化旅游融合发展实施方案》都体现了四川对于全域资源的统筹力度以及整体规划思维。

二是有持续影响。四川“交通+旅游”融合产品频频作为示范案例亮相各类榜单。2024年11月，文化和旅游部办公厅、交通运输部办公厅等发布第二批68个交通运输与旅游融合发展示范案例，川九旅游公路、夜游锦江（活水公园-东湖公园段）、熊猫旅游列车分别入选干线旅游公路类示范案例、水运旅游产品类示范案例、铁路旅游产品类示范案例。2025年1月，四川省大峨眉“三山旅游环线”公路、G544川主寺至九寨沟旅游公路和G4218雅叶高速天全服务区入选交通运输部、文化和旅游部联合发布的“第一批旅游公路项目”；2月，在中国交通报社与交通运输部规划研究院联合主办的2024年“公路助力乡村振兴”创新实践优秀案例征集展示活动中，

① 《四川开启新一轮农村公路提升行动！2025年拟建4000公里通组路、2000公里产业路》，https://baijiahao.baidu.com/s?id=1819948748123246958&wfr=spider&for=pc。

② 《第一批旅游公路项目正式公布，共计35个项目》，https://baijiahao.baidu.com/s?id=1821874842567099148&wfr=spider&for=pc。

绵阳市安州区交旅融合助力乡村振兴案例获评“公路+旅游”融合发展十佳案例。

三是有特色产品。如“熊猫专列·安逸号”、“熊猫专列·什邡号”、“熊猫专列·成都号”、C6066/6067旅游动车专列以及直达青城山、九寨沟的动车陆续开通；坐落于成都市郫都区安靖镇的安靖站，作为全国首个旅游列车专属基地车站，周边建有地铁、公交、出租车（含网约车）等多种交通方式接驳点，也将为铁路旅游列车高质量开行和旅客便捷化出行提供服务[①]。

值得一提的是，交通不仅是简单的出行工具，更成为旅游目的地的一部分。G318川藏线，由成都经由理塘、稻城、林芝等旅游名地，最终抵达拉萨，依托沿线平原、丘陵、盆地和高原等多样地形地貌，挖掘川西山地及青藏高原独特的旅游资源，已迅速崛起并成为备受游客追捧的“此生必驾”网红线路。

（二）强化功能完善的“软环境”

1.跨界：注重多元文化融合

一是与红色文化融合。如泸州首条红色旅游公交专线——“四渡赤水”红色旅游公交专线，途经古蔺县城、四渡赤水学院、古蔺红色广场、太平古镇、二郎滩渡口等红色文化著名站点，线路总长度约60公里[②]；崇州市红色旅游公交专线以“红色公交”为载体，通过党史学习教育和各种红色主题元素，让乘客在乘车时间学党史、受熏陶，让红色文化活起来、传开来。

二是与乡村特色融合。四川连续多年发布乡村旅游精品线路，其中“成

---

① 《“熊猫专列”闯关东，川渝旅客开启别样东北之旅》，https：//www.cqcb.com/feidian/2024-05-22/5574446.html。

② 《交通畅达激活红色文化IP 长征入川第一县红色旅游“串珠成链”》，https：//baijiahao.baidu.com/s？id=1821187691926203222&wfr=spider&for=pc；《助力红色文化旅游产业发展丨泸州首条红色旅游公交专线即将开通》，http：//jtt.sc.gov.cn/jtt/c101586/2021/5/28/27bd7e3fb8dc4a7fbffb011259fd6775.shtml。

都市区→青杠树村→农科村→战旗村→东林村”“北川县城→羌茶部落→石椅村→北川维斯特农业休闲旅游区”“华蓥市区→君兰天下生态文化园→百万玫瑰·梦幻花海→海棠博览园→‘三红’党建馆→广安蜜梨基地”都是备受青睐的经典线路。

三是与节气融合。如2025年成都公交特别开行的春游专线“天府官塘油菜花专线”“三圣乡油菜花专线”“漫花庄园樱花专线”“凤凰湖樱花专线”以及“青崇定制专线”等赏花公交。

2. 延伸：拓展旅游服务功能

一是打造一批主题服务区。主题服务区是集交通、旅游、消费、生态、休闲等功能于一体的综合型服务区。如以“318公路文化+大熊猫文化”为主题的雅叶高速天全服务区，以“摄影天堂”为主题的G318新都桥服务区、以“茶旅康养”为主题的成名高速名山服务区、以“家风文化”为主题的遂资眉高速三苏服务区等。

二是新改建部分服务区。在满足基本出行的同时，结合地域特色增加充电、加油、特产售卖、产品体验等功能。如《大九寨交旅融合发展示范区建设方案》提出，要“新改建服务区、观景台及休闲露营地等服务设施20个以上，‘两环六廊’服务设施平均间距缩短至约60公里”；《“大蜀道”交通与文化旅游融合发展实施方案》提出，“新改建7个以上普通公路服务区、文旅驿站和一批观景台，增设一批指示标志和充电设施，在途指引准确、服务保障充分、充电及时高效”。

三是沿线补充服务点。为提升川藏南线暨理塘至亚丁公路服务设施建设水平，四川支持打造了G318世界最美景观大道上康定、雅江、理塘、巴塘、稻城5个县和新都桥、香格里拉2个镇的沿线补充服务点，以及理塘大河边等公路养护站，完善既有加油充电、游客集散等服务设施①。

① 《中秋国庆大假 沿国道318线畅游川西高原》，https：//www.gzz.gov.cn/lyzx/article/532540。

3. 赋能：构建服务设施体系

一是支持交旅融合相关基础设施建设。在原有国省干线、四好农村路、以奖代补、金通工程等政策基础上，研究制定了产业路旅游路、普通国省干线服务区、公路管养设施等补助政策，重点支持交旅融合相关基础设施建设。如2025年出台的《“大蜀道”交通与文化旅游融合发展实施方案》明确提出，要“新改建普通国省干线400公里以上、农村公路140公里以上，提升5个以上景点的公路通行条件，实现‘四廊’主骨架普通国道基本达到二级及以上技术标准，普通省道基本达到三级及以上技术标准，‘四廊’上95%的4A级景区通景公路达三级及以上水平，具备条件的地区形成连接主要旅游区的旅游交通环线”。

二是打造服务平台。“天府畅行”是四川省交通运输厅跨部门跨行业数据共享交换应用的成果。四川省作为全国9个首批开展“交通旅游服务大数据应用试点工程”的省份之一，依托“交通旅游服务大数据应用试点工程”项目，与文旅等部门建立常态化信息资源共享机制，持续开展“交通+旅游”数据资源共享应用，为社会公众提供综合性出行服务①。

三是提升服务效率。在积极丰富新场景、发展新业态的同时，四川省紧盯服务环节，注重对旅游服务尤其是基础性旅游服务的关注和提升。如四川省会同西藏自治区相关部门，打破行政壁垒，一条线协同规划建设，引进“一秒一公里”超充和换电等技术，开创了高原超充新模式。截至2024年9月，沿川藏南线G318打造的“超充绿廊”实现全线贯通，从四川到拉萨可全程享受超充服务。G318四川段建成换电站2个、全液冷超充站11个、充电桩62个、充电枪107支，超充站平均间距仅60公里，每天可满足5000辆新能源车快速补能。此外，采取水泡混合微水及无水双冲、微生物降解、太阳能储热保温、负压异味源分离技术，四川省在折多山开展新建环保厕所

① 《“天府畅行”上线！四川“交通+旅游”，出行一手“掌”握》，https：//mp.weixin.qq.com/s?__biz=MzA4ODg2MTgyMQ==&mid=2650705742&idx=2&sn=9c9d06b78d47a88b1c729ab0e4ae0b8a&chksm=8829925cbf5e1b4af47cf95ce70164db74ea199f11525f477bc545170169d554c21d9cb71ffc&scene=27。

试点，总结试点成果后在川藏南线上推广安装了25座环保厕所，高原高海拔地区如厕难问题得到有效解决①。

（三）打好系统谋划的“组合拳”

1.整体发力：一盘棋统筹交通旅游融合发展

一是有宏观政策统筹。2017年制定出台《四川省“交通+旅游”融合发展专项行动计划（2017—2020年）》后，针对交通、文旅等不同部门运行机制不顺畅、目标需求不一致等问题，省级交通、文旅部门共同研究出台了《关于加快推进全省交通运输与文化旅游融合发展的指导意见》，明确提出推动规划、设施、服务、业态、管理等5个方面深度融合；针对四川省所辖行政区域多、地域广、地形地貌复杂，各地文旅资源特色鲜明，产业发展各有侧重，以往“一刀切”的规划发展模式难以调动地方建设的积极性等问题，选取极具代表性的文旅资源富集地区作为先行示范，谋划了“大峨眉”“大香格里拉”“大九寨”3个交旅融合示范区，进而辐射带动全省交旅融合发展②。

二是有专项规划引领。编制印发《“十四五”交通运输与文化旅游融合发展专项方案》《“重走长征路”四川省红色旅游交通运输专项规划》《川陕革命根据地红军烈士陵园交通专项改善实施方案》《“两路”精神遗址群保护利用专章》等专项规划（方案），重点围绕文旅品牌、红色遗迹遗存以及其他资源，布局构建了不同类别的主题游线，打造系列旅游交通精品线路，推进“交通+旅游”“交通+文化”的深层次融合发展。

三是有统一标识。为推动四川省“交通+旅游”融合发展，按照“既有四川省统一特色，又有各地突出特征”的原则，在充分借鉴省内外旅游公

---

① 《国庆出游充电方便、停车不难、如厕干净！国道318、国道227核心路段完成提升改造》，http：//jtt. sc. gov. cn/jtt/c112066/2024/10/1/4775c7e9bcf441dd94e108e264c240bc. shtml。

② 《打造公路旅游新品牌 构建交旅融合新格局——访四川省交通运输厅公路局党委书记、局长屈洪斌》，https：//www. mot. gov. cn/zxft2024/jiaolvrh_sc/。

路沿线特色标识实践经验基础上，结合四川省公路旅游发展实际，四川省交通运输厅组织编制并发布《四川省公路旅游标识体系（试行）》，主要用于指导四川旅游公路建设和普通公路旅游化改造中公路旅游标识的规划、设计和设置，高速公路可参照实行①。

2. 上下衔接：一体化推进交通与旅游、文化融合发展

有地方标准，如制修订《四川省高速公路服务区设计与建设标准》《公路旅游标志设置规范》《山地（齿轨）轨道交通技术规范》《山地齿轨车辆通用技术条件》等；也有技术指南，如《四川省高速公路景观及绿化设计指南》《四川省高速公路主题服务区建设指南》《四川省农村产业路旅游路建设技术指南》《水上旅游产品打造指导意见》《四川省“运游一体化”客运枢纽建设指导方案》等。同时，系统分析国内外旅游公路设计技术研究的现状及主要问题，并结合四川省实际情况，编制印发《四川省旅游普通公路设计导则》，指导四川省旅游公路规划设计，为四川省打造高品质的旅游公路提供技术支撑，有效推进四川省交通与旅游、文化深度融合发展。

3. 相互补充：一张网联动交通旅游融合发展

一是鼓励与交通旅游有关的实践探索。2024 年底，四川省政府办公厅印发的《支持普通公路高质量发展若干政策措施》聚焦发展方向，提出要深化“交通+旅游”融合发展，加快构建旅游交通环线；聚焦改革创新，提出鼓励探索普通公路与沿线旅游区（点）统筹建设开发的模式，大力发展路衍经济②。

二是推进与交通旅游有关的制度创新。2025 年 2 月，四川率先出台省级层面高速公路特许经营管理制度《四川省高速公路项目特许经营管理办法》③。作为全国首部专门针对高速公路特许经营管理出台的省级政策文件，

---

① 《四川首部公路旅游标识体系（试行）发布》，https：//sc. cnr. cn/scpd/yw201/20240409/t20240409_526657178. shtml。

② 《全国首个！四川出台 7 条政策措施，支持普通公路发展》，https：//www. sc. gov. cn/10462/sydlb/syzcjd/2024/12/12/dbf68dc327ed4a6fb84f6b455510a90b. shtm。

③ 《四川出台全国首个省级层面高速公路项目特许经营管理制度》，lhttps：//static. scjjrb. com/files/App/scjjbApp/html/News/202502/07/99162559. html。

该办法填补了四川省级层面高速公路特许经营管理制度空白，明确了高速公路项目特许经营论证、投资人招标、投资管理、建设管理、运营管理、项目移交的全过程管理措施，具有较大的开创性和示范性①。

三是鼓励与交通旅游有关的技术攻关。当前，以智慧交通、低空交通、新能源和 MaaS 等为核心的新交通模式快速发展，对地理空间与景观地方空间形成有效支撑，也为交通和旅游在设施与服务、功能、产品、产业等方面的统筹、协同与融合奠定了基础。四川在积极丰富新场景、发展新业态的同时，发力高原山区道路交通技术攻关，强化绿色低碳科技支撑，加强交通新基建技术研发，创新山区航运发展路径，也为“交通+旅游”融合发展奠定了基础。

三　四川省“交通+旅游”融合发展存在的问题与对策

交旅融合并非交通与旅游的简单相加，而是二者深度互动、资源整合的过程。通过相互促进与赋能，交通与旅游融合发展可以更好地满足公众多元化、个性化以及品质化需求。历经多年破题、解题，四川省“交通+旅游”融合取得较快发展，然而问题依然存在。

（一）四川省“交通+旅游”融合发展存在的问题

一是交通旅游发展仍然不平衡。城乡发展不平衡，城市交通旅游配套设施齐全，交通旅游产品丰富多样，而农村地区交通旅游发展相对薄弱。重点线路基础设施较为完善，旅游资源开发利用程度高，而其他线路优质旅游资源因资金、技术、人才等限制，多开发滞后。不同类型交通旅游业态发展也不平衡，熊猫、川藏线等资源相关业态发展较快，其他资源相关业态挖掘与开发相对不足。

① 《四川出台全国首个省级层面高速公路项目特许经营管理制度》，lhttps：//static.scjjrb.com/files/App/scjjbApp/html/News/202502/07/99162559.html。

二是交通旅游基础设施有待优化。部分道路通行质量不高，如京昆高速广元段、绵阳段复线尚未建成通车，既有京昆高速是联系金牛道沿线文旅资源的唯一高速通道，其中剑阁段货车占比超过65%，日均交通量已达4.2万标准车/天，节假日高峰期可达6.3万标准车/天，混行严重、易拥堵[①]；景区景点之间直连互通的交通线路不够，便捷性、安全性还有待提升，如相邻的光雾山与诺水河、七里峡间绕行距离分别超100公里、200公里[②]；城际、市郊等旅游目的地周边交通设施供给仍然不足。

三是交通旅游服务水平存在不足。交通旅游在途服务功能主要依靠沿线城镇提供，且只能满足“停一脚”“有饭吃”的基本需求；交通旅游服务同质化问题突出，且在不同地区、不同企业间存在较大差距；旅游交通枢纽在节假日期间运力不足，导致游客出行不便；旅游租车、自驾车营地、房车营地等新型旅游要素服务设施建设不足。

四是交通旅游装备和项目融资能力较弱。交通道路建设、旅游景点打造仍依赖政府投资的传统模式，投融资渠道狭窄，吸引社会投资能力较弱；高端交通旅游装备制造能力仍较弱。

（二）进一步推进四川省“交通+旅游”融合发展的对策建议

一是不拘一格推进交通旅游高质量发展。充分发挥重点线路的辐射和带动作用，提升四川省交通旅游发展水平；鼓励交通运输部门开展跨区域合作，共同规划旅游线路和服务，助推资源共享和客流分散；鼓励不同区域立足自身特色，主动对接相关资源，开发交通旅游产品和项目。

二是提高交通旅游基础设施建设水平。持续推进相关规划实施，强化北向通道，加密南向通道，提高交通效率；持续推进干线公路、快速路与机场、火车站的衔接转换，方便游客便捷高效往来。

三是优化交通运输服务。加快形成主体多元、保障有力的旅游公共服务

---

① 《“大蜀道”交通与文化旅游融合发展实施方案》，四川省人民政府办公厅，2025年2月7日。

② 《“大蜀道”交通与文化旅游融合发展实施方案》，四川省人民政府办公厅，2025年2月7日。

供给体系；开通具有地方特色的旅游观光巴士线路，丰富旅游交通产品；加强交通管理和智慧交通技术的应用，以缓解旅游高峰期的交通拥堵；在交通枢纽如机场、高铁站等地增设旅游指引标志，提高便利性。

四是适当拓展投融资项目。考虑设立政府引导基金，为交通旅游项目提供资金支持，降低融资成本；出台税收优惠政策（如减免企业所得税、增值税等）或提供财政补贴、贷款贴息等支持，减轻企业融资压力；同时，注重开展系统性风险评估、行业特定风险评估和运营风险评估，定期追踪、评估以及干预风险敞口。

B.4

四川非物质文化遗产知识产权发展报告

焦 扬 王 露*

摘 要： 本报告聚焦四川非物质文化遗产知识产权发展，分析其概念内涵，梳理发展路径与授权合作模式，探讨生态环境并提出建议。四川非遗资源丰富，近年来在政策法规完善、协同保护机制构建下，非遗知识产权确权保护意识增强，授权转化模式成熟，生态完善，创新创造活力强劲。发展路径包括根植传统梳理文化价值、创意焕新确权助力经济价值实现、以版权作品为核心开展授权合作等。生态环境方面，法律法规政策体系完善，传播推广效能增强，平台服务和品牌培育力度增大。建议优化制度保障体系，提升数字化保护与创新转化能力，实施传承人能力提升工程，构建优化服务支撑体系。

关键词： 非物质文化遗产 知识产权 发展路径 生态环境

一 四川非物质文化遗产知识产权概念及发展现状

（一）非物质文化遗产知识产权的概念和内涵

1.非物质文化遗产的定义和分类

根据《中华人民共和国非物质文化遗产法》，非物质文化遗产（以下简称“非遗”）是指各族人民世代相传并视为其文化遗产组成部分的各种传统文化表现形式，以及与传统文化表现形式相关的实物和场所。内容包括传

---

* 焦扬，四川文化创意产业研究院助理研究员，文创研究中心副主任，主要研究方向为文化传播、文旅品牌；王露，四川文化创意产业研究院科研人员，主要研究方向为文化创意研究。

统口头文学以及作为其载体的语言，传统美术、书法、音乐、舞蹈、戏剧、曲艺和杂技，传统技艺、医药和历法，传统礼仪、节庆等民俗，传统体育和游艺，其他非物质文化遗产。

2. 非物质文化遗产知识产权的定义和内涵

关于非遗知识产权的定义，目前没有统一定论。一方面，在知识经济时代下，非遗通过创新创意表现为不断发展的知识体系，是人类在长期生产、生活过程中创造的智力成果，本质上与现代知识产权制度保护的客体相契合，都具有无形性、价值性等特点。非遗创新成果依法确权后的版权、商标权、专利权等即受知识产权制度保护。另一方面，生产性保护理念甫一提出，非遗就成为具有经济价值和开发价值的资源，在市场经济条件下不断生成符合现代生产生活需求的创新成果。伴随知识产权制度体系的完善，传统非遗的相关权利逐步演变为现代话语体系下的知识产权①。综上，本报告所指“非遗知识产权”是指，在市场经济背景下，以非遗为核心的创新转化成果及其衍生的版权、商标权及专利权等知识产权客体。

（二）四川非物质文化遗产知识产权发展概况

截至2025年底，四川已有联合国教科文组织非物质文化遗产名录（名册）项目9项、国家级非遗代表性项目153项、国家级非遗代表性传承人105人、省级非遗代表性传承人1423人，是名副其实的非遗资源大省。

基于良好的非遗资源本底，近年来在“创造性转化、创新性发展”的方针指导下，四川非遗知识产权以系统性保护为核心，通过完善政策法规、构建协同保护机制，推动非遗项目与商标权、专利权等知识产权深度融合，非遗传承人知识产权确权保护意识逐步增强，非遗知识产权授权转化模式越发成熟，非遗知识产权生态不断优化，非遗领域创新创造活力强劲，“四川造”非遗项目、非遗品牌不断走向国际市场，有效促进传统技艺的创新转化与市场化应用，实现经济效益和社会效益双丰收。

① 鲁春晓：《非物质文化遗产权利流转与嬗变研究》，《民俗研究》2023年第5期。

二 四川非物质文化遗产知识产权发展路径模式分析

（一）根植传统，系统梳理核心文化价值

作为历史记忆的载体，非遗以活态形式承载文明基因，传承着人类智慧：有的以技艺实践传递民族精神，有的以文化符号构建身份认同，不断在社群互动中促进社会和谐，共同在创造性转化、创新性发展中焕发生机活力。我国的非物质文化遗产历史悠久，文化瑰宝世代相传，千百年积淀下来的优秀传统文化是我们创新创造的灵感源泉，巨大的文化宝库等待我们开采。深入挖掘非遗文化内涵、梳理提取传统元素，是非遗知识产权创新转化链条上的第一环节。

以相继入选知识产权强国建设第三批典型案例和第一批版权强国建设典型案例的藏羌织绣国家级非遗代表性传承人杨华珍为例。杨华珍非常注重对传统图案纹样的系统梳理，她曾在地震灾区抢救性收集散落的藏羌织绣实物（如服饰、唐卡）老绣片，整理出"十二月花""五十六朵花"等主题纹样体系。2008 年至今，杨华珍及其团队已收集藏羌织绣服饰图案 600 种以上，藏羌织绣挑花刺绣绣片 920 余件，藏族毛编织、麻编织、布编织（各种编织腰带、鞋带、呷乌带）样品 260 余件，逐步建立涵盖羊角花、格桑花及各类几何图案、动植物图腾等多种传统纹样的数据库。

杨华珍对藏族挑花和刺绣的基本技法和针法进行了较为系统的整理和归纳，为她之后的设计创作奠定了坚实基础。她在进行现代产品设计时，把传统的特色元素提取出来，用重新排列、组合等方式，结合现代审美法则进行设计，从而形成风格鲜明、具有独特文化内涵的商品。

（二）创意焕新，确权助力经济价值实现

非遗具有鲜明的共享性特征，但在市场经济条件下又呈现知识产权的私有属性。学界对于非遗保护理念及其权利界定有较大分歧，同时也在探索非

遗共性与知识产权的有效对接、文化价值向经济价值的现实转化路径。版权（又称著作权）是指作者依法对其作品享有的精神权利和经济权利。版权作为一种私权，用以保护作品在创作与传播过程中产生的人身、财产权利①。版权登记通过法律程序确权，将非遗元素创新性表达或衍生作品固化为版权人专属的智力成果财产权，能在保留非遗公共文化属性的同时实现私权转化。

作为集体智慧的传承，非遗项目中涉及的传统手工艺、传统纹样等本身是一种公共资源，本不能被私有。非遗传承人或其他设计开发者只有经过“原创性”设计形成新的作品，才能登记获得版权，进行授权合作。非遗的原创性更多通过传承人或创新者的独创性表达实现，如传统技艺的改良设计、非遗元素的现代创作等，而非非遗项目本身。

杨华珍作品“十二月花”的技法、纹样元素都来自公共领域，经过她的创新创意、提取组合，融入创作巧思，成为新的创意作品“十二月花”，再通过法律程序获得版权确立自有权属。将非遗的传统文化基因与当代时尚审美、生活需求融合创新，如传统刺绣的图案设计、戏曲音乐的改编创作、手工艺品的现代造型等，通过登记注册确立知识产权权属，可形成原创版权。知名鞋履品牌 sheme（玺觅）坚持将非遗蜀绣创新融入时尚潮流，以原创设计为核心竞争力，构建起完整的自有产业链和较丰富的自有知识产权体系，已登记版权作品 456 件，拥有专利 179 项，年销售额达 700 万元，于 2022 年成功创建全国版权示范单位。非遗元素高效融入产品设计与营销链，同时以文化赋能提升品牌溢价与市场辨识度，可形成差异化竞争力。

创新创意是传统非遗焕发生机活力、从公共领域转化为财产私权、进入市场流通实现经济价值，进而实现生产性保护的源泉。确权不仅是通过立法确立私权的存在以获得法律强力救济的规范性法律概念，更是使权利客体进入市场流通领域的前提。

---

① 宋蓓娜：《传统工艺的知识产权分类保护机制研究》，《河北法学》2024 年第 3 期。

（三）以版权作品为核心，广泛开展授权合作

目前非遗知识产权授权合作方式依据权属客体的不同主要分为以版权作品为授权内容，以商标、专利等为授权内容进行合作。在实践中以版权授权最为常见，合作路径更明晰。非遗版权授权需结合其文化特性与市场需求，优先适用于具有明确知识产权载体（如实物作品、数字化内容、表演形式）且易于产业化的类别。版权授权，既可保护非遗核心文化价值，又能推动其融入现代产业链条。

1. 直接版权授权

获得版权确权的非遗传承人或企业，通过签署民事协议，将基于非遗的原创作品授权给第三方使用，以独占许可、排他许可或普通许可等形式，明确授权用途、使用范围、期限及收益分配方式，确保版权主体在商业开发中享有相关权益与合理收益。

（1）一次性授权金

一次性授权金是版权购买方以协议约定的固定金额一次性支付版权金给非遗传承人等版权所有者，并在协议约定的使用期限、地域、用途内使用、运营版权内容的授权方式，适用于标准化程度高、开发周期短、品牌附加值显著的非遗合作场景。其核心优势在于合作门槛较低且经济价值变现较快。品牌商可根据需求直接向非遗版权所有人购买使用权，将纹样、符号等非遗元素融入现代产品设计、用于商业化开发，常见于文创产品、品牌衍生品的授权开发。

杨华珍及其团队自主开发并进行版权登记的原创作品近150项，可供品牌商依据营销节点、开发周期计划等按需选取。2025年3月，杨华珍“五十六朵花”图案版权以一次性授权金模式授权给知名茶饮品牌“霸王茶姬”，该品牌可在约定范围内使用“五十六朵花”图案。连锁茶饮品牌标准化程度较高，非遗元素通过版权授权快速嫁接至饮品研发、包装等环节，同时以文化联名提升茶饮品牌的辨识度与溢价能力。

（2）企业合作型阶梯分成

企业合作型阶梯分成是合作企业根据合作内容、合作范围、合作收益等情况分梯次约定分成比例的方式，在品牌跨界授权中，非遗传承人与企业通常采用“保底授权费+销售分成”的模式合作。“保底授权费”即指企业支付固定金额的基础授权费获取非遗元素图案等使用权；“销售分成”指合作方依据协议按产品销售额的一定比例向传承人支付动态收益，由于目前尚未形成较为一致的非遗知识产权价值评估机制及标准，具体分成比例大多通过协商确定。

该模式常与定制化设计、系列产品全新开发等商务需求结合，适用于非遗版权合作中需长期激励、收益与市场动态深度绑定的场景。杨华珍在2014 年 5 月与植村秀合作，合作内容包括为植村秀设计系列瓶身图案、配合新产品发布及宣传推广等，收益即以 20 万元授权费加上销售分成构成。此后其与星巴克等其他国际品牌合作，也多采取此模式。该模式通过保底费用保障非遗传承人基本收益，再以销售分成强化市场化激励，且更具灵活性、现实性，应用场景广泛，逐渐成为非遗版权商业化的主流合作范式。

2. 平台化交易收益共享

平台化交易收益共享模式是指通过数字化交易平台整合非遗资源、企业需求和市场渠道，构建传承人、开发方、消费者等多方参与的收益分配机制，实现非遗 IP 授权、产品开发及销售环节的规模化收益共享。

天府文旅资源授权交易平台采用“佣金+版权溢价”机制，即平台为传承人、创新者等非遗版权所有人提供授权代理服务或撮合交易服务，收取授权代理服务费、交易服务费等佣金；平台通过公开挂牌竞价的方式，为非遗版权作品寻找授权合作商，成交后经公开竞价产生的溢价部分，由版权所有人和平台按约定比例分配。该模式以线上平台为纽带整合非遗版权及相关产业资源，提供供需对接服务、明确权益分配规则，通过线上公开竞价实现版权交易流程标准化、透明化、规则化，既能提升非遗版权合作综合效益，又能促进产业链条完善。传统美术及传统手工艺（如刺绣图案、纹样、编织技艺等）、表演艺术（如戏曲、音乐的剧本、唱腔等）、数字化衍生内容

（如数字藏品、虚拟 IP）及民俗符号（如节庆、图腾）等非遗类别，因其文化元素具象程度高、易于产业转化，适合通过平台化交易收益共享模式进行版权授权。

（四）运用商标、地理标志、专利促进非遗保护性发展

1. 推动非遗注册商标、申请地理标志产品，构建保护壁垒

我国《民法典》规定了 8 类知识产权保护客体，其中包括商标和地理标志。《商标法》则规定了 4 类注册商标，其中包括集体商标和证明商标。集体商标是指“以团体、协会或者其他组织名义注册，供该组织成员在商事活动中使用，以表明使用者在该组织中的成员资格的标志”。按照我国《地理标志产品保护规定》：“地理标志产品，是指产自特定地域，所具有的质量、声誉或其他特性本质上取决于该产地的自然因素和人文因素，经审核批准以地理名称进行命名的产品。”

非遗蕴含的传统工艺、技艺，是特定地域人民在长期生产实践、生活实践中世代传承、累积形成的精神产品，富含人民群众的集体智慧，具有显著的公权性质和鲜明的地域特色，具备“地理标志”属性。因此，借助申请地理标志产品或者申请以地理标志作为集体商标，非遗蕴含的传统工艺、技艺就可以成为知识产权保护客体。如郫县豆瓣、荥经砂器通过地理标志商标注册，严格限定原料、工艺及产地范围以明确地域专属权，确保产品独特性、地域性，防范市场仿冒和滥用。绵竹年画行业协会依托《德阳市绵竹年画保护条例》，注册及管理集体商标，规范授权使用流程，规范了市场秩序。注册集体商标、申请地理标志有助于维护非遗品牌声誉，提升市场竞争力，促进非遗品牌规模化、产业化发展。

2. 专利赋能核心技艺、外观衍生品创新

专利主要适用于保护发展具有技术方案创新或工业设计特征的非遗领域，包括传统技艺（如木版年画雕刻、砂器烧制工艺）、传统美术（如刺绣图案、年画纹样）、传统医药（如药材炮制方法）等。此类专利保护既涵盖工艺流程的实质创新，也包含艺术表达的现代转化，推动非遗在技术规范与

商业价值上的双重提升。

以国家级非遗项目藏香为例，阿坝州慈愿传统文化有限责任公司注重技艺创新和专利转化，其藏香制作技艺通过申请国家专利实现技术保护和商业化突破。该公司依托藏香配方获得9项国家专利，至2023年初，带动当地藏香行业企业发展到200多家，带动行业规模化发展并形成年产值近1500万元的产业链。

绵竹年画通过专利保护实现传统工艺的技术革新与产业化突破。以胡光葵发明的“木版年画彩色套印版及其快速制作方法”为例，该专利通过将多色套印块集成于同一印版本体，实现单次覆盖印刷即完成所有彩色套印，将制作效率提升60%以上，使年画从手工小批量生产转向规模化制作，为年画文创产品开发奠定技术基础。这种创新既保留传统木刻工艺核心，又通过实用新型专利构建技术壁垒。现阶段绵竹年画聚焦外观设计与跨界应用专利，形成“基础工艺—核心流程—衍生应用”的专利链条，使绵竹年画从单一艺术品拓展至包装、服饰等20余个产业领域。谢小兵团队开发的年画主题火锅底料包装，通过外观专利授权实现产品溢价30%以上，形成“非遗专利+商业授权”的增值模式。

（五）授权合作的基本模式

1. 非遗经纪人模式

非遗经纪人模式以专业经纪人、平台或代理机构为主体和枢纽，以非遗知识产权为核心，连接非遗传承人与市场资源，通过资源整合、授权合作与市场对接，推动非遗项目实现文化价值与经济价值的转化。其核心在于解决传承人与市场间的信息不对称与资源断层问题，形成多方协作的可持续机制。

根据目前非遗知识产权发展实践，非遗传承人首先是非遗技艺的传承者、非遗创新的设计师，而转化发展知识产权需要进行品牌合作、商业运营，传承人既当“艺术家”又当“企业家”，身兼数职的传承人往往分身乏术，急需从“企业家”身份剥离，让专业的非遗经纪人承担市场转化方面的工作，由经纪人进行项目筛选、知识产权保护及市场推广，帮助传承人对接设计、生产和销售资源，形成标准化产品包装，洽谈跨界合作等。

从 2024 年人力资源和社会保障部等部门共同发布的新增 19 个职业来看，已有专业版权经纪人从事版权交易、版权登记代理、版权贸易、版权价值评价等相关服务，其社会性、专业性、稳定性得到官方认证，相关职业内容应用到非遗领域正是非遗经纪人承担的核心职责。如四川老伙记企业集团创始人汪勇，打造运营“成都手作”“甘孜手作”品牌，全面整合资源、品牌、传承人、旅游、互联网资源，以文旅农商融合模式，促进非遗知识产权转化发展。截至 2022 年，汪勇团队已与 464 位非遗传承人合作，创新开发了 392 种非遗产品，销售非遗产品约 1100 种，已为非遗传承人增收 3.41 亿元①。蜀菁馆创始人钟明通过“AI 新锦绣”数字技术赋能蜀锦蜀绣，使蜀锦蜀绣通过远程定制等方式获得更多订单及合作机会。两位创始人在促进非遗知识产权转化发展的过程中实际充分发挥了桥梁和推动作用。

除了职业化的经纪人，一些专业的 IP 代理机构、平台也可扮演非遗经纪人角色。前述“平台化交易收益共享”也属于非遗经纪人模式，本质上是依托天府文旅资源授权交易平台这一专业代理平台担任非遗经纪人角色，通过授权协议明确权利义务，实现资源整合、商业开发，再对“非遗知识产权创作—确权—转化”全链条及相关环节进行合理分配的过程。

2. 自有完整产业链模式

自有完整产业链模式通常以龙头企业、知名品牌商为主导，以“企业自有文化资源—知识产权—产业增值”完整闭环为核心，通过法律保护、技术赋能与市场化运作实现非遗项目的全链条价值转化，覆盖设计研发、确权授权、生产销售等关键环节。该模式更适合综合实力强、规模化发展的企业。权属持有人更具核心技艺、资源的产权控制力与品牌溢价能力，在发展方向与合作对象的选择中有较强自主权，更利于实现非遗资源的长期价值沉淀与复合效益。

---

① 《他用“成都手作”为非遗人建起了通往市场之路》，https://sichuan.scol.com.cn/ggxw/202211/58769411.html。

Sheme 搭建了比较完备的产业链条，除原材料采购外，从前期研发设计（建立了国际化的设计师团队），到中期的生产定制（有工厂和匠心工坊），再到后期的宣传营销（完备的线上线下销售渠道），都由自有专业团队操刀，并设置专人负责非遗产权相关事务，在品牌营销、授权合作和传播策略上都与品牌文化理念、核心目标紧密契合，使品牌文化更加深入人心。

青神县依托青神竹编非遗项目建成国家青神竹编产业示范园区，成立青神国际竹艺城投资有限公司，集聚四川环龙、云华竹旅等竹企业 150 余家，打造亿元加工企业 2 家、国家林业重点龙头企业 2 家，探索建立“竹农+国有公司+龙头企业”的种销模式，建成较为完整的现代竹编产业体系，2024 年全县竹农户均从竹产业方面增收 2500 元以上。

表 1　两种授权合作基本模式对比

模式	核心主体	优势	适用场景
非遗经纪人模式	专业经纪人、代理机构、平台等	轻资产；快速对接资源与市场，合作灵活，开发风险低	初期非遗知识产权项目孵化、品牌建设，知名度较高的非遗 IP 跨界合作
自有完整产业链模式	龙头企业、知名品牌商	全链条控制，提升附加值，强自主性	具备规模化发展潜力和需求，非遗产业化

三　四川非物质文化遗产知识产权发展的生态环境

（一）法律法规、政策规划体系日趋完善

四川近年来不断通过加强法治保障、完善制度体系，促进非遗知识产权保护、发展。四川省 2017 年在全国较早颁布实施了省级非物质文化遗产条例，阿坝、甘孜、凉山三州分别出台了州级非物质文化遗产条例，德阳市针对“绵竹年画”专门制定了《德阳市绵竹年画保护条例》，泸州、南充等地相继出台白酒、戏曲保护条例。这一系列地方性法规对加强非遗保护、加强

知识产权保护作出了明确的安排。2024年《四川省知识产权促进和保护条例》出台，明确非遗知识产权的法律地位，鼓励企业通过购买授权、联合研发等方式参与非遗创新。政策规划层面，《关于进一步加强非物质文化遗产保护工作的实施意见》提出"系统性保护"目标，明确提出要"综合运用版权、商标权、专利权、地理标志等多种手段，加强非遗知识产权保护"。

（二）传播推广效能持续增强

四川结合文旅、影视、游戏、知识产权等方面的重大事件、重要活动、重点项目，围绕重要时点、重点客群等，创新开展非遗知识产权的宣传报道、营销活动，逐渐形成"国际+国内""政府+企业+个人"协同推广的结构。

1. 政府层面

一是积极搭建、参与国际平台，借力国际文化旅游组织，加强非遗品牌推广与授权合作。四川省文化和旅游厅在第八届中国成都国际非物质文化遗产节期间策划举办四川国际非遗品牌IP授权展，集中展示全国131家知名非遗品牌IP1000余个，邀请120余家境内外知名品牌合作机构进行授权洽谈，成功促成非遗品牌IP意向签约8200余万元。成都大运会期间，组委会等相关部门向各国贵宾现场展示年画、糖画、棕编等四川非遗特色，将蜀绣双面绣《竹林之游》等非遗产品作为国礼赠送国际友人；在大运村和成都各文化展示体验点位展演展示200余个非遗项目2600余件作品（产品）。四川通过"蓉品出海"计划将蜀锦、蜀绣、藏羌彝民族服饰等非遗项目推向米兰国际时装周等国际舞台，吸引全球时尚产业关注。每年组织非遗机构和传承人参加川港文旅对接会、香港授权展等展会、交易交流活动，推动羌族刺绣、刘氏竹编、夹江年画等非遗与中外企业机构、品牌商达成知识产权授权合作，不仅实现了良好的经济效益，还促进了非遗的活态传承和国际传播。

二是政府引领搭建新媒体宣传矩阵。2025年春节是第一个"非遗春节"，1月省文旅厅主办的"非遗好物 国潮焕新——四季非遗购物月"四川非遗年货购物节主会场活动启动，线上线下配套蜀绣体验活动、公益节目表演、天府非遗灯谜节和 30 位网红大 V 探店、2025 年第五届乡村春晚暨视频直播家乡年等展演、互动活动，并通过“四川文旅”“四川非遗”“成都非遗”“成都手作”“天府非遗”等多个平台进行直播。“四川非遗”在微信、抖音、哔哩哔哩等平台均开设官方账号，形成省级非遗官方账号矩阵，集中发布优质内容，联动市县非遗项目。其内容库涵盖人文历史、技艺教学等，截至 3 月 5 日，已发布 1130 部作品。《国家级非物质文化遗产：流传千年的彝族漆器髹饰技艺》短视频上线十天播放量突破 2122 万次，点赞达 105 万个，评论达 9.2 万条，带动粉丝增长超 4 万人；“戏曲变装”短视频播放量也超过 1762 万次，点赞达 82.6 万个，评论达 5.8 万条。

2. 企业和个人层面

非遗知识产权所有者一是积极响应配合政府搭台，通过国际展会、品牌联名、品牌活动等不断促成国际品牌合作，提升四川非遗的国际影响力；二是线上开设自媒体账号，借助短视频、直播等新媒体形式，开展非遗购物节线上展销活动，通过限时优惠、创意路演等吸引年轻群体参与；三是创新拍摄制作非遗活态展示、文化讲解等相关短视频，从纯粹的内容传播向文旅融合产业链延伸，逐步形成“爆款引流—内容深耕—产业转化”的闭环生态，成为传统文化数字化转型的标杆样本。如成都百年老字号“诗婢家”跨界推出非遗主题短剧，探索“版权收益+流量分成”商业模式，推动非遗从静态展示向动态叙事转型。竹艺村通过短视频宣传非遗研学、森林康养等业态，年接待游客 128 万人次。马边彝族刺绣合作社通过短视频展示产品，订单覆盖京沪穗深，带动绣娘人均年收入超万元。

非遗领域 KOL 强势助力，通过短视频创作既实现非遗技艺可视化，又实现强 IP 联动效益，将四川非遗知识产权转化为国际关注的数字文化资产，以流量优势助推非遗知识产权确权保护和推广转化。如四川非遗品牌“峨眉武术”的代表性传承人马赵凌云与 8 位“00 后”共同组成的“峨眉派女子功夫团”，于巴黎奥运会期间爆红网络。她们借助创意独特的短视频出圈，将武术文化传向四方。2025 年春晚，李子柒携带 13 项珍贵的非遗技艺亮相，将非遗文化资产转化为全球观众可感知的视觉符号，既保持技艺本真性，又通过数字技术放大其艺术张力，为非遗知识产权的传播推广和商业转化开辟新的赛道。

（三）平台服务和品牌培育力度不断增大

一是政府指导非遗知识产权服务平台搭建。四川省非物质文化遗产保护中心联合四川省知识产权发展研究中心启动了四川省非遗知识产权服务平台建设，为非遗保护机构和传承人提供非遗知识产权规划和确权、交易、授权服务。四川文化创意产业研究院、西南联合产权交易所联合共建天府文旅资源授权交易平台，重点开展包括非遗知识产权在内的以文旅 IP 资源为核心的展示发布、确权授权、撮合交易、开发孵化、投资融资、咨询维权活动，为全省非遗知识产权提供了授权转化的一站式专业平台。

二是以省级品牌为引领，鼓励省内各地培育地方非遗公共品牌，通过知识产权保护利用进一步激发非遗创新创造活力。四川省文化和旅游厅 2023 年启动“非遗四川 · 百城百艺”非遗品牌培育活动，聚焦县域非遗项目的创造性转化、创新性发展，给予每个认定公布的品牌 100 万元的奖补资金，已成功打造 60 个县域非遗品牌项目。包含青神竹编、自贡灯会、绵竹年画在内的首批 30 个品牌项目已开展知识产权保护利用 514 项，制定完成 42 项品牌打造规划，开发设计 1537 种文创产品，打造 97 个非遗项目保护空间，带动注册商家、企业 514 家，带动周边 18. 22 万人就业。四川省文化和旅游厅启动“川工蜀艺”四川非遗公共品牌建设，开展商标注册、视觉设计和标准体系建设，推动构建政府监管、市场运作、传承人受益的品牌管理机制。成都市实施“公共品牌+企业品牌”非遗双品牌战略，将 300 多款新开发产品纳入“成都手作”非遗品牌体系。

三是持续开展传承人研修培训、非遗大讲堂等活动，开展知识产权专题培训和宣传，增强非遗机构和传承人熟练运用版权登记、专利申请、商标注册等手段保护自有知识产权的意识和能力。

四　关于四川非物质文化遗产知识产权进一步发展的建议

（一）优化四川非物质文化遗产知识产权制度保障体系

一是优化细化现有法条，完善非遗知识产权法律框架。如在现有《四川省非物质文化遗产条例》的基础上，增设非遗知识产权保护专章，明确传承人署名权、集体商标使用规则、数字形态非遗作品确权原则。二是完善非遗知识产权立法体系，促使非遗和知识产权更好衔接。如结合《四川省知识产权促进和保护条例》，细化知识产权保护法规，探索制定非遗项目分类保护细则，并完善非遗知识产权纠纷快速解决机制。三是补充地方性规章，如推动各市州针对当地特色非遗项目制定专项保护条例。四是加强执法监督，落实惩罚性赔偿制度，加大对恶意侵权行为的查处力度，推动市场监管部门和文旅部门的联动执法。

（二）提升数字化保护与创新转化能力

一是构建数字化确权与交易平台，如依托四川非遗大数据平台，引入区块链技术实现非遗资源的确权存证与溯源管理，推动非遗数字资产的版权登记、授权交易与收益分配。二是推动非遗数字产品开发，鼓励利用 AR、VR、元宇宙等技术开发非遗虚拟展演、数字藏品等新型文化产品，丰富非遗在数字文旅、影视游戏等领域的应用场景，开发非遗数字孪生系统和非遗数字资源库。

（三）实施传承人能力提升工程

一是主管部门建立常态化培训与服务体系。如定期开展知识产权法律、品牌管理、数字化技术等专题培训，联合高校、律师事务所组建公益服务团队，为传承人提供一对一法律咨询与商业化指导，切实提升传承人确权保护

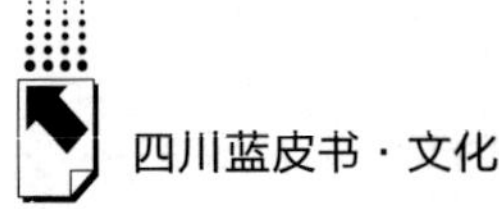

意识和转化开发能力。二是构建政校企协同培养体系，如设立非遗传承专项基金支持“现代学徒制”，在职业院校开设“非遗知识产权管理”专业，建立校企联合实验室推动非遗内容与数字技术融合研发，为非遗知识产权发展培养后备力量。

（四）构建优化服务支撑体系

一是构建金融支持体系。探索制定非遗知识产权评估机制，扩大知识产权质押融资覆盖范围，开发非遗保险产品防范侵权风险。对中小微非遗企业实施“首贷贴息”政策，引导社会资本设立非遗创投基金。二是健全监测评估机制。建立非遗知识产权发展指数，从法律环境、市场转化、国际影响等维度开展评估并定期发布结果，引导更多社会力量参与非遗知识产权发展。三是促进非遗知识产权授权代理行业发展，支持非遗知识产权代理机构发展，培育非遗经纪人，优化知识产权交易平台，促进非遗知识产权跨界合作向专业化、规模化、产业化方向发展。

B.5

四川数字游民调研报告

何煜雪*

摘　要：　本报告分析四川数字游民发展呈现数字社区生态化、空间科技艺术共生、人才金字塔在地化、技能矩阵全球化、非遗活态传承、国际文化超链接等特点，总结了四川在数字游民发展中存在基础设施建设不平衡、自然优势未被转化为可持续吸引力等问题，针对性提出了优化数字游民政策生态、激活"数字+"与在地资源价值等建议。

关键词：　数字游民　四川　数字游民社区

随着互联网和通信技术的迅猛发展，远程办公已经成为一种重要的工作模式。在此背景下，一个新兴的社会群体——数字游民正在兴起。截至2023年底，中国大陆地区不同城市间的数字游民和潜在数字游民人数为0.7亿~1亿人。① 当前，四川的数字游民群体集中在资阳和温江，这种新的工作方式影响了四川的社会经济文化结构和乡村发展。

一　数字游民的定义、特征和演化

1.数字游民的定义

数字游民通过互联网远程工作，摆脱固定办公室朝九晚五的束缚，是在不同城市、不同国家工作生活旅居的人群，强调流动性和多元化工作模式。

* 何煜雪，硕士，四川省社会科学院新闻传播研究所助理研究员，主要研究方向为文化产业。

① 赵觉理：《全球数字游民不断增加的背后》，《环球时报》2025年1月17日，第7版

综合而言，数字游民可以被定义为：利用互联网和数字技术完成远程工作；不受固定办公地点约束，具有高度的地理流动性；通过短期或长期居住在不同地点，维持工作与生活平衡的个体[①]。

2. 数字游民的核心特征

数字游民从事的工作范围广泛，主要包括技术类（全栈工程师、前端开发工程师、网络安全专家等）、创意与内容生产（内容作家、文案撰稿人、自媒体博主、社交媒体经理、在线会计师、财务分析师、簿记员等）、新兴领域（Web3 与加密货币：区块链开发、NFT 项目运营；AI 相关：数据标注、机器学习模型训练）等。此外，数字游民还可以选择自主创业，通过创办自己的在线业务或企业来实现工作和生活的自由。

（1）项目制工作和合作模式

其一，数字游民参与各种短期或长期的项目，为客户提供特定的解决方案。项目制的优势是工作时间和地点不受传统办公室约束，能够自由安排日程。其二，多地多人多领域进行合作。数字游民的合作对象不受地点局限，遍及海内外，一个项目由多个同领域的技能人才合作完成，实现优势互补、互利共赢。

（2）强大的技术依赖性

数字游民通常具备较强的专业能力，掌握多种前沿技术工具，主要依赖互联网、云计算和协作软件等完成工作。其通信工具包括但不限于 Zoom 和 Microsoft Teams，用于召开远程会议；工作数据则储存在 AWS、阿里云等平台，GitHub 的代码托管量年均增长 35%[②]。技术能力矩阵显示，90%以上的数字游民掌握 Google Workspace、Slack 等协作工具[③]。

（3）经济独立性：数字游民收入来源多元化，通过收入组合策略实现经济自主。

---

① 汤敏：《数字游民模式给我国青年就业带来新机会》，《企业改革与发展》2025 年第 1 期。

② GitHub Staff, *Octoverse: AI leads Pythin to top language as the number of global developers surges* , https://github.blog/news-insights/octoverse/octoverse-2024/.

③ Megan Dawkins, *FlexJobs Workforce Report: Two-Thirds of Workers Plan to Change Jobs*, https://www.flexjobs.com/blog/post/flexjobs-report-two-thirds-of-workers-plan-to-change-jobs.

（4）跨文化适应性：数字游民经常迁移至不同国家和地区，具有较强的跨文化沟通和适应能力

二　四川数字游民发展的特色

四川省作为中国西部经济与文化重镇，全省现有数字游民主要聚集在温江区天星村和资阳市仁里村。凭借“稀缺生态资源、深厚文化底蕴、创新城乡融合”三大核心优势，四川探索出一条独具特色的数字游民发展路径。

温江寿安镇天星村位于成都主城区西北郊野、岷江干流金马河畔、都江堰精华灌区腹地。温江区深入推进国家城乡融合发展试验区试点改革任务，以寿安镇为“乡建合伙”创新示范试点，通过优化引育机制、建立场景赋能体系，加快吸引运营型、投资型、产业型和数字型四类人才向乡村集聚，探索产业、人才与新生活方式全面融合的生态乡村共建新模式，成功孵化出全省首个“乡村数字游民社区”。2023 年，全镇农村居民人均可支配收入突破 4 万元，同比增长 6.7%①。

资阳国际数字游民社区的英文简写为 DNβ，其中 DN 代表 Digital Nomad（数字游民），β 不仅与古文字“阳”同形，也象征着迭代、升级与持续创新。资阳 DNβ 国际数字游民社区坐落于资阳市仁里村。资阳作为成渝地区双城经济圈的节点城市，区位优势明显，生活成本较低。市临空经济区的仁里村是一个位于城乡接合部的老乡村，其依托农业资源禀赋探索差异化发展路径，积极推进数字经济与文旅产业融合。2024 年 4 月，随着 DNβ 云起山丘·资阳国际数字游民社区在仁里村正式运营，一场从“传统农业”向“游民集聚”的转型正在展开。

（一）制度创新：城乡要素流动的突破

天星村首先建立“乡建合伙人”机制，研究出台《寿安镇乡建合伙人

① 《城乡融合，成都试验丨温江区：创新“乡建合伙”模式 推动人才赋能乡村》，https://www.163.com/dy/article/JPVEVP7K0514MEF9.html。

共建计划》等政策文件，明确政策支持方向及可开发资源，在项目建设、政策扶持、金融支持等方面提供优先保障，为人才发展提供坚实的政策支撑。其次，健全荣誉激励机制，充分发挥示范引领作用，首创“名誉新村民”制度，为优秀“乡建合伙人”授予“名誉村支书”“名誉新村民”等荣誉称号，并优先推荐符合条件者参选“两代表一委员”，发放“人才绿卡”。最后，突破传统户籍限制，实现34名城市人才实质性参与乡村治理，其中2人被评为D类人才，5人当选“两代表一委员”；定向招引整村运营合伙人，探索“村集体+运营团队+资本方”的三方分成模式，激活集体林盘、农房等闲置资源；在岷江村、天星村等地开展整村运营，推动合作共建留灯营地、编艺游学基地等13个产业项目①。

资阳DNβ国际数字游民社区开启“国企主导+多方共创”模式：资阳空港投资集团以“土地流转+固定分红”的方式整合400亩农地（村民年均可获得租金1200元/亩），用于建设共享农庄、共享田园，成为数字游民等群体参观学习、调研考察的热点，吸引1.1万人次前来度假“打卡”，成为市民周末游玩的热门目的地。村集体经济年增收超30万元，带动就业近千人次②。社区联合电子科技大学教授团队共同运营，引入集游民高级人才引进与培育、新业态挖掘与孵化、生态搭建与发展于一体的产品与模式，推动村集体共建“共享农庄”，实现数字游民与原住居民的生产协作。通过实施“凤栖资阳·数字游民”人才行动，探索“国企+高校+村集体”联合共创的发展机制③。同时开发研学交流、非遗体验等多样化活动，持续丰富并优化数字游民的住宿和办公体验，逐步形成十多种业态。此举不仅催生了新产业形态，使社区载体实现“蝶变”，也倒逼当地村民改善环境与面貌，逐步适应数字游民带来的业态变化，并通过与项目的互动拓展收入渠道。这一模

① 《城乡融合，成都试验丨温江区：创新“乡建合伙”模式 推动人才赋能乡村》，https://m.thepaper.cn/newsDetail_forward_30319656。

② 田姣、高杲：《国际数字游民社区与资阳乡村建立链接，“新村民”给仁里村带来什么?》，《四川日报》2024年5月16日，第8版

③ 叶明：《四川资阳打造数字游民社区 聚人才 兴产业 助振兴》，《中国组织人事报》2024年11月11日。

式既规避了传统征地带来的矛盾，又形成了“国企搭台、人才唱戏、村民受益”的发展闭环。

（二）场景革命：重构数字游民空间范式

1. 生态化数字社区

DNβ 数字游民社区以“乡村会客厅”功能为核心定位，精心打造“创舍”“匠坊”“在野”等 7 处多功能空间载体，将传统林盘改造为“创舍—匠坊—在野”复合空间，提供开放共享的创新场所，满足人才生活与工作的多元化需求。此外，社区已孵化“食事社”“拾六学院”“三行一术”等 10 家企业，创舍、匠坊、在野等多个空间载体已建成并投入运营，初步构建起集会务、餐饮、住宿、购物、研学于一体的“林盘+”多元消费场景。

在天星村骑行 15 分钟范围内，已布局党群服务中心、社区卫生室、编艺博览园、林地自助农庄、社区小卖部、疗愈花园、编艺社交花园、社区健身房、民宿、24 小时留灯书屋等服务空间，通过慢行绿道串联各类功能区域，实现数字游民办公期间心率波动值降低 17%（数据来源于穿戴设备监测）。目前已初步形成“1 个党群服务中心+N 个‘一步式’社区综合服务点”的生活圈雏形，提供多样化空间服务，全面支撑数字游民的生活与工作需求①。“天星未来生态村”被乡创联盟评为乡村社群与在地创生的典范案例，寿安镇荣获“国际慢村共建示范点”称号。

2. 科技艺术共生空间

DNβ 社区占地近 20000 平方米，由资阳空港投资集团有限公司投资建设，打造四大核心场景，主要包括全球数字游民创新中心、多功能共享办公区（2364 平方米的超大共享办公空间，涵盖开放式办公位、路演区、独立会议室、自由洽谈区等，让旅居的数字游民既能徜徉美丽山丘，也能高效工作、连接全球）②。社区配套还包括自成岛屿又相互连接的共享公寓、“安逸

① 《温江寿安天星村：服务数字游民，打造 15 分钟社区幸福生活圈》，https：//baijiahao.baidu. com/s? id=1810162609760128214。

② 《文旅向左，数字游民向右》，https：//36kr. com/p/2778489740134146。

食堂”以及数字游民文化体验中心等功能板块。山顶观景区特别打造了新消费场景——古法手工窑烤面包，并与知名咖啡师合作创立DNβ同名咖啡品牌，进一步完善共享办公、旅居公寓、文化体验中心及山顶观景台等功能板块，为数字游民提供工作与生活平衡的旅居式创新场域，使其能够充分体验科技、艺术与自然的融合。二期项目以峭壁餐厅、生活美学乡村艺术酒店、宠物大地关爱中心、山顶森林露营基地和瑜伽基地等新消费场景为核心，进一步满足数字游民的工作与生活需求，打造平衡工作的旅居式创新空间，同时也为周边原住居民提供了餐饮休闲、宠物消费、艺术体验等多样化服务①。

DNβ社区通过邀请海内外艺术家参与创作，包括国际知名新媒体艺术家刘佳玉、英国皇家艺术学院导师和“白噪音”创始人Ronnie Dellen、青年艺术家直林、新加坡知名艺术家Tan Zi Xi等，共同打造数字景观“咫尺星河”、“绽放”（Blooming）、公共雕塑“无尽”（Endless）、户外装置“奇幻进化论”（Fantasy Evolution）以及屏幕装置“涌·石”（Stone Whisper）等十大景观，将现代科技、自然景观、乡村风貌与人文情感充分融合。社区自运营以来，广受全球数字游民青睐，累计吸引英国、新加坡、法国、意大利等国家的7700余人次国际数字游民入住，4.8万人次前来度假“打卡”，举办脱口秀、圆桌会议、对谈、WORKSHOP等活动共30场次，全网浏览量近700万次，在数字游民赛道的新媒体传播领域中，居全国第二②。

（三）人才培育：构建阶梯式成长体系

1.在地化人才金字塔

DNβ数字游民社区已吸引来自四面八方的数字游民前来开启“游牧式”生活。作为全省最早起步的数字游民社区，天星村逐步探索出一条融合工作与生活的可持续生态社区发展路径。在“林盘+”经济模式下，天星村建立

① 《文旅向左，数字游民向右》，https://36kr.com/p/2778489740134146。

② 《世界各地数字游民纷至沓来》，《资阳日报》2025年2月11日。

了“主理人（运营专家）—农创客（实践者）—新村民（参与者）”三级人才梯队，探索乡村主理人、农创客、新农人、智囊团四种招才引才模式。社区精准引入乡村运营领军者，创新“村集体+运营团队+资本方”的协同发展机制，选拔2名乡村“首席运营官”，在试点区域推进整村运营，促成与投资方合作开发“留灯营地”“编艺游学基地”等13个特色产业项目。通过“产学研联合试验基地”推动高校技术落地，精准对接项目投资方，以优质产业项目为抓手，通过定向招商、参与行业推介会等方式，吸引30余位投资者加入，成功推动“裸心度假村”等30多个文旅项目落地实施。社区全面吸纳产业生态共建者，依托林盘资源，通过“艺术家驻村计划”“创客空间”等形式，吸引4个乡创团队入驻，聚集30余位先锋艺术家和专家学者，打造“子仪生活美学博物馆”“文旅文创人才孵化基地”等5个产业平台。社区持续吸引数字化创新人才，推出“未来生态村共建计划”，面向高校毕业生和数字游民群体开展共创活动，累计吸引1300余名高校学生和数字游民参与乡村产业创新，成功引入30余名长期驻村的数字游民人才。社区已与四川农业大学、西南财经大学、吉利汽车等高校和企业达成战略合作，联合开展协同创新人才培养计划，助力创新创业项目对接产业资源。截至2024年，已培养4名品牌主理人，链接雷达汽车、麓客社创等74家企业，成功孵化林盘工作站、产学研联合试验基地等5个项目，并建成1个非遗传承基地①。

2. 全球化技能矩阵

DNβ 数字游民全球创新中心聚集全球英才，推进校企合作，统筹教育、科技、人才协同发展。中心已启动多项数字游民人才计划，包括 Genius β 优秀人才创业新物种孵化计划，打造海归青年创业者的着陆点；Art β 国际双边校园驻留计划，联动资阳本地高校及中小学，注入优质教育资源；Prize β 分季多主题的数字游民马拉松竞赛，拓展多元游民群体的筛选路径。

① 《城乡融合，成都试验丨温江区：创新“乡建合伙”模式 推动人才赋能乡村》，https：//www.163.com/dy/article/JPVEVP7K0514MEF9.html。

DNβ 国际数字游民社区由电子科技大学联合开发，引进教授团队共同运营。作为中国西部首个国际数字社区，DNβ 资阳国际数字游民社区依托数字科技创新，形成独特的数字旅居孵化新生态。目前，社区正积极探索依托临空经济区建设“天府艺谷”和“临空智谷”，致力于将数字游民转化为“数字乡民”，激发资阳整座城市的创业活力①。

（四）文化融合：激活传统资源数字生命力

1. 非遗活态传承

四川植物编艺技术起源于古蜀文明，至唐宋盛世，文化艺术繁荣发展，匠人们不断创新，采用紫薇等植物材料，通过一系列编织技法，塑造出十二生肖等动物形象，以取悦皇室。到 20 世纪 70 年代末，该技艺在民间逐渐盛行，并演变应用于开敞空间、园林绿化、家庭定制、建筑表面、市政设施美化等多个领域。天星村拥有上千年的花木编艺历史，所在的寿安镇是川派盆景的发源地，素有“花木之乡”的美誉。村中近 500 人世代从事手工花木编艺，具备得天独厚的技艺基础。村里启动空间改造与运营，引入专业机构，合作组建“村集体经济组织+社会专业机构”的整村运营主体——四川岚星生态农业旅游发展有限公司②。运营负责人林乔是一位“新村民”，他与团队携手村里的年轻编艺师，组建匠人联盟，成立编艺创研中心，深入挖掘传统文化，专注技艺活化与创新。他们以紫薇、女贞、桂花、杜鹃、海棠等 30 余种花木为原料，设计开发出包括十二生肖、工艺字、亭子、花瓶等在内的 110 余种艺术造型，年产量达 5 万余件，并已申报注册 30 项编艺商标，逐步走向国际市场。村内建成了全省首个乡村非遗传承基地，大力发展“编艺+”融合产业，围绕编艺游览、亲子旅游、手工体验等特色，落地“满天星”等项目。通过乡村主理人、农创客的链接与互动，天星村与西南财经大学、四川农业大学、四川艺术职业学院等 6 所高校建立了合作关系，

---

① 叶明：《四川资阳打造数字游民社区 聚人才兴产业助振兴》，《中国组织人事报》2024 年 11 月 11 日。

② 吴亚飞：《林盘里的“数字游民”》，《四川日报》2024 年 8 月 2 日。

先后举办5届植物编艺创新大赛、20余场采风实践营，吸引800余名高校学生参与，完成编艺创新作品120余件，有效推动了非遗技艺的活态传承与创新发展[①]。

2. 国际文化超链接

DNβ社区目前已吸引一批引领型数字游民个体作为种子人才入住，包括国际知名新媒体艺术家、千万流量的脱口秀红人、独立音乐厂牌创始人、95后跨界艺术家、青年作曲家、拥有百万粉丝的旅英博主、韩国游民咖啡师以及屡获顶尖设计大奖的米兰理工博士团、逃离京沪穗深的“反卷”先锋创业者等。社区共招募了415名引领型数字游民个体，共建“天府艺谷”产业创新孵化器。在中国生活逾10年、曾创立两个千万流量咖啡品牌的韩国人秋浩真，已与资阳国际数字游民社区运营方签订10年合作合同，开启新一轮咖啡品牌的创业之旅；并联合新加坡艺术家Tan Zi Xi打造数字装置“涌・石”，将资阳石刻文化转化为可交互的元宇宙展陈。全网拥有超200万名粉丝的“95后”自媒体博主、伦敦脱口秀及喜剧演员李要红，也已将其工作室落户社区，专注推广个人品牌。资阳国际数字游民社区致力于提升数字经济软实力，制定特色产业人才支持政策，建设数字游民产业孵化区，设立动漫游戏创新基地等主题单元，已签约落地数字经济等领域产业项目13个。

三　四川数字游民发展的现实意义

（一）数字游民提升四川城市国际传播影响力

数字游民作为全球化时代的新型流动群体，推动四川城市从“熊猫故乡”向“全球数字文明之地”跃升，形成新的国际传播格局。

---

① 《和美乡村看成都丨温江区天星村：“数字游民聚落”破土新生》，http://www.sc.xinhuanet.com/20240607/4e8ef3cd868c4b569fb4550d21b7df73/c.html。

1. 增强四川城市全球知名度

数字游民凭借其跨文化背景与社交媒体影响力，通过全球化网络为四川的国际传播开辟新渠道，将四川的自然与人文资源转化为全球流量。数字游民活跃于各类社交媒体和数字平台，通过自媒体在国内短视频平台及国外YouTube、Instagram 等平台发布四川生活、工作、学习等内容，推动九寨沟、三星堆等四川知名景点的国际搜索量快速增长。由数字游民驱动的"非官方叙事"突破了传统外宣的单向传播局限，形成更具亲和力的文化对话模式，使四川的文化、旅游资源和创业环境得到更广泛的国际认可，提升城市品牌的全球影响力。

2. 构建四川与全球创新合作的"数字纽带"

成都作为西部的门户城市，吸引了大量国际企业和外籍人士。数字游民的流动性带来了多元文化的交汇，他们的社交活动、跨国合作和网络效应可以促进成都与世界其他地区的文化交流和信息互通。例如，设立专门的"数字游民国际交流中心"，定期举办跨文化交流活动，不仅有助于提升全省的国际化氛围，还能为本地创业者和企业提供与全球市场对接的机会。

3. 塑造四川城市品牌

数字游民对"宜居宜业"环境的实践验证，推动了四川城市国际排名的跃升。在全球数字游民城市数据库"Nomad List"（数据实时更新）的榜单上，成都凭借较低的生活成本和较高的安全性，曾位列中国大陆第三，成为全球最受欢迎的数字游民城市。四川可借鉴巴厘岛、清迈、里斯本等地的成功经验，通过优化城市基础设施、提供针对性政策支持（如数字游民签证、税收优惠等），进一步提升对国际数字游民的吸引力。

（二）数字游民对四川新经济发展的促进作用

1. 推动四川数字经济发展

数字游民作为数字经济时代的重要生产力载体，其跨地域协作和高附加值产业属性与四川"数字经济强省"战略高度契合。以天府软件园、瞪羚谷数字文创园为载体的数字经济创业园区，聚集了全球顶尖开发者，孵化出多家独角兽企业。2024 年胡润财富报告显示，成都孵化的医联、茶百道、新潮传媒、威斯克生物、鲜生活冷链、书亦烧仙草、驹马物流等 9 家企业均入选“2024 全球独角兽榜”①。数字游民群体深度参与软件开发、数字营销、AIGC 等领域，而这些正是数字经济的重要组成部分。数字游民的流入能够推动成都相关产业升级，促进远程办公、共享办公和数字服务市场的成熟发展。

2. 促进创业与创新生态的优化

数字游民群体具有“技术跨界、文化混血、资本联动”的天然优势，为四川创新生态注入强劲动能。数字游民自带较强的创业精神和创新能力，能够为成都的创业环境带来新的视角和实践经验，促进创业与创新生态的优化。通过建立创业孵化器、联合办公空间和跨国合作项目，四川可以更好地整合本地和全球创新资源、联动国际资本（如硅谷的 Bankless Ventures、新加坡淡马锡等国际风险投资机构），设立基金构建“资本—技术—市场”全链条赋能体系，支持数字游民创业。

3. 升级本地服务业

数字游民需求催生的“第三代服务业”，助力成都从“消费型城市”向“生产—消费复合型全球城市”转型。数字游民的到来将推动成都住宿、餐饮、共享办公、科技服务等行业的发展。例如，针对远程工作者的长租公寓、联合办公空间和数字支付基础设施的完善，能够进一步促进成都新经济模式的多元化发展。

4. 促进区域均衡发展

数字游民以其流动性、技术密集性和消费多样性，正成为四川破解“成都单极集聚、区域发展失衡”难题的关键变量之一。通过空间重构、产业下沉、要素激活三大路径，推动资源向川西、川南等外围地区扩散，重塑地理经济格局，激活县域经济动能，催生长租公寓、共享办公等新业态，弥

① 杨富：《成都 9 家企业入选 2024 全球独角兽榜》，《成都日报》2024 年 4 月 10 日。

合城乡数字鸿沟。数字游民经济不仅带动人流、资本、技术向非中心城市流动，更通过“工作—消费—创新”的复合溢出效应，为四川构建“多极联动、全域共生”的新发展格局注入强劲动能。

四 四川发展数字游民的基础和优势

四川省作为中国西南地区的经济、文化与生态重镇，具备良好的产业基础、优越的生态环境和较强的国际传播能力，为吸引数字游民提供了得天独厚的条件。近年来，四川在数字经济、国际化和城市基础设施建设等方面取得显著进展，为数字游民提供了优越的发展环境。

（一）产业基础：数字经济与高新技术产业的发展

四川省近年来积极推动数字经济发展，2023 年全省数字经济核心产业增加值近 4900 亿元，占 GDP 比重达 8.1%[①]，累计认定省级数字化转型促进中心 37 个，网商数量达 178.9 万家，带动 537.5 万人就业。物联网、云计算、大数据等新兴业务收入占比达 25.8%，孵化 5G 工厂项目 142 个，标识解析二级节点 15 个，接入企业 2580 家，标识注册量 186 亿个、解析量 159 亿次，均居全国第四位[②]。远程办公、数字创意、软件开发、智能制造等行业发展迅速，聚集了大量科技企业，为数字游民提供了创业和合作机会。

（二）生态环境：宜居城市与自然资源优势

数字游民倾向于选择生态环境良好、生活成本适中的城市或地区长期居住。四川省拥有丰富的自然资源，如成都的公园城市规划、川西高原的自然风光，以及眉山、宜宾等地的茶酒文化生态区，这些都对数字游民具有较强吸引力。成都作为中国西部的数字经济中心，吸引了大量互联网企业和创新

---

① 郭涛：《四川数字经济报告（2023）》，社会科学文献出版社，2023。

② 寇敏芳：《四川已建成中西部规模最大、技术领先的信息通信网络》，https：//sichuan. scol. com. cn/ggxw/202405/82529731. html。

创业者。城市生活便利，国际化程度高，已成为国内外远程工作者的热门选择。此外，成都的美食文化、休闲氛围和开放政策，也契合数字游民的生活方式。攀枝花以其冬季温暖的气候和优越的空气质量，成为中国候鸟式旅居者的重要目的地，也满足了数字游民对宜居环境的需求。

（三）基础设施：互联网与远程办公条件

四川省近年来加快了5G网络、光纤宽带和共享办公空间的建设，5G基站达到18.84万个，每万人拥有5G基站数22.5个，算力指数和运力指数分别位居全国第十和第五①。四川已建成西部地区规模最大、技术领先的信息通信网络，全省已建及在建数据中心规模达39万标准机架，同时拥有国家级超算和智算中心，开放数据资源超21万个②，综合算力指数居全国前列，为远程办公创造了优质条件。成都市共享办公空间超过500家，包括WeWork、优客工场等国际品牌，以及本土梦想加、侠客岛、方糖小镇、氪空间等联合办公品牌。绵阳、眉山等地也在积极打造数字基础设施，以支持远程办公和数字创业。

（四）政策支持：政府对数字经济和人才的扶持

四川省各级政府近年来出台了多项政策，鼓励数字经济发展。例如，《四川省加快推进新型基础设施建设行动方案（2020—2022年）》布局数据中心、智能算力中心，支持成都建设国家超算中心和人工智能算力中心③。《关于推进跨行业信息通信基础设施合作建设的指导意见》《国家数字经济创新发展试验区（四川）建设工作方案》支持成都、绵阳、宜宾等地建设数字经济创新示范区，对示范企业给予税收优惠和资金补助。《关于加

① 《四川已建成中西部规模最大、技术领先的信息通信网络》，https：//sichuan.scol.com.cn/ggxw/202405/82529731.html。

② 唐泽文、邵明亮：《数字四川发展报告首次发布》，《四川日报》2024年12月4日。

③ 《四川省人民政府关于印发〈四川省“十四五”新型基础设施建设规划〉的通知》，https：//www.sc.gov.cn/zfgbdb/detail/f1d33018e91d453e9fdb21b61fe4cd1a.shtml。

快推动5G发展的实施意见》等20余份政策文件，从财政金融、土地环保、能源电价等方面为新型数字基础设施建设提供政策保障[①]。2024年成都高新区发布了《成都高新技术产业开发区加快数字经济产业重点领域高质量发展若干政策》[②]，着眼加快数字经济产业建圈强链和科技创新，增强硬核底色，侧重鼓励数字文创等成都高新区数字经济产业主攻赛道的核心企业、高层次人才。

五 数字游民助力四川新经济发展和城市国际传播的建议

（一）四川数字游民发展当前的不足

四川的数字游民社区还在完善和发展之中，线下社区的人员结构、层次、种类、价值观与发展氛围，与国外数字游民社区相比还有差距，存在基础设施建设不平衡、缺乏与数字游民群体相关的政策和税收优惠等关键抓手、国际化交通与语言服务呈现“孤岛效应”、全省自然优势未被转化为可持续吸引力等问题。

（二）四川数字游民发展的对策

1. 制度创新：优化数字游民政策生态

数字游民签证是近年来全球多国为吸引远程工作者而推出的一种特殊居留许可，允许持有人在目的地国家合法居住并从事远程工作（通常面向境外雇主或自营职业），旨在促进国际人才流动，刺激本地经济发展。四川可借鉴泰国、葡萄牙、印尼等地的经验，在成都、川西等区域试点推行“数

① 《四川省人民政府关于印发〈四川省“十四五”新型基础设施建设规划〉的通知》，https：//www.sc.gov.cn/zfgbdb/detail/f1d33018e91d453e9fdb21b61fe4cd1a.shtml。

② 《成都市高新区发布数字经济26条》，https：//cdsgxq.sczwfw.gov.cn/art/2024/4/3/art_24385_253151.html？areaCode=510109000000。

字游民签证”或远程工作居住许可，允许国际远程工作者长期居住，并享受部分本地福利，如医保、住房补贴等。此外，还可为持“数字游民签证”者提供专属银行账户开设服务，简化外籍游民在川的支付、税务等流程，增强全球吸引力。配套建设创业孵化器、加速器及资金支持机制，鼓励数字游民在本地创业和创新。此举不仅有助于为四川城市带来经济效益，也将进一步提升城市的创业氛围与创新能力。

2. 产业融合：激活“数字+”与在地资源价值

可借鉴资阳国际数字游民社区的经验，结合四川非遗（如川剧、剪纸、糖画），打造“文化+创意办公”空间，发展“数字游民+非遗创生”工程：设立非遗数字化基金，支持蜀绣、绵竹年画等开发 AR 课程、NFT 藏品，推行“非遗传承人+数字游民”结对计划，深化“数字游民+乡村振兴”行动，推广“游民设计+乡村生产”模式，开发乡村的地理、人文、物质、历史等资源。在峨眉山、青城山等地结合道教文化，推出“禅修+远程办公”模式，吸引全球科技行业的远程工作者沉浸式办公，同时实现身心放松，让自由职业者、设计师、手艺人共同创作内容并向全球传播。依托电子科技大学、西南交通大学、四川大学等高校资源，开设“远程工作技能提升班”，培养更多适应全球化需求的数字游民人才，如开发 AI 编程、区块链、数字营销等在线课程。支持四川本地企业（如字节跳动成都分部、极米科技、成都科大讯飞）吸纳更多远程自由职业者，推动“企业+自由职业者”模式创新，进一步引导更多数字游民在川创业。

B.6
四川微短剧产业发展报告

何胜莉*

摘　要：　微短剧是网络视听产业发展的重要组成部分，目前正向精品化、专业化、产业化发展。本报告分析解读了四川微短剧产业的发展环境、产业生态和未来布局，指出微短剧产业面临内容质量参差不齐，行业凝聚力不足；版权保护意识淡薄，权益分配有纠纷；商业模式有待完善，监管平衡需注意等问题。面对内容创新、技术升级、产业融合等要求，微短剧必须实现从“流量”到“质量”的转变。对此提出建议：加强政策引导，完善产业生态；推动内容迭代，加强产业协作；加强版权保护，制定行业规范；创新技术应用，促进国际发展。

关键词：　微短剧　产业融合　内容创新　版权保护

一　引言

微短剧又称短剧、网络微短剧，是“单集时长从几十秒到15分钟左右、有着相对明确的主题和主线、较为连续和完整的故事情节的新兴网络文艺样态”①，因其篇幅短小、内容精练、传播广泛精准等特点而获得广泛

---

* 何胜莉，四川省社会科学院文学研究所二级艺术研究，主要研究方向为巴蜀文学、网络文艺、文化产业。

① 参见《关于进一步加强网络微短剧管理 实施创作提升计划有关工作的通知》，2022年11月14日。2020年12月3日，国家广播电视总局文件中首次出现“微短剧”，提出福建省广播电视局与多方合作搭建产学研用平台，孵化网络微短剧、互动影视剧等新业态产品。2020年12月8日，国家广电总局发布《关于网络影视剧中微短剧内容审核有关问题的通知》，正式将微短剧定义为单集时长10分钟以内的网络影视剧，是继网络影视剧、网络电影、网络动画片后第4种官方认可的网络影视作品形态。

关注。

中国微短剧发展可分为几个阶段。

21 世纪初陈凯歌《百花深处》（2002 年，时长 10 分钟）、肖央《老男孩》（2010 年，时长 42 分钟）等微电影为微短剧的出现奠定了基础。最早的微短剧是长视频平台推出的迷你剧，如搜狐视频的《屌丝男士》（2012 年，每集时长 15 分钟）和优酷视频的《万万没想到》（2013 年，每集时长 5 分钟）。2018 年爱奇艺联合开心麻花团队推出竖屏短剧《生活对我下手了》，短剧正式进入视频 App。这一阶段的短剧多为由几个剧集单元组合而成的段子拼盘式情景喜剧，未发展成独立的内容类型。与此同时，短视频平台出现自媒体创作的剧情类短视频以及推广各类网络小说 App 或公众号的可视化网文短视频广告，可视作投流微短剧的前身。

2019 年，微短剧在长/短视频平台开始试水，芒果 TV 的“大芒计划”、优酷的“迷你剧小剧场”、腾讯视频的“火星小剧厂牌”、快手的“快手小剧场”和短视频创作“光合计划”等推出了多部作品。2020 年初，微信付费微短剧小程序上线，投流微短剧出现。2020 年 8 月，国家广电总局在重点网络影视剧信息备案系统增设网络微短剧类别，正式将其纳入监管体系。12 月，国家广电总局办公厅印发《关于网络影视剧中微短剧内容审核有关问题的通知》，明确了微短剧的定义、审核标准、审查细节、备案误区等要求。2021 年，全国微短剧备案数量 398 部，市场规模 36.8 亿元。

自 2022 年开始，微短剧市场急剧扩张。行业产值快速攀升，话题度、充值记录和分账额屡创新高，以小程序为载体的投流微短剧迅速成长为市场主流。2022 年全国微短剧备案数量达到 2775 部，同比增长 600%，市场规模达到 101.7 亿元。国家广电总局建立治理工作常态化机制，加大对创作的扶持引导力度，鼓励精品内容的创作。此后多家平台加速布局微短剧赛道，推出多项激励计划，涵盖分账政策优化、创作资金支持、播放渠道倾斜等多个维度，如抖音 2022 年推出“剧有引力计划”，2024 年推出“辰星计划”、“剧有潜力计划”和“启航计划”；腾讯视频 2022 年升级分账规则，2024 年推出“优秀作品激励计划”和“深度合作厂牌激励计划”；阅文集团 2023 年发布“短剧星河孵化计划”；咪咕数媒 2024 年 2 月推出“咪咕短剧”厂牌，4 月推出“繁星·沐光”计划；哔哩哔哩（B 站）2024 年 6 月在“探照灯计划”中新增微短剧赛道；快手 2024 年 12 月启动“付费短剧会员”新模式；爱奇艺 2024 年 9 月推出短剧场和微剧场，2025 年 1 月启动“精品微剧千部计划”；等等。从 2023 年起，微短剧竞争从小程序渠道转向原生渠道，爱奇艺微短剧、抖音短剧（红果短剧）、快手短剧（喜番）等独立微短剧 App 纷纷涌现，快速吸引大量用户。大量传统影视从业者开始参与微短剧制作。2023 年，全国微短剧备案数量增至 3574 部，市场规模达到 373.9 亿元，同比增长 267.65%。微短剧的三种主要类型——长视频平台短剧、短视频平台短剧和社交平台内嵌小程序短剧——全面开花，出海成为新风口，实现“破圈”。

2024 年，随着国家广播电视总局和行业“跟着微短剧去旅行”“跟着微短剧来学法”“微短剧里看中国”“微短剧里看品牌”创作计划的陆续启动以及 2024 年国际微短剧大赛的举办，微短剧开始赋能各行各业，迈入 2.0 时代。2024 年 6 月 1 日起，微短剧正式施行分类分层审核①，行业进入“强监管”时代。在外部管理和内生发展逻辑驱动下，微短剧行业开始转型，其生产方式、商业模式发生根本性变化，以较强的传播力、影响力、市场潜力、跨界赋能潜力和海外传播潜力成为影视行业的新质生产力。众多类型平台也开始跨界微短剧领域，如电商平台淘宝、拼多多、京东都开辟了微短剧板块或上线链接，试图让微短剧带动营收增长。2024 年国家广电总局重点网络微短剧备案数量为 2655 部 80884 集。全年主流视频平台上线微短剧 1424 部，小程序和 App 平台上线 35527 部。

目前微短剧已经成为网络视听产业发展的重要组成部分。探索精品化、专业化、产业化发展之路，已是微短剧行业未来发展的重大课题。

---

① 自 2024 年 6 月 1 日起，根据国家广播电视总局下发的《关于微短剧备案最新工作提示》，微短剧施行分类分层审核，未经审核且备案的微短剧不得上网传播。总投资额达到 100 万元及以上的“重点微短剧”由国家广电总局统一备案公示管理；总投资额为 30 万～100 万元的“普通微短剧”由省级广电部门进行备案审核和成片审查；总投资额低于 30 万元的“其他微短剧”由播出或为其引流、推送的网络视听平台履行内容管理的职责，负责内容审核把关与版权核定。

表 1　微短剧分类

分类标准	类型	说明
备案方式	重点微短剧	总投资额 100 万元及以上;网络视听节目服务机构招商主推;在网站(客户端)首页首屏、专题板块或专区专栏中推荐播出;优先提供会员观看或以付费方式提供观看服务;自愿按照重点网络剧片申报。此类微短剧按原途径申报规划备案和成片审核,由国家广电总局统一备案公示管理
	普通微短剧	总投资额为 30 万元(含)至 100 万元的非重点推荐微短剧,其制作经营机构需在网络视听节目备案系统申报,由省级广电主管部门进行备案审核和成片审查
	其他微短剧	总投资额低于 30 万元且非重点推荐的微短剧,其内容管理职责由播出或为其引流、推送的网络视听平台履行
商业模式	付费剧	需通过付费点播或会员订阅方式观看全部内容。高度依赖商业化投流吸引用户付费观看
	免费剧	用户可免费观看或通过看广告解锁方式观看全部内容。主要依靠广告或品牌定制盈利。2024 年以来 IAA 模式逐渐被更多平台采纳,免费剧市场占比不断提升
	混合模式剧	用户可以自主选择付费或看广告解锁剧集。能够更灵活地满足不同用户群体的需求,实现用户价值最大化
发行逻辑	投流微短剧	以竖屏为主,单集平均时长 1~5 分钟,总集数为 30~120 集;多在小程序或独立 App 上播出;以 IAP 或 IAAP 模式为主,主要依靠用户付费盈利。高度依赖投流作为主要获取用户的方式
	端原生微短剧	多在头部短视频社交平台账号播出,多采用 IAA 模式,采取养账号逻辑,以涨粉为目标,形成一定影响力后可与品牌合作或采用电商带货等多样化变现。由于能获得平台的流量倾斜、搜索优先展示等资源,不高度依赖投流
	会员微短剧	以横屏为主,单集平均时长 10~20 分钟,总集数为 15~30 集;主要在腾讯视频、优酷、芒果 TV、爱奇艺等综合视频平台播出。主要依托综合视频平台的会员体系,平台与内容提供方主要采取分账合作模式

表 2 微短剧、短视频、微电影对比

视频形态	微短剧	短视频	微电影
时长	几十秒到 15 分钟	几十秒	几分钟到 60 分钟
剧情	剧情连贯,系列化	剪辑拼凑	剧情连贯,专业制作
制作难度	较低	很低	中等
原创程度	高	低	高
制作成本	几万元至几百万元	很低甚至零成本	十几万元至几百万元
演员专业度	要求较低	无要求,偏二创	要求较高
载体	小程序、视频平台、流媒体平台	短视频平台、视频号	中长视频流媒体平台

二 四川微短剧产业现状与发展潜力

四川微短剧产业得益于政策、资源与环境的共同驱动，已形成了较为成熟的产业生态。

（一）政策支持与战略定位

四川微短剧政策环境宽优。自 2016 年以来，四川省及成都市出台了多项政策，如《关于深入实施“创业天府”行动计划加快打造西部人才核心聚集区的若干政策》《四川省“十三五”文化发展规划》《中共四川省委关于繁荣发展社会主义文艺的实施意见》《建设文化强省中长期规划纲要（2019-2025 年）》《四川省“十四五”规划和 2035 年远景目标纲要》《四川省文化产业发展奖励办法》《四川省重大文艺项目扶持和精品奖励办法》《关于促进文艺事业高质量发展的若干政策》《四川省广播电视和网络视听“十四五”发展规划》《成都市数字文化创意产业发展“十四五”规划》《四川省“十四五”文化发展和改革规划》《四川省推进国家文化数字化战略实施方案》《四川省文联关于推进文艺精品创作的十条激励机制》等，从发展目标、内容生产、财政奖励、人才吸引、管理制度等各方面促进网络文艺发展。2023 年，中共四川省委十二届四次全会将四川省网络视听品牌“时代光影·百部川扬”写入会议公报。成都市及郫都区、大邑县、遂宁市大英县等地也因地制宜出台扶持政策，形成省市县的联动效应。

2024 年 1 月 12 日，国家广播电视总局发布“跟着微短剧去旅行”创作计划，提出要促进微短剧与传统文化、旅游资源、线下经济交融交汇，以新技术、新业态打通和创新消费场景，进一步延伸微短剧产业价值链。同年 5 月 27 日，四川省广播电视局发布《关于开展“微短剧看四川”创作计划的通知》，营造跟着微短剧去全国各地“打卡”的新风尚。四川开展的重大文艺扶持项目（网络剧、网络电影）评选、优秀网络视听作品征集展播活动在资金、创作、播出、宣推等方面对微短剧予以支持。2024 年，四川有 7 部微短剧入选国家广电总局推荐目录（共 162 部），位居西部省份第一。2024 年 12 月 6 日，四川省广播电视局召开网络短剧发展工作推进会，为微短剧的发展定下方向。2025 年 1 月，网络微短剧首次被写入四川省政府工作报告，报告提出要“加快发展演艺赛事、游戏电竞、国风国潮、网络微短剧等新业态，培育集聚演艺赛事运营主体和人才队伍，建设一批特色消费创新引领集聚区”[①]。2025 年 1 月，四川省广播电视局发布《“视听四川”新型传播服务体系建设指导意见》，提出要建成四川“大视听”发展生态，重点推进发展“微短剧+文旅”“微短剧+科普”“微短剧+非遗”，微短剧成为网络文艺和文旅融合发展风口。

（二）市场规模与用户基础

2024 年，微短剧的市场规模和影响力显著提升。《中国微短剧行业发展白皮书（2024）》显示，2024 年中国微短剧市场规模达 504.4 亿元（见图 1），同比增长 34.90%，首次超过内地电影票房（425.02 亿元）[②]；投流规模约 330 亿元；用户规模达 6.62 亿人，网民使用率为 59.7%，超网络文学用户规模，成为仅次于长视频的第二大在线娱乐形式[③]。企查查数据显

① 《政府工作报告》，《四川日报》2025 年 2 月 6 日，第 3 版。

② 中国网络视听协会：《中国微短剧行业发展白皮书（2024）》，2024 年 11 月 6 日。

③ 中国互联网络信息中心：《第 55 次中国互联网络发展状况统计报告》，2025 年 1 月 17 日。

示，全国微短剧相关企业注册数量由 2020 年的 1.2 万家、2021 年的 1.8 万家、2022 年的 1.88 万家、2023 年的 2.26 万家增长至 2024 年的 8.3 万家。

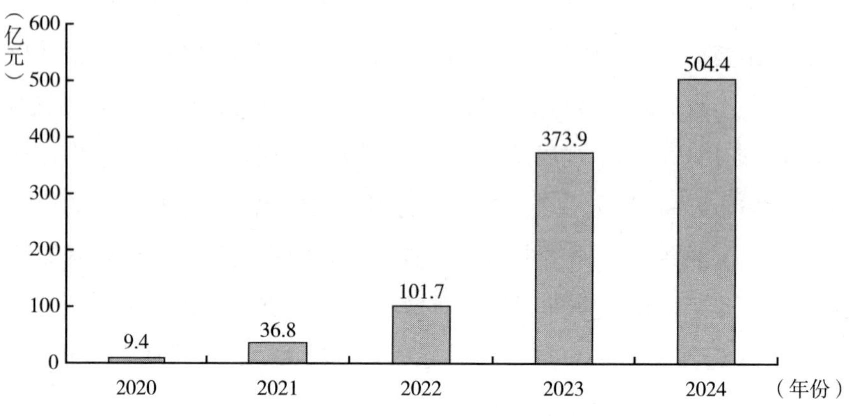

图 1　2020~2024 年中国微短剧市场规模

四川省作为西部文化强省，微短剧用户规模较大、市场增速显著。四川省 2022 年发行微短剧 17 部；2023 年发行 19 部；2024 年收到备案申请 250 余部，备案重点微短剧 85 部，发行 38 部（不含平台“其他类微短剧”）。微短剧用户黏性强，2023 年上线的《逃出大英博物馆》点击量超 13 亿次，B 站单集播放量突破 1000 万次；《婚礼倒计时》《撑抖先生》等 16 部微短剧 2023 年点击量超 50 亿次，收益达 3.045 亿元；2024 年 2 月上线的《子曰》系列在海外平台播放量超 220 万次；2024 年 6 月上线的《川西奇遇记》和《川潮三百年》在半个月内全网浏览量突破 4.5 亿次，微博话题阅读量、平台播放量均破千万次；2025 年 3 月 14 日播出的《家里家外》上线 3 天播放量破 10 亿次，抖音相关话题阅读量同步突破 10 亿次，实现了高点击率与现象级传播。

同时，四川文化创作、文娱消费氛围浓厚，为微短剧的快速发展奠定了坚实基础（见图 2、图 3）。以成都为例，2024 年成都市文化艺术业销售收入同比增长 32.66%，其中文化创作与表演销售收入同比增长 16.8%；广播、电视、电影和录音制作业销售收入同比增长 9.82%；文创产业增加值突破 2800

亿元。而在 32.66%的高速增长中，实景演艺、数字艺术展、沉浸式戏剧等新形态贡献突出。2024 年 9 月，成都推出国内首档“微短剧+综艺”创新真人秀《开播！短剧季》，成都影视城成为国内微短剧拍摄制作的热门基地。

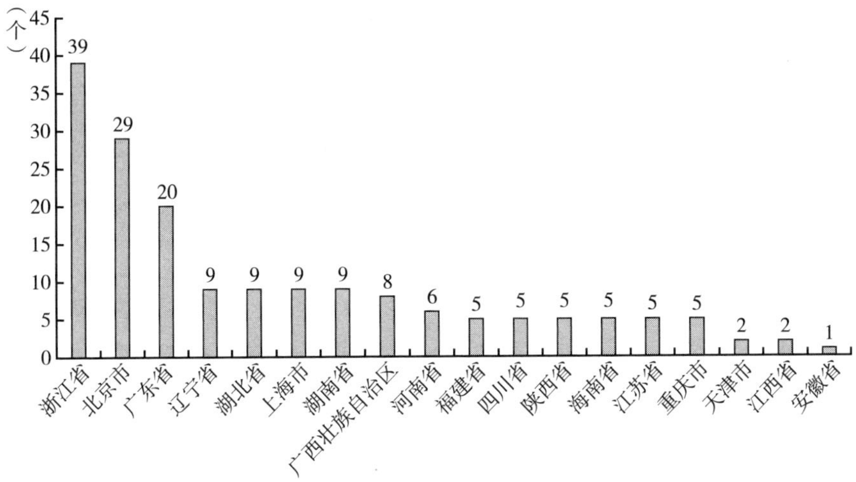

图 2　中国各省区市微短剧平台（按数量）

资料来源：DataEye 研究院。

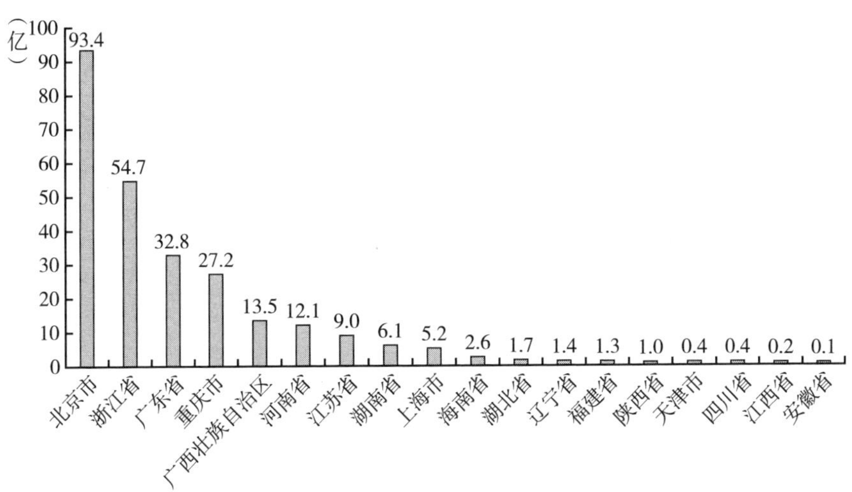

图 3　中国各省区市微短剧平台（按热力值）

资料来源：DataEye 研究院。

（三）产业生态与未来布局

微短剧产业链涉及多个环节，上游为内容创作、版权获取，中游为内容制作和拍摄，下游为分销和播出，最终触达终端用户（见图4）。从全国范围来看，上游掌握内容以及售卖版权，代表企业有阅文集团、中文在线、掌阅科技、咪咕文学、游族网络、晋江文学、奥飞娱乐等。中游负责内容制作和拍摄，有信息流广告公司、MCN机构和影视公司三大类，三者的代表企业分别为诺点影视、思美传媒、鹿深文化，遥望科技、无优传媒、麦芽传媒，柠萌影业、华谊兄弟、华策影视、国脉文化、九州文化等。下游负责分销和播出，有长视频平台、短视频平台、小程序、独立App，代表企业有快手、抖音、B站、中文在线、央视频、微视等。技术支撑有阿里云、腾讯云、百度云以及三大电信运营商。

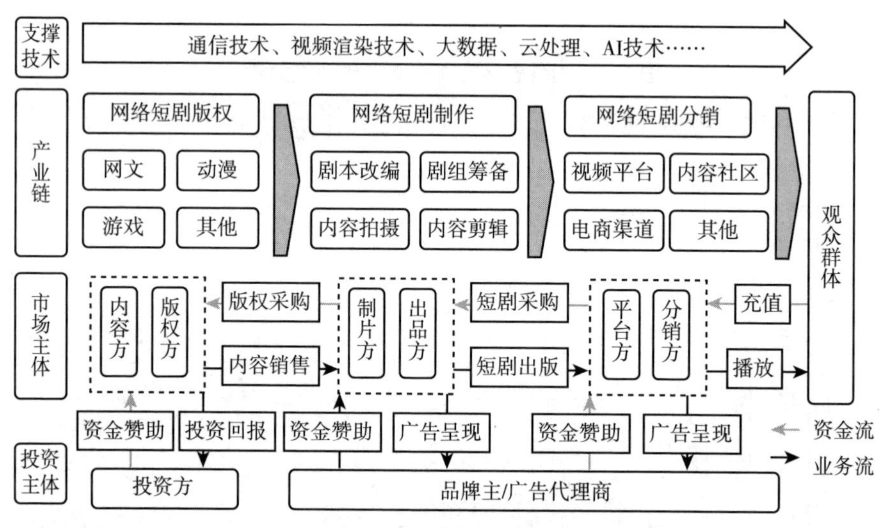

图4　网络微短剧产业链

资料来源：前瞻产业研究院。

四川省的“一核多极”影视产业格局为微短剧提供了产业基础。四川省以成都为核心建设中国西部影视制作基地，以峨眉电影集团、四川广播电视台、成都市广播电视台、成都文旅集团等为龙头培育壮大本土影视企业，以四川传媒学院、四川电影电视学院等高校为依托培养影视专业人才。四川已建成影视产业园区 15 个，集聚影视企业超过 2000 家、从业人员超 10 万，搭建了“拍在四川”一站式影视拍摄服务平台，形成了省市县联动格局。

1. 产业链建设

自 2024 年起，成都传媒集团与成都传媒产业集团开始推进“1+3+N”微短剧产业布局计划。“1”是以成都智媒体城为载体的中国西部微短剧产业基地；“3”是指内容创作园（四川网络文学产业园）、拍摄制作园（成都国际非物质文化遗产博览园）和机构孵化园（东郊记忆·国际时尚产业园）；“N”是涵盖历史文化地标、城市文化街区、现代时尚场景和热门景区景点的多元拍摄场景，在为微短剧提供丰富资源的同时赋能文旅业态。这一布局通过深度整合本地资源，吸引产业链各端机构集聚，搭建集园区打造、内容孵化、拍摄制作、发行推广、产业集聚、版权保护、品牌塑造和人才培养于一体的完整生态圈。2025 年 2 月，中国西部微短剧产业基地引入首批合作企业：成都品川文化传媒有限公司（剧评平台“短剧内行人”运营方）和成都乐风星齐文化传媒有限公司（广西山海星辰传媒集团成都分公司）。

内容创作方面，网络文学川军数量、知名度和作品影响力长期以来位居全国前列，全省有网络文学网站签约作者过万人、有影响力网络作家 1500 余人、“大神级”作家超 30 人，创作储备力量雄厚。四川网络文化研究中心、四川网络文学发展研究中心、四川作家作品影视改编研究中心、四川影视文创城等为微短剧内容生产提供指导。四川网络文学产业园已入驻声娱文化、禾田映画等网络文学品牌公司 14 家，属龙语文艺创作、笔文有金等网络作家工作室 4 家，合作网络作家 700 余人，为微短剧提供优质 IP 来源。全省主要剧本创作企业有四川字符宇宙文化传播有限公司、成都熠星引力文化传媒有限公司、成都花花家网络科技有限公司等。

拍摄制作方面，中国（成都）网络视听产业基地、成都影视城、风片场、大片场、光屿映画、卫星片场、与光同尘影棚、DS 电商拍摄基地、中国科幻影视文旅产业园以及遂宁、大英、宜宾、凉山、攀枝花、雅安、乐山、眉山、射洪等特色影视基地提供了资源。主要承制企业有成都无问文化传播有限公司、四川哎呦文化传媒有限公司、成都熠星引力文化传媒有限公司、宜宾长空影业有限公司、华策影视成都分公司等（见表3）。

表3　四川主要微短剧创投制播企业

公司名称	代表作品
成都无问文化传播有限公司	《乘风破浪之萌宝大反攻》《他似山玉》《不顾一切奔向你》
四川金熊猫新媒体有限公司	《永恒的丰碑》《熊猫课本剧》《熊猫学院》
四川新闻网传媒(集团)股份有限公司	《川西奇遇记》《川潮三百年》
博纳影业	《三星堆:未来启示录》《传说》《红楼梦之金玉良缘》
成都商报谈资视频	《关于我的祖宗是诸葛亮这件小事》
成都光与光年文化传媒有限公司	《家里家外》
成都慧泽广胜影视文化传媒有限公司	《我在梦里爱过你》
四川星空影视文化传媒有限公司	《追风阿怒》
四川成视光影文化传媒有限公司	《藏香记》
四川正好时光影视文化有限公司	《花重锦官城》《寻梦北川》
成都唐盟世纪文化传媒有限公司	《非她不可》
成都影视城文化传媒有限公司	《时空药方》
成都鋆传文化传媒有限公司	《成年都是戏》《跟着唐诗去旅行》《机动组》
成都漫悦科技有限公司	《再婚》《致命主妇》《女人的复仇》《女人的重生》《错配良缘》《纯情丫头休想逃》
成都点众快看科技有限公司	《绝世狂萧之九天之外》《如鱼得水》《歌后》《父亲的光辉》
四川字符宇宙文化传播有限公司	《天降守财妻》《人间修罗》
成都熠星引力文化传媒有限公司	《龙神殿》《镇国天龙》《龙王战神出狱》《战尊出狱》《绝世战神》
成都花花家网络科技有限公司	《此意绵绵》
四川哎呦文化传媒有限公司	《长歌当行》
德坤影业(成都)有限公司	《保安包租皇》《谁往我后备箱里塞了个顶流女明星》
成都OST传媒	《只有山知道》
四川哪吒乾坤文化传媒有限公司	《天工开蜀·我在古代当匠师》
成都中唐盛视文化传媒有限公司	《疯狂主播日记》
成都蜀中作乐影视文化传媒有限公司	《闭嘴吧！高金灿》
四川画语影视文化传媒有限公司	《宝器》《梦回桃园》

续表

公司名称	代表作品
四川品道堂文化传播有限公司	《重返 1993》《师傅又被抓走了》
四川剧能量文化传播有限公司	《逆袭女王二胎妈》
四川三个橙子文化传媒有限公司	《半城风月半城雪》
成都品川文化传媒有限公司	微信公众号“短剧内行人”
四川嘉泓映画文化传媒有限公司	《换种人设,换个活法》
成都大橘梦工场文化传媒有限公司	《时光裂缝》
宜宾长空影业有限公司	《纵横医圣》《武极天尊 2 之神界篇》
华策影视成都分公司	《穿越星河拥抱你》
成都于今无量网络科技有限公司	《快穿,病娇男主他又吃醋了》《好一个乖乖女》《落入大雾将你遗忘》《后来的我们》《我家三爷超宠的》《原谅他 99 次》

发行与品牌塑造方面，四川微短剧行业通过国家广电总局“视听四川”频道、中国网络视听大会、中国（成都）国际数字娱乐博览会、“时代光影 百部川扬”/“神秘蜀韵 百部川扬”网络视听作品征集传播活动、文化数字资产出海平台、四川数字文旅发展大会、成都数字版权交易博览会、“繁星闪耀·微短剧年度盛典”、“视听中国四川微短剧之夜”、“光影蜀韵·微动视界”微短剧创投会、成都显像计划——“东郊记忆”原创（微短剧）剧本大赛等活动以及微信公众号“短剧内行人”提升行业影响力，并引入了全国首个微短剧综合评测体系“繁星指数”。主要平台企业有点众、麦芽、映客、蜜糖、触摸、序言泽、咪咕、畅读科技、成都百纳盛等。

2. 精品化转型与规范发展

2024 年，国家广电总局新规要求微短剧实行分类分层审核。四川响应政策，加快制定内容审核细则，建立审核中心，并探索跨平台联合管理模式打击盗版。同时，引导企业生产从“爽文套路”转向社会价值导向的精品内容。

2024 年 6 月，四川省影视发展联合会携手四川省网络视听协会成立四川首个微短剧专委会。成都影视城文化传媒有限公司、咪咕音乐、OST 传媒等被聘任为微短剧专委会主任单位。多家四川微短剧创投制播机构作为委员单位加入专委会。专委会旨在对微短剧的生产进行监督，为内容生产提供扶持，推动微短剧的精品化发展。

表 4　四川微短剧相关行业协会

名称	说明
四川省影视发展联合会微短剧专委会	2024 年 5 月成立
四川省网络视听协会短剧创作中心	2024 年 7 月成立
四川短视频联盟	100 余家会员单位
四川省影视产业联盟	100 余家成员单位
四川省网络作家协会	会员 727 人
四川省数字娱乐文化促进会	行业会员单位 9000 余家
成都市互联网文化协会	会员单位 240 家、专业性联盟 6 个、互联网文化共建(体验)基地 7 家
成都数字文创产业联盟	会员单位近 100 家
成都市影视制片行业协会	2024 年 9 月成立,会员单位近 100 家
成都市网络作家协会	2024 年 11 月成立

(四)资源优势与技术支撑

四川拥有 305.7 万处文化资源和 24.5 万处旅游资源，文旅与微短剧融合潜力巨大。比如四川省文旅厅“跟着微短剧去旅行”计划推出的作品串联旅游景点，融入本土特色文化，提升游客体验。如《云朵之恋》讲述主人公追寻羌族文化的故事，融入羌族刺绣、苔子茶等非物质文化遗产。该剧在澳门国际电影节获金莲花优秀微短剧大奖，成为绵阳首部获国际奖项的本土影片。《我的归途有风》展示乐山跷脚牛肉、金钱蛋等特色美食，全网播放量超 2 亿次，直接带动乐山该年“五一”假期游客量同比增长 45.5%。攀枝花市东区将亚热带水果基地、国家森林公园等特色资源融入都市爱情剧《满城阳光》，实现文化传播与旅游品牌的双向赋能。成都五凤镇推出《君如玉之生生世世》IP 联名活动，结合古风穿越短剧与线下体验，吸引亲子消费，带动农特产品创收近 200 万元。《成都，说不出再见》以 City Walk

深度体验方式打开成都旅行地图，《盐都往事之白玉似雪》讲述自贡盐商的传奇历史，《水龙吟——川主小爷驾到》以“古穿今”的穿越故事讲述当代都江堰水利工程的积极影响。另外，自贡灯会产业题材的《华灯如昼——灯王传》、蜀绣题材的《绣娘传奇》、天全中医题材的《苍生大医》、古蜀道背景的《我在唐朝打 BOSS》等微短剧都是文旅产业与微短剧产业的融合实践。根据“繁星指数”的用户调查，上海和成都是微短剧用户最想旅居的城市，微短剧在提高观众在地消费意愿方面效果明显。2024 年四川文旅市场实现旅游消费总额 348.37 亿元，同比增长 9.48%，微短剧是重要增长点之一。微短剧通过文化传递、场景植入、IP 运营等多元化方式，能有效推动文旅产业高质量发展，形成“以文塑旅、以旅彰文”的良性循环。

表 5　国家广电总局“跟着微短剧去旅行”创作计划精品推荐四川入选剧目

剧名	出品方
《我和花花是发小》	四川可视嘉文化传播有限公司
《关于我的祖宗是诸葛亮这件小事》	谈资创意传媒、爱奇艺
《云朵之恋》	四川天辰三石文化传媒有限公司
《成都，说不出再见》	四川星空影视文化传媒有限公司、四川广播电视台文化旅游频道
《寻找会说话的貊貊》	四川星空影视文化传媒有限公司
《跟着唐诗去旅行》（第一季）	成都鋆传文化传媒有限公司
《天工开蜀：我在古代当匠师》	大英卓逸文旅有限公司、四川哪吒乾坤文化传媒有限公司

注：截至 2024 年 12 月。

表 6　2024 年“跟着微短剧看四川”国际传播能力建设扶持项目名单

序号	作品名称	申报单位
1	《花重锦官城》	四川正好时光影视文化有限公司
2	《摇滚梨园》	时代星空文化传媒（成都）有限公司
3	《国家宝藏之天府秘宝》	中潮万意（四川）传媒有限公司
4	《熊猫诗里览华夏》	四川南墙文化传媒有限公司、成都米卡视效科技有限公司
5	《追风阿怒》	四川星空影视文化传媒有限公司
6	《返乡旅行社》	四川红船文化传媒有限公司

续表

序号	作品名称	申报单位
7	《寻梦北川》	四川正好时光影视文化有限公司
8	《疯狂主播日记》	成都中唐盛视文化传媒有限公司
9	《川西奇遇记》	四川新闻网传媒(集团)股份有限公司、四川电影电视学院
10	《我们一起成年》	成都青葵文化传媒有限公司
11	《心愿照相馆》	成都广电能量文化传播有限公司
12	《我和花花是发小》	四川可视嘉文化传播有限公司
13	《天工开蜀·我在古代当匠师》	四川哪吒乾坤文化传媒有限公司
14	《绵羊少女》	暧昧时长成都文化传媒有限公司
15	《我在唐朝打 BOSS》	四川广播电视台

技术方面，四川依托中国（成都）网络视听产业基地、中国（成都）超高清创新应用产业基地、国家超高清视频创新中心、虚拟现实视听技术创新与应用国家广播电视总局实验室、华为智算中心，为微短剧的数据储存、传输、渲染、制作等提供技术支撑和算力服务；同时依托电子科技大学、四川传媒学院、四川电影电视学院等十余所大中专院校培养“艺术+技术”专业人才超 10 万人，涵盖产业链摄录演、采编播、服化道、音美造等各环节，为微短剧的创作生产提供人才储备和智力支持。博纳影业推出的全国首部 AIGC 连续性叙事科幻短剧集《三星堆：未来启示录》、成都路优优科技有限公司开发的 AI 解说系统，都体现了微短剧的技术跃升。这些技术不仅提升了短剧的制作效率和质量，还为用户带来了更加沉浸式的观看体验。

（五）内容生产与用户画像

四川微短剧创作活跃，内容形式多样，产量持续增长，以小程序/独立 App 为主要发行渠道。

表 7　不同形式微短剧特征对比

<table>
<tr><th>主要形式</th><th>长视频微短剧</th><th>短视频微短剧</th><th>小程序微短剧</th><th>独立 App 微短剧</th></tr>
<tr><td>主要渠道</td><td>爱奇艺、芒果 TV、腾讯视频、优酷、B 站等中长视频媒体</td><td>抖音、快手等短视频媒体</td><td>抖音小程序、微信小程序等</td><td>红果短剧 App 等</td></tr>
<tr><td>画面呈现</td><td>横屏</td><td>竖屏、横屏</td><td colspan="2">竖屏</td></tr>
<tr><td>时长集数</td><td>10~20 分/集
15~30 集/部</td><td>2~5 分/集
5~20 集/部</td><td>1~3 分/集
80~100 集/部</td><td>1~3 分/集
30~100 集/部</td></tr>
<tr><td>剧本创意</td><td>原创或 IP 改编、衍生为主</td><td>原创或 IP 改编、衍生、“爽文”小说改编，基于 KOL 人设创编</td><td colspan="2">以“爽文”小说为主</td></tr>
<tr><td>生产周期</td><td>拍摄 20~30 天，后期剪辑 10 天+</td><td colspan="3">拍摄 8~10 天，后期剪辑 7 天+</td></tr>
<tr><td>变现模式</td><td>剧集植入、广告、剧场冠名等</td><td>剧集植入、广告、剧场冠名、微短剧定制、品牌话题、KOL 合作等</td><td colspan="2">激励广告</td></tr>
</table>

微短剧初期以战神、霸总、甜宠、重生、逆袭、复仇等猎奇题材为主，后扩展至情感、都市、奇幻、科幻、古装等题材，2024 年又向乡村、悬疑、职场、青少、家庭等类型进一步拓展，并开始结合文旅文创、乡村振兴、非遗等元素（见图 5）。同时还与公安部、国家广电总局共同实施“公安微短剧千集计划”，积极引导普法题材微短剧（如《机动组》）发展。随着行业发展逐渐规模化和多样化，微短剧行业所涉及的题材、类型、背景等元素不断扩充，在价值理念、受众面向以及内容生产方面开拓了新领域。

微短剧受众广泛，2024 年下沉市场与中年群体成为新的增长点。数据显示，近六成网民为微短剧受众，其中 37.9%为初中及以下学历，65.1%来自三四五线城市，男女各半，20~49 岁年龄段人口占比过半（见图 6）。这些观众对微短剧具有高度的关注和付费意愿。

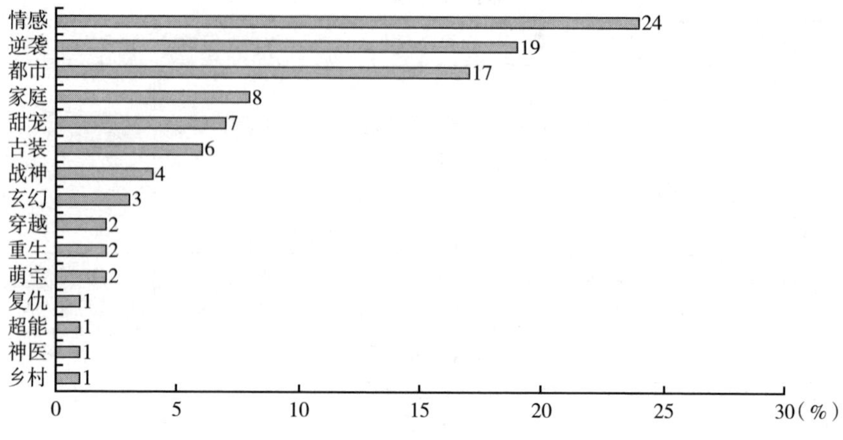

图 5　2024 年微短剧题材热力值占比

资料来源：DataEye 研究院。

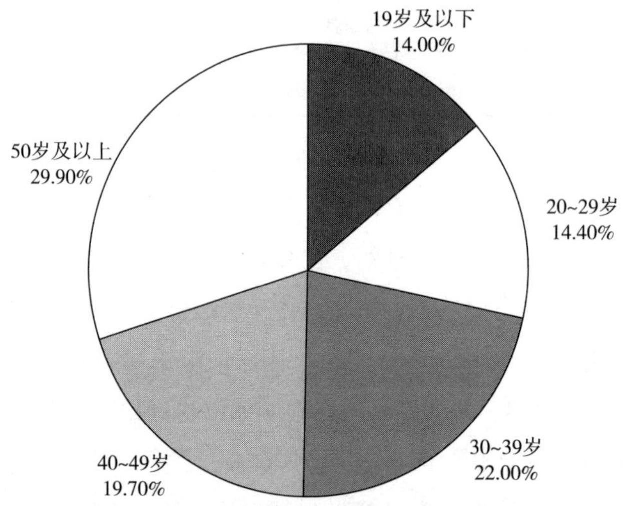

图 6　微短剧用户年龄分布情况

资料来源：DataEye 研究院。

三 四川微短剧产业的挑战与短板

在政策、资源、环境、服务等多方面优势叠加之下，四川网络微短剧产业发展迅速，但仍然面临多方挑战。

（一）内容质量参差不齐，行业凝聚力不足

由于微短剧制作门槛相对较低，加上下沉市场对“爽”感的执着追求和审美固化，市场上的作品质量参差不齐，影响了行业的整体形象和口碑。部分作品仍然依赖霸总、甜宠、重生等低门槛题材，内容、模式可复制性强，缺乏创新。部分作品追求“短”“快”“爽”，忽略深层次主题探讨，缺乏深度和内涵。有些作品为追求流量和短期效益，强行植入传统文化元素，见皮不见骨，忽视了传统文化的真实性和完整性，无法产生长久深远的传播效果。另外，本地产业链中承制类企业很多，但缺乏头部平台，难以产生爆款。除《逃出大英博物馆》《家里家外》以外，出圈作品较少，无法形成优质厂牌，行业凝聚力待提升。

（二）版权保护意识淡薄，权益分配有纠纷

微短剧常改编自小说、漫画等作品，但改编边界难以界定，容易引起版权归属争议。部分平台为降低成本，采用未经授权搬运或直接抄袭其他作品的方式传播微短剧，如更改剧名、人物设定等，或未经授权使用音乐、美术资源，或通过技术手段绕过版权保护措施传播内容，诱发侵权传播风险。部分微短剧未区分影视化改编与商业利用的界限，可能涉及对知名品牌或商标的误用，引发商标与品牌侵权。部分平台备案与授权机制不完善，对上传内容审核不严，导致侵权作品得以传播。行业缺乏统一标准且自律不足，导致模仿抄袭现象普遍。多方联合制作的微短剧，可能存在创作主体不明、权益分配协议缺失等问题，导致后期纠纷。

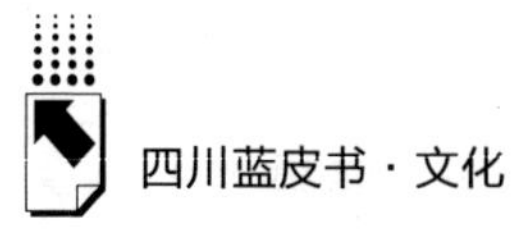

（三）商业模式有待完善，监管平衡需注意

目前微短剧的商业模式主要包括用户付费、广告变现、流量分账、电商带货、品牌定制、版权销售等，但因为投流成本高企，整体盈利空间有限。未来需要探索更加多元化的商业模式以提升行业的盈利能力。另外，微短剧作为网络视听消费的新载体，普遍面临收费标准不清晰、自动续费和退款售后机制不全等问题，容易引起消费纠纷。随着微短剧市场的快速发展和资本的加速逐利，监管政策不断完善，持续打击低俗、侵权等不良行为，优质微短剧作品获得了更好的市场环境。同时，审核趋严可能抑制创作活力，需探索规范与创新的平衡点。

四　未来趋势及建议

随着移动互联网的普及和用户对短视频内容偏好的增加，微短剧市场规模将持续扩大。根据艾媒咨询等权威机构的预测，我国微短剧行业市场规模到 2027 年有望超过 1000 亿元。微短剧正在成为一种越来越成熟的社会新业态。面对内容创新、技术升级、产业融合等要求，微短剧必须实现从“流量”到“质量”的转变。

（一）加强政策引导，完善产业生态

从省级政策层面对微短剧全产业链加强政策引导和支持。出台关于推动微短剧高质量发展的实施意见，并将其纳入“十五五”规划布局。设立微短剧精品创作引导资金和产业基金，将微短剧人才引进与培育纳入“天府万人计划”。吸引头部平台入驻，对符合产业发展方向的新引进和新成立的微短剧头部企业和成长型企业给予一定扶持。加强微短剧影视基地建设，搭建微短剧拍摄资源库。完善省内影视制作、餐饮住宿、酒吧娱乐、体育场馆等配套服务产业发展。继续办好微短剧年度盛典活动，推动全国资源向四川集聚。支持中国西部微短剧产业生态联盟建设，打造四川微短剧品牌，加强

川渝微短剧合作。在省内有条件的高校增设微短剧制作课程，培养全流程人才。构建剧评平台，促进质量提升。

（二）推动内容迭代，加强产业协作

未来短剧行业将更加注重内容创新和题材多样化。AI 技术、虚拟现实技术等新技术的应用以及文旅产业、品牌定制、金融市场等其他行业元素的介入都将为微短剧创作带来更多的可能，以自然流量和广告变现为核心的免费模式崛起也倒逼制作方持续提升内容质量。内容制作应注重故事创新与文化挖掘，避免过度依赖热门 IP，减少侵权风险。鼓励将“四川元素”融入微短剧创作，挖掘地方文化特色，增强地域吸引力，同时也要避免技术堆砌或文化堆砌。通过“繁星指数”评价体系引导创作方向，实现精品化转型。鼓励微短剧对社会议题的关注，实现用户体量、圈层的突破。以“微短剧+”赋能实体经济，鼓励微短剧与旅游、科技、商业等其他产业融合，探索新的内容品类，以产业链的协同创新推动微短剧进入精品影视创作体系，形成与长视频生态相近的、不可取代的精品集群、IP 集群，传播城市风貌，将流量转化为消费增量。

（三）加强版权保护，制定行业规范

完善版权保护机制，理顺授权流程。加强对创作团队和观众的版权法律教育，增强其法律意识和合规意识。完善备案程序，加强版权审核，探索跨平台联合管理模式。建立纠纷解决机制，鼓励通过仲裁、调解等方式解决争议，降低诉讼成本。设立行业协会或同业组织，建立行业自律规范。

（四）创新技术应用，促进国际发展

持续探索 AI、VR 等新技术在微短剧叙事中的应用，推出互动剧、AIGC 剧，提升观众体验和参与度。推动微短剧向剧场化和品牌化发展。结合政策优势和技术优势，鼓励微短剧加速出海，拓展国际市场，推动四川文化“走出去”。

产业新潮

B.7
四川文艺赛事产业发展报告

余 婷　李嫒嫒*

摘　要： 近年来，四川省频繁举办各类大型文艺赛事，刺激了四川省内的旅游、餐饮、住宿、交通等消费市场，掀起"赛事经济、文化消费"的热潮。四川省文艺赛事产业依托丰富的文化资源和政策支持，通过多元主体参与、多样化赛事类型以及文旅融合，形成了较为完整的产业链。赛事不仅促进了地方经济发展，还推动了文化传承与创新。然而，四川文艺赛事产业仍面临缺乏本土优质IP、管理不规范和布局不均衡等问题。需要通过打造特色赛事品牌、建立标准化评估体系、推动数智化转型等措施，进一步提升赛事影响力，助力区域文化软实力提升和产业升级。

关键词： 文艺赛事　赛事产业　品牌建设　文化消费　四川省

* 余婷，四川省社会科学院新闻传播研究所副研究员，主要研究方向为新媒体、文化产业；李嫒嫒，四川省社会科学院新闻传播研究所硕士研究生。

近年来，四川省内频繁举办各类大型文艺赛事，第30届“蓉城之秋”成都国际音乐季、第七届青年川剧演员比赛等，吸引了大量外地游客前来参加、观看比赛，刺激了四川省内旅游、餐饮、住宿、交通等消费市场，掀起“赛事经济、文化消费”的热潮。四川文艺赛事产业吸引多元主体参与，赛事类型丰富，涵盖传统与现代文艺，线上与线下相结合，融入地域文化特色，并与文旅深度融合，推动经济发展和文化传承。四川文艺赛事产业通过系统化品牌建设和数字赋能，产业竞争力不断提升，但存在缺乏本土优质IP、管理不规范和布局不均衡等问题，需进一步解决问题以促进持续发展。本报告将从产业发展背景、发展现状、品牌建设路径三个方面对四川文艺赛事产业进行剖析。

一 四川省文艺赛事产业发展背景

（一）四川省文艺赛事产业发展必要性

1. 促进关联经济发展

四川省文艺赛事产业作为经济增长的新动能，带动了一系列相关产业协同发展，为地区经济注入新活力。近年来，四川省内频繁举办各类大型文艺赛事，第30届“蓉城之秋”成都国际音乐季、第七届青年川剧演员比赛等，吸引了大量外地游客前来参加、观看比赛，刺激了四川省内旅游、餐饮、住宿、交通等消费市场，掀起“赛事经济、文化消费”的热潮。与此同时，文艺赛事在筹备与执行的过程中，推动舞台搭建、灯光音响设备租赁、广告宣传等上下游产业发展，从而形成一条较为完整的产业链，促进经济的多元化增长。此外，文艺赛事还与数字技术深度融合，催生线上直播、云观赛等新业态，发展了数字藏品等创新消费模式，进一步拓展了产业链价值空间。

2. 培育文艺赛事产业综合体系集群

四川省在文艺赛事领域具备丰富的实践经验和资源积累，通过持续优化赛事组织架构、完善赛事规则与评判标准、提升赛事服务水平等举措，逐步构建起包括赛事策划、执行、推广、衍生产品开发等环节的完整筹备体系，推动线上、线下相关产业集聚。

3. 推动社会文艺领域可持续发展

文艺赛事为文艺工作者搭建起展示才华、交流技艺以及提升水平的广阔平台，进一步激发全社会的文艺创作热情与创新活力。一方面，赛事的激励机制促使文艺工作者不断挖掘本土文化特色，创作出更多具有四川地域文化特色的优秀文艺作品。例如川剧变脸技艺通过各类相关文艺赛事的舞台展示与交流，吸引了更多年轻人关注、学习川剧，为这一传统技艺的传承发展注入了新鲜血液。另一方面，文艺赛事的广泛开展也有利于培养公众的文艺鉴赏能力和文化素养，营造全社会热爱文艺、参与文艺的良好氛围，促进文艺事业的可持续发展。

4. 助力区域优质文化艺术形象塑造

四川省各地拥有独特而丰富的文化艺术资源，通过举办各类具有地方特色的文艺赛事，能够将分散的文化元素进行整合，从而形成鲜明的区域文化艺术形象。例如凉山彝族火把节以其独特的彝族歌舞表演、民俗体育竞技等赛事活动，向外界展示了彝族文化的独特魅力，使凉山成为彝族文化的重要展示窗口，有效提升了凉山乃至四川在国内外文化领域的知名度与影响力，为区域文化旅游产业发展奠定了坚实基础，进一步强化了四川作为文化大省、旅游胜地的良好形象。

（二）四川省文艺赛事产业发展依托

1. 政策扶持

四川省政府高度重视文艺赛事产业的发展，出台了一系列政策文件和扶持措施。例如，《四川省重大文艺项目扶持和精品奖励办法》明确对思想精深、艺术精湛、制作精良的优秀文艺作品给予重点扶持，年度预算规模达3亿元。此外，该政策还对荣获国家级文艺奖项的作品进行奖励，激励全省文艺出精品、出人才、出效益、出品牌。

2.硬件设施

四川省具备充足的文艺赛事举办场地与器材。四川省积极推动文化艺术场馆建设，将剧场、美术馆纳入国民经济社会发展规划和公共文化服务体系。目前，每个市州至少拥有1个大型标准剧场，每个县（市、区）建设1个中小型标准剧场。此外，四川省还鼓励利用城乡公共设施和场地建设户外演出设施。政府通过专项资金扶持，为文艺创作和赛事提供必要的器材支持。例如，通过四川艺术基金资助，推动舞台艺术、美术创作等领域的发展。四川省搭建了多个线上线下平台，推动文艺赛事和作品的传播。例如，智游天府平台利用5G、互联网等技术，推动艺术创作形式创新，扩大艺术影响力。

3.软性条件

四川省通过举办各类文艺赛事和活动，形成了良好的文艺赛事生态。例如，2023年举办了60余项大型文艺展演（赛事）活动，包括四川艺术节、川剧节、舞蹈新作比赛等。这些赛事不仅提升了四川文艺的知名度，还为文艺人才提供了展示平台。四川拥有丰富的历史文化资源，如三星堆文化、熊猫文化等，为文艺创作提供了深厚底蕴。政府通过专项资金扶持，深入挖掘这些文化精髓，推动文艺作品的创作和传播。四川庞大的人口规模为文艺赛事提供了丰富的受众群体和人才储备。同时，政府通过举办惠民演出等活动，培育观演文化，进一步夯实了文艺赛事的群众基础。

4.人才储备

四川艺术基金还通过资助青年艺术创作项目，培养了大量青年文艺人才。2024年，四川艺术基金资助青年艺术人才培养项目59项，累计培育青年艺术人才204人。

二　四川文艺赛事发展现状

（一）多元主体共同参与，调动市场积极性

四川文艺赛事获得了从宏观政策、中观文艺组织到微观赛事运营公司以

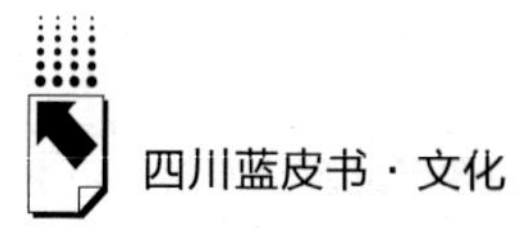

及品牌商的加盟助力，多层面多元主体的参与充分调动了产业链上游和下游的热情，活跃了整个文艺赛事市场。

1. 政府政策引导与财政拨款投入

四川省文艺赛事的发展高度依托政府顶层设计与系统性财政支持，形成了“政策激励+资金保障”的双轮驱动模式。《自贡市支持文旅产业发展的若干政策》规定：每年共计拨款 3 亿元，对各大文艺项目进行奖励和扶持。其中承办省级以上文艺、文创类比赛的机构，按参赛人数分级补贴：100 人补贴 5 万元，300 人补贴 10 万元，500 人补贴 30 万元，1000 人以上补贴 50 万元，单个主体年度补贴上限 100 万元①。该政策从宏观层面上为文艺赛事提供了支持，鼓励更多参与者加入文艺赛事市场。

2. 文艺协会组织推动各方合作搭线

四川省已形成以文艺协会为核心纽带，联动政府、企业、高校、媒体等多方主体的文艺赛事协同发展格局。例如，四川省舞蹈艺术协会通过主办“星光灿烂”青少儿舞蹈展演，整合了四川新闻网、四川卫视等媒体资源，并联合 SM 城市广场等商业体提供展演场地，实现“文化+商业”的跨界联动②。

3. 赛事运营公司助力赛事市场化运作

四川省文艺赛事的市场化运作已形成以专业赛事运营公司为核心驱动力的格局，通过资源整合、品牌打造和商业开发，推动赛事经济与文旅、商贸等领域深度融合。如四川天府演艺集团通过主办四川省首届旅游演艺比赛汇聚全省文旅演艺资源，推动《葭萌春秋》《梦境光雾山》等原创剧目实现展演合一。比赛吸引超 800 家文旅单位参与，拉动景区门票和文创产品销售额

① 《自贡市人民政府办公室关于印发〈自贡市支持文旅产业发展的若干政策〉的通知（自府办发〔2023〕22 号）》。

② 《四川省第十九届“星光灿烂”青少儿舞蹈单人舞、双人舞、三人舞专场展演通知》，https://mp.weixin.qq.com/s?__biz=MzkOMzUwNzA3MA==&mid=2247485318&idx=1&sn=3fd8a8b30e573272bee664223743ae5c&chksm=c2c1672d92966dbb06672d9fc182beebd223c5e60493f72ef1ed5ea50278bda67709597e99f5#rd。

增长 37%①。

4. 品牌赞助商加盟

品牌商的商业赞助成为四川省文艺赛事发展的关键动力。企业通过资金投入、资源整合与品牌联动，推动赛事从单一文化活动向复合型消费场景升级。以“中国好声音”泸州赛区为例，其依托顶级 IP 流量，联动叙永县国际山地马拉松、热浪汽车音乐节等本地项目，构建“赛事+商业+公益”的招商体系。2020 年，赛事通过“线上导流线下”模式吸引全市 500 万受众关注，整合泸州新闻网、公交广告等媒介资源，为赞助商提供全域品牌曝光渠道，并通过“凭演出票免费游览武侯祠”等文旅联动策略，实现赞助商权益从单一冠名向消费场景渗透的跨越，激发了旅游场景的市场活力②。

5. 文艺教培行业促进人才高质量培养

四川省文艺教培行业通过“产教融合+赛事驱动”模式，已成为文艺人才梯队建设的重要支撑。以四川科技职业学院天府艺术与传媒学院为例，其联合 OST 传媒、星光聚能传媒等企业开展“现代学徒制”培养，设立民族表演艺术、新媒体主播等专业方向，构建“多能一专”的课程体系，覆盖舞蹈、音乐、播音主持等领域，累计输送 3000 余名复合型艺术人才至文艺院团、文旅企业及新媒体平台③。

6. 群众广泛参与

四川省文艺赛事通过“全民舞台”机制创新，推动群众从文化接受者向参与者、创造者转变，构建了覆盖城乡、全民共享的文艺生态。以“天

① 《四川文旅以赛“提质”！演艺“流量”变成文旅“增量”》，https：//sc. sina. cn/news/2024-02-07/detail-inahfexe8072501. d. html。

② 《2020 中国好声音泸州赛区赛事开启——全面招商》，https：//mp. weixin. qq. com/s？ __biz = Mzg2MzIzNjk1Mw = = &mid = 2247484531&idx = 1&sn = cdf51b399f9de1c82422a1b9a04e8eaf&chksm = ce7ae245f90d6b53179ca2826c95e776249c64b599dc7db240f7eb7f7fd430ae5b6e956f183f&poc _ token = HG7PvmejMb7Pdg2gcbRPArAq44pbH1n5RQx_3W45。

③ 《新文创、新艺术、新传媒，培养高技能艺术型人才》，https：//mp. weixin. qq. com/s？ __biz = MzA5NDI0MzA2Ng = = &mid = 2659979468&idx = 1&sn = dadabcebcfdb2f7b12c8c2baaf7c7e9f&chksm = 8abbe504ebfbf4bcb996d0b89e39eb9d3b2386b2b0fbd16c5059b7b891a8fe1d5c4e8fcda3f1#rd。

府百姓大舞台”为例，该活动自 2024 年启动以来，依托“财政出资、文化搭台、百姓唱戏”的普惠模式，在全省累计开展活动 7617 场次，吸引超 1000 万人次参与。活动中涌现 300 余支基层文艺队伍，参演者包括乡村文艺骨干、非遗传承人、普通市民等多元主体，其原创节目如仪陇县龙狮舞、凉山州《劳作歌》对唱等，均以群众自编自导为核心，让基层群众真正占据舞台中心[①]。

（二）赛事类型多样打造，满足市场多元需求

1. 赛事项目囊括传统文艺和现代文艺

四川省文艺赛事通过传统与现代并重的多元化布局，构建了覆盖全艺术门类的赛事体系，既延续文化根脉，又激活创新动能。在传统文艺领域，非遗展演与民俗赛事成为文化传承的核心载体。如四川省首届原创歌曲大赛聚焦现代音乐创作，通过“3+1+N”赛制（三轮比赛、一档综艺节目、N 场推广活动）挖掘《成都》《伎乐·24》等兼具艺术价值与市场潜力的作品，吸引 2.3 万名原创音乐人参与，推动 2023 年全省音乐产业总产值突破 1066 亿元[②]。

2. 赛事设计针对不同年龄段的参与者

四川省文艺赛事通过精细化年龄分层设计，构建全龄化参与生态，满足从儿童到老年群体的差异化需求。在青少年及儿童领域，赛事以文化传承与兴趣培养为核心，例如四川省妇女儿童艺术团选拔大赛设立儿童组（3~11 岁）、青少年组（12~17 岁）等四个组别，涵盖声乐、舞蹈、朗诵、书画等艺术门类，通过定向选拔与免费培训，为青少年提供从才艺展示到专业发展的进阶通道[③]。针对中青年群体，赛事更注重专业化与市场化结合。2024 年

---

① 《将“C 位”交给群众，“天府百姓大舞台”等你来!》，https：//news. qq. com/rain/a/20241228A07SUU00。

② 《四川省首届原创歌曲大赛激发创新活力 巴山蜀水奏响原创乐章》，https：//mp. weixin. qq. com/s? __biz = MzIxOTc3NTE2MQ = = &mid = 2247519615&idx = 3&sn = 3356fcde27c48ffdbb5a797daee4d1bc&chksm=96c4bf7c80fba5f91b4b5ff2854322e206a3765ad54fc09ca17d4ca61847e631cd4a648e381c#rd。

③ 《四川省妇女儿童艺术团选拔大赛报名啦!》，https：//www. 163. com/dy/article/JARFT3RI0514D3UH. html。

四川省首届原创歌曲大赛中 18~35 岁创作者占比达 72%，获奖作品通过咪咕音乐平台实现全产业链开发，助推音乐人职业化转型[①]。中老年群体的文化参与通过普惠性赛事实现深度激活。“天府百姓大舞台”活动以 50 岁以上群众为重点对象，2024 年开展的 7617 场次活动中，老年文艺团队原创节目占比达 38%，如凉山州《劳作歌》对唱、仪陇县龙狮舞等作品均由基层老年文化骨干主导创作[②]。

3. 赛事参与提供线上和线下多种渠道

四川省文艺赛事通过“双线融合”模式，构建覆盖全场景的参与生态，既保障传统线下赛事的沉浸式体验，又借助数字化技术突破时空限制，满足不同群体的差异化需求。在线上渠道方面，依托“智游天府”等公共文化服务平台，实现赛事报名、作品提交、展演传播的全链条数字化。如“非常梦想”农民工原创文艺作品大赛通过“智游天府”App 开通线上投稿通道，支持美术、短视频、音乐等作品数字化提交，并搭建“线上美术馆”“音频馆”等虚拟展厅，实现作品的全天候展示[③]。线下赛事则注重文化场景的沉浸式营造与在地化互动。如第九届“诗韵荷花奖”全国舞蹈艺术展演四川赛区选择大喜时代剧场作为主会场，依托专业舞台灯光、软席观众席等硬件设施，打造高规格的舞蹈竞技场景[④]。

4. 赛事内容包含四川地域文化特色

四川省文艺赛事通过深度挖掘本土文化基因，将巴蜀历史、民族风情、

---

① 《四川省首届原创歌曲大赛激发创新活力 巴山蜀水奏响原创乐章》，https：//mp.weixin.qq.com/s? __biz = MzIxOTc3NTE2MQ = = &mid = 2247519615&idx = 3&sn = 3356fcde27c48ffdbb5a797daee4d1bc&chksm = 96c4bf7c80fba5f91b4b5ff2854322e206a3765ad54fc09ca17d4ca61847e631cd4a648e381c#rd。

② 《首次省级展演！“天府百姓大舞台”蓉城登场，群众站“C 位”》，https：//news.qq.com/rain/a/20241228A08CB600。

③ 《100 天 100 个作品 四川省 2023 年度优秀文艺作品云端开演》，https：//www.sc.gov.cn/10462/10464/10797/2023/4/30/f8cf48ae7bef4951b39fec897904069d.shtml。

④ 《四川赛区｜第九届“诗韵荷花奖”全国舞蹈艺术展演｜正式启航!》，https：//mp.weixin.qq.com/s? __biz = MzkxMjcyMTYwMA = = &mid = 2247485594&idx = 1&sn = f164ac15a60c4e7476c9e70b521aab98&chksm = c08c35e8dc2dde67050105958f299fa5370014ba367 e2927edc342ddd13a5cde6286d13a8302#rd。

非遗技艺等元素融入赛事设计，形成“一地一特色”的文化表达范式。如2024年四川乡村文化振兴魅力竞演大赛吸引全省588个村镇参与，发布1051条地域文化短视频，总传播量突破220万次①。这种以赛事为载体的文化创新实践，不仅强化了“川派”文化标识体系，更通过文化赋值推动文旅产业升级。

5. 国际性文艺赛事举办

四川省“引进来”与“走出去”双轨并行，构建国际文艺赛事矩阵，既提升本土文化的全球能见度，又推动中外艺术资源深度融合。在国际赛事引进方面，四川积极承接具有国际影响力的赛事分支，例如2025年第十一届墨尔本国际音乐比赛四川预选赛，依托成都城市音乐厅的国际化硬件设施，吸引全省超2.3万名音乐人参与，培育兼具本土特色与国际视野的作品②。此类赛事不仅为中国选手提供直通国际舞台的通道，更通过海外评委点评、全球直播等形式强化跨文化对话。

（三）文艺赛事与文旅融合，实现市场共赢局面

1. 提供丰富旅游体验，满足精神文化需求

四川省通过“赛事+文旅”深度融合模式，构建了多层次、多维度的文化消费场景，既以文艺赛事为媒介激活旅游资源，又以文旅体验为载体放大赛事价值，形成“以赛引客、以文塑旅”的良性循环。如四川省大众文体旅融合嘉年华活动依托智慧赛事系统，实现“线上预约—智能导航—即时互动”的全流程服务。洛带古镇分会场通过AR技术复原客家迁徙历史，使

---

① 《魅力竞演“燃”乡村文化之光》，https：//mp. weixin. qq. com/s？ __biz = MzIyMDA4ODk0NQ = =&mid = 2650638028&idx = 2&sn = bc39b27024827e5941e3ec0ca7f1d87a&chksm = 8e2cfdefbcef02631c6ea0d3ce1a237a71d60eae0c2df02579f28421f3f3464844b222786216#rd。

② 《四川预选赛报名启动丨2025第11届墨尔本国际音乐比赛》，https：//mp. weixin. qq. com/s？ __biz = MzAxMDc5NjcxNA = = &mid = 2652920348&idx = 1&sn = a9ee13ebdcc49b273eae24ecbd3ad303&chksm = 819435938e01ecb0be76d98d210d3c3831a047e3e6b4d07a7ef3178ca1dee426ea1ae051b21e#rd。

游客在参与比赛的同时完成文化认知升级[①]。此类实践不仅满足游客对“诗与远方”的向往，更通过“文化赋值”推动产业升级。

2. 促进地方经济发展，创造旅游附加价值

四川省通过“赛事+文旅”协同模式，将文艺赛事转化为经济增长引擎，形成“流量引客、消费留量”的良性循环。以赛事经济为核心驱动，广安华蓥市永兴镇将“三线建设”工业遗产转化为舞台符号，通过四川清音演绎乡村振兴故事，带动文旅消费增长 23%。2024 年四川文体旅融合型赛事带动消费超 63 亿元，其中文创衍生品销售额占比 28%，凸显文化赋值对产业升级的推动作用。

3. 构建文艺城市名片，增强城市软实力

四川省通过文艺赛事与文旅资源的深度融合，成功打造了一批具有地域特色的文化名片，显著提升了城市文化软实力。例如，四川省原创歌曲大赛以巴蜀文化为创作核心，结合凉山彝族火把节等民族节庆，将音乐竞技与文旅消费场景结合，既展现了四川多元文化底蕴，又通过赛事专属歌单、街头艺术表演等衍生形式扩大传播，形成“赛事+音乐+旅游”的联动效应，打造了“音乐成都”的城市名片[②]。

4. 推动文化传承创新，助力文化交流互鉴

四川依托深厚的文化底蕴，通过文艺赛事激活传统文化资源，构建“以赛促创、以赛兴旅”的融合发展模式。例如，四川省首届原创歌曲大赛激发了原创音乐的活力，推动了音乐创作[③]。同时，文艺赛事吸引了来自不同地区和国家的文艺爱好者和从业者，为他们提供了一个交流和学习的平台，促进了不同文化之间的相互理解和借鉴。

---

① 《四川“大众文体旅融合嘉年华”闭幕》，https：//sichuan. scol. com. cn/ggxw/202412/82851642. html。

② 《四川省首届原创歌曲大赛激发创新活力 巴山蜀水奏响原创乐章》，https：//yuanbao. tencent. com/chat/naQivTmsDa/65b35706-16f7-4258-bb04-3c222251da0d。

③ 《四川省首届原创歌曲大赛激发创新活力 巴山蜀水奏响原创乐章》，https：//yuanbao. tencent. com/chat/naQivTmsDa/65b35706-16f7-4258-bb04-3c222251da0d。

三　四川文艺赛事品牌建设

四川作为中国西部重要的艺术枢纽，凭借丰富的艺术底蕴和创新潜力，正通过品牌化、IP 化和智能化等战略，打造多层次的文艺赛事生态。依托巴蜀文化的深厚土壤，四川通过系统化分级布局稳固赛事基础，借助地方独特的文化底蕴打造独特赛事 IP，并通过数字技术赋能提升赛事体验，形成了重点赛事引领、文化艺术交相突破、科技艺术融合的全方位发展格局。这推动了四川在文艺赛事上从区域艺术活动平台走向国际艺术交流平台的跨越，并为文艺赛事赋能城市提供了创新示范。

（一）赛事品牌系统化构建

四川省在进行文艺赛事品牌的构建中，紧密围绕国家文化产业发展策略和地方文艺赛事发展战略，系统化进行文艺赛事分层次、分区域、分性质的品牌系统构建，推动文艺赛事从数量积累向质量跃升转型。

1. 区域分级：构建地区、国内、国际三级艺术赛事体系

四川通过构建多层次艺术赛事网络，形成以本土文化为根基、国内协同为纽带、国际对话为突破的立体发展格局。该体系通过“一赛一策”创新机制实现资源精准供给，构建起从群众参与基础夯实到国际话语权提升的完整生态链。

在地区层面，四川以“四川艺术节”为标杆，通过下沉资源激活基层艺术活力。2023 年该赛事举办 30 余项活动，汇集 40 台优秀剧目（含 30 台文华奖参评剧目）及 1300 件艺术作品，形成群众艺术创作的全民参与热潮。这种本土化运作不仅强化了文化自豪感，更通过“基层选培+专业指导”模式建立起艺术人才储备库，实现群众文化向专业领域的持续输送。

国内维度以“华西少儿艺术大赛”为示范，构建跨区域艺术协同网络。自 2022 年创办以来，这项涵盖舞蹈、声乐、语言等多元领域的赛事已吸引川渝及周边省份数千名选手参与。通过建立与全国 200 余家艺术机构、学校

的战略合作，创新“赛事+培训+巡演”联动机制，既为少儿艺术人才搭建阶梯式成长平台，又推动跨省艺术资源的数字化共享，形成国内艺术要素的流动体系。

国际层面依托成都“国际音乐之都”建设，以“金芙蓉国际音乐比赛”为支点撬动全球艺术话语权。这项赛事开创了传统器乐与现代音乐对话的新范式，累计吸引50余国音乐家参与，孵化原创作品300余件。通过建立国际评委库、制定特色赛制标准，四川正从赛事参与者转型为规则制定者。三级体系的协同效应已显现：基层赛事输送的民间艺术人才在国际舞台崭露头角，国内赛事培育的少儿选手斩获联合国教科文组织艺术奖项，国际赛事积累的资源反哺本土艺术教育升级，形成文化生态的良性闭环。

2. 商业分类：公益与商业双轨并行

四川通过公益与商业双轨驱动的创新模式，构建起艺术普惠生态与产业价值释放并行的赛事体系，形成社会效益与经济效益的良性互动。

在公益赛道方面，以政府为主导的专项资金扶持机制持续向基层倾斜，“四川省舞蹈新作比赛”投入专项资金，覆盖全省21个市州的民族地区创作团队，近三年孵化出150余部原创作品，其中凉山彝族非遗舞蹈创新项目《火塘》等12部作品登上国家级舞台。

与此同时，市场化运作的商业赛事成为产业升级引擎，FDC国际舞蹈大赛成都站通过品牌授权与资源整合，构建起包含票务销售、版权交易、衍生品开发等八大盈利模块的商业生态。该赛事联合福布斯中国等20余家机构打造“竞技+产业”生态圈，举办大师班，带动成都舞蹈培训市场规模扩大，并通过数字直播实现全网破亿观看量。

这种“造血式”循环，既保障基层艺术创作的普惠性根基，又激活市场驱动的产业创新活力，最终实现从文化培育到价值转化的可持续发展。

3. 等级分层：打造“金字塔形”赛事结构

四川文艺赛事体系通过构建“基础孵化—标杆引领”的金字塔形结构，形成梯度分明、协同赋能的生态闭环，既夯实基层创作土壤，又强化高端品牌势能，实现艺术传承与产业创新的动态平衡。

在金字塔基底，一般赛事以社群培育与产业孵化为核心功能。成都玉林路民谣音乐季作为典型范例，通过“全民参与+文旅融合”模式激活基层文艺生态：2024 年音乐季吸引 300 余位专业歌手与 700 名市民歌手同台竞技，累计举办 44 场演出，创作 381 首原创作品。其创新性在于构建“赛事—创作—消费”闭环，不仅孵化出《玉林路·拾光》等登上 130 个全球音乐平台的热门专辑，更通过“唱游计划”联动重庆、丽江等城市，形成跨区域文化 IP。

金字塔顶端则由重点赛事承担艺术传承与品牌塑造使命。四川省青年川剧演员比赛作为标杆，构建起“选拔—培育—输出”的专业化通道：2022 年第六届赛事吸引 13 个市州 75 名青年演员参赛，诞生《击鼓战金山》等 6 部一等奖作品，并推动自贡川剧院《草鞋县令》斩获文华大奖。至 2024 年第七届赛事，参赛范围扩展至 14 个市州 96 名演员，配套举办“艺绘川剧”美术展与非遗市集，实现传统艺术与现代美学的跨界融合。

双层级结构通过人才输送机制和内容升级机制实现协同共享，这种“塔基孕育创新、塔尖树立标准”的体系，使四川文艺产业形成可持续的文化竞争力。

（二）特色赛事打造系列 IP

1. 基于历史与非遗双核驱动的四川文艺赛事创新路径

四川省以深厚的历史文化积淀为根基，将三国故事、蜀汉遗产等历史叙事与川剧变脸、蜀绣技艺等非遗传统有机融合，构建文艺赛事双核驱动的创新生态。通过“历史场景数字化复现+非遗元素跨界演绎”模式，赛事既激活传统文化基因，又创造现代艺术价值：在历史维度，依托三星堆这一文化地标开发沉浸式创作主题，2023 年“三星堆文化创意设计大赛”征集全球作品 1.2 万件，孵化出“青铜纵目咖啡杯”等爆款文创，带动广汉市文旅收入同比增长 31%；在非遗领域，四川省统计局数据显示，2023 年全省文化产业增加值达 2398 亿元，同比增长 9.7%，其中非遗相关产业贡献率占 18%。双轨协同下，四川文艺赛事年均孵化历史、非遗主题作品超 1500 件，带动相关产业规模三年增长186%，实现从文化资源挖掘到产业价值转化的闭环发展。

2. 基于藏羌彝传统活化与创新表达双轨协同的四川文艺赛事新维度

四川省依托藏羌彝民族文化资源，构建“传统活化+创新表达”双轨并行的艺术生态，通过文艺赛事实现民族艺术基因的创造性转化。在传统维度，藏羌彝歌舞、音乐等原生艺术形态通过赛事平台获得体系化传承，如甘孜藏族自治州定期举办的“康定情歌国际音乐节”系统展示藏族山歌、羌族多声部合唱、彝族月琴演奏等非遗技艺，其中2024年赛事吸引23个民族的团体参与，展演《吉祥锅庄》《羌山鼓韵》等传统节目。这种活态传承机制不仅使民族艺术实现代际传递，更通过“赛事+文旅”模式扩大影响力。

在创新维度，赛事机制推动民族艺术与现代技术深度耦合。由西南民族大学发起的民族艺术跨界实验室，在2022~2024年通过赛事孵化出“藏羌彝走廊VR艺术馆”等37个数字项目，其中彝族漆器纹样动态数据库被Gucci等国际品牌采购用于产品设计。

这种既坚守文化根脉又拥抱时代创新的模式，使四川民族艺术在国际化进程中保持独特辨识度，为中华文化多样性保护提供实践样本。

3. 基于四川区域枢纽优势的双向文化辐射机制

四川省充分发挥“西南文化门户+‘一带一路’支点”的区位优势，构建起国内国际双循环联动的艺术赛事体系，形成文化资源汇聚与价值放大的枢纽效应。

2024川台高校设计、美术、文创春季联展在成都举行。该联展由四川省海峡两岸交流促进会指导，汇聚川台两地高校学子的191件作品，涵盖设计、美术、文创等领域。通过作品征集与评选机制，活动不仅展示了两岸青年的创意才华，还搭建了学术交流与竞赛平台。这些赛事不仅能够推动区域艺术的多样性和创造性，还能增加地方特色文艺作品的曝光度，吸引更多观众和艺术爱好者的关注。通过这种方式，四川可以进一步发扬其包容的文化精神，推动区域文化的繁荣发展。

在国际维度，四川将地理几何中心优势转化为文化辐射力，通过“一带一路”国际青少年艺术节等载体实现跨文明对话。2024 年成都青羊区成立的国际青少年艺术交流联盟，联合匈牙利罗兰大学附属中学、捷克布拉格艺术学校等 16 国机构，在舞蹈、绘画等竞赛单元中激发文化碰撞。中外青少年通过作品比拼与联合创作，展现文化理解力与艺术创造力。四川也通过这类文艺赛事和展演，成为具有含金量的文化关键节点。

4. 基于自然景观与艺术创作的生态美学共振

四川省通过“赛事驱动+生态美学”双轨模式，构建起自然景观与人文艺术的深度联结。在九寨沟、峨眉山等世界遗产地，文旅赛事形成生态保护与艺术表达的闭环：2025 年九寨沟园区自然解说径设计大赛以钙华地貌、白马藏族文化为灵感，孵化出《大美九寨》手绘笔记等作品，其衍生的茶具、八音盒等文创产品年销量超 10 万件，推动生态认知度提升 43%。同时，山水文化艺术节突破传统形式，如九寨沟国际冰瀑节组织艺术家在诺日朗瀑布现场创作，通过短视频直播实现 2.3 亿次传播，带动冬季游客量增长 68%。

四川正以“地域深耕+全球表达”的双向路径，通过赛事将生态资源转化为文化资本，为世界遗产地的艺术化发展提供范式。

（三）赛事产业数字赋能，建设智慧文艺城市

在数字技术与 AI 驱动下，四川以“技术赋能+生态重构”为核心，推动文艺赛事全链条智慧升级，构建“云上线下”深度融合的文艺城市新范式。

1. 一体化数字办赛平台成为赛事转型基石

依托“文化天府”云平台，四川构建覆盖报名、评审、直播的数字化管理体系，如“天府百姓大舞台——全民艺术季”活动实现作品在线提交与智能评审，累计处理超 10 万件参赛作品。非遗领域创新更突出，“新非遗、新故事”全国高校大赛吸引 6 万名师生提交 2.5 万件数字文创作品，形成“智能审核+多维度评审”闭环。

2. 智慧场馆建设以技术驱动效率革命

四川推进“5G+物联网技术”在场馆的深度覆盖，成都凤凰山体育馆通过数字孪生系统实现人流、能耗的实时监测与动态调控，非赛事时段利用率

提升60%；西博城运用AI监控系统生成应急响应预案，安全事件处置效率提升75%。全域联动的资源调度平台，使场馆年均综合运营成本降低30%

3. 观众体验革新聚焦“无感化+沉浸式”

碧峰峡景区智能票务系统实现“人脸识别秒入园”，通行效率提升4倍，逃票率降至0.3%，该模式将拓展至全省80%的赛事场馆。AR实时解说系统在自贡灯会中应用，观众扫码即可获取彩灯文化背景介绍，互动参与度达92%；多机位自由视角技术应用于《只有峨眉山》实景演出，观众可切换8个视角观赏，复购率提升40%。

4. 云端赛事生态突破时空限制

四川省文联以我国羌族地区服饰文化最权威的著作《羌族服饰文化图志》一书为试点，在数据服务平台构建了首个羌族服饰小型专题库，精选了500张图片和10段视频，分为“非遗-民俗”“非遗-民间美术”“书籍与报刊图书”三个类别，对物理素材的文化元素进行数字化提取，从数据治理层面，进一步挖掘数字文创、数据应用、消费创新等方面的潜力。

5. 数字化人才培养构建产业可持续根基

四川省艺术研究院与成都理工大学传播科学与艺术学院共同打造了川剧艺术传播博物馆，包括线下川剧艺术传播博物馆和线上川剧艺术传播数字博物馆，为弘扬民族优秀文化，持续开展戏曲进校园活动，有效地保护、传承、传播国家级非物质文化遗产川剧发挥了重要作用。

通过五大维度系统升级，四川文艺赛事数字化渗透率提升至68%，2025年带动相关产业规模突破500亿元，为智慧文艺城市建设提供了可复制的“四川方案”。

四　四川省文艺赛事产业发展问题及建议

（一）四川省文艺赛事发展目前存在的问题

首先，四川省缺乏本土优质文艺赛事IP，难以形成头部示范效应。四川省作为西部文化资源大省，拥有丰富的民族文化、历史遗产和现代创意资源，但在文艺赛事领域尚未形成具有全国影响力的本土 IP。目前，四川省的文艺赛事多以地方性、小型活动为主，缺乏具有全国乃至国际影响力的头部赛事 IP，省内文艺赛事多依赖引进外部成熟 IP，如“中国好声音”全国歌手大赛四川赛区、“遇见繁花”全国青少儿舞蹈大赛四川站等，缺乏根植于本土文化基因的原创性赛事体系。与北京、上海等地的文艺赛事相比，四川同类赛事在规模、知名度和市场影响力上都存在较大差距。这种缺乏本土优质赛事 IP 的现状，使得四川的文艺赛事产业难以形成头部示范效应，并导致两种困境。一是赛事经济收益外流。头部赛事 IP 带来的门票收入、商业赞助、衍生品开发等核心收益被外部运营方主导，四川本土赛事组织者和参与者只能获取有限的附加价值，这限制了本土文艺赛事产业的自我造血能力和持续发展潜力。二是文化传播效能弱化，缺乏具有地域标识度的赛事品牌，使得四川丰富的民族文化、历史遗产和现代创意资源无法在国际舞台上得到充分展现，难以充分利用通过赛事经济促进文化交流、提升地区文化软实力的宝贵机会。

其次，目前四川文艺赛事管理有短板，监管能力有待提高。管理短板问题主要体现在赛制规范不完善以及赛事运营能力不足两方面。赛制规范不完善方面，部分文艺赛事的赛制设计不够科学合理，导致赛事公平性和专业性受到质疑，一些地方性文艺赛事在评审标准上不够明确，评委的选拔和管理也缺乏严格规范，容易出现人情因素干扰比赛结果的情况。赛事运营能力不足，主要体现在赛事宣传、市场推广以及赛事衍生产品开发等方面。许多文艺赛事在举办过程中，缺乏有效的宣传推广策略，导致赛事影响力有限。例如省内的四川文华奖、四川群星奖、四川省喜剧小品（小戏）比赛这类比赛，虽然在业内知名度高，吸引了众多参赛者，创作了大量优秀作品，然而，在赛事宣传和市场推广方面投入不足，未能充分利用新媒体平台扩大赛事影响力，未利用新媒体平台扩大获奖优秀作品传播，普通大众接触这些作品的渠道较少。同时，四川省文艺赛事产业在监管方面也存在薄弱环节，如部分地方赛事内容审核不足，赛事质量参差不齐；赛事过程监督不足，导致赛事组织方在赛事执行过程中可能存在违规操作等。

最后，四川省文艺赛事产业布局不均衡，行业配套不齐全。四川省的文艺赛事产业布局存在明显的不均衡现象，当下四川省大型文艺赛事主要集中在成都举办，其他市州由于经济基础、文化资源和政策支持等方面的限制，文艺赛事的举办频率和质量都难以与成都相比，导致全省文艺赛事产业的发展呈现“一头重”的局面。这种不均衡的产业布局不仅限制了全省文艺赛事产业的整体发展，也使得文化资源未能得到充分利用。此外，四川省文艺赛事产业的行业配套也存在明显不足。例如，在赛事周边产品开发、赛事旅游、赛事衍生服务等领域，缺乏成熟的商业模式和产业生态。与一些发达国家和地区相比，四川的文艺赛事产业在行业配套方面还有很大的提升空间。

（二）四川省文艺赛事发展建议

1. 多维度打造赛事品牌

四川省文艺赛事产业在品牌建设方面具有独特的优势，但也需要进一步优化和提升，以实现多维度的品牌塑造。首先，强化地方特色与文化内涵。近年来，四川省通过举办各类文艺赛事，如四川省第六届曲艺杂技木偶皮影比赛等，成功展示了地方文化的独特魅力。然而，要进一步提升赛事品牌的影响力，需要深度挖掘地方文化内涵，将文化元素融入赛事的各个环节，从赛事主题、参赛作品到现场布置，都应体现鲜明的地方特色。其次，拓展赛事形式与参与度。除了传统的文艺赛事形式，四川省可以通过创新赛事形式，例如结合线上线下的互动体验，举办“云上文艺赛事”，打破时间和空间的限制，扩大赛事的覆盖面，吸引更多参与者和观众。同时，还可以通过举办跨区域文艺赛事，如川渝喜剧人大赛，加强区域文化交流与合作，提升赛事的影响力。最后，提升赛事的市场运营能力。四川省可以通过与企业合作、引入社会资本等方式，提升赛事的商业化运作水平。例如，通过赛事赞助、文创产品开发、赛事周边服务等方式，实现赛事经济效益与社会效益的双赢。2025 年，四川省体育局推出的“跟着赛事游四川”活动，通过赛事与旅游、商贸的结合，将赛事流量转化为经济增量，进一步提升了赛事的市场价值①。这种“赛事+”模式为文艺赛事的市场运营提供了新的思路。

2. 建立标准化的文艺赛事评估体系和监管机制

四川省文艺赛事产业的发展需要科学合理的评估体系和严格的监管机制，以确保赛事的公平性、专业性和可持续性。目前，四川省文艺赛事的评估体系尚不完善，缺乏统一的标准和规范，因此可以考虑建立涵盖赛事组织、赛事内容、参赛作品质量、观众满意度、市场影响力等多维度的评估指标体系，除专家评审外，引入观众投票、市场反馈等多维度的评价机制。2023 年，四川省文化和旅游厅发布了《四川省文化和旅游厅舞台艺术专业比赛管理办法（修订）》，明确了赛事的申办和审批流程，为赛事的规范化管理提供了依据。然而，仍然需要进一步细化评估标准，特别是针对不同类型文艺赛事的个性化评估指标。与此同时，赛事监管机制的完善是确保赛事健康发展的重要保障。从赛事筹备、组织、执行到后续评估，应将每个环节都纳入监管范围。可以通过建立赛事信息公开机制，加强对赛事的透明化管理，例如，通过官方网站、新媒体平台等渠道，及时公布赛事信息、评审结果和监督举报电话，接受社会监督。行业自律也是赛事监管的重要组成部分，通过文艺行业相关协会或专业组织，制定行业规范和自律准则；通过举办行业培训、研讨会等活动，提升赛事组织者的专业水平和规范意识，引导赛事组织者和参与者遵守规则。

3. 数智化转型发展

数智化转型是推动四川省文艺赛事产业高质量发展的关键路径。数智化技术的应用，可以提升赛事的组织效率、观众体验和市场影响力。在赛事组织与管理方面，数智化技术可以为文艺赛事的组织和管理提供高效的支持。例如，通过赛事管理系统，实现赛事报名、评审、票务、观众管理等环节的数字化操作。在观众体验与互动方面，数智化技术可以通过 VR、AR 技术，

① 《将赛事“流量”转化为经济“增量”！四川公布首批“跟着赛事游四川 蜀里安逸促消费”赛事目录》，https：//sichuan. scol. com. cn/ggxw/202502/82905938. html。

让观众在家中或现场获得沉浸式的观赛体验。在数字化营销方面，一方面，可以利用社交媒体和移动应用增强观众与赛事之间的互动。例如，通过观众投票、线上评论、互动游戏等方式，提升观众的参与感和满意度；另一方面，可以利用大数据分析技术，对赛事观众的行为数据、偏好数据进行分析，为赛事的精准营销和个性化服务提供依据。

B.8
四川体育赛事产业发展报告

黄 琳　梁 璐　秦卓伦　霍 贝*

摘　要：　四川省依托丰富的赛事体系、完善的基础设施、先进的数智化技术，实现了高水平办赛和沉浸化观赛。在不断提升赛事专业化与国际化水平的同时，通过各种场景构造"赛事+"，深化赛事与制造、文旅、消费等领域的融合，构建全域联动的体育赛事产业生态，形成以赛兴城、以赛促产的多重效应。大运会、汤尤杯、世乒赛等众多赛事不仅是竞技体育的精彩呈现，更突破了传统体育边界。经济、文化、旅游价值的共振，经由产业聚集、消费升级，促进四川赛事经济高速发展。

关键词：　体育赛事　赛事+　赛事经济　品牌

近年来，四川省紧扣国家体育发展战略，积极布局体育赛事经济。从国际高端赛事到地方特色赛事，从单一竞技比赛到综合体育运动，从繁华都市到广袤乡村，体育赛事的能量正在不断释放，成为弘扬体育竞技精神、整合社会资源、激活产业动能、赋能区域形象、惠及社会公众的强大助力，为四川经济社会构筑了全新的发展格局。

* 黄琳，四川省社会科学院新闻传播研究所副研究员，主要研究方向为文化产业、城市传播、国际传播；梁璐，四川省社会科学院新闻传播研究所 2023 级硕士研究生；秦卓伦，四川省社会科学院新闻传播研究所 2023 级硕士研究生；霍贝，四川省社会科学院新闻传播研究所 2024 级硕士研究生。

一 四川体育赛事发展新格局

（一）推动赛事经济蓬勃发展

伴随国家体育发展战略的推进，国家体育总局办公厅于 2023 年发布《关于恢复和扩大体育消费的工作方案》，以赛事为牵引，把恢复和扩大体育消费摆在优先位置。作为体育大省，四川省迅速行动，发挥区域优势，联合重庆市印发《成渝地区双城经济圈体育产业一体化发展规划（2023—2025 年）》，明确到 2025 年两省市体育产业总规模目标为 4200 亿元，体育产业增加值占两省市生产总值比重为 2%。2024 年四川省委、省政府发布《加快推进体育强省建设行动方案》，明确以体育消费“扩容提质”为重点，推动全省体育事业与体育产业高质量发展。汤尤杯、国际乒联混合团体世界杯、中日韩围棋大师赛、世界体育舞蹈大赛等重大国际赛事先后举行，达 28 场次，全国性赛事举办 60 余场次，带动体育相关消费 450 亿元。四川也入选国家体育总局首批赛事活动带动消费的监测试点省份（全国共 7 个）。与此同时，四川积极利用资源优势，大力培育本土赛事品牌，创新举办多项特色赛事活动，如四川“三大球”城市联赛、绿道健身·体育公园运动会、“全域天府”系列赛。丰富的赛事构建了联通国际、辐射全国、覆盖全省的体育赛事新格局，带动文体旅商产业蓬勃发展。预计 2025 年，四川居民体育消费总规模将超过 1900 亿元[①]，到 2035 年将突破 1 万亿元，带动体育产业成为四川经济支柱型产业[②]。

（二）全面提升赛事基础设施

赛事基础设施是体育事业发展的关键要素，也是惠及全民的服务保障。

① 《四川省人民政府办公厅关于加快推进新时代体育强省建设的实施意见》，https：//www. sc. gov. cn/zfgbdb/detail/a2419d52aeff4c5d9c9c1359c9d6b452. shtml。

② 《四川省体育发展“十四五”规划》，https：//www. sc. gov. cn/10462/c108551/2021/12/16/8157e777257c45c8995ee1d405732a9f. shtml。

2024年，全省累计建成体育场地30.65万个，总面积达2.13亿平方米，近3年累计增幅排名全国第一[①]。全省累计建成各类体育公园179个[②]，其中，劲浪体育金开运动中心等8个项目被认定为五星级体育服务综合体，金沙天空森林体育公园等7个项目被认定为四星级体育服务综合体。以大运会筹办为契机，成都市新建改建了49个体育场馆，并对其中的22个场馆开展智慧化改造。此外，成都建成了22个符合国家级、省级标准的体育公园，186个社区运动角，以及412处分布于成都市天府绿道沿线的绿道健身新空间[③]。天府绿道总里程超8000公里，是世界规模最大的绿道系统。此外，2025年，四川首个NBA级别专业篮球场馆首次亮相，亚洲最大的室内真雪滑雪场——都江堰融创雪世界投入使用。西南地区首个专业级轮滑场馆——成都国际轮滑运动中心作为2025年成都世运会室内轮滑的比赛场馆，也于2025年6月正式亮相。

（三）打造赛事产业集群

围绕“赛事+”理念，四川体育赛事与装备制造业、文化、旅游等多个领域深度融合，催生出一系列新兴消费业态。2023年四川省体育局、经信厅联合发布《关于推动体育用品制造业发展的实施意见》，提出打造“四川造”体育品牌，通过主办、冠名、赞助体育赛事搭建营销平台，提升体育用品美誉度和市场占有率[④]；发布《促进体育消费“六多”行动方案》，通过“多引进、多培育、多场景、多空间、多部门、多区域”进一步拉动体育消费，借助赛事带来的乘数效应，扩大综合消费。2024年四川省体育局积极响应国家体育总局“跟着赛事去旅行”的号召，联合省商务厅、文旅厅等多个部门发布了两批共87个“跟着赛事去旅行 蜀里安逸促消费”赛事

---

① 《四川省体育局召开2025年全省体育工作会议》，https://www.sport.gov.cn/n14471/n14494/n14544/c28391258/content.html。

② 《全年健身赛事1.1万余场次 四川群众体育工作再上新高度》，https://www.sc.gov.cn/10462/10464/10465/10574/2024/12/18/ed5deef7ba3349f0b7f42131652db668.shtml。

③ 《49个场馆全部达到国际比赛标准》，《四川日报》2023年6月29日。

④ 《关于推动体育用品制造业发展的实施意见》，https://tyj.sc.gov.cn/sctyj/sjwj/2023/9/6/97955a62982b4197b725c1118e15a006.shtml。

目录，开展“体育赛事进景区、进街区、进商圈”活动，创新文体旅商融合消费场景，带动文旅综合消费提升。截至2024年，四川共有19处景区获评中国体育旅游精品景区，有13条线路获评中国体育旅游精品线路，有14项赛事获评体育旅游精品赛事①。

（四）激发全民健身热情

让运动真正走入生活、让体育惠及民生是四川省发展赛事产业的重要目标。四川省印发《关于加快推进新时代体育强省建设的实施意见》，强调为民服务，构建高水平全民健身公共服务体系，推进全民健身赛事全域开展。2024年四川省体育局等多部门联合主办覆盖全省的“百城千乡万村·社区”全民健身系列赛事活动，共计1万余场次，成为四川省重点打造的全民健身IP赛事。以此为示范，全省联动开展全国全民健身大赛、和美乡村篮球大赛（村BA）、全民健身冰雪季活动、“云健身”运动会以及百万群众迎新登高等多项全民健身和运动，同时积极推动公共体育场馆和体育公园向社会免费或低收费开放，充分利用城市“金角银边”建设口袋体育公园，全民健身的热情被极大地激发，城乡街巷充满活力。

（五）大力提升区域形象

通过赛事竞技交流、国际媒体央媒直播、社交媒体热点讨论、UGC短视频传播等渠道，四川省区域形象伴随赛事得到广泛、持续的关注。其中成都作为四川“一干多支”的主干城市，以“办赛、营城、兴业、惠民”理念为引领，围绕城市战略定位，持续推进世界赛事名城建设：引进成都大运会、世运会、国际乒联混合团体世界杯、英雄联盟全球总决赛等国际国内重大体育赛事，充分发挥重大体育赛事在提升城市影响力、带动经济社会发展、促进体育事业进步、引领市民健康生活方面的重要作用。攀枝花市、自贡市、甘孜州等一大批市州县在赛事举办中不断提高基础设施建设与办赛水

① 《政策引领 赛事赋能 体育消费助力 四川体育产业风生水起》，https：//www.sc.gov.cn/10462/10464/10797/2024/12/18/5434163999a44e8bbde714e060ea8da1.shtml。

平，结合地域资源发展文化、旅游等产业，让体育赛事在竞技舞台之外，成为开放交流的平台，成为区域形象的崭新名片。

二　四川体育赛事发展主要特色

（一）多元主体协同，释放市场活力

1. 政府的主导与投入

以政策为引领，四川省将体育产业作为四川经济的支柱性产业，将赛事作为产业引擎，规划引进一批具有国际影响力、有群众基础且和本地文化特征与资源禀赋相契合的高级别单项国际赛事，同时进行赛事升级、赛事创新，推动川渝体育赛事协同发展，加快发展市场规模大、成长性好的新兴运动项目。仅2024年成都国际乒联混合团体世界杯，就带动体育产业、住宿业、餐饮业、交通业和购物等多领域产值达3.8亿元①。与此同时，四川省规划部署体育制造业、体育消费扩容提质等赛事相关文化产业，建立体育制造业“小升规”企业培育库，推动体育服务综合体建设等；打造高品质消费场景，鼓励发放体育消费券，举办体育消费季活动，培育体育旅游示范基地，推动体育与文化旅游融合发展，支持成都创建国家体育消费示范城市等，为赛事产业发展注入强劲动力。

2. 体育协会的组织与推动

四川省体育协会通过赛事组织、标准建设与专业服务协同机制，全面推动体育赛事规范化、专业化与大众化发展。协会积极组织各类赛事，如2024年第四届“巴山蜀水·运动川渝”体育旅游休闲消费季，联动峨眉山等核心景区推出特色赛事活动超100场②。协会主导的“百城千乡万村·社区”全民健身系列赛事活动重点推广篮球、足球、气排球、乒乓球、象棋、

---

① 《政策引领 赛事赋能 体育消费助力 四川体育产业风生水起》，https：//www.sc.gov.cn/10462/10464/10797/2024/12/18/5434163999a44e8bbde714e060ea8da1.shtml。

② 《2024年四川体育产业那些事》，https：//tyj.sc.gov.cn//sctyj/tycy/2025/1/6/5235787ec5ca4bacbb5d664f8cf34288.shtml。

广场舞6项运动，年均组织县级以上赛事活动7000场（次）以上[①]，覆盖省、市、县、乡、村五级，充分激发了基层群众的参与热情。各专业协会在标准的制定与实施方面也发挥了重要作用。四川省体育场馆协会发布《四川省体育场馆协会团体标准管理办法（修订版）》，为体育场馆的设计、建设与运营提供了规范、科学的依据。协会还为各地体育场馆提供了多项专家咨询服务，包括为汶川县体育服务中心场馆改扩建工程、阆中市体育运动中心羽毛球馆体育照明工程提供咨询服务等，助力提升场馆运营效率与服务品质，进一步优化了赛事举办环境。

3. 赛事运营公司和俱乐部的市场化运作

职业体育俱乐部的市场化运作是推动体育赛事高质量发展的重要路径，其核心在于通过专业化运营实现竞技水平、商业价值与城市经济的协同提升。如成都蓉城足球俱乐部以中超联赛为核心载体，通过专业化运营、球员引进、青训体系优化等提升竞技成绩，以品牌化推广、社交媒体运营、球迷文化培育等扩大影响力，最终形成赛事引流、消费转化、产业联动的闭环。赛事在门票、衍生品等消费之外，通过“乘数效应”激活城市消费链条。各类赛事IP的市场化开发，主题旅游线路、联名商品与本地商业体的深度合作，国际化布局，海外社交媒体运营（如YouTube赛事直播）及海外运动员引进等，将短期观赛流量转化为长期消费黏性，延展了赛事产业链，推动四川体育文化走向全球。

4. 赞助商与合作伙伴的加盟

四川体育赛事的赞助合作模式已突破传统广告投放逻辑，转向技术嵌入、文化共情、产业联动的深度协作，实现多方价值共创。成都作为西部体育赛事高地，依托2024年汤尤杯、大运会等国际赛事，构建了顶级IP、本土品牌、科技赋能的赞助合作生态。如汤尤杯赛事吸引了中国电信、百岁山、东鹏特饮等国内头部企业入局，通过“国际赛事+中国品牌”联动模式辐射全球

---

① 《2024年四川省“百城千乡万村·社区”全民健身系列赛事活动启动——用好乡村院坝打造全民健身“IP赛事”》，https：//sichuan. scol. com. cn/ggxw/202404/82512 325. html。

市场。其中德尔未来科技控股集团借势多维媒体整合营销传播，取得了极高的品牌曝光量。以央视为代表的电视媒体和以《人民日报》、新华社微信公众号为代表的新媒体阵营都大量转播或发布了含有德尔元素的原创内容，完成了从造势到借势的传播升级，实现了赛事流量—品牌价值—商业收益的转化。在大运会“蓉宝”熊猫 IP 开发中，赛事特许商品覆盖文创、数码、服饰等领域，并创新融合本土文化元素。四川还通过联合赞助商推出“赛事+火锅体验”等文旅场景，吸引了美团、携程等平台类合作伙伴加入，构建了多元化合作链路。

5. 群众的广泛参与

四川以“政策引导+社会动员”双轮驱动实现全域覆盖，鼓励群众参与，探索出以赛事激活基层体育生态的创新路径。四川省“百城千乡万村·社区”全民健身系列赛事活动以“全域覆盖、全民参与”为核心目标，通过省、市、县、乡、村五级协同机制，分层推进、多级联动，将体育赛事下沉至基层社区，充分激发了群众的参与热情。篮球、排球、乒乓球、象棋、广场舞等赛事活动超 1 万场次，吸引超 4000 万人次参与①。省级层面制定标准化赛事框架，明确规则体系与资源配套；市、县两级结合地域特色差异化落地，如北川羌族自治县将广场舞与羌族文化展演结合，凉山州依托火把节开展乡村篮球联赛；基层社区则通过“体育社工+志愿者”模式组织日常活动，确保赛事下沉至行政村层级。五级协同机制既保证了赛事的规范性，又激发了地方文化融合创新，充分调动了群众的参与积极性。以大运会、世运会等为契机，体育精神与运动实践渗透民众的日常生活，成都连续两年蝉联中国城市生活体育指数榜第一，在 2024“体坛榜样”年度评选中蝉联“年度体育城市”奖项。

（二）高质量赛事集聚，增长态势强劲

1. 赛事专业化级别高

四川省通过国际级、国家级、省级三级赛事体系的协同发展，全面构建

① 《超 4000 万人次参与 2024 年四川省“百城千乡万村·社区”全民健身，体育消费潜力充分释放》，https：//www. thecover. cn/news/2aZaDIvrqUGH90qSdq8Jkw = =。

了专业化、分层化的赛事格局。2024年，四川省体育局主办全国及以上级别赛事86场次，涉及网球、乒乓球、篮球、足球、铁人三项、攀岩等专业竞技比赛，赛事类型丰富，赛事级别较高，如汤尤杯为世界最高级别羽毛球赛事，ATP250（网球）成都公开赛、U18世界泳联世界女子水球锦标赛、亚洲U17暨U15青少年羽毛球锦标赛均为国际级别的重要赛事。通过申办、承办国际及国家级赛事，四川还构建了涵盖申办对接、场馆运营、安全保障的标准化流程，显著提升了赛事组织专业化水平。大批场馆为赛事提供专业化硬件支持：五粮液文化体育中心的专业体育场满足FIFA标准，综合体育场符合NBA、FIBA、NHL标准；双流体育中心体育场凭借“世界田联一级场地”及“中国田协I类场地”双认证资质，成为四川省唯一可承办国际顶级田径、足球赛事的综合性场馆。

2. 赛事国际化水平高

通过硬件设施专业化、赛事服务智慧化等举措，四川省不断提升体育赛事国际化水平，大型国际赛事数量快速增长。2024年，四川省体育局主办国际赛事28场次，以成都为核心，打造国际赛事枢纽城市。2024年成都成功举办国际乒联混合团体世界杯、汤尤杯世界羽毛球团体锦标赛等顶级赛事，其中汤尤杯吸引全球40余个国家参赛。2025年成都世界运动会成立省级协调推进专班，完成竞赛组织架构设计。积极推进澳大利亚网球公开赛亚太区外卡赛筹办，推动四川与国际体育组织的深度合作。通过科学规划与系统布局，各市州结合自身地域文化特色，也不断提升国际化赛事的举办和承办能力。2024泸州国际网球公开赛、成都“熊猫杯”国际足球锦标赛、2024亚洲少年攀岩锦标赛、成都·金堂铁人三项世界杯赛等赛事，共同形成了层级丰富的国际赛事特色。

3. 赛事全域辐射效应显著

四川构建多元赛事体系，通过市场驱动、品牌升级、产业延伸的发展模式，形成以赛兴城、以赛促产的良性循环；依托赛事经济带动农商文旅体康产业链协同发展，形成“一赛兴一城”的效应，释放了体育赛事的全域辐射效能。2024年，四川发挥国际级、国家级赛事的高能级作用，98场高端赛事直接创造经济效益 48 亿元，赛事经济推动全省体育产业总规模突破 2600 亿元，全省体育消费总规模预计达到 1950 亿元[①]。以 2025 年世界运动会为契机，成都系统性提升体育基础设施水平与赛事运营能力，35 个大项、61 个分项赛程全面规划落地，28 个竞赛场馆完成智能化升级，全年联动举办国际国内赛事 70 余项，形成“世运牵引、全域联动”的赛事矩阵，建成“全域覆盖、多元场景”的全民健身网络。产业与消费端，2024 年成都体育产业总规模突破 1300 亿元，增长 12%；体育消费规模达 750 亿元，增长 13%[②]。以赛事 IP 为载体，四川省还不断深挖体育赛事和产业的拓展价值。2024 年汤尤杯创新推出“80 元全天观赛”惠民票务政策，单日售票量突破 3 万张；同步开发 41 款天府文化主题特许商品，带动全省体育文创产业发展[③]。依托赛事流量红利，“川藏线骑行挑战赛”“峨眉武术国际交流周”等本土 IP 赛事影响力持续扩大，全省体育旅游人次不断增长。

4. 赛事影响力不断提升

以国际赛事为载体，通过媒体传播立体化、社交互动全民化，四川体育赛事的影响能级持续提高。随着世界体育专业媒体的加入、各国媒体的关注以及国内央地联动的推进，从国家视角到本土视角，各家媒体围绕“赛事服务创新”“文体旅融合场景”等主题推出系列报道，形成了国家级平台引流、区域性媒体深耕内容的协同效应。2024 年成都国际乒联混合团体世界杯期间，媒体累计发布图文、视频等内容 1690 条，触发综合传播热度 2.6 亿次。其中，“国乒战术解析”“成都非遗文化展演”等跨界融合内容互动热度持续攀升，实现了赛事传播从单一竞技报道向区域文化输出的转型。402 个相关话题登上微博、抖音等社交平台热搜榜，#成都混合团体世界杯#话题总传播量高达 86

① 《政策引领 赛事赋能 体育消费助力 四川体育产业风生水起》，https：//www.sc.gov.cn/10462/10464/10797/2024/12/18/5434163999a44e8bbde714e060ea8da1.shtml。

② 《2024 圆满收官 2025 更加精彩！成都蝉联“年度体育城市”！》，https：//jgprod.cdrb.com.cn/jg_App_h5_client/article/detail? id=13748506&newsType=1。

③ 《四川省体育局副局长程静：体育赛事已成“新引擎”，大力推进体育强省建设》，https：//m.nbd.com.cn/articles/2024-10-28/3611477.html。

亿次①。各类 UGC 内容提升了用户活跃度与参与度，衍生出“打卡赛事主题公园”“国乒蓝色混双战袍设计解析”等创意内容。短视频覆盖宽窄巷子、天府绿道等城市地标，评论区“明年成都再见”等情感化表达层出不穷，实现了从赛事流量到文旅消费再到区域品牌的价值转化。国际赛事的举办及与海内外观众的交流互动，充分展示了四川的自然禀赋、高水平的办赛能力、开放包容的文化特质与创新发展的区域活力，极大提升了四川的区域形象。

（三）数字赋能赛事产业，加速智慧创新

1. 提高办赛水平

四川省通过通信基建、智能硬件、数据中台等前沿技术的应用，系统性提升了办赛的智慧化水平。中国电信四川公司以 5G-A（5G-Advanced）技术为核心构建赛事支持体系，通过多项智慧应用，如高速摄像设备捕捉运动员的微表情与肢体动作，AI 辅助系统实时生成战术分析报告，供教练团队调整策略；智能穿戴设备采集运动员生理数据，经边缘计算处理后同步至医疗监护平台，显著缩短应急响应时间。升级后的智能硬件体系进一步增强了办赛能力。例如，在 2024 年汤尤杯世界羽毛球团体锦标赛期间，成都高新体育中心部署了全球首个羽毛球专用智慧灯光系统，该系统通过可调光源与 AI 算法联动，实现照明强度和色温随比赛进程自动调节，既保障了电视转播画面的色彩还原度，又降低了场馆能耗。同时，10 组“鹰眼”高速摄像机组网构建三维追踪体系，可从不同角度捕捉羽毛球飞行轨迹，结合实时成像技术，将落点判罚误差精准控制在极小范围内。通过 5G-A 通信、AI 融合、智能感知等前沿技术，四川构建起“精准感知—智能决策—高效执行”的智慧办赛新模式。

2. 增强赛事体验

四川依托全域感知、实时交互、个性化服务的智慧赛事服务体系，进一步升级了互动式观赛体验，实现了“天涯若比邻”的观赛效果，推动赛事服务水平迈上新台阶。2024 年成都国际乒联混合团体世界杯通过 8K+VR 多

① 《央媒看四川丨赛事流量带动经济增量！成都混合团体世界杯促城市文体旅商融合发展》，https：//www. nbd. com. cn/articles/2024-12-11/3682452. html。

视角直播，结合电视、IPTV、自建大屏及新媒体平台等多媒体渠道，为全球观众提供了实时动态观赛体验；AI 投影系统将赛场数据转化为动态视觉影像，在看台区域实时展示击球速度、回合热点等趣味数据，全方位展现运动魅力，极大地增强了观众的沉浸感。空天地一体化基站结合 AI 智能调度算法，确保在场馆内高密度人群场景下社交媒体实时互动的通信顺畅；场馆内的智能零售机器人还可提供“扫码即购、快速送达”的便捷服务。智能硬件与场景化服务的深度融合，也进一步拓展了运动员的参赛体验边界。在汤尤杯世界羽毛球团体锦标赛中，运动员专属服务区配备了 AI 智能健身镜，利用 3D 骨骼识别技术实时分析击球动作，生成力量分配、关节负荷等个性化训练建议，助力运动员优化训练方案、提升竞技水平。智能鞋盒内置压力传感器，能够快速完成足部扫描并推荐定制化鞋垫方案，有效降低运动损伤风险，为运动员健康保驾护航。

3. 创新产业空间

四川省通过赛事场景，推动技术创新向多领域渗透，构建技术跨界应用、绿色标准输出的协同发展模式。2024 年成都国际乒联混合团体世界杯中，中国电信以赛事为试验场，将 5G-A 技术从体育领域延伸至智能制造、智慧农业、无人机低空经济等产业场景，开发工业远程控制、农田监测、城市物流调度等跨行业解决方案，推动技术从单一赛事工具升级为多产业数字化转型基础设施。2024 年汤尤杯世界羽毛球团体锦标赛，则聚焦绿色低碳技术集成应用。场馆部署雨水回收系统、CO_2 浓度智能监控系统等设施，实现资源循环利用与能耗动态优化，不仅降低赛事碳足迹，更形成可复用的场馆绿色运维标准，为体育与环保产业协同发展提供实践。绿色创新从赛事场景向城市建设、制造业等领域迁移，催生可持续产业生态，为区域经济高质量发展开辟新空间。

（四）农商文旅体康融合，联动效应明显

1. 体育赛事+文化

四川省深度整合地域文化资源与体育赛事载体，构建起文化赋能赛事升

级、赛事激活文化价值的双向循环模式。一是通过植入文化基因重塑赛事精神内核，挖掘传统文化与体育精神的共鸣点，将非物质文化遗产、节庆习俗等文化元素转化为赛事的核心叙事语言。2024 年中华龙舟大赛（恩阳站）紧扣中秋团圆的文化意象，通过龙舟竞渡与传统诗会的时空对话，使竞技活动升华为传递家国情怀的文化仪式。“恩阳船说”夜游项目以现代技术再现米仓古道的历史脉络，将体育赛场转化为沉浸式文化体验空间，实现传统文化在现代场景中的活化再生。文化基因的深度植入，突破了传统赛事的功能边界，赋予竞技活动更强的精神感召力和更大的情感联结价值，也使赛事超越竞技范畴，成为传播中华优秀传统文化的重要载体。二是将四川地域文化符号转化为区域形象的国际表达。熊猫杯国际足球锦标赛通过“足球外交”与熊猫 IP 的有机结合，使赛事成为展示生态文明理念的窗口。以“熊猫文化”为纽带，设计参赛队伍文化探访、非遗技艺互动等特色环节，将体育竞技延伸为文化传播的立体网络。文化符号的创造性转化，既强化了赛事的品牌独特性，又通过国际体育交流平台实现文化软实力的全球化传播。四川通过“赛事场景+文化体验”的复合型消费场景，不仅延长了赛事价值链，更通过文化消费的深度渗透，推动体育流量转化为文旅产业增量，形成以文塑赛、文体融合的新方式。

2. 体育赛事+旅游

通过政策引导、产品创新与生态构建，四川省以赛事为纽带，将体育赛事的流量价值转化为旅游消费动能，形成体旅深度互嵌的产业格局。首先，以赛事流量激活旅游经济。通过精品赛事布局精准捕捉旅游消费需求，如成都马拉松等城市 IP 赛事，以赛道设计串联地标景观，使竞技过程转化为城市文化的动态展演，激发参赛者与观赛者的深度游览意愿；乐山桨板锦标赛、成都皮划艇联赛等亲水赛事，则依托江河资源打造“体育+生态”的特色场景，推动户外运动与自然观光深度融合，使体育赛事成为文旅流量的核心入口。其次，跨部门协同培育消费生态，构建体旅融合发展支撑体系。国家体育总局与文旅部联合发布的“跟着赛事去旅行”行动计划在四川落地为 87 项特色赛事，形成“赛事举办地即旅游目的地”的精准导流机制。各地商务、文旅、体育三部门联动推出促进消费政策，通过文旅消费券、赛事专属优惠等创新工具，将赛事参与者的运动消费延伸至餐饮、住宿、购物等多元场景；在赛事动线规划中嵌入文化体验节点；通过赛后音乐节、主题夜市等夜间消费场景延长游客驻留时间；创新设计体育旅游主题线路，将赛事场馆、训练基地转化为研学旅行资源……四川通过政策包和产品包的组合策略，强化了赛事对旅游消费的牵引力，实现了竞技激情与休闲旅游的价值共振。

3. 体育赛事+演艺

通过体育赛事与演艺活动的空间共享、内容互嵌，探索产业深度协同的创新模式，构建以赛带演、以演促赛的生态体系，实现资源效能最大化。四川创新体育场馆“赛演双栖”运营机制，破解大型设施利用率低的难题。乐山市奥林匹克中心在承接专业赛事的同时，成功举办“音雄联盟”演唱会，通过可移动座椅、模块化舞台等灵活设计，实现竞技场地与演艺空间的快速转换。这种空间功能的重构，使体育场馆从单一运动空间升级为城市文化综合体，形成日间赛事引流、夜间演艺聚客的全时段运营模式，培育了多元消费场景。四川还着力将地域文化基因植入赛事，实现竞技精神的艺术化转译。“恩阳船说”夜游项目以龙舟赛道为叙事舞台，通过光影技术打造巴山夜雨实景演艺，构建起具有东方美学特质的叙事体系。乐山“音雄联盟”演唱会融合武术表演、非遗技艺等元素，在流行音乐舞台上构建传统与现代的对话，既强化了赛事的在地性认同，又通过艺术叙事拓展传播维度，通过“赛事+演艺”的时空叠加，构建多层次消费链路。这种生态化设计，既突破传统文体活动的时空限制，又通过情感共鸣激发消费意愿。

4. 体育赛事+场景

以场景营造为策略，通过体育赛事与城乡空间的深度耦合，四川省构建起赛事赋能场景、场景激活价值的融合发展模式，为城市更新、乡村振兴与全民健身开拓了新空间。其创新实践集中体现在空间功能重塑、文化价值再生与产业生态构建三个维度，形成具有示范意义的体育场景经济体系。首先，四川将体育赛事作为城乡空间价值重构的催化剂。通过“百城千乡万村 · 社区”全民健身赛事体系，在城乡闲置场地、传统院落等空间植入“村 BA”等赛事IP，使体育竞技与社区文化、农耕文化、民族风情自然交融，如乡村“观赛+采摘+研学”的复合业态。这种以赛营景模式，既盘活城乡存量空间，又通过赛事传播重塑乡村形象，推动乡村振兴。其次，创新“赛事遗产+城市更新”融合路径，将大运会射击场馆周边的马家沟工业荒地，改造为集极限运动、潮流艺术与生态休闲于一体的开放式运动公园，通过保留工业遗迹框架、植入攀岩墙与滑板赛道，构建起历史记忆与运动活力交织的场景，使城市荒废空间转变为青年文化地标，实现体育功能嵌入与社区活力再生的双重价值。最后，四川以嵌入式理念构建全民健身空间网络，推动体育设施与城乡肌理有机融合。利用高架桥下空间建设篮球公园，在社区绿地植入智能健身路径，将滨江步道升级为马拉松智慧赛道等。打破传统场馆建设模式，使运动空间自然渗透15分钟生活圈，培育随时可运动、随处能健身的运动场景。

三　四川体育赛事品牌建设

（一）重点赛事形塑“赛事名城”

1. 大型国际赛事

通过推动举办大型国际赛事，四川省不仅打造了省会城市成都“赛事名城”的形象，也极大地提升了国际影响力。成都国际乒联混合团体世界杯是2024年四川省承办的重要赛事之一。根据相关数据，活动期间共售出10.17万张门票，外地观众约占80%①。2024年成都马拉松吸引23.9万人报名，3.5万名跑者中外地选手比例达到了74.3%，相比2023年增长了15个百分点。赛事期间，成都的机票预订量同比增长60%以上，酒店预订量实现翻倍增长，旅游门票的销售量同比增长365%②。2024年成都ATP250

① 《带动消费3.8亿元！一组数据看成都混团世界杯的“经济账”》，https：//tyj.sc.gov.cn//sctyj/tycy/2024/12/10/424173d8c65649baba1934722c00f268.shtml。

② 《乐跑公园城市，奋进创新之城，2024蒙牛成都马拉松鸣枪起跑》，https：//chengdu-marathon.mararun.com/contentDetail.html？detailId=8031195954831739&topicId=4769498234412955&AppKey=chengdu-2018。

级别的男子网球赛事，吸引了大量世界排名前列的网球选手参赛，如阿尔卡拉斯、兹维列夫等顶尖选手，进一步提升了赛事的吸引力和影响力①。2024年汤尤杯羽毛球决赛，有来自全球20个国家和地区的32支队伍参赛，是巴黎奥运会之前级别最高的羽毛球赛事。2024年英雄联盟季中冠军赛（MSI）首次落户成都，吸引了超过10万人次的现场观众，线上观看人次超过10亿②。依托国际赛事效能，成都正着力打造乒羽网之城、棋城与艺术体育之城。

2. 各类专业竞技赛事

一系列高水平的国内专业体育赛事的举办，进一步彰显了四川的办赛水平，培育了以成都为中心，以市州、县为外围层级的区域品牌。2024年，全省共举办县级以上体育赛事1.5万场次，赛事的数量和质量不断提升。以足球领域为例，成都蓉城足球俱乐部中超主场比赛场均上座人数达到4万人。田径领域，全国田径室内大奖赛（四川站）新赛季全国首场田径赛事，吸引了国内外顶级田径运动员的参与，苏炳添的赛季首秀更是吸引了大量关注，提升了赛事举办地的知名度和影响力。通过体育消费机制、政策和模式的创新，四川遴选了包括攀枝花、成都市金牛区等在内的9个省级体育消费试点地区③。自贡市致力于打造“赛事之城”，推动赛事的规模化和品牌化，2024年共举办全国射击冠军赛（手枪项目）等国家级、省级重要赛事8项，自贡恐龙半程马拉松等本土品牌赛事3项，新增了短道速滑等3类赛事，加快了西南自行车运动中心等重大体育设施建设，建设了华商国际城体育综合服务体等4个赛事商圈。德阳成功举办了剑南春杯2024年中国龙舟公开赛（四川·德阳站），并荣获了2024年度川渝体育旅游精品赛事称号④。

---

① 《2024成都公开赛—ATP250即将开赛》，https：//cdsport.chengdu.gov.cn/cdstyj/c135484/2024-08/16/content_a97734877fda41558a4d14503ad20c3c.shtml。

② 《17天比赛！国际电竞赛事MSI成功举办，为成都留下了什么?》，https：//mp.weixin.qq.com/s/vB4BKZAgBIaXy2DUSHxPiQ。

③ 《政策引领 赛事赋能 体育消费助力 四川体育产业风生水起》，https：//www.sc.gov.cn/10462/10464/10797/2024/12/18/5434163999a44e8bbde714e060ea8da1.shtml。

④ 《“剑南春杯”2024年中国龙舟公开赛（四川·德阳站）荣获2024年度川渝体育旅游精品赛事》，https：//tyj.sc.gov.cn/sctyj/szxw/2024/11/26/6ec6164a338b47489b3407914384083c.shtml。

（二）特色赛事打造系列 IP

1. 基于独特自然景观的户外运动赛事

四川省作为全国唯一拥有山地、水域、雪山、丘陵等多地貌的省份，凭借得天独厚的自然资源，积极推动户外运动产业的蓬勃发展，成功打造了多个具有地方特色的户外运动赛事。四姑娘山成为全国首个以“山地户外”为主题的国家 5A 级景区[①]；邛崃天台山低海拔户外运动公园凭借得天独厚的自然环境和设施条件，为赛事增添了更多挑战与乐趣。2024 年 2024UTO 助力首百越野训练赛（成都站）吸引了来自全国各地的 500 余名越野爱好者参与[②]。巴中市依托山地和森林资源，打造了国内首个亚高原小轮车赛训基地，并推出了醉美骑游道、森林马拉松赛道等多个特色赛事场地。2023UCI 自由式小轮车公园赛和 2024 中国自由式小轮车联赛巴中站，提升了巴中在国内外的知名度[③]。峨眉山将传统武术与自然资源相结合，在金顶举办“武动峨眉·金顶论剑”大型武术展演活动，为国际武术爱好者提供了一个交流与切磋的舞台，打造了独具特色的文化赛事[④]。

2. 基于丰富历史文化的赛事魅力

四川的众多赛事将赛场的活力与悠久的历史文化结合，使原本简单的赛道，成为感受历史文化的旅程，展现了巴蜀大地深厚的人文底蕴和昂扬向上的时代风貌。赛道不仅是一条竞速路线，更是一部生动展现城市文化的流动史诗。作为代表性赛事，成都马拉松沿用了既往的经典赛道，以金沙遗址博物馆为起点，沿线穿越杜甫草堂、宽窄巷子、天府广场、天府熊猫塔等多处

① 《政策引领 赛事赋能 体育消费助力 四川体育产业风生水起》，https：//www. sc. gov. cn/10462/10464/10797/2024/12/18/5434163999a44e8bbde714e060ea8da1. shtml。

② 《2024UTO 助力首百越野训练赛（成都站）在天台山低海拔户外运动公园成功举办》，https：//tyj. sc. gov. cn//sctyj/tycy/2024/11/21/387837165f94493ea93f62272af006d4. shtml。

③ 《赛事“流量”来袭，巴中抢抓“爆款”机遇》，https：//tyj. sc. gov. cn/sctyj/tycy/2024/9/23/7e89bb649dd8443b8829b7cf15992c6b. shtml。

④ 《第九届世传赛圆满落幕！2025 峨眉山见！》，https：//mp. weixin. qq. com/s/cWA71M_-E45R-PUv8rTmAg。

具有深厚文化底蕴的地标性建筑。选手们在奔跑中不仅感受到了现代化城市的澎湃活力，也体验到了成都自古至今的文化积淀①。2024 年成都国际乒联混合团体世界杯则展示了四川在创新赛事模式上的优势：武侯区创新打造“世界杯公园”暨混团黄金周活动，成功将赛事与地方文化活动融合，联动“玉林路民谣音乐季”IP，使民谣音乐成为赛场之外的“第二现场”。广安马拉松则以其深厚的历史底蕴和丰富人文景观为赛事增色不少，赛道经过多个富有历史和文化气息的地标，如邓小平故里、乐活城、广安市博物馆等。赛事特别设置了“音乐加油站”和“非遗文化展演”，将城市的文化底蕴和历史传承融入赛事。

3. 基于四川区域竞技优势的赛事特色

四川省的体育赛事展示了其独特的区域竞技优势。一是利用成渝地区双城经济圈，在竞技体育领域协同发展，加速推动川渝成为国内赛事高地。针对川渝特色，开展水上、冬季、攀岩等项目的一系列合作，协商共办大型体育赛事，举办“成渝体育产业联盟杯”暨首届电子竞技大赛、川渝联盟杯体育舞蹈公开赛、成渝双城登高楼公开赛、川渝桥牌交流对抗赛等品牌赛事，共同筹建川渝国际体能科研中心、小球赛事中心、国家足球竞训基地②。二是针对跳水、体操、花样游泳、曲棍球、攀岩、自行车等多个竞技体育项目的传统优势，举办包括 2024 亚洲少年攀岩赛、2024 成都·金堂铁人三项世界杯赛在内的特色赛事。三是四川加大了冬季项目的推进力度，在短道速滑、女子冰球、雪上项目等新型项目上表现亮眼。此外，四川在“三大球”（篮球、足球、排球）、“三小球”（乒乓球、网球、羽毛球）赛事中也不断突破，除中超主场赛事外，借助多年中超职业联赛影响和闻名国内的球迷市场，“熊猫杯”国际足球锦标赛经过十年的发展，已成为四川省

---

① 《乐跑公园城市，奋进创新之城，2024 蒙牛成都马拉松鸣枪起跑》，https：//chengdu-marathon. mararun. com/contentDetail. html？ detailId = 8031195954831739&topicId = 4769498234412955&AppKey=chengdu-2018。

② 《川渝体育品牌赛事→四大赛事上榜！》，https：//mp. weixin. qq. com/s/NuHjOUOaqihPT3w9vbSqwA。

在国际足球领域的特色赛事。

4. 基于藏羌民族地区的赛事活动

四川是多民族省份，藏羌彝地区有丰富的民间体育运动项目，如藏族水上项目“果哇”、赛马、摔跤、押加（大象拔河）、田间戏棋，羌族推杆、羌铃赛，凉山彝族幸福磨尔秋等，这些赛事活动具有浓郁的民族风情，传承了各民族“体育+非遗”的文化，是四川赛事运动中兼具竞技性、民族性、群众性、观赏性的独特风景。2024 年，四川代表团派出 255 名运动员，参与在三亚举行的第 12 届全国少数民族传统体育运动会，在摔跤、押加等竞赛类和表演类项目中取得了优秀成绩。继 2022 年在凉山西昌举办全国最高规格的少数民族传统体育运动会后，2026 年攀枝花也将举办这一赛事。除了以上全国性赛事外，四川民族地区近年来通过创新体育赛事，不断推动了全民健身和地方经济的发展。阿坝州建设了 40 个公共体育场馆和 6 个滑雪场，积极将登山、滑雪、攀冰等新兴项目融入全民健身，举办了冬季运动会和全国大众冰雪季系列活动，吸引了大量游客，促进了体育与旅游产业的融合①。汶川县威州镇举办了第一届羌族传统体育运动会，200 余名运动员参与推杆、拔河等传统项目，增强了民族文化传承②。绵阳市北川羌族自治县举办第一届全国全民健身大赛（西南区）乒乓球比赛，吸引了来自重庆、四川、贵州、云南和西藏的 90 名运动员③。甘孜理塘八一赛马节上，人们可以观赛马、听山歌、看藏戏④。各种民族体育赛事活动不仅展示了竞技体育风采，丰富了当地的文化生活，激活了文体旅市场，也加强了各民族之间的交流与合作，促进了经济社会文化的全面发展。

---

① 《阿坝州全民健身工作结出经济成果》，https：//tyj. sc. gov. cn//sctyj/szxw/2024/3/1/72b6e001d6fc468590d42bbf0d79f549. shtml。

② 《喜迎羌年丨威州镇举行第一届羌族传统体育运动会》，https：//mp. weixin. qq. com/s/vM3nUfFVPWk3s5MAB0moeg。

③ 《全民健身 你我同行第一届全国全民健身大赛（西南区）乒乓球比赛在四川绵阳北川羌族自治县落幕》，https：//tyj. sc. gov. cn//sctyj/qzty/2024/7/1/5d922422a31d4fb6acdc390da1a4de85. shtml。

④ 《丁真在家乡等你！理塘赛马节狂欢终于来了》，https：//mp. weixin. qq. com/s/vwIPe1BTa8ncO4UomO1Glw。

（三）全民全域健身赛事夯实品牌效应

1. 社区参与

通过不断丰富和扩展全民健身赛事活动，四川省成功打造了多个具有影响力的体育品牌，推动了社区层面的广泛参与和健康水平的提升。《四川省全民健身实施计划》在 2025 年实现社区 15 分钟健身圈全覆盖，天府绿道嘉年华、迎新登高、篮球、广场舞、拔河等运动形式丰富多彩。2024 年四川省社区运动会（德阳赛区）吸引了 1600 余名市民参与，开展了 17 站赛事活动，涵盖乒乓球和健身气功八段锦等项目，群众在身边享受到更多的健身服务。德阳市体育局积极推动“送赛事活动到社区”，持续开展元旦迎新跑、重阳登山等活动，通过创新模式激发了基层群众的健身热情[①]。四川省全民健身冰雪季自 2019 年启动以来，累计吸引了超过 4000 万人次参与，2024 年的活动覆盖成都、阿坝、雅安等多个市州，包括大众滑雪比赛、花样滑冰比赛、亲子滑轮比赛等多样化的赛事，让冰雪运动普及更广泛的群体[②]。此外，“九九重阳”全民健身主题活动、桥牌比赛等针对老年人的体育活动也体现了老年人“老有所为、老有所乐”的健康生活方式。

2. 青少年发展

四川省特别针对青少年群体开展赛事活动，激发青少年参与运动竞技的热情、扩大体育项目的普及度，为青少年展示运动才华搭建平台，助力四川竞技体育人才的选拔，实施“四线”“五线”梯队建设。四川省积极打造并推广“星火杯”四川省青少年各项目锦标赛，该赛事自 2023 年起已成为全省青少年体育的标志性赛事之一。2024 年有全省 21 个市州的 2.1 万名青少年运动员参赛，创下历史新高，增加了光电射击、滑板、铁人三项、花样滑

---

① 《全民共享运动盛宴——记 2024 年四川省社区运动会（德阳赛区）》，https：//tyj. sc. gov. cn//sctyj/szxw/2024/12/31/e5de303b56ac4d8099dff14ea01599bd. shtml。

② 《四川省第七届全民健身冰雪季 27 日在汶川启动》，https：//tyj. sc. gov. cn//sctyj/tycy/2024/12/24/95411c4284534a45ba0953dfb5db5ead. shtml。

冰等具有区域竞争优势的项目[1]。“贡嘎杯”青少年校园体育联赛吸引了1.6万名运动员，包括了篮球、排球等多种青少年喜爱的运动项目。“奔跑吧少年”系列赛事向低龄段覆盖，涵盖街舞、幼儿体操比赛。中国足协女足青训中心、四川省足协凤凰山竞训基地、攀枝花红格训练基地（高原综合训练基地）、犀浦田径训练基地等一大批青训基地建立完善，为四川赛事人才培育提供了保障。

3. 残疾人

四川省在推动残疾人体育事业发展方面持续创新，致力于为残疾人提供更加公平、便利的体育赛事和参与机会。作为四川省残疾人体育的重要赛事，成都市第十届残运会暨第六届特奥会2024年在成都东部新区举行，来自全市各区（县、市）的4000余名参赛者参加了象棋、网球、跆拳道、冰壶、田径等25个项目。赛事为残疾人提供了展现自我、交流学习的平台，确保了运动员们能够在安全、便利的环境中参加比赛和训练。为进一步惠及残疾人，四川加强了无障碍设施的建设，比赛场馆及公共区域的无障碍改造，使得所有残疾人运动员能够安全、便利地参与比赛。相关赛事还配备了经过专门培训的志愿者，提供包括应急安全、手语支持、场外指引等服务，确保每一位运动员都能得到及时有效的帮助。

通过各项赛事和服务，四川省为特殊群体提供了更广阔的体育舞台，也推动了社会对特定人群体育的关注与支持[2]。

① 《“星火杯”2024年四川省青少年锦标赛顺利举行》，https：//tyj. sc. gov. cn//sctyj/qsnty/2024/9/3/38d9dad8f44245cd864e1fbbd9f2357e. shtml。

② 《成都市第十届残运会暨第六届特奥会在东部新区开赛》，https：//www. sc. chinanews. com. cn/shouye/2024-08-23/214661. html。

B.9
四川音乐产业发展报告

陈 实 樊紫霄 汤纪英*

摘 要： 四川省音乐产业在政策支持、头部企业支撑、数字技术赋能、青年消费驱动等多因素推动下，实现了快速增长。基地园区、展演平台、音响设备提供了产业发展的基础支撑。原创音乐、数字音乐企业、民族音乐领域等实现了品牌协同发展。成都作为产业中心带动地方音乐产业发展，搭建资源共享平台、打造音乐信息矩阵，积极推进四川音乐海外传播。蓬勃的音乐内容创作支撑了演艺市场，丰富的演艺组织团体催生了多样演艺种类，演艺消费经济增长的背后是演艺市场需求的旺盛。四川音乐产业发展的新趋势是在特色文旅、音乐 IP 及城市品牌建设、生成式人工智能等方面，充分展现时代活力与创新魅力。

关键词： 四川 音乐产业 政策支持 硬件资源

随着国家政策的持续扶持、数字技术的迅猛发展以及消费市场的日益多样化，音乐产业正面临新的发展契机。四川省凭借良好的政策环境、坚实的产业基础、丰富的音乐文化资源，在音乐产业领域取得了显著成就。本文旨在通过对四川音乐产业发展背景、硬件资源、核心品牌、产业布局、演艺市场以及未来趋势进行系统梳理和分析，全面展示四川音乐产业的发展现状与潜力，为推动产业高质量发展提供参考。

---

* 陈实，四川省社会科学院新闻传播研究所副研究员，主要研究方向为媒介文化；樊紫霄，四川省社会科学院新闻传播研究所硕士研究生；汤纪英，四川省社会科学院新闻传播研究所硕士研究生。

一　四川音乐产业发展背景

（一）四川音乐产业发展的政策支持

自2017年起，国家高度重视音乐产业发展。《国家“十三五”时期文化发展改革规划纲要》首次将“音乐产业发展”列入“重大文化产业工程”[①]。2022年国家知识产权局发布的《知识产权强国建设纲要和“十四五”规划实施年度推进计划》提出，深化文化市场综合执法改革，加强“互联网+旅游”领域知识产权保护，健全线上线下维权机制，配合开展网络音乐市场知识产权执法行动[②]。此文件从知识产权层面为网络音乐市场保驾护航，对网络音乐市场良好发展起到积极作用。2023年7月，国务院发布的《关于恢复和扩大消费的措施》提出，优化审批流程，加强安全监管和服务保障，增加戏剧节、音乐节、艺术节、演唱会等大型活动供给[③]。通过加快线下音乐演出的审批流程、吸引更多主办方举办音乐节，激活演艺带动消费的能力，扩大音乐产业市场。2024年中央网络安全和信息化委员会办公室、工业和信息化部发布《全国重点城市IPv6流量提升专项行动工作方案》，提出推动大型互联网应用IPv6放量引流，推动属地视频、音乐等大流量互联网应用IPv6深度改造[④]。

2017年开始，四川省每年投入2000万元推动音乐产业发展。这些资金主要用于促进传统音乐与科技融合创新、支持音乐企业孵化、助力音乐产业

① 《我国及部分省市音乐表演行业相关政策：支持“音乐+旅游”等融合业态发展》，https：//www. chinabaogao. com/zhengce/202411/733813. html。

② 《我国及部分省市音乐表演行业相关政策：支持“音乐+旅游”等融合业态发展》，https：//www. chinabaogao. com/zhengce/202411/733813. html。

③ 《国务院办公厅转发国家发展改革委关于恢复和扩大消费措施的通知》，https：//www. gov. cn/zhengce/content/202307/content_6895599. htm。

④ 《关于印发〈全国重点城市IPv6流量提升专项行动工作方案〉的通知》，https：//www. gov. cn/zhengce/zhengceku/202408/content_6969735. htm。

集聚以及建设大型专业音乐平台。此外，资金还用于原创音乐作品的创作出版、版权保护、版权交易和宣传推广，以及音乐产业专业人才的发掘、培养、培训和引进等①。2022 年四川省文化和旅游厅、四川省广播电视局、四川省财政厅下发《关于开展 2022 年度音乐产业发展项目库建设工作的通知》，确定对企事业单位已启动实施并具有良好社会经济效益和示范作用的音乐产业项目，给予适当补助，单个项目补助年度最高不超过 200 万元②。成都市政府也在省级意见的指导下推出了《关于支持音乐产业发展促进国际音乐之都建设的实施意见》，从原创音乐支持和数字音乐支持两方面对音乐产业发展提供政策支持。在原创音乐方面：对音乐企业和机构发展原创音乐孵化平台、音乐版权交易平台、原创音乐作品或剧目等项目，视项目综合效益，给予实际投资额 50%以内最高不超过 200 万元的支持奖励③。在数字音乐方面：鼓励数字音乐行业拓展云演艺、线上直播、音乐社区等新业态、新内容，大力开发新兴数字音乐产品和数字音乐服务，提升数字音乐内容创新能力和行业竞争力④。在各级政策的扶持下，截至 2023 年，四川省音乐产业总产值达 1066.24 亿元，较 2019 年增长 45.68%；全省原创音乐人达 2.3 万余人，数量居全国第二位⑤。

---

① 《从今年起省财政每年投入 2000 万元支持音乐产业发展》，《四川日报》2017 年 5 月 30 日。

② 《四川省文化和旅游厅四川省广播电视局四川省财政厅关于开展 2022 年度音乐产业发展项目库建设工作的通知》，https：//www.shangyexinzhi.com/article/4585421.html。

③ 《关于支持音乐产业发展促进国际音乐之都建设的实施意见》，https：//view.officeApps.live.com/op/view.aspx？src = https%3A%2F%2Fcdwglj.chengdu.gov.cn%2Fcdwglj%2Fc133235%2F2021 - 09%2F17%2Fc95e816d4a134b35a5693b86e432220c%2Ffiles%2F814e092db3e1452b92bf975e7636120e.doc&wdOrigin = BROWSELINK。

④ 《关于支持音乐产业发展促进国际音乐之都建设的实施意见》，https：//view.officeApps.live.com/op/view.aspx？src = https%3A%2F%2Fcdwglj.chengdu.gov.cn%2Fcdwglj%2Fc133235%2F2021 - 09%2F17%2Fc95e816d4a134b35a5693b86e432220c%2Ffiles%2F814e092db3e1452b92bf975e7636120e.doc&wdOrigin = BROWSELINK。

⑤ 《截至上年四川音乐产业总产值超千亿元、原创音乐人数量居全国第二》，https：//finance.sina.com.cn/jjxw/2024-04-28/doc-inatiyff0973733.shtml。

（二）四川音乐产业发展驱动力

1. 依托头部音乐企业支撑，加速四川音乐产业产值增长

近年来，四川省音乐产业的总产值持续增长，2020 年产业总产值达到了 763.10 亿元，同比增长 4.26%；进入 2021 年，进一步增长至 870.62 亿元，同比增长 14.09%；至 2023 年，四川省音乐产业总产值已突破千亿元大关，与 2019 年相比增长了 45.68%。这与头部音乐企业的产值增长息息相关。四川头部音乐企业积极拓展市场份额，通过举办巡回演出、规范音乐作品版权等方式，提升四川音乐产业的影响力和竞争力，推动产值增长。如咪咕音乐依托信息技术演进和全产业链模式，构建了数字版权、视频彩铃、O2O 演艺、智能硬件、场景音乐、艺人经纪等多种业务模式，发展成为跨界融合通信网络、互联网以及音乐网络的综合性龙头企业。其积极引入 5G、8K、VR 等前沿技术，打造“5G+8K”咪咕汇云演艺等创新场景，提升音乐体验，吸引更多用户，扩宽音乐市场份额，为产值增长注入新动力。目前，咪咕音乐已经发展成为国内领先的数字音乐会员平台之一，拥有超过 1 亿名会员。HIFIVE 平台是隶属于成都嗨翻屋科技有限公司的音乐版权平台，面向直播/语聊房、K 歌、短视频、在线工具、公播、智能硬件等应用提供曲库的 API/SDK 接入，目前已经接入 200 多个在线平台，为多种应用场景提供了版权支持。如今 HIFIVE 平台项目获得四川省音乐产业专项资金 100 万元支持，吸引了 1 万多位音乐人入驻，向全球音乐平台发行歌曲近 2 万首。

2. 依托数字技术支撑，推进四川数字音乐产业建设

数字技术推动了传统音乐产业的数字化变革，目前数字技术的运用已嵌入音乐产品的生产、制作、传播和消费等各个环节，促进了数字音乐产业的发展。互联网和移动设备的普及，极大地降低了音乐生产、制作和传播的成本，提升了传播效果和消费率。

数字技术构成了四川数字音乐产业建设推进的重要支撑，成为数字音乐创作中不可或缺的强大助力。以 AI 技术为例，通过深度学习算法分析海量音乐数据，AI 可自动生成旋律、和弦及编曲框架。四川行者 AI 的当歌音乐

团队利用 AI 技术为用户提供通过画线条等简单操作，为歌词匹配相应的曲调的音乐创作服务；数字技术中的 5G 技术能够保证音乐传输低延迟、高保真。2020 年咪咕音乐在全国建立了极具影响力的“云演艺”线上新场景，使用行业首创的“8K+120 帧”超高帧率直播以及能够任意选择视角的“子弹时间”技术，极大地提升了用户的临场感。

3. 依托青年群体消费需求，创新四川音乐消费新模式

青年群体有着通过音乐展示自己、寻找与自己拥有共同话题的趣缘群体的需求。这样的消费市场需求为四川音乐产业带来了全新的“音乐+短视频”消费模式。音乐与目前最为流行的载体微短剧融合，让音乐拥有了另一层面的丰富度。具有地方特色的音乐（如川渝方言说唱）通过短视频平台快速传播，满足年轻人对文化认同与差异化的追求。如微短剧《川西奇遇记》与民族音乐结合，使得观众在欣赏微短剧剧情的同时，也能自然地消费其中的音乐内容。

二　四川音乐产业硬件资源提供基础支撑

（一）基地园区构建特色音乐产业生态圈

“多区域协同、全产业链整合”是四川音乐产业的发展模式，形成了具有地域特色和产业创新力的生态系统，聚合上下游企业资源，推动形成产业集群。乐山“三江汇”音乐产业基地以“两个产业园、一个工作室、一个中心”为核心，构建了覆盖创作、生产、推广、研发的全链条生态①。“两个产业园区”，其一是依托乐山丰富的文旅资源，通过音乐节、实景演出等形式推动“音乐+旅游”融合的旅游实景演出与音乐节策划推广产业园；其二是聚焦人才培养，为艺术类大学生提供实践平台，孵化流行音乐歌手及产业管理人才的音乐人才孵化园。“原创音乐工作室”主要推动川南巴

① 《周特古斯：环成都经济圈视阈下乐山音乐产业基地建设调研与分析》，https：//lsnunewsold. lsnu. edu. cn/info/1002/51957. htm。

蜀音乐品牌创作，通过征集原创作品、制作推广舞台音乐剧等，强化地域文化特色。“一个中心”指民族器乐研发中心，主要改良藏族、羌族、彝族传统乐器，形成乐器制作和教学、音像制品开发的文化产业链，促进少数民族音乐的传播和市场化发展。该园区集成了音乐产业链下游的乐器研发、制作，中游的人才孵化与培养以及上游的原创音乐生产创作、音乐品牌搭建。产业链上中下游在产业园区内形成紧密联系，进而产生良好的规模效应。四川省音乐产业研究基地通过政行企校协同模式，打造产教融合的生态闭环：研究基地与成都艺术职业大学合作，培养音乐创作、制作、经纪等领域的复合型人才；联合企业推动技术落地，例如黑胶文化推广、音乐科技应用；与轨道交通装备产业等跨领域合作，探索“音乐+智能制造”等创新路径。整个园区内部结构紧凑，形成了完整的产教联合生态。

（二）展演平台多样丰富，满足多方需求增强音乐产业活力

展演平台既指实际存在的物理展演平台（如大剧院等），也指让参与者能够展示自己的艺术项目。四川省音乐展演平台种类繁多，涵盖专业剧院、露天音乐公园、政府支持的文化活动等类目，丰富了音乐展演的情景与形式。专业展演场馆包括四川大剧院、四川交响音乐厅、成都城市音乐厅、金沙国际音乐厅等重要的标志性音乐展演场所，主要承办大型音乐活动，为专业化的音乐演出活动提供展演场所，满足了受众消费大型化、专业化音乐演出的需求。非专业化的民间乐团的展演诉求则由成都露天音乐公园提供的平台承担，他们可以在成都露天音乐公园进行即时性的演出活动，展演方式更加丰富。政府支持的文化活动，如青少年民族器乐教育教学成果展演活动由四川省文化和旅游厅主办，每两年举办一次，旨在展示民族器乐教育成果，并推荐优秀作品参加全国展演。2024 年，全省青少年民族器乐教育教学成果展演活动在四川大剧院举行，汇集四川音乐学院、四川师范大学等院校的演出[①]。

---

① 《四川省 2024 年青少年民族器乐教育教学成果展示展演活动成都上演》，http：//www.jxdy.gov.cn/dyxxgk/c101990/202408/471699c794464f238b1642464136f2ed.shtml。

（三）音响设备畅销国内，四川音响产业高质量发展

四川省内汇聚了一批在业界享有盛誉的音响器材生产企业，它们凭借精湛工艺与创新技术，打造出了品类繁多、品质卓越的音响设备。

四川音响企业致力于专业及家用音频视频系统的研发工作，并构建了较为完备的产品系列。这些企业凭借其卓越的声音覆盖能力、清晰的音频品质以及稳定的性能表现，在大型户外音乐节、剧院演出等场合得到广泛应用。如四川音响企业为乌鲁木齐奥林匹克体育中心提供音响解决方案，承建了包括中心体育场、综合田径馆、游泳馆在内的扩声系统工程项目，在万人级别的场地中实现了良好的听闻效果①。

四川音响企业的产品在国内多处重要文体场地、文体活动中发挥支撑作用，为不同地区的音乐活动保驾护航。四川音响企业为宝鸡跳水馆、足球场、射击场等 12 个场馆提供了颁奖移动音响系统，同时作为渭南体育馆（篮球比赛馆）、西安工程大学体育馆（空手道比赛馆）、安康体育馆等比赛场馆的专业扩声产品供应商，为比赛场馆的扩声系统建设提供了最佳方案，全力保障比赛各阶段的正常进行②。

三　四川音乐产业核心资源品牌构建

（一）音乐人品牌发展活跃，原创音乐人才数量居全国前列

原创音乐人才队伍与本土音乐人品牌建设，成为推动四川省音乐产业发展的强大引擎。近年来，四川持续实施原创音乐人“归巢”计划，成功吸

① 《综合性奥体中心项目怎么建？湖山有妙招》，https：//mp. weixin. qq. com/s/cnzeWcUXyd4PcvK3tRvtUA。

② 《保障全运会，湖山电器“嘹滴很”》，https：//mp. weixin. qq. com/s/oUrtKTy7lDGn9lWM37oTgQ。

引付林、谭维维、刘力等知名音乐人在川设立工作室[①]。这些音乐人凭借其知名度与影响力，带动更多音乐人才汇聚四川，形成良好的音乐人品牌生态。《2021腾讯音乐人年度盘点报告》显示，2021年四川原创音乐人才数量仅次于广东，位居全国第二[②]。截至2023年，全省原创音乐人数量达到2.3万余人[③]。这些原创音乐人类型丰富，在制作、作曲、编曲、作词、演唱等类型上均有分布，但主要以演唱类为核心，其数量占比高达84%[④]。省内音乐酒吧等小规模演出场馆丰富，培育出马赛克、棱镜等多个知名独立乐队。另外，四川省借助举办多样化的音乐活动和比赛，如“蓉城之秋”国际音乐季，为原创音乐家们提供展示才华的舞台，促进了个人音乐品牌发展，增强了四川音乐产业的影响力。

（二）数字音乐企业规模增长，企业品牌发挥优势聚合力

近年来，四川省数字音乐公司产值呈现显著增长态势，企业品牌在这一过程中发挥了重要的聚合作用。2021年，四川省共计拥有351家数字音乐企业，位居全国第三，仅次于广东和浙江。全省数字音乐产业的规模达到267.36亿元，同比增长32.62%，并持续引领全国音乐产业的各个细分市场[⑤]。同年，四川省音乐产业的总产值达到了870.62亿元[⑥]，并且数字音乐在四川省音乐产业中所占的比重已达到30.71%。这些数字音乐企业通过不断进步和创新，为四川音乐产业发展做出了重要贡献。

---

① 《跃居全国第三！2020年四川音乐产业总产值达763.10亿元》，https：//wlt.sc.gov.cn/scwlt/wlyw/2021/3/16/63afaa255f96402f95a5cf8a7d37a6ce.shtml。

② 《“一串音符”如何撬动“870多亿元大产业”》，https：//m.gmw.cn/baijia/2022-03/18/1302851845.html。

③ 《截至上年四川音乐产业总产值超千亿元、原创音乐人数量居全国第二》，https：//www.jiemian.com/article/11111376.html。

④ 《2021年四川省新增音乐产业相关企业462家 增速全国第二》，https：//www.sc.chinanews.com.cn/cjbd/2022-04-07/165150.html。

⑤ 《2021年四川省新增音乐产业相关企业462家 增速全国第二》，https：//www.sc.chinanews.com.cn/cjbd/2022-04-07/165150.html。

⑥ 《2021年四川音乐产业实现总产值870.62亿元》，https：//www.sclyxw.com/contents/20220407/3259.html。

企业的品牌优势也在数字音乐企业的发展过程中发挥着重要作用。例如，成都乐链科技有限公司开发了音乐供给平台“音乐蜜蜂”，为音乐人、团体组合及唱片公司提供音乐版权存证确权、版权交易等服务。同时该公司还开发了音乐资产平台“巢音世代”，该平台基于区块链技术在数字音乐产业的核心应用，打造 web3.0 新一代音乐消费平台，并发行 200 多张元宇宙音乐唱片。作为成都第 31 届世界大学生夏季运动会的音乐合作伙伴，乐链科技发挥品牌聚合力广泛开展大运会音乐作品征集活动，并通过区块链技术赋能知识产权保护。2022 年 9 月，乐链科技的“巢音世代”与四川城市酷选科技有限公司达成战略合作伙伴关系，尝试构建元宇宙生态闭环①，实现企业优势聚合。

（三）藏羌彝民族音乐传承创新，巴蜀民乐“破圈”引领新国潮

四川省藏羌彝等民族音乐资源丰富，近年来民族音乐领域通过人才培养和科技运用等方式，在传承与创新中焕发出新活力。四川省音乐历史源远流长、音乐文化底蕴深厚、传统乐器种类繁多、传统曲目丰富多彩，这些要素构成了巴蜀民乐的重要组成部分。如今巴蜀民乐拥抱变化跨界合作，利用新媒体平台，凭借其独特魅力“破圈”而出，引领国潮新时尚。

第一，四川音乐产业依托丰富的民族文化资源，通过建立民族音乐保护与传承基地、开展民族音乐进校园活动等方式，让藏羌彝民族音乐走出深山。一些地区组织民间艺人走进学校，传授民族乐器演奏技巧和传统声乐唱法，培养了一批年轻传承者②。

第二，少数民族音乐创作者们巧妙地将藏羌彝等民族的传统音乐与现代音乐元素融合，创作出既有时代感又彰显民族特色的音乐作品。来自凉山州

① 《乐链科技：web3.0 新一代数字音乐价值平台》，https：//mp.weixin.qq.com/s? __biz=Mzk0NDM5Mjk3OQ==&mid=2247493663&idx=2&sn=eecb8af3f797ba5dcada4696d1df368a&chksm=c327f663f4507f75cc0d4988c81e989dbd2d4bb205586325fbb48723cbf454761cc124a8d346#rd。

② 潘金：《数字化背景下藏羌彝走廊民族音乐的传播与保护策略研究》，《艺术评鉴》2024 年第 13 期，第 7~12 页。

的说唱歌手诺米的原创歌曲《阿普的思念》《枯木逢春》，将彝族语言与现代说唱相结合，全网播放量已超 4000 万次。以云朵为代表的羌族音乐《羌山歌》，在主流音乐榜的东方腔调榜连续三期位居榜首，成为第一首在主流音乐平台上长期霸榜的羌语歌曲。藏族歌手达娃卓玛的《青稞少年》作为四川藏族音乐的代表，虽然弱化了传统“藏腔”，但保留了高原意象，其抖音弹唱版引发全民翻唱热潮。

第三，巴蜀民乐不断吸收借鉴优秀的音乐元素，不断丰富和发展自身并走向国际舞台。如四川本土团队“民乐也疯狂”将传统民乐与科幻场景结合，制作了《赛博巴蜀 新国潮民乐》的科幻声效短片。音乐家们在四分钟的短片内融入多个巴蜀文化特色标志，使用民族乐器赋予经典科幻影视音乐新的诠释[①]。四川还通过举办国际音乐节、民族音乐展演等活动，向世界展示民族音乐的魅力。

四　四川省音乐产业布局结构不断优化

（一）以成都为中心，辐射带动地方音乐产业发展

《2024 年中国城市音乐产业发展指数研究报告》研究结果显示，成都市在城市组“音乐产业综合发展指数”中的音乐生活融合指数位列全国第一，音乐产业人才指数、行政支持指数、聚集指数及综合发展指数均位居全国第二，演艺指数位列全国第三[②]。武侯区在区县组“音乐产业综合发展指数”中表现同样突出：音乐产业行政支持指数、发展潜力指数和融合指数均位列全国第一，音乐知识产权指数排名第三。近年来，成都大力推动音乐产业和音乐事业发展，带动“音乐+”相关领域全面繁荣。2023

① 《幻响成都丨用民乐链接科幻！百万粉丝巴蜀民乐团创出“新国潮”科幻片》，https：//finance. sina. com. cn/tech/roll/2023-08-26/doc-imzipxsr5069561. shtml。

② 《成都多个指数全国前三！〈2024 中国城市音乐产业发展指数报告〉出炉》，https：//www. cditv. cn/show/4813-1976083. html。

年，成都市音乐产业总产值达 568.83 亿元，连续四年超过 500 亿元。2024 年 1~9 月，全市音乐产业产值达 457.67 亿元，同比增长 9.5%；举办各类音乐演出 4133 场，同比增长 32.9%；观众总人次达 446.43 万，同比增长89.9%①。

成都音乐产业的蓬勃发展带动了全省音乐产业的持续提升。近年来，四川省重点打造以成都为中心，以乐山、阿坝、甘孜、凉山分别为春、夏、秋、冬四季音乐举办地的“1+4+N”市县联动发展模式，推出“四川音乐季”活动。自 2021 年以来，乐山市春季音乐季已成功举办四届②。2024 年第七届红原大草原夏季雅克音乐季于 8 月 3~4 日在阿坝州红原县雅克音乐牧场举办③，至此，红原大草原雅克音乐季已举办七届。2023 年中国康定·国际情歌节于 8 月 22 日晚在甘孜州康定市情歌广场开幕。情歌节期间，甘孜州接待游客超 12.34 万人次，实现旅游综合收入 1.36 亿元④。2024 大凉山冬季阳光音乐季冕宁专场于 12 月 21~22 日举行⑤，活动邀请州内布拖、木里、盐源等 8 县市民歌歌手，会同冕宁县、州文化馆本土歌手表演精彩节目。

（二）搭建资源共享平台，打造音乐信息平台矩阵

四川省通过音乐企业，搭建线上资源共享平台，整合全省音乐产业资源，包括音乐作品、创作素材、版权信息等，方便音乐从业者获取和使用。成都高新区的咪咕音乐作为国内顶尖的正版音乐库之一，为音乐创作者和企

① 《2024 年成都音乐产业招商推介会在北京举办》，https://news.qq.com/rain/a/20241029A04WN900。

② 《红歌唱响 今年四川春季音乐季在乐山还有 8 种玩法》，https://sichuan.scol.com.cn/ggxw/202104/58106958.html。

③ 《2024 红原大草原雅克音乐季启幕》，https://www.sc.chinanews.com.cn/ylss/2024-08-03/213747.html。

④ 《康定市举办“情满中国 爱在康定”2023 中国·康定国际情歌节》，https://wglj.gzz.gov.cn/xydt/article/516696。

⑤ 《2024 大凉山冬季阳光音乐季冕宁专场暨第三届“冶勒羊”美食文化节即将开启》，https://news.qq.com/rain/a/20241224A04INI00。

业提供了众多的音乐素材。在推动资源共享的同时，四川省高度重视音乐版权保护工作，设立了省级音乐产业专项资金，支持市场化运营，推动建立音乐产业全链条的版权保护、评估、质押、孵化和交易机制，持续优化音乐产业发展环境。例如，成都嗨翻屋科技有限公司已形成覆盖音乐版权行业上下游各环节的完整产业链，入库音乐作品突破 100 万首，授权项目超过 150 万个。

四川省还鼓励相关部门和音乐企业积极应用新技术，打造音乐信息平台矩阵。相关政府机构方面，四川省文化和旅游厅在微信、微博、抖音、快手等平台开设官方账号，搭建“四川文旅”新媒体矩阵，定期推广本土音乐活动、非遗音乐（如川剧、彝族音乐）及音乐旅游线路①。成都市文化广电旅游局运营的“文旅成都”等账号，重点宣传成都音乐之都建设，涵盖音乐节、Livehouse 演出等信息②。特定音乐活动的线上平台拓展方面，“蓉城之秋”成都国际音乐季与 QQ 音乐合作，助力音乐创作、品牌宣传、艺人合作③，并在 B 站等平台进行直播。

（三）落实“走出去”战略，积极拓宽四川音乐海外之路

“中国音乐出海计划”中的“搭建传播矩阵”有针对性地设立 4 个出海基地，成都音乐坊作为其中之一，主要面向南亚、东南亚国家进行音乐出海④。

音乐交流方面，2024 年四川音乐学院组织代表团赴美国、哥斯达黎加、尼加拉瓜、摩洛哥、保加利亚等国家和地区开展音乐交流活动⑤。2025 年四

---

① 《好看爱看多看！加入 8 月音乐与戏剧的狂欢！》，https：//mp. weixin. qq. com/s/KanpRviGydbyMtI5xbasdA。

② 《成都「12 月演出月历」，在音乐里尽情撒欢！》，https：//mp. weixin. qq. com/s/0fW3OYQnYM4nazLk7Q2JVQ。

③ 《第 30 届“蓉城之秋”成都国际音乐季启动》，https：//cdwglj. chengdu. gov. cn/cdwglj/c133186/2024-05/21/content_6aacf0b106434bc2bf5abac7a4c6fdac. shtml。

④ 《音数协音促会发布“中国音乐出海计划”》，《中国新闻出版广电报》2023 年 11 月 15 日。

⑤ 《中国—欧洲中心之夜音乐会在成都高新区举行》，https：//sc. chinadaily. com. cn/a/202412/21/WS67666eb1a310b59111daa23f. html。

川省哲学社会科学重点研究基地西南音乐研究中心科研人员，赴非洲马里共和国开展文化交流访问。访问期间代表团除了为当地观众送上了极具中国特色与四川地域特点的精彩演出，还和当地的科研人员深入探讨两国传统音乐艺术的特色与发展①。

音乐演出方面，2024 年 2 月，四川本土“音乐+旅游”品牌——红原雅克音乐季系列文旅活动走出国门，在泰国普吉岛举办了普吉岛雅克国际海滩音乐节，多位来自四川红原的歌手和泰国本土歌手共同献唱②。12 月，成都交响乐团受邀参与 2024 成都国际乒联混合团体世界杯开幕式演出，并现场演奏《一个想去成都的理由》等优秀作品，让世界乒乓球运动员能够充分感受天府之国的文化魅力③。

音乐合作方面，2024 年 12 月成都高新区国际合作商务局与四川爱乐乐团签署了战略合作协议，标志着四川爱乐乐团正式入驻中国—欧洲中心，成为中国—欧洲中心天府音乐厅驻场乐团④。

五　四川音乐演艺市场产业链持续拓展

（一）音乐内容创作蓬勃发展，强力支撑演艺市场

首先，四川省原创音乐人数众多，截至 2023 年，全省共有原创音乐人 2.3 万余人，数量位居全国第二⑤。省内众多以原创音乐为支撑的知名独立

---

① 《文化交流谱新篇 中非情谊续华章——四川省哲学社会科学重点研究基地 · 西南音乐研究中心科研人员赴非洲马里开展文化交流访问》，https：//mp. weixin. qq. com/s/sxCYhtwTvW0hQuKwyxdKyA。

② 《踏浪听音，四川红原雅克音乐节在泰国普吉岛唱响》，https：//sichuan. scol. com. cn/ggxw/202402/82466632. html。

③ 《成都交响乐团：音乐与体育共铸辉煌》，https：//mp. weixin. qq. com/s/v64aveWQdRv36VrhUPYIpw。

④ 《中国—欧洲中心之夜音乐会在成都高新区举行》，https：//sc. chinadaily. com. cn/a/202412/21/WS67666eb1a310b59111daa23f. html。

⑤ 《原创音乐怎么做？四川有话要说》，https：//mp. weixin. qq. com/s/e3OPka4h4IZ_SwIKeCSpww。

乐队，如阿修罗、散人、海龟先生等，凭借各自独特的音乐风格和强大的音乐内容创作能力，收获全国各地乐迷的喜欢。

其次，四川省以各种方式大力支持原创音乐发展。2024 年 4~9 月，四川省首届原创歌曲大赛共征集 2318 首原创作品，挖掘了一批优秀原创歌手，激发了原创活力①。由四川葫芦童声音乐厂牌出品，由大凉山妞妞合唱团演唱的原创歌曲《问月》，在四川省首届原创歌曲大赛中获得综合类、作词类与作曲类一等奖。2025 年央视春节联欢晚会上，《问月》改编的《玉盘》呈现在了观众面前。2024 玉林路民谣音乐季最新专辑《玉林路・拾光》中的歌曲已在全球 130 多家音乐及流媒体平台上线，该活动还为 2024 年成都国际乒联混团世界杯打造主题曲《We Are Together》，用音乐的形式表现赛事的传承和时代感②。2024 成都国际音乐剧节联合各大高校举办校园音乐剧展演，并展开原创剧目孵化活动，以原创为出发点，扩展维度、打破界限，激发原创音乐剧的巨大能量③。

（二）演艺组织团体丰富多元，催生多样演艺种类

四川音乐演艺的组织形态多样，涵盖了从大型演出经纪机构到小型独立演出团体等多种模式。大型演出经纪机构主要负责组织大型演唱会、音乐节、巡回演出等活动，拥有顶级艺人资源，能够吸引大量观众，代表性项目包括草莓音乐节・成都站、五月天成都演唱会等。中型演出公司通常专注于特定区域或演出类型，具有较强的灵活性和专业性，代表机构包括成都城市音乐厅、成都高新中演大剧院、四川大剧院等。小型独立演出团体则多由艺人、音乐人或小型团队组成，具有高度的灵活性和创新性，代表性团体有阿修罗乐队等。

① 《四川省首届原创歌曲大赛奖项揭晓》，https://sichuan.scol.com.cn/ggxw/202409/82619205.html。

② 《2024 玉林路民谣音乐季圆满落幕》，http://wap.chengdu.cn/2461428。

③ 《音乐剧〈基督山伯爵〉连演四场 2024 成都国际音乐剧节启幕》，https://sichuan.scol.com.cn/ggxw/202406/82542595.html。

多元的演艺组织团体催生出多样的音乐演艺种类，演唱会、音乐节、音乐会、音乐剧、小型独立演出等在四川密集上演。演唱会方面，多名艺人接续来川，刘德华、五月天、凤凰传奇在成都东安湖体育公园举办演唱会①。音乐节方面，“听见绿水青山”2024 中国（四川）第二届民族音乐周于 12 月 19 日晚在凉山州西昌市开幕②。音乐会方面，“百年名团”费城交响乐团在成都满编出演③。音乐剧方面，2024 成都中演音乐剧节汇聚众多国内外知名音乐剧演员和制作团队，13 部剧目超过 60 场音乐剧在成都接连上演④。小型独立演出团体依靠酒吧、Livehouse、街头这类场地开展演出。仅 2024 年 11~12 月，成都就有数十场独立音乐演出在小酒馆等场所举办⑤。2025 年 1 月，成都开展了以“活力成都年 万千气象新——到成都街头走一走”为主题的街头艺术表演。春节假期期间，街头艺人、专业院团、艺术院校等演艺人员在绿道公园等 9 个重点点位开展迎新年迎新春街头艺术表演⑥。

（三）演艺消费经济爆发式增长，演艺市场需求旺盛

2023 年，四川省音乐产业总产值达 1066.24 亿元，较 2019 年增长 45.68%⑦。中国演出交易会公布的 2023 年全国剧场类营业性演出场所的排

---

① 《超 5800 场！成都演艺市场火火火！2024 年带动消费超 63 亿元》，https：//sc.cri.cn/n/20250204/5de574d9-7183-9c67-5332-7ca643b19b70.html。

② 《“听见绿水青山”中国（四川）第二届民族音乐周开幕》，http：//www.sc.xinhuanet.com/20241220/2a04f17b958c495c9e70b79df36b14db/c.html。

③ 《费城交响乐团在蓉以乐筑情 成都迎来“爱乐时刻”》，http：//zw.china.com.cn/2024-11/08/content_117533600.shtml。

④ 《2024 成都中演音乐剧节从 4 月持续至 12 月 13 部剧目超过 60 场音乐剧将上演》，《四川日报》2024 年 4 月 14 日。

⑤ 《成都演唱会演出活动 11 月至 12 月有哪些，Livehouse/音乐节盘点指南》，https：//www.chengkok.com/chengdu/wancd/3312.html。

⑥ 《2024 年带动消费约 63.5 亿元 成都演艺市场春节再掀热潮》，https：//sc.sina.com.cn/news/b/2025-02-05/detail-ineimzcx4956709.shtml。

⑦ 《关注四川原创音乐丨截至上年四川音乐产业总产值超千亿元、原创音乐人数量居全国第二》，https：//static.scjjrb.com/files/App/scjjbApp/html/News/202404/26/99145240.html?_t=1714114276。

名中，四川位列全国第二，演出场次和票房收入均实现了显著提升。2024年，四川音乐演出市场继续升温。作为四川省音乐演艺中心的成都，2024年举办了2万余场各类演出，其中音乐类演出达到5810场，票房收入约为16.93亿元，同比增长27.71%，促进了约63.5亿元消费[①]。

音乐演艺消费经济爆发式增长的背后是音乐演艺市场的需求旺盛。首先，演出门票“秒空”现象出现。刘德华成都演唱会门票两次发售均迅速售罄，总计吸引了超5.2万名观众到场，其中65%的观众来自其他城市，带动综合消费超5.4亿元[②]。其次，参与观众消费能力强劲。成都龙泉驿区2023年8月至2024年8月，以东安湖体育公园为主的音乐演出场所，已成功举办超万人的演唱会54场，累计吸引观众116.3万人次，实现票房收入8亿多元，拉动综合消费超50亿元[③]。再次，演出市场下沉趋势明显，二、三线城市音乐演出需求被看见。2023年上半年，四川地方城市举办的音乐节，占比高达57.9%，其中，2023年遂宁河东·S2N水上音乐节罗大佑等实力歌手来到现场，观众达4.3万人次，拉动消费3000余万元[④]。最后，社交媒体音乐话题热度高涨。2024年成都草莓音乐节微博话题阅读量达3.2亿，讨论量达57.4万。

六　四川音乐产业发展趋势

（一）四川音乐产业助力特色文旅，线上线下融合推动经济发展

四川音乐产业如今正在助力特色文旅。2024年8月30日，歌手刀郎在

---

① 《2024年带动消费约63.5亿元 成都演艺市场春节再掀热潮》，https：//sc.sina.com.cn/news/b/2025-02-05/detail-ineimzcx4956709.shtml。

② 《四川上半年营业性演出拉动消费超77亿元“重磅”新政推动演出经济持续发力》，https：//finance.sina.com.cn/jjxw/2024-08-13/doc-incipkzw3300504.shtml。

③ 《四川上半年营业性演出拉动消费超77亿元“重磅”新政推动演出经济持续发力》，https：//finance.sina.com.cn/jjxw/2024-08-13/doc-incipkzw3300504.shtml。

④ 《四川演艺市场活跃 为“文旅新消费热”加温》，《四川日报》2023年11月20日。

资中县举办线上演唱会直播，观看人数累计达5300万人次，点赞数超6亿个[①]。在刀郎线上演唱会录制地原址，资中新建了“山歌响起的地方”音乐广场。2024年国庆假期期间，资中县迎来了56.65万人次游客。其中，3个A级景区共接待游客12.32万人次，与2023年国庆、中秋假期接待人数相比，接近翻倍。据四川省文化和旅游厅统计，2024年9月21~22日，刀郎在成都凤凰山体育公园体育馆举办两场个人演唱会，现场观众达2.8万人次，拉动消费约1.6亿元。

彭州市持续举办以白鹿·中法古典音乐艺术季为代表的系列音乐活动，推动了白鹿镇音乐产业和文旅产业快速发展。彭州每年吸引音乐爱好者及游客超300万人次，年均旅游综合收入超3亿元[②]。2024年11月30日，由文化和旅游部产业发展司指导、四川省文化和旅游厅主办的“多彩中国 佳节好物”文化和旅游贸易促进活动（音乐之旅专题）在彭州市白鹿音乐小镇举办。活动推介了12条音乐主题旅游线路，线路不仅串联了九寨沟、稻城亚丁等著名景区，而且涵盖了各地的演出场所与特色街巷，让游客在音乐之旅中深刻体验和感悟文化魅力，推动音乐文化旅游融合发展。

（二）四川特色音乐 IP 多元孵化，助推城市“音乐之都”生态构建

目前四川已经打造了四川省原创歌曲大赛、中国（四川）民族音乐周、红原雅克音乐季、康定情歌音乐节等众多知名音乐IP[③]。2024年10月12日，四川交响乐团在四川省文化艺术中心音乐厅举办《熊猫·家园》音乐会，并推出“熊猫音乐家”IP。这是川内交响乐团的首个音乐演艺IP，将更多的文化文旅元素与交响乐相结合，具有四川特色[④]。

---

① 《川籍音乐人“顶流效应”催生文旅产业“顶流效益”》《四川日报》2024年10月23日。

② 《悦耳旋律奏响融合新乐章——“多彩中国 佳节好物”文化和旅游贸易促进活动开启“音乐之旅”》，《中国旅游报》2024年12月9日。

③ 《悦耳旋律奏响融合新乐章——“多彩中国 佳节好物”文化和旅游贸易促进活动开启“音乐之旅”》，《中国旅游报》2024年12月9日。

④ 《交响乐团如何实现品牌化发展？川交〈熊猫·家园〉打造“音乐+”》，https://news.qq.com/rain/a/20241012A098XI00。

同时，成都致力于打造城市“音乐之都”的优质形象，目前成都已建成成都城市音乐厅、四川大剧院、成都金融城演艺中心等剧场音乐厅 108 个，拥有具备万人演出条件的场馆或户外场地 10 余个；规划发展成都音乐坊、东郊记忆、白鹿音乐小镇等音乐聚集区，聚集音乐企业 3500 余家、音乐人才超 6.5 万人；每年开展各类音乐演出活动超 4500 场，票房收入超 12 亿元，演唱会、音乐节等大型演出规模持续跻身全国前列；打造了蓉城之秋成都国际音乐季、成都金芙蓉音乐比赛、国际友城青年音乐周等音乐品牌①。2024 年 11 月 27 日，中国音乐金钟奖签约仪式在成都举行，中国音乐家协会与成都市政府签署合作协议，共同举办第 15 届至第 17 届中国音乐金钟奖。而自 2019 年金钟奖首次落地成都以来，已在蓉成功举办第 12 届至第 14 届金钟奖相关活动。成都龙泉驿区已引进四川众合星耀文化传播有限公司等 14 家高能级文体娱公司落地注册。“国潮音乐基地”正式签约，将规划建设可容纳 3 万人的户外音乐节文娱综合体，打造成都国际音乐之都新场景②。

（三）生成式人工智能音乐发展，创新数字音乐生产模式

生成式人工智能技术目前已成为四川省数字音乐创作模式持续创新的重要推动力。例如，行者 AI 旗下的当歌音乐团队研发的人工智能机器人音乐作曲服务，允许用户通过简单的画线动作来创作音乐，并自动生成匹配的旋律。这项创新有效降低了音乐创作的难度，为原创音乐的个性化定制和生产带来了新机遇③。同时，行者 AI 还将 AI 技术扩展到了音乐教育领域，例如开发 AI 诗歌交互式创作助手来教授音乐和传统文化，为儿童参与音乐创作

---

① 《刚刚签约！连续 3 届，金钟奖继续在蓉举办》，https：//www.chengdu.gov.cn/cdsrmzf/c152802/2024-11/27/content_6d9c11eae071477c983e368d3f2c3c52.shtml。

② 《四川上半年营业性演出拉动消费超 77 亿元“重磅”新政推动演出经济持续发力》，https：//finance.sina.com.cn/jjxw/2024-08-13/doc-incipkzw3300504.shtml。

③ 《四川音乐产业何以逆势而上？丨四川观察专访行者 AI 当歌音乐》，https：//www.xingzheai.com.cn/newDetail/28。

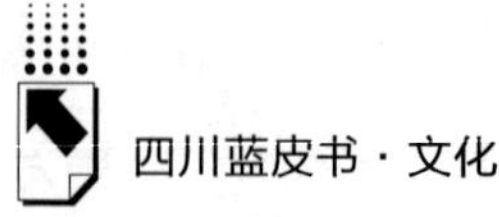

提供了新方式[①]。

生成式人工智能技术促进了原创音乐作品数量的增加和音乐内容的多样性，对四川省数字音乐市场产生了积极影响。随着技术的不断进步，生成式人工智能将在四川省音乐产业的未来发展中发挥更重要的作用。

在文化强国战略的引领下，四川音乐产业依托政策支持、硬件支撑、品牌建设、科技创新、文化资源优势、市场需求等要素，形成了完整的产业链，并在全国音乐产业版图中占据重要地位。从政策指导到企业支撑，从数字音乐的崛起到“音乐+文旅”模式的创新，从音乐人才的培养到国际化发展战略的推进，四川音乐产业正以稳健步伐迈向高质量发展，为全国音乐产业的高质量发展提供四川经验、贡献四川力量。

① 《四川音乐产业何以逆势而上？丨四川观察专访行者 AI 当歌音乐》，https：//www.xingzheai.com.cn/newDetail/28。

B.10 四川传媒教育发展报告

黄俊棚　陈永麟　裴　斐*

摘　要：　四川省传媒教育的发展紧密结合中国传媒行业变革与地方文化需求，形成了从传统向现代、从理论教学向产教融合、多学科交叉的系统演进路径。自改革开放以来，四川传媒教育由初期的基础学科建设逐步拓展至网络与新媒体、智能传播、“传媒+大数据”等特色方向，推动教育体系多样化与应用型人才培养机制深化。四川大学、成都理工大学、四川师范大学等高校在传媒教育领域各具特色，形成从理论研究到技术实践、从艺术创作到新闻传播的完整人才梯队。四川传媒学院、四川电影电视学院等专业类高校聚焦实践导向，在播音主持、数字媒体、影视制作等方面成果显著。此外，四川在新文科背景下推进“艺术+科技”协同育人，融入AI、大数据、虚拟现实等新兴技术，提升教育现代化水平。尽管如此，传媒教育在教学资源分布、产教融合深度、课程设置、区域协调发展等方面仍面临挑战。未来，四川传媒教育应强化跨学科整合、教育国际化布局与教育资源数字化建设，优化人才培养机制，以更好支撑区域文化传播与传媒产业高质量发展。

关键词：　四川　传媒教育　智能传播

四川省传媒教育的发展历程与中国传媒行业的变革及地方文化需求紧密

* 黄俊棚，四川省社会科学院历史研究所研究员，博士后，硕士生导师，主要研究方向为中国近现代史、巴蜀文化；陈永麟，四川省社会科学院历史研究所硕士研究生；裴斐，四川传媒学院表演学院讲师。

交织，呈现出从传统向现代、从单一向多元的跨越式演进趋势。随着社会需求的增长和科技的进步，媒体行业不断扩容并逐步发展壮大，对传媒教育的需求也日益凸显。四川省的传媒教育始于改革开放之后，这一阶段以理论教学为核心，基本奠定了学科基础。进入 21 世纪后，传媒市场化浪潮推动教育转型，学科体系逐步拓展至广告学、数字媒体等新兴领域，校企合作和实训基地建设不断强化人才培养的应用导向。2010 年后，移动互联网与数字技术深刻重塑传媒生态，省内高校加快布局网络与新媒体、智能传播等前沿方向。同时，学科交叉趋势日益显著，“传媒+大数据”“传媒+文旅”等特色方向应运而生，回应了成渝地区双城经济圈建设对复合型人才的需求。未来，随着人工智能技术的持续演进，四川传媒教育有望进一步深化产教融合，探索前沿领域人才培养的新范式。总体而言，四川省的传媒教育经历了从无到有、从弱到强的发展过程，逐步形成了多元化的教育体系，为传媒行业的发展提供了坚实的人才支撑。

一　四川传媒教育发展现状分析

（一）院校设置

四川省传媒教育在政策支持和产业驱动下快速发展，形成了多层次、多类型院校协同发展的格局。综合类高校中，四川大学是四川省最具综合实力的高校之一，其传媒学科在全国有较大的影响力。四川大学文学与新闻学院下设新闻传播学等一级学科，学院拥有广告与传播学系、影视艺术系、新闻传播研究所、广播电视研究所等教学科研机构，注重理论与实践的结合，培养学生在新闻采编、传播技术、公共关系等方面的综合能力，为传媒教育提供了全面且深入的学科支撑。作为西南地区新闻传媒教育重镇，四川大学凭借“双一流”学术优势，培养了大量具备扎实传媒理论基础和实践技能的专业人才，为新闻传媒、公关广告等多个行业输送了“厚基础、宽口径、广适应”的高素质全媒化复合型新闻人才。成都理工大学则依托理工背景，推动科技与传媒跨界融合，开设了包括数字媒体艺术、网络与新媒体等多个创新专业。四川师范大学的传媒学科在四川省也占有一席之地，其新闻与传播学院提供广播电视学、网络与新媒体、广播电视编导、戏剧影视导演、播音与主持艺术等培养方向。2015 年四川师范大学影视与传媒学院的成立，开启了影视制作与编导人才培养的专业化路径。该校注重师范类教育背景下的传媒学科发展，强调学生的教学能力与传媒素养相结合，培养既能从事传媒行业，又能从事传媒教育的复合型人才。

专业型院校以四川传媒学院（以下简称“川传”）为代表。学院设有播音与主持艺术、广播电视学、网络与新媒体、新闻学、戏剧影视文学、戏剧影视导演等多个专业，涵盖了新闻传播、广播电视、艺术设计、数字媒体等多个专业方向。其以播音主持、影视动画等实践型专业为特色，迅速成长为独立的传媒院校标杆。四川电影电视学院（以下简称“川影”）设有播音主持、电视、电影、新媒体等学院，并开设播音与主持艺术、广播电视编导、影视摄影与制作、表演、戏剧影视文学、戏剧影视美术设计、数字媒体艺术等多个专业，涵盖了播音主持、影视制作、表演、艺术设计、数字媒体等多个专业方向。

特色院校方面，四川音乐学院侧重影视音乐制作与动画 IP 开发，凸显艺术与传媒的创意联动；成都锦城学院则聚焦短视频运营与新媒体内容生产，直接对标抖音、快手等平台需求。高职院校中，四川文化产业职业学院通过政校企联动参与三星堆文化推广等项目，成都职业技术学院依托软件园资源强化游戏、美术与短视频实战技能。

四川省的传媒教育现状呈现多元化发展趋势，几所重点院校的传媒学科都有其特色。四川大学等传统强校提供了丰富的理论与实践教学资源，西南交通大学、成都大学等地方院校则更加注重应用性和地方特色，力求培养符合市场需求的创新型传媒人才。随着传媒行业的发展，四川省的传媒教育也在不断发展，特别是在新媒体、数字传媒等方向的教育力度不断加大，为学生提供了更多的就业和发展机会。

（二）特色专业资源分析

四川省在传统传媒教育领域展现极为雄厚的实力。多所高校的影视传媒教育专业成绩斐然，成功入选“双万计划”。其中，四川传媒学院表现突出，有 5 个与传统传媒教育相关的国家级一流本科专业建设点，分别为播音与主持艺术、广播电视编导、数字媒体艺术、动画、广播电视学，省级一流本科专业建设点更是涵盖广告、摄影等众多专业。四川电影电视学院和四川师范大学各有广播电视编导、播音与主持艺术 2 个国家级一流本科专业建设点。成都大学影视与动画学院的广播电视编导专业，以及成都理工大学的广播电视编导、播音与主持艺术专业，也分别在国家级和省级一流本科专业建设点中占据一席之地。如此丰富且优质的专业资源，为四川传媒产业的发展源源不断地输送高素质人才。在产业发展方面，四川拥有 2 个国家级视听传媒基地，分别是中国（成都）网络视听产业基地、中国（成都）超高清创新应用产业基地。这些基地的建设，为四川传媒产业的腾飞搭建了坚实的平台。近年来，四川动漫产业更是异军突起，《哪吒之魔童降世》《哪吒之魔童闹海》等现象级精品力作频出。这一系列成果的取得，与四川省委、省政府高度重视网络视听产业发展，大力支持国家级视听传媒基地建设有着紧密的联系①，也离不开四川雄厚的传媒教育特色专业资源所提供的人才支撑和创意源泉。各方优势相互促进，共同推动四川传媒产业迈向更高的台阶，也为四川传媒教育提供了优质的资源支持。

四川高校在融媒体教育方面也积极探索并拥有大量的实践经验，而这一实践首先依托国家大力推动媒体融合。2014 年 8 月 18 日，中央全面深化改革领导小组第四次会议审议通过了《关于推动传统媒体和新兴媒体融合发展的指导意见》。作为中央关于媒体融合的首份指导性文件，该文件提出“着力打造一批形态多样、手段先进、具有竞争力的新型主流媒体，建成几

① 《〈哪吒之魔童闹海〉爆火的背后——揭秘四川网络视听产业的“成长密码”》，https：//www.sc.gov.cn/10462/10464/10797/2025/2/7/72d1e729dc674c80898b2d26dfcebe1c.shtml。

家拥有强大实力和传播力、公信力、影响力的新型媒体集团，形成立体多样、融合发展的现代传播体系”。2022 年 10 月 16 日，习近平总书记在党的二十大报告中强调“加强全媒体传播体系建设，塑造主流舆论新格局”。2024 年 7 月 18 日，党的二十届三中全会通过的《中共中央关于进一步全面深化改革、推进中国式现代化的决定》也明确要求，“构建适应全媒体生产传播工作机制和评价体系，推进主流媒体系统性变革”，“推进国际传播格局重构，深化主流媒体国际传播机制改革创新，加快构建多渠道、立体式对外传播格局”。这一系列政策方针给四川传媒教育中的融媒体教育发展提供了明确的指导方向。在此趋势的推动下，成都锦城学院的网络与新媒体专业作为四川省级一流本科专业建设点及四川省普通本科高校应用型示范专业，拥有腾讯开放平台众创空间文创基地、“今日头条”教学实践人才培养基地等。该专业以融媒体写作为核心竞争力，培养学生在各类融媒体平台从事文字、图片及视频采编、运营推广、数据分析等工作的能力。四川传媒学院早在 2018 年 10 月就成立了融合媒体学院，专注于应用型本科教育，开办有广播电视学、新闻学（融媒体新闻方向）、网络与新媒体等专业，为相关行业培养优秀的应用型、复合型新闻与信息服务高级专业人才。

同时，新文科与新工科教育教学改革也构成了四川传媒教育发展的大背景。2020 年 11 月 3 日，教育部新文科建设工作组主办的新文科建设工作会议发布《新文科建设宣言》，提出要打破学科专业壁垒，推动文科专业深度融通，将新技术融入传统文科教学，培养学生的知识扩展和创新思维能力。2021 年 3 月教育部发布《新文科研究与改革实践项目指南》，专门设立“艺术学领域新文科建设实践”选题方向，并启动首批新文科研究与改革实践项目建设，一些高校积极开展新文科语境下的科技艺术学科、依托工科优势的“科学+艺术”融合数字媒体创意设计类专业的探索与实践。四川传媒学院坚持以立德树人为根本、以产教融合为主线、以教育教学治理改革为动力，建设“具有行业特色、应用特质、民办特性的一流应用型传媒院校”。近年来，学校加大力度深化转型发展，促进应用型本科人才培养升级，深入推进“艺术+科技”的新文科建设，积极搭建协同育人平台生态圈，全面提升应用型人才培养的质量[①]。这些实践与探索，既结合了四川传媒教育的特色专业资源优势，又顺应了新文科与新工科发展的要求，为四川传媒教育注入了新的活力。

（三）师资力量与人才培养情况

四川省的传媒教育领域拥有高水平的师资队伍。成都理工大学传播科学与艺术学院新闻传播学一级学科硕士学位点拥有专任教师 30 人，其中教授 11 人、副教授 16 人、博士/讲师 4 人。专任教师中，拥有博士学位的教师 17 名，占比 56.6%，有海外经历教师 2 人[②]。四川传媒教育领域师资力量雄厚，以曹顺庆、蔡尚伟、刘翼、王家福等为代表的一众学者成绩斐然。曹顺庆开创比较文学变异学理论，提出"学术传承、话语创新"的人才培育理念，带领学生进行话语理论建设，出版《中西比较诗学》《中外比较文论史》等 20 多部著作，发表百余篇学术论文，还主编"马工程"重点教材与国家级精品教材，其开设课程获评国家级精品课程和国家级精品资源共享课程，获 4 项国家级教学成果二等奖。蔡尚伟提出构建"比较文化产业学"学术主张，完成《文化产业导论》等著作及百余篇论文，为中国文化产业应对国际金融危机贡献理论力量。刘翼 11 次获国家级和省部级奖项，发表近 30 篇核心期刊论文，出版 5 部专著与教材，获四川省多项科研成果奖，主持主研 13 项国家级、省部级课题，获四川省高等教育优秀教学成果一、二等奖。王家福专注信息化和数字新媒体、高新视频技术及应用研究，参与主创的影视剧获奖众多，科研创作成果荣获 20 余项国家、省部级奖项，并作为四川传媒学院副校长，推动人才发展体制机制改革与人才培养体系建设。他们在各自领域的卓越贡献，极大地增强了四川传媒教育的师资力量。

四川省的传媒院校还在教学改革和人才培养方面取得了显著成果。四川

① 《四川传媒学院多个专业获批国家、省级一流本科专业建设》，http：//edu.sc.gov.cn/scedu/c100499/2021/3/9/94b941f897b848ea98c27b2403bdf971.shtml。

② 《学院巡礼丨传播科学与艺术学院》，https：//mp.weixin.qq.com/s/ymwsuEG76rLbs4UZZLlscw。

传媒学院数字媒体与创意设计学院主持研究的“基于新型传媒产业链的数字媒体专业群建设研究与实践”项目，成功获批 2024~2026 年四川省高等教育人才培养质量和教学改革项目立项。这一成果标志着四川传媒学院在数字媒体教育和专业建设方面取得了重要突破。该项目团队紧密围绕数字媒体专业的发展需求，针对传媒行业新业态对高素质专业人才的迫切需求（如超高清高新视频、AIGC、虚拟现实等领域)，提出了“艺术+技术”“文化+科技”的培养理念[①]，体现了该学校教师在教学研究和改革方面的积极探索。总体而言，四川省传媒教育领域师资力量雄厚，教师在学术研究和教学改革方面取得了显著成果，为培养高素质的传媒人才提供了坚实保障。

四川省的传媒教育体系在人才培养模式和毕业生就业方面取得了显著进展。四川省的传媒院校注重实践与理论相结合，积极推动产教融合，培养学生的创新创业能力。四川传媒学院针对智媒时代发展需求，在新文科建设背景下，根据产业发展特点，达成了“乘‘需’而入，有‘求’必应”的共识，致力于培养具有创新精神和实践能力的传媒人才[②]。成都理工大学传播科学与艺术学院通过项目式教学改革，实施“跨学科融合—价值引领—智慧互动—校企协同—创新评价”的“五环联动”人才培养模式，注重学生综合能力和实践能力的培养[③]。在毕业生就业方面，四川省传媒院校的毕业生就业率保持在较高水平。四川传媒学院 2024 届本科毕业生初次就业率为 89. 05%，其中 75. 96%的毕业生通过签订就业协议形式就业[④]；四川文化传媒职业学院 2021 届专科毕业生签约就业率为 71. 59%，其中 78. 85%的毕业生选择在四川省内就业[⑤]。四川传媒教育培养的人才还在服务地方文化经济

① 《我校数字媒体专业群建设项目获批四川省高等教育重要立项》，https：//zq. cdysxy. cn/html/894/2025-02-17/content-4269. html。

② 《四川传媒学院 2020 年双创节圆满举行 培养一流应用型传媒人才》，https：//roll. sohu. com/a/682515184_120006290。

③ 《融合项目教学实践 赋能卓越人才培养》，https：//rmt. eol. cn/2022/08/26/9922387. html，2022 年 8 月 26 日。

④ 《四川传媒学院 2023-2024 学年本科教学质量报告》，https：//pgb. cdysxy. cn/2024_11/29_09/content-42620. html。

⑤ 《四川文化传媒职业学院 2021 届毕业生就业质量年度报告》。

建设方面做出了贡献与成绩，例如四川文化传媒职业学院设计与媒体艺术学院与崇州市元通镇三和堰村签订农产品外包装设计和短视频宣传项目合作协议，助力三和堰村乡村文旅发展。学院以项目引领两大专业群，聚焦区域文化经济发展，将项目运作、企业标准、市场规范融入教学实践，让学生在真实项目中得到历练，为区域文化经济发展提供人才支持①。四川传媒学院师生团队还在2023年7月赴凉山彝族自治州喜德县开展“三下乡”社会实践志愿服务活动，对民族文化景区和建筑进行全景扫描和数字建模，通过影像重构技术，为喜德县开发搭建数字文旅元宇宙，为“线上喜德”开发各种互动、沉浸式的文旅应用，助力巩固拓展脱贫攻坚成果、促进乡村振兴②。

总体而言，四川省的传媒教育体系通过深化人才培养模式改革，积极推动产教融合，取得了良好的就业成果，为传媒行业输送了大量高素质的人才。

二　四川传媒教育未来发展趋势

（一）跨学科融合

随着科技的迅猛发展和社会的不断进步，传媒行业正面临前所未有的变革。党的十九大报告指出，要建设实体经济、科技创新、现代金融、人力资源协同发展的产业体系，大力推动互联网、大数据、人工智能和实体经济深度融合，并建立产学研深度融合的技术创新体系；着重强调建设教育强国，坚持教育先行，深化产教融合、校企合作，实现高等教育内涵式发展。报告更是明确提出“完善职业教育和培训体系，深化产教融合、校企合作”。这一系列重要论述，为我国教育与产业协同发展指明了清晰方向。在此背景下，四川省的传媒教育亟须顺应时代潮流，探索跨学科融合的发展路径，以

① 《四川文化传媒职业学院设计与媒体艺术学院举办项目化教学成果展》，http：//zw.china.com.cn/2024-12/26/content_117630594.shtml。

② 姜玮玮：《传媒院校赋能乡村振兴的路径》，《四川经济日报》2023年9月26日。

培养适应未来需求的复合型人才。在数字化浪潮与产业升级的双重驱动下，四川省传媒教育正经历从传统媒体技能培训向复合型人才培养的深刻转型。随着受众需求的多样化，传媒内容的生产需要融合文学、艺术、社会学、心理学等多学科知识。这要求传媒教育在课程设置上进行跨学科整合，培养学生的综合素养和创新能力。作为西南地区文化高地和数字经济发展重镇，四川省各高校依托丰富的在地资源与产业优势，通过跨学科融合构建新型教育生态。成都理工大学新闻传播系通过项目式教学，实现“理、工、文、艺”跨学科专业融合，开设全媒体新闻生产、广告创意与策划、品牌形象策划等综合实践课程，培养学生的综合能力和创新精神。此外，学校还将社会主义核心价值观、中华优秀传统文化等融入教学，增强学生的文化自信和社会责任感；通过线上线下混合式教学，利用智慧教学工具，提升教学效果和学生的学习体验。同时，学校与企业合作，邀请业界导师参与教学，形成校企协同育人的模式，增强学生的实践能力和就业竞争力①。随着科技的不断进步和社会的快速发展，四川省的传媒教育将面临更多机遇和挑战，跨学科融合将成为未来发展的主流趋势。高校应紧跟时代步伐，深化教育改革，培养适应未来需求的复合型人才，为四川省乃至国家的传媒事业发展贡献力量。

（二）新兴技术的应用

随着 AI 和大数据等新兴技术的迅猛发展，四川省的传媒教育正面临前所未有的机遇和挑战。这些技术的应用不仅改变了传媒行业的生产和传播方式，也对教育模式和人才培养提出了新的要求。四川省在人工智能和大数据领域取得了显著进展，人工智能产业核心产业规模超 1000 亿元，带动相关产业规模 5000 亿元以上②。《四川省大数据产业白皮书（2023）》指出，大数据产业是激活数据要素潜能的关键支撑，是加快经济社会发展质量变革、

① 《融合项目教学实践 赋能卓越人才培养》，https：//rmt. eol. cn/2022/08/26/9922387. html。

② 《四川人工智能产业初调查》，https：//cdst. chengdu. gov. cn/cdkxjsj/c108731/2023-04/25/content_b46aeb745067435c930a692514627dc0. shtml。

效率变革、动力变革的重要引擎①。人工智能与大数据在传媒教育中的应用具有多种优势。首先，人工智能和大数据可以带动智能化教学，AI 技术可以分析学生的学习行为和成绩，提供个性化的学习建议和资源，提升教学效果。其次，大数据技术还可以帮助学生分析受众需求，优化内容创作。AI 技术则可以辅助内容生成和编辑，提高生产效率。而 AI 和大数据技术的结合，更可以为学生提供沉浸式的学习体验，增强实践教学的效果。四川省传媒教育界目前在 AI 技术应用方面有着可观的成绩。2023 年，国家广播电视总局同意在四川传媒学院设立“虚拟现实视听技术创新与应用国家广播电视总局实验室”。该实验室围绕虚拟视听技术在广播电视和网络视听领域深度融合应用，重点对裸眼 3D 虚拟影像制作、8K+VR 内容拍摄制作、XR 虚拟棚摄像机追踪及虚拟互动、数字虚拟抠像及实时合成、AI 技术辅助虚拟视听制作全流程等关键技术开展研究②。2024 年 5 月 24~27 日，四川传媒学院还承办了第五届“超场域数字创艺论坛”暨超高清虚拟现实视听系列会议。论坛汇聚了众多专家学者，探讨数字创意领域的最新发展趋势和前沿技术，为师生提供了了解人工智能在数字创意领域应用情况和未来发展方向的机会③。成都锦城学院与百度公司共建人工智能与大模型产业学院，开设“人工智能与大模型应用”通识课程，推动了人工智能在传媒教育相关领域的教学应用。

（三）国际化合作与交流

随着全球化和数字技术的深度融合，国际合作已成为高等教育发展的重要趋势。四川省的传媒教育积极拓展国际交流，不断提升教育质量与全球传播体系的融合度。依托“一带一路”倡议、成渝地区双城经济圈建设

① 《四川省大数据产业白皮书（2023）》，四川省大数据产业联合会，2023 年 12 月。

② 《川传影视硅谷获批“国字号”实验室 赋能数字经济》，https：//baijiahao. baidu. com/s？id=1786421892279635082&wfr=spider&for=pc。

③ 《第五届“超场域数字创艺论坛”暨超高清虚拟现实视听系列会议在我校成功举办》，https：//www. scmc. edu. cn/html/894/2024-05-25/content-4003. html。

等战略机遇，四川省的高校推动传媒教育从区域化向全球化跃升，在国际化方面取得了显著进展。四川传媒学院与多所国外知名高校建立了合作关系，定期派遣师生进行学术交流与合作研究。近年来，四川省传媒教育依托区域文化产业优势，通过参与成都国际非遗节、西部文博会等项目强化产教联动，并拓展与美国南加州大学、英国威斯敏斯特大学等院校的合作，提升教育国际化水平。综观其发展脉络，实践性与创新性贯穿始终，多层次教育体系既服务于西南传媒高地建设，亦直面智能化与全球化挑战。四川传媒学院高度重视开放办学战略，加快构建全媒体跨境教育平台，培养数字文创领域的国际化高端人才，已与美国、加拿大、英国、澳大利亚、新西兰、日本、韩国、新加坡、意大利、马来西亚、泰国、印尼等 12 个国家的 60 多所高校建立了校际合作交流关系。此外，学校还鼓励学生参与国际比赛和项目，锻炼他们的国际竞争力。成都锦城学院文学与传媒学院还和美国路易斯安那西北州立大学开展线上交流，促进了两校在教育和文化领域的合作。

三　四川传媒教育发展面临的挑战与问题

在数字经济与文化强省建设的双重驱动下，四川省传媒教育正处于转型升级的关键期。然而，教学资源分布不均、产教融合深度不足、课程迭代滞后、区域发展失衡等结构性矛盾，制约着人才培养质量与传媒教育质量的提升。

（一）教学资源分布不均

目前，四川省的传媒教育虽然在一些高校得到重视，但相较于发达地区，教学资源和设施仍存在不足。例如，一些地方院校在硬件设施（如高水平的录音室、影视拍摄设备等）和软件资源（如高质量的教材、研究资料等）上有所欠缺。这使得学生在实践和实际操作中受到限制，无法全面提升专业技能。另外，优秀的传媒专业教师稀缺，尤其是一些新兴传媒领域的教学内容更新速度较慢，部分教师的学术和实践水平无法满足教学需求。虽然也有像四川文化传媒职业学院成功立项 14 门精品课程这样的成果，但传媒类高校的整体教学资源仍需进一步提升。

（二）产教融合深度不足

在新文科与新工科教育背景下，四川传媒教育面临产教融合深度不足的挑战。一是产学研融合教学人才保障激励措施存在问题，部分高校和企业对相关政策理解不深、执行不力，致使保障激励政策无法真正惠及教学人才，像教师在企业兼职的相关权益在实际操作中难以有效保障，极大地影响了教师参与产学研融合的积极性。二是评价体系不完善，部分高校的教师评价体系仍过于侧重科研论文和教学工作量，产学研融合成果评价权重较低，使教师投入产学研工作时顾虑自身职业发展。三是利益分配机制不合理，在产学研合作中，高校、企业和教学人才间利益分配难以平衡，如科研成果转化时企业重经济效益，高校和教师关注学术成果与人才培养，差异易引发利益纠纷，打击教学人才积极性。四是企业参与度不高，一些企业认为与高校合作风险大、收益慢，对参与产学研融合热情不高，造成教学人才寻找合作企业、开展产学研项目困难，限制了四川传媒教育产学研融合的深度和广度。

（三）课程迭代滞后

目前四川省一些高校的传媒课程设置存在一定的滞后性，未能及时跟进行业的发展趋势。例如，在数字媒体和新媒体崛起的背景下，很多学校的课程设置依然以传统媒体为主，缺乏对新兴传媒领域的充分关注；课程内容也较为单一，缺乏跨学科的融合，无法满足学生多元化的需求；教学方法较为陈旧，过多依赖讲授式教学，缺少互动性和创新性；学生的主动学习能力和批判性思维没有得到有效激发，无法充分提升综合能力。虽然《四川省“十四五”教育发展规划》强调，要推行启发式、探究式、参与式、合作式等教学方式，培养学生创新精神，然而部分高校在教学方法的改革和课程设置的更新方面仍需加强[①]。

（四）区域发展失衡

四川省区域发展不平衡的问题也直接影响到传媒教育的发展。成都市作为省会，资源集中，拥有更多的优质教育资源和传媒企业，许多优秀的传媒专业毕业生倾向于留在成都发展。在一些较为偏远的地区，传媒教育资源稀缺，学生接受教育的质量和机会有限。这种区域性差距导致了四川省内不同地区的传媒教育水平差异较大，从而影响了整体教育质量。整体而言，四川省内不同地区的教育资源差异仍然存在，部分地区的教育资源相对而言仍旧匮乏。

四　对策与建议

四川传媒教育在教学资源、理论与实践结合、课程设置与教学方法以及区域资源分配等方面面临挑战。为解决这些问题，需要优化教育资源配置、改进课程设置与教学模式、加大师资队伍建设力度、加强国际交流合作。

（一）优化教育资源配置

优化四川省传媒教育资源配置，需从以下几个方面着手。首先，整合优质教育资源，建立教育共同体，促进优质学校与薄弱学校合作，实现资源共享和优势互补。促进学科建设与人才培养协同创新，为培养高素质传媒人才提供坚实支撑。例如，四川师范大学音乐学院和四川科技职业学院天府艺术与传媒学院签署实习基地合作协议，为四川师范大学音乐学院学生提供更广阔的实践平台和更多学习机会，共同推动艺术教育的发展[②]。其次，加强校

---

① 《四川省“十四五”教育发展规划》。

② 《四川师范大学音乐学院与四川科技职业学院·天府艺术与传媒学院签署实习基地合作协议》，https：//music. sicnu. edu. cn/p/0/？StId＝st_App_news_i_x638695346057778108。

企合作，鼓励高校与传媒企业建立紧密合作关系，共同研究设置课程、实习实训和科研项目，提升学生的实践能力和就业竞争力。例如，四川传媒学院积极倡导“产学研用一体化”理念。新媒体运营产业学院紧密结合企业的实际需求和高校的人才培养、教学科研工作，深入实施产教融合，推动合作办学、合作育人、合作就业、合作发展的新型校企合作关系建设，努力提升人才培养质量[①]。再次，推动数字化教育，利用数字技术，建设在线教育平台，实现优质教育资源的远程共享。例如，中国移动四川成都分公司联合咪咕音乐有限公司与四川传媒学院共同打造5G-A超高清高校专网，使四川传媒学院的教育数字化转型和智慧校园建设迈上新台阶，为无线高清直播、互动提供了更好的创新土壤，助力学校在新媒体、数字媒体艺术等领域取得更大发展[②]。最后，优化专业设置，根据市场需求和行业发展趋势，调整和优化传媒专业设置，培养符合社会需求的高素质人才。

（二）改进课程设置与教学模式

改进课程设置与教学模式对于提高四川省传媒教育的质量和适应性至关重要。首先，课程内容应与行业需求紧密对接。随着传媒行业的迅速发展，特别是在新媒体和数字传播等领域，课程内容需要不断更新，以融入前沿技术和行业动态。例如，增设数字传播与新媒体或互动媒体与用户体验设计等课程，以培养复合型人才。其次，教学模式应更加注重实践导向。加强实践教学，推动校企合作，提供实习和实训机会，让学生在真实项目中积累经验。还需优化课程设置，增加前沿理论课程，如媒介融合发展趋势、数字传播技术前沿等，让学生掌握传媒领域的最新理论知识。同时，提高实践课程比重，设置如融媒体内容创作实践、传媒项目策划与运营等课程，通过实践项目提升学生的动手能力和解决实际问题的能力。还可以设计项目化课程，

① 《教育部产学合作协同育人项目组发来感谢状：彰显新媒体运营产业学院产教融合与校企合作的显著成果》，https：//www.scmc.edu.cn/html/894/2024-03-24/content-3912.html。

② 《全球首个！5G-A超高清高校专网来了》，成都日报公众号，https：//mp.weixin.qq.com/s/IAqdkngttPYLVx-lRNvwGA。

通过长期项目让学生参与从策划到执行的全过程，培养他们的团队合作和项目管理能力。教学方法方面，应该采用更加创新的模式。例如，通过互动式教学、案例分析、小组讨论等方式，提升学生的思维能力和参与感；同时，采用翻转课堂模式，鼓励学生课前自主学习，课堂上进行深入讨论和实践操作。实践证明，“翻转课堂+网络直播”教学模式凭借其教学手段的多样性、教学模式的交互性、教学内容的创新性、教学时空的场景化、教学评价的直观化等优势取得了良好的教学效果①。

此外，混合式教学（在线+线下）也能有效提高教学资源的利用效率。在评价体系方面，应实行多维度的评价标准。除了传统的期末考试，还应根据学生的课堂表现、项目完成情况、团队合作能力等综合评估，注重实践环节的成绩，激励学生提升综合能力。此外，课程应注重学生的综合素质培养。可以增加跨文化与全球视野的内容，帮助学生了解国际传媒形势与文化差异；同时，增强批判性思维培养，例如开设传媒伦理、文化与传播等课程，培养学生对媒体影响力的深刻理解。加强教师的专业培训和行业交流也非常重要。教师应定期参加行业研讨会和培训班，提升实践能力，并与企业建立合作关系，以保持教学内容的前沿性和实用性。通过这些改革和创新，四川省的传媒教育能够更好地适应行业需求，培养出具有实际操作能力、全球视野和批判性思维的复合型人才。

（三）加大师资队伍建设力度

加大四川省传媒教育中的师资队伍建设力度，对于提升传媒教育质量和传媒人才培养效果同样具有至关重要的作用。首先，选拔既有扎实理论基础又有丰富实践经验的教师担任研究生导师，同时聘请传媒行业的资深专家作为校外导师，形成双导师制。校内导师注重培养学生的理论素养和科研能力，校外导师则侧重指导学生的实践操作和职业发展规划，共同为学生提供

① 董雨虹：《“翻转课堂+网络直播”教学模式在传媒类课程教学中的应用研究——以“电视广告策划与创意”课程为例》，《视听》2020年第5期。

全面的指导和培养。其次，四川省应加大高层次人才的引进力度。引进行业内的专家和学者，尤其是具备丰富实践经验的传媒从业人员，为教学提供前沿的行业动态和实际操作经验。引进高层次人才、开展教师培训和交流，提升教师的专业素养和教学水平。吸引具有国际视野的海外高端人才，推动课程内容和教学理念的国际化，进一步提升教育质量。此外，加强现有教师的培训与提升。定期组织教师进行专业素养培训，特别是新媒体技术、数字传播等新兴领域的培训。还应鼓励教师进修深造，攻读博士学位或参加国内外的继续教育项目，提升学术能力和行业洞察力。促进教师与行业的紧密合作也非常重要。鼓励教师参与企业项目、行业研讨等活动，从而更好地了解行业需求，并将其融入教学中；建立长期的校企合作关系，让教师与企业共同开发课程和教材，提升课程的实用性和行业对接度；利用校企合作资源，聘请行业内的资深人士担任兼职教师，将行业的最新发展情况带入课堂，帮助学生更好地了解行业趋势①。

创新高校教师的激励机制不仅有助于教师职业成长，还能不断地激发教师潜能，充分发挥教师在教学和科研中的主动性、能动性和创造性。高校教师激励机制不仅要助力教师职业成长，还要营造良好的教学环境。只有合理有效地配置各种资源，才能不断地激发教师潜能②。应为教师提供具有竞争力的薪酬和明确的职业发展路径，建立多元化的薪酬体系，除基本工资外，根据教师在产学研项目中的贡献给予相应的绩效奖励、项目提成等。设立专项奖励基金，对在产学研合作中取得突出成果，如推动技术转化、培养出优秀应用型人才的教师团队或个人，给予高额奖金和荣誉表彰。通过科研成果、教学质量等多维度的评估，给予教师相应的奖励和支持，激励其不断提高教学水平和科研能力。同时，针对有显著成就的教师，可以提供更多的资源和晋升机会，激发其在学术研究和实践领域的积极性。应推动师资队伍的多元化建设。通过“青年教师培养计划”选拔和培养有潜力的年轻教师，

① 陈海军、费德馨：《融媒体时代复合型传媒人才跨界培养研究》，《传媒论坛》2023 年第 3 期。

② 郑连弟：《高校教师治理与激励机制创新》，《理论界》2023 年第 11 期。

同时鼓励教师进行跨学科研究，如传媒与社会学、心理学、信息技术等的结合。这样的跨学科教学不仅能丰富学生的知识体系，也能提升教师的综合素质。通过这些措施，四川省传媒教育的师资队伍将得到有效提升，教师的专业水平、实践经验和学术研究能力将进一步加强，从而培养出更多高素质、复合型的传媒人才。

（四）加强国际交流合作

加强四川省传媒教育的国际交流与合作，是提升教育质量和开阔学生视野的关键。首先，四川省应积极推动与国际知名传媒院校的合作。可以通过签订合作协议，开展学生交换项目、教师互访以及联合科研等活动，使师生有机会参与国际化的教育和研究项目。这些合作不仅能提升课程的国际化水平，还能帮助学生了解全球传媒行业的前沿动态和最佳实践。其次，组织国际学术会议和研讨会，为师生提供展示研究成果和与国际同行交流的机会。定期举办学术论坛、专题讲座和工作坊等，邀请国际专家学者参与，拓宽师生的国际学术视野。此类活动能够促进教师之间的跨文化学术合作，提升教学和研究质量。此外，四川省传媒教育应加强与国际传媒企业和机构的合作，在教学实践中引入校企合作育人模式，以企业的真实项目为实践载体，在校内建立校企合作育人基地，实现定制化教学，实现高校、学生、企业互利共赢①。

校企合作项目能够让学生有机会在国际传媒公司实习，了解全球传媒行业的工作模式和技术应用。企业也能为学校提供实用的课程资源和行业需求，帮助教师及时更新课程内容，确保教学内容与行业发展的紧密结合。高校要与传媒企业、机构合作建立多个高水平的实践基地，为学生提供真实的工作环境和项目实践机会，并鼓励学生参与导师的科研项目和社会横向课题，让学生在实际项目中锻炼科研能力和创新思维，培养其成为

① 王玉、王甜甜、孔繁蕊：《创新创业教育背景下传媒类专业校企合作实践教学体系探索》，《传媒论坛》2023年第9期。

能够适应传媒行业发展需求的高层次人才。同时，可以鼓励学生参加国际性传媒竞赛和实践项目，培养其全球竞争力。通过这些项目，学生不仅能够锻炼自己的实践能力，还能接触到来自不同国家的文化和传媒观念，增强跨文化沟通和合作能力。最后，四川省应加强对外文化交流，尤其是通过媒体和文化产品进行国际传播。可以组织学生参与国际文化交流活动，借助国际传媒平台展示四川及中国的文化特色，增强文化自信和全球影响力。通过这些措施，四川省的传媒教育能够更加国际化，不仅能开阔教师和学生的全球视野，还能促进国际化的教学资源共享，为学生提供更广阔的职业发展空间。

五　结语

四川省传媒教育近年来取得了显著成就，并在推动教育质量提升和人才培养方面做出了积极探索。四川省通过与国内外知名高校的合作，推动了教育资源的共享与国际化；开展了多种形式的学术交流与合作，培养了大量具有国际视野的传媒人才。四川的传媒院校也在不断完善课程设置，注重新兴媒体技术的应用，积极开设数字传媒、新媒体传播等相关课程，跟进行业发展趋势，培养出了一批适应现代传媒需求的毕业生。四川省传媒教育在产学研合作方面取得了突破，为行业输送了大量具备实践能力的毕业生。这些成果标志着四川省传媒教育在理论与实践结合方面迈出了坚实步伐。随着全球数字化进程的加速，四川传媒教育将进一步加强对新媒体、人工智能、大数据等前沿技术的关注和应用，培养更加多元化和复合型的传媒人才；进一步加强国际化建设，通过深化与国际传媒机构和高校的合作，提升教育的国际影响力和竞争力；进一步加强对跨学科、跨文化和全球视野的培养，注重锻炼学生的创新思维和实际操作能力，以满足日益复杂和多变的传媒行业需求。

B.11 四川旅游民宿精品化发展调研报告

黄维敏　谢晓慧*

摘　要： 旅游民宿在带动产业和就业、推动城乡融合、促进城乡资源要素流动、满足文化旅游消费需求等方面具有重要作用。2024 年 3~5 月，课题组对四川彭州、都江堰、雅安、邛崃等地的民宿进行实地调研，指出四川民宿发展存在特色不明、业态单一、配套不足、不够安全等问题，同时也具备生态资源丰富、文化底蕴深厚、民宿基础扎实等独特优势。报告重点总结了三种精品化发展典型模式：彭州“龙门山·柒村”民宿集群模式、都江堰民宿协会抱团发展模式、雅安政府主导的特色民宿建设模式。报告提出四川应在顶层设计、政策保障、土地制度、产业联盟等方面深化改革，推动民宿从“数量扩张”迈向“品质提升”，实现民宿经济高质量发展，为中国式现代化提供新型实践范式。

关键词： 旅游民宿　民宿精品化　旅游业　住宿业　四川

中国旅游研究院 2023 年发布的《中国旅游住宿业发展报告（2023—2024）》显示，我国旅游住宿业率先复苏，其中所体现的是现代人消费观念的深刻转变。对绿色生态、特色个性、品质体验的消费需求，正推动旅游住宿业朝着精品化、高质量的方向发展。在旅游住宿业的细分领域里，旅游民宿一直是一个蓬勃生长、需求旺盛的业态。旅游民宿以乡村文化价值双创赋能和三生空间系统提升为驱动，集聚生态、乡风、文化、地、人、产业等

* 黄维敏，四川省社会科学院文学研究所研究员，主要研究方向为巴蜀文学与文化、文化产业；谢晓慧，四川省社会科学院文学研究所硕士研究生，主要研究方向为古代文学。

诸多要素，显现在城乡融合、文旅融合、数智融合，助推消费升级、产业结构升级，优化乡村产业空间，改善乡村人居环境等方面的独特功能。四川一直是我国西部民宿业发展的桥头堡，但近年来四川的民宿业也面临诸多的发展不确定性，四川民宿业如何精品化、高质量发展成为一个亟待破解的难题。

2024 年 3~5 月，课题组对四川民宿业发展情况展开了实地考察，先后走访了彭州、都江堰、大邑、邛崃、雅安等地 20 余家民宿，包括彭州的绿野星辰帐篷酒店、青青花园、半盏山房、方塘·青云台、方塘·林宿、柒宿·溪驻、无所事事、樱花小院等，都江堰的拾光山丘、方岷南野、望山旺、蓝山岚、卿宿青城等，大邑的稻乡渔歌、南岸美村、知璞馆、锦府驿等，邛崃的稻下、守拙、缓缓院子、归宿等，雅安的隐山、茶山吾舍、茶岸、草言殳舍、黄茶村、山景云海等。课题组围绕四川旅游民宿业精品化、高质量发展面临的困境和机遇，与民宿从业者进行了座谈和调研，并针对性地提出了推动民宿业精品化发展的对策建议。

一 民宿精品化发展的问题意识与实践理性

1.“民宿”“精品民宿”“民宿精品化”的内涵

民宿是对闲置私有房产资源的再利用，其核心价值在于“主人文化”与“在地性”的共生关系。2023 年 2 月，文化和旅游部正式颁发了《旅游民宿基本要求与等级划分》（GB/T 41648-2022），界定所谓“旅游民宿”，包括但不限于民居、宅院、客栈、驿站、庄园、山庄等。相较于 2019 的《旅游民宿基本要求与评价》（LB/T 065-2019）把“旅游民宿”二分为城市民宿与乡村民宿，《旅游民宿基本要求与等级划分》（GB/T 41648-2022）对“旅游民宿”的范围界定更加细致具体。而“旅游民宿”的内涵则是“利用当地民居等相关闲置资源，主人参与接待，为游客提供体验当地自然、文化与生产生活方式的小型住宿设施”。这一定义强调了旅游民宿所应当具备的三个特点：一是产权的私有性，民宿的产权必须属于民间和个人；

二是民宿的主体性，房产主人必须实际参与民宿的经营管理；三是体验的在地性，民宿是以为旅客提供体验当地自然、文化和生产生活方式为核心的经营体。

民宿与度假酒店是旅游住宿业的两大类型，从“民宿”的字面意义来看，“民”是民宿区别于度假酒店的重要标识，与酒店的标准化、品牌化和规模化经营特征不同，“民宿”的差异化竞争优势正体现在“民”字上。“民”最本质的特征自然在于其产权是民间私人的，这是从其经济属性上讲。从更宽泛的意义上理解，“民”可以是民族的、民间的、民众的、百姓的……其内涵可以包括民风民俗、民情民趣、民需民愿等。也就是说，与酒店以品质化、品牌化、规模化彰显其经营形态不同，“民宿”蕴含了个性化、主体性与生命性的意涵，“民宿”本身是一个具有主体精神的生命载体，富有情感与情绪的因素。故而，在民宿的规划、建设与经营过程中，彰显其生命性、情感性、主体精神，为消费者提供深度个性化的情感与文化体验，成为其生存与发展的立身之本。

“精品民宿”是民宿中的一个高端形态，是通过艺术化、专业化的建筑设计为消费者提供富有空间美学的、可沉浸式体验的文化叙事场景。精品民宿的本质在于文化空间的提质升级，相较于普通民宿单纯具有住宿功能，精品民宿本身就是旅游体验经济中的重要或者说主要部分，体现从单纯住宿向复合性文化场域的转化。

“民宿精品化”则指向所有民宿的精品化发展方向，它实际上要解决的是民宿特色不明、品质不高、品牌不响、竞争力不强等问题。当传统民宿遭遇消费升级和经济下行的双重考验之时，“民宿精品化”成为突破民宿业同质化竞争的必然选项。

2. 民宿业的市场经济运行逻辑和实践理性

民宿业作为互联网时代共享经济新模式，其运营逻辑是以“民宿+”“文旅+”的模式，以自然生态、人文历史、优质住宿的叠加，集聚生态、乡风、文化、地、人、产业等诸多要素，在满足现代人个性化和文化精神需求的同时，充分发挥其在城乡融合、文旅融合、数智融合等方面的独特功能，以此助推消费升级、产业升级，改善乡村人居环境，带动就业增收，实现城市与乡村的双向互动和资源优化整合。在城市与乡村、传统与现代、工业与农耕的双向互动与融入中，民宿作为一个锁扣，以产业运营的模式，将社会效益与经济效益完美地统合在了一起。民宿的终极理想是满足人们对美好生活的需要，是用物质上的配套去满足精神上的需求。其深层次的实践理性，是主体精神、个体意识越来越强烈的现代都市人，暂时离开忙碌紧张的物质化生活，回到缓慢松弛的乡村社会，在农耕文明、绿色生态、乡风民俗所共同营造的高品质精神化生活场景中，体验身心的彻底放松，从而暂时释放现代工业文明所带来的孤独、漂泊和焦虑之感。从某种意义上看，可以将这种城市与乡村、传统与现代、工业与农耕的双向互动与融入，视为中国式现代化的一种新型实践模式：正是中国式现代化发展时段特殊人群的个性需求催生了民宿市场，而民宿又在某种程度上拓展和扩充了中国式现代化的内涵与实践路径。

3. 四川民宿业发展困境、优势与机遇

民宿业被称为“寂寞者的赛道”有三方面原因：一是虚高价位让其“曲高和寡”；二是民宿的消费群体局限狭窄；三是民宿的空间距离与时间成本导致可及性差，无序开发的民宿不少遭遇了经营困境。管理者、经营者和消费者都应该回归理性，减少盲目无序发展所造成的资源浪费。

面临民宿业的现实困难和未来发展新机遇，四川民宿业也需找到自身的差异化竞争优势。四川民宿经过数十年发展，虽然累积了相当可观的数量，但是目前并没有充分发展出四川特色民宿 IP，精品民宿不及浙江、云南、山东、贵州等省。四川又有发展民宿的历史传统与现实基础，其竞争优势来自独特的生态与文化。不论是从自然生态禀赋、文化资源的丰富独特性来看，还是从川人会生活懂享受的生活态度与地域人文性格来看，四川都具有发展精品民宿的天然优势和市场土壤。

二 四川民宿精品化发展的现状分析与调研观察

1. 资源端与消费端的四川民宿状况

从资源端来看，四川发展民宿业有着优越的文化与生态资源。在文化资源方面，全省查明文物、非物质文化遗产、古籍、美术馆藏品、地方戏曲剧种、传统器乐乐种等六大类文化资源305.74万处（种）；在旅游资源方面，全省有地文景观、水域景观、生物景观、历史遗址遗迹、天象与气候景观、建筑与设施、旅游商品、人文活动等八大类旅游资源24.56万处（种）。依托这些文旅资源，四川已经开发了众多星级景区及文旅品牌，其中包括100个省级乡村旅游重点村，769个A级景区，大遗址、大九寨、大熊猫、大峨眉4个世界级文旅品牌，大香格里拉、大贡嘎、大竹海、大蜀道4个国家级文旅品牌[①]。优越的自然生态与人文资源，为四川大力发展民宿业奠定了坚实的资源基础。

从消费端来看，旅游目的地的美誉度也充分体现在民宿的庞大需求和消费意愿之上。2023年，四川旅游总收入达7443.46亿元，游客总人次为6.3亿，人均旅游消费1181.5元。从平台的消费数据来看，目前中国民宿行业的OTA平台包括携程、去哪儿、美团、途牛、小猪短租等，其中携程是国内最大的线上民宿交易平台。携程平台上的民宿包括城市民宿与乡村民宿，可以反映四川民宿分布区域的大体情况和民宿消费的真实需求。从表1可见，成都数量高达105474家，断崖式地领先其他市州；甘孜、乐山、凉山、绵阳、宜宾、南充紧随其后，位居全川前列：这些区域都是自然与文化旅游资源丰富的地区。

① 四川省统计局：《四川民宿业发展研究报告》，2021年11月3日。

表 1　携程平台上四川各城市民宿门店数量

单位：家

城市	数量	城市	数量	城市	数量
成都	105474	眉山	8210	资阳	2529
南充	10109	自贡	4325	攀枝花	3925
德阳	5990	遂宁	3603	巴中	4101
绵阳	11509	泸州	5385	广元	6069
乐山	16462	内江	3732	雅安	8885
宜宾	10990	广安	4022	甘孜	17940
达州	6668	凉山	14854		

就旅游民宿而言，携程也甄选了一类特色主题民宿，属于真正的以体验式消费为目的的旅游民宿。携程平台上的“臻选民宿”，成都也以 237 家高居榜首，乐山、雅安、甘孜、凉山、宜宾分列其后（见表 2）。

表 2　携程平台上四川各城市“臻选民宿”门店数量

单位：家

城市	数量	城市	数量	城市	数量
成都	237	眉山	4	资阳	0
南充	7	自贡	0	攀枝花	0
德阳	1	遂宁	1	巴中	0
绵阳	1	泸州	0	广元	4
乐山	76	内江	0	雅安	16
宜宾	6	广安	0	甘孜	15
达州	0	凉山	12		

注：携程“臻选民宿”指经民宿行业资深人士及各地旅游达人围绕主题潜心甄选，具有高品质、高颜值、有特色、高社交媒体影响力等特点，每套房源都经过严格验证，信息真实。

由成都、雅安、乐山、凉山、甘孜、宜宾的主题民宿分类图可见（见图 1），那些自然生态与历史文化资源相结合的区域，如成都的青城山景区，凉山的泸沽湖景区、邛海景区，峨眉山的报国寺景区，宜宾的蜀南竹海景区，甘孜的康定私汤，雅安的碧峰峡景区等，均是热门的特色主题民宿消费

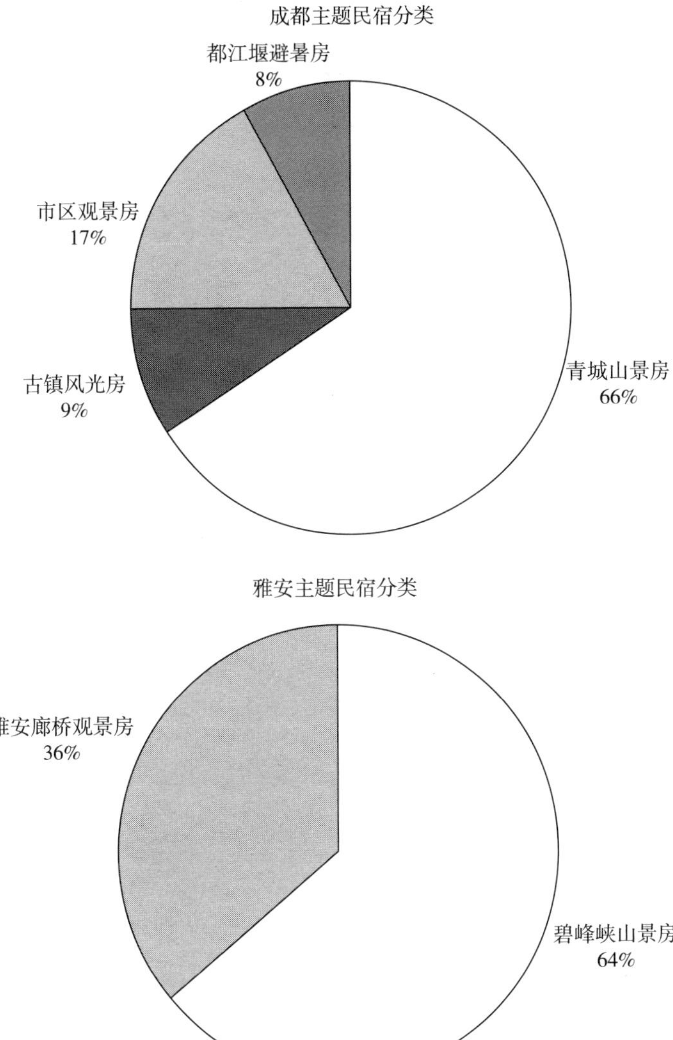
成都主题民宿分类
都江堰避暑房
8%
市区观景房
17%
古镇风光房
9%
青城山景房
66%
雅安主题民宿分类
雅安廊桥观景房
36%
碧峰峡山景房
64%

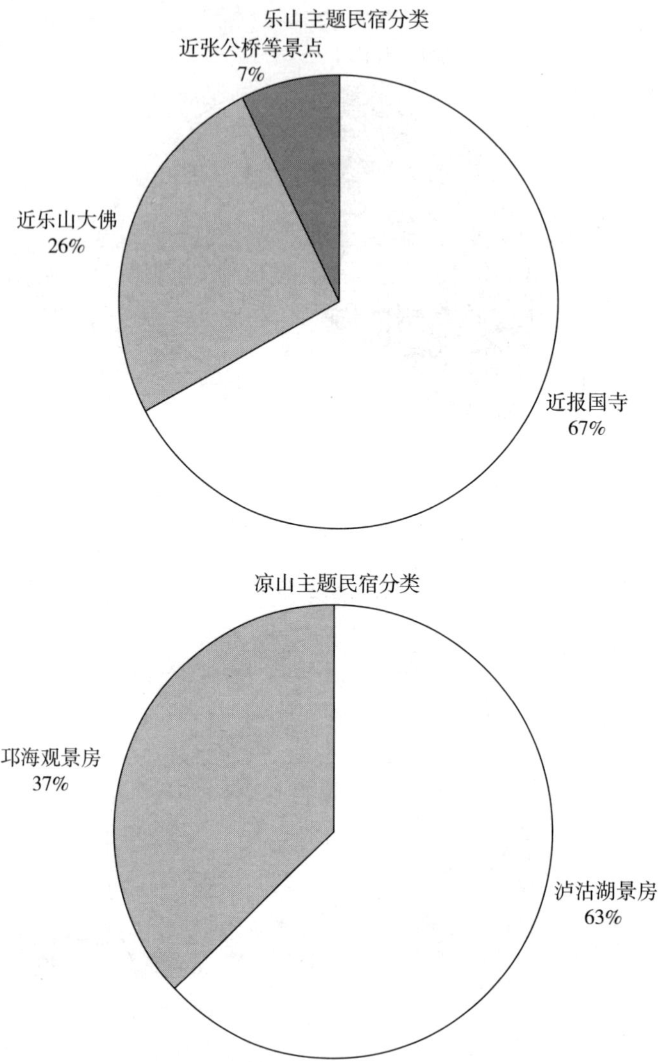
乐山主题民宿分类
近张公桥等景点
7%
近乐山大佛
26%
近报国寺
67%
凉山主题民宿分类
邛海观景房
37%
泸沽湖景房
63%

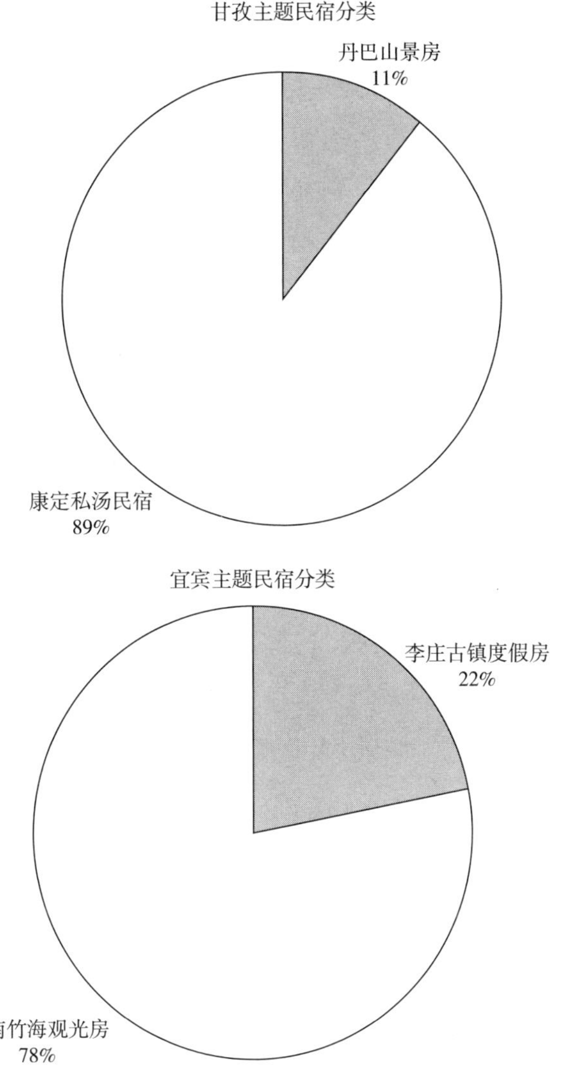

图1　四川省部分热门城市“臻选民宿”的分类

目的地，表明消费者偏爱自然生态、健康养生和历史文化兼具的知名景区。这也解释了绵阳在表1和表2中的迥异排名的原因，其虽然民宿总量大，但特色主题民宿仅有1家，因为绵阳境内缺乏知名的风景名胜区，不具备旅游民宿业发展的资源优势。事实上，四川近几年旅游民宿发展较好的区域也主要集中在青城山、峨眉山、泸沽湖、邛海、蜀南竹海、碧峰峡等景区。

2. 对四川民宿业发展现状的基本看法

课题组也通过对彭州、都江堰、大邑、雅安、邛崃 20 余家民宿的走访调研，形成了对四川民宿发展现状的几个基本看法。

一是民宿业正加速洗牌，前期无序开发的部分民宿也因客源稀少而难以为继，选择歇业。市场及资本趋于理性，在经济下行与消费升级的双重压力之下，机遇与挑战并存，四川旅游民宿业也在致力于寻求提质升级的新路径。

二是四川民宿产品形态多样、产品迭代频繁。旅游民宿类型更趋多元，不仅有温泉度假型民宿、康养运动型民宿、审美艺术型民宿，还有民族风情民宿、非遗体验民宿等。民宿产品迭代频繁，能够充分适应住宿消费小型化、小众化、家庭化、个性化、品质化的新趋势。

三是四川民宿产业初具融合化、集群化效应。彭州“龙门山·柒村”民宿品牌为民宿集聚化发展探索了成功路径；都江堰青城山民宿在协会的引领下，以品牌体系和标准建构，为民宿规范化发展提供了选项；雅安、乐山、广元、雅安、甘孜、阿坝等也因地制宜地探索推动民宿发展的地方特色路径。

四是四川民宿行业规划、管理、服务逐步完善。《成都市旅游民宿管理办法（试行）》为全市旅游民宿行业健康可持续发展提供政策支撑；内江、乐山、雅安等市也专门出台旅游民宿发展规划文件，助推旅游民宿业的规范健康发展。

五是各地政府均有意识地完善民宿发展的基础配套设施。全省各地政府致力于从供水保障工程、数字乡村建设工程、农村人居环境整治、农村垃圾污水处理、公共服务均衡配置等几方面大力投入，为旅游民宿业的发展提供了强有力的配套公共设施支撑。

3. 四川旅游民宿业发展存在的主要问题

在调研中我们也发现，当前民宿处在整个行业发展的困难期、低谷期和重要转型期，存在以下问题。

第一，定位模糊、同质跟风及特色不彰问题。民宿发展定位不清晰。一是主题不突出、特色不明显，与在地自然与人文资源融合不深，呈现符号资源的杂糅和堆砌现象。二是民宿建设同质跟风，设计风格雷同，一味追求高端，忽视特色和个性，缺乏深植其中的主体精神和人文内涵。三是民宿主群体文化层次普遍不高，缺乏对地域文化的深入理解与充分挖掘，广泛存在符号化文化挪用现象。

第二，业态单一、价格虚高以及产业链延伸不充分问题。民宿业尚未形成较为理想的产业生态圈。一是业态单一，目前许多民宿仍然以“住”“吃”为主、“娱”“购”为辅，停留在棋牌、烧烤、地方土特产经营层面。二是价格虚高，超出大多数消费者的承受能力。据携程、途家、美团等主要OTA平台大数据，成都单间房价500~1500元的民宿有277家，占比为18.3%；单间房价1500元以上的民宿有185家，占比为12.2%。三是整个产业链纵向延伸不充分、横向拓展不丰富，“行”“游”“住”的产业要素多，而文化体验相对较少。

第三，基础设施薄弱、公共服务不配套及部分存在安全隐患。实地走访中看到，很多乡村民宿位置偏远，水电、通信、医疗等基础设施薄弱，道路交通亦缺乏规范标识，存在公共服务配套不完善等问题。部分民宿证照不齐全，或达不到消防安全要求，或土地使用存在争议，或建筑改造不合规、缺乏建筑安全鉴定。部分民宿消防设施配备不足，用火用电用气疏于管理，存在不少安全风险隐患。

第四，行业精品欠缺、竞争力不强、品牌效应不够。国内民宿产品更新迭代频繁，消费群体以中产阶层和年轻人为主体，他们具有较高的消费水平和审美鉴赏能力。然而，四川旅游民宿业尚未更新升级，精品欠缺，竞争力不强，有影响力的品牌较少。

第五，投入大、盈利难以及升级转型困难。大部分民宿投入几百上千万元，考虑到民宿产业发展短板较多以及无法预测市场的前景，前期大规模投入面临回本与盈利困境。此外，民宿行业仍然缺乏人才，大部分旅游民宿服务人员是本地人，对服务的专业度认知不足，从业技能和服务意识均有待提升与规范。

三　四川民宿精品化发展的三种典型模式

（一）案例一：彭州："龙门山·柒村"民宿集群发展

民宿的集聚化发展已经成为行业趋势，其能够聚集合力，发挥更强的产业带动作用，但这种发展模式也对天赋资源提出了更高的要求。旅游民宿业本身具有较高的生态溢价，特别依赖具备度假属性的自然资源，如雪山、草地、温泉、森林、阳光和星空等。在四川，适合民宿集聚发展的区域主要分布于成都、宜宾、乐山，以及甘孜、阿坝、凉山三州等生态与人文资源丰富的风景名胜区。目前，彭州为四川民宿集聚化发展提供了标杆示范。自2018年启动"龙门山民宿"集群项目以来，彭州集中打造"龙门山·柒村"品牌，覆盖桂花、通济两镇及君山、庙坪、小石、蟠龙、石门、花坪、高峰七村，串联山谷、河流、田园与林盘等生态资源，总面积达18.7平方公里。彭州市依托集体经济组织，通过注册公司、组建合作社、群众入股等方式，引导村（社区）发展乡村民宿，探索构建"联企共建、融合发展、共治共享"的民宿集群发展新模式。

产业价值优越：彭州发展民宿业具备得天独厚的资源价值与空间价值。"龙门山·柒村"民宿集群核心区域距成都市区42公里，车程约1.5小时，距都江堰景区约1小时，距青城山景区约1.5小时，地理位置优越。该集群位于成都市五大文化旅游产业功能区之一的龙门山湔江河谷生态旅游区核心地带，一侧是天府平原，一侧是莽莽高原，一年中有200多天可观雪山、云海，区域内还栖息着大熊猫、金丝猴等珍稀动物，是打造度假目的地的理想地。

顶层规划设计：彭州市政府编制了《彭州市民宿产业专项规划》，明确"龙门山民宿"品牌的发展方向，划定十大民宿聚落，并配套民宿奖励政策。同时，编制完成《龙门山·柒村民宿产业园总体策划》，擎起"龙门山民宿"发展大旗。引入全国知名民宿品牌和行业平台"借宿"合作共建

“龙门山宿集”，力争打造具有全国影响力的民宿集群。目前已挂牌出让40多宗集体建设用地，完成20多家民宿招商引资工作。

破解用地难题：民宿最本质的逻辑在于土地，其核心在于加强土地与农民之间的联结，避免“去乡村化”趋势。因此，民宿的房屋产权必须归属于民间私人。然而，产权私有也给民宿经营带来了诸多障碍：由于民宿经营者多以租赁方式取得房屋，但民宿产业投资密度高、资金占用大，一旦房东违约或不诚信，极易导致投资损失。为破解这一难题，2017年，成都市国土资源局和成都市统筹城乡工作委员会联合出台了《成都市农户自愿有偿退出宅基地使用权试点指导意见（试行）的通知》，试点推行农户自愿有偿退出宅基地制度。经政府审核后，农户宅基地可变更为集体建设用地，并通过农村产权交易所公开招拍挂，用于工业、商业、旅游、服务业等经营性用途。这意味着，民宿投资者在合法购置乡村土地后，既是经营者，也是产权所有者。2019年4月，彭州市率先颁发首批农村集体建设用地使用权，开创了全国首例通过土地流转获得民宿商业用地的实践。通过“点状供地”方式，民宿投资者可取得最长40年的土地使用权，切实破解了民宿投资“无恒产”的难题。彭州市还搭建了全国化参与平台，成立全民合作社、集体资产管理公司等集体经济组织，通过全民入股方式建设村集体民宿，采用集体建设用地（商服用地）进行开发，打通了乡村民宿投资的“最后一公里”。这一机制不仅彻底解决了乡村投资人的顾虑，还有效联动了社会资本和银行机构，推动了乡村民宿项目的融资与落地。

业态人才方面。在业态方面，彭州创新打造以民宿为主题的特色园区，大力发展“民宿+”产业链。园区已建成白瓷主题民宿、地球仓、无所事事、蟠龙小院、石榴小院、小石记山宿等多个特色民宿项目，并策划开展了“柒村彩虹跑”“山谷里的夏天”“金城森林自然生活季”“龙门山山野自在读书会”“龙门山畅想态度市集”“无所杂货铺”等多元化文旅活动。为推动民宿人才培养和行业标准提升，彭州市还设立了龙门山民宿学院，在策划规划、设计建造、运营管理、品牌推广、人才孵化等方面提供专业支持，并为民宿从业人员搭建交流合作平台。

经过多年发展，目前“龙门山民宿”集群已形成10个民宿聚落，累计建成民宿200余家，引进大乐之野、山海关、拾光等12个全国知名民宿品牌，孵化出柒宿、小石记、釉白等10个本土品牌，建成精品民宿56家。其中，无所事事等2家民宿获评“天府旅游民宿”，“龙门山·柒村”荣获“中国最佳旅游民宿度假目的地”称号。

（二）案例二：都江堰：协会引领民宿抱团发展

背靠青藏高原，面朝成都平原，都江堰市地处中国地势第一、第二级阶梯分界线上，坐拥都江堰、青城山等世界自然与文化遗产。地处成都民宿“一心三圈”① 的“青城山-都江堰生态度假圈”，既是国家5A级景区，又是道教文化圣地，素有“川西锁钥、蜀地屏障”之称。通江达海、问山拜水、道法自然，深厚的道教文化资源与优美的自然生态，为都江堰发展旅游民宿业提供了得天独厚的优势。与彭州集中打造“龙门山民宿”集群的模式不同，都江堰市民宿分布广泛、数量众多，呈现“群星闪烁”之势，但也存在品牌不突出、特色不鲜明、难以形成合力等问题。为推动产业提质增效，都江堰市先后成立了民宿协会、民宿经营联合体、巾帼创业者协会民宿专委会等组织，发挥其资源整合和组织协调能力，积极推进民宿产业“串点、连线、成片”，推动民宿产业抱团发展、协同升级。

顶层设计方面，都江堰市民宿协会整合电商平台、专业机构和专家学者等资源，组织制定了《都江堰市乡村民宿及农家乐提升建设导则》等系列指导性文件，从建筑形态、景观布局、文化元素、服务质量等方面对民宿进行系统引导和提升。

在业态创新方面，协会引导民宿深耕都江堰、青城山的深厚文化底蕴，挖掘并活化山、水、道、熊猫等在地资源，融入星象历法、干支节气等传统文化元素，打造“青城名宿”品牌，系统构建“文宿”“美宿”“乐宿”三

① 成都民宿具有“一心三圈”格局，“一心”为锦江区文化主题民宿核心，“三圈”为青城山-都江堰生态度假圈、龙泉山城市休闲圈、川西林盘乡村体验圈。

个子品牌体系。同时，搭建“青城名宿”“名店长”“名管家”评选平台，推动民宿差异化、协同化发展。

在行业治理方面，协会积极发挥纽带作用，协同政府及金融机构，为民宿改造提升提供政策支持与金融帮扶；针对民宿办证、用地等难点问题，探索建立“联评联审”机制，推动制定行业标准，引导民宿朝品质化、规范化方向发展。

在人才培育方面，协会探索构建“学院—基地—平台—机制”一体化人才培养模式，围绕旅游服务个性化、民宿运营专业化、校地合作系统化等方向，推动民宿向高端化转型。

在都江堰市民宿发展进程中，协会堪称“灵魂人物”：在其穿针引线之下，原本分散的民宿逐步凝聚为一个整体品牌，走上标准化、规范化的发展道路。近年来，都江堰市涌现出“天府旅游名宿”卿宿青城、“金熊猫天府创意设计奖”获奖项目青暇山居、“最成都·生活美学新场景”峨山大坪等一批热门民宿打卡地。2023 年，都江堰市品质民宿整体出租率超过 60%，其中青城山片区精品民宿出租率超过 90%，带动本地就业岗位 3000 余个。这一系列成果的取得，离不开民宿协会引领下的抱团发展，也得益于协会在政府与市场之间的积极协调作用：既保障了民宿发展的民间性、生命力和主体性，又借力政府推动标准化、规范化建设，形成了可持续、可复制的发展路径。

（三）案例三：雅安市：民宿业特色化发展

雅安市的区位优势在于其位于成渝地区双城经济圈 1.5 小时黄金旅游半径内，且是串联大峨眉、大贡嘎、大熊猫、川藏铁路环线、巴蜀文化走廊等重要旅游板块的关键节点。市域内自然生态与人文资源优越，地形地貌类型齐全，4A 级及以上旅游景区数量位居全省前列，为发展旅游民宿业提供了良好基础。尽管雅安在生态与文化资源方面具备明显优势，但相比彭州市和都江堰市，其民宿的可及性略显不足，如何引流成为当前民宿业发展的首要问题。对此，雅安市以“人无我有、人有我优、人优我特”为导向，突出差异化定位，在特色化上做足文章，探索出一条具有地方辨识度的民宿发展路径。

顶层设计方面，雅安市成立了由市委书记和市长担任“双组长”的文旅产业发展领导小组，先后编制了《雅安市全域旅游发展总体规划》《雅安市旅游民宿总体策划》以及4个片区规划，构建了“8+1+N”民宿集群大格局。同时，出台了民宿管理、品牌创建、贷款贴息等一系列扶持政策，推动民宿产业发展。

特色发展方面，雅安市探索了“村集体资产入股+国企建设+专业运营”的合作模式，利用望鱼镇、碧峰峡镇等地区的闲置资源改建民宿。依托区域优势，打造了“一镇一主题、一村一特色”的民宿产品，并通过特色民宿带动周边农户发展民宿客栈。例如，周公山镇凭借世界顶级温泉资源发展高端温泉民宿，草坝镇培育具有浓厚文化气息的“艺术家+”民宿，碧峰峡镇则建成了以熊猫为主题的民宿等。

宣传推广方面，雅安市锁定成渝地区5000多万人的目标客源，围绕“四季有主题、月月有活动”的理念，举办了上里年文化节、藏茶文化旅游节、端午龙舟赛等一系列特色文旅活动，推动“引客入雨、留客住雨”的宣传策略。雅安市还启动了精品外宣工程，通过西博会、旅发大会等平台加大民宿产业的推介力度，扩大雅安民宿的知名度。

雅安民宿的特色化发展取得了显著成效，目前全市已有近80家符合标准的民宿，特色旅游民宿入住率达到90%以上。茶岸、后山朴院、梨花云涧等精品民宿一房难求，在携程的“臻选特色主题民宿”（“臻选民宿”）榜单中，雅安以16家民宿紧随成都、乐山之后，位列全省第三。然而，雅安市的民宿发展与都江堰市不同，主要依赖政府主导。虽然政府推动的标准化、品质化发展取得了良好效果，但这也可能带来表演性民宿和符号化文化叙事的问题，导致民宿的主体性、个性化、民间性有所损失。如何在政府、企业与民间等多元关系中取得平衡，是民宿开发中需要深入思考的课题。

四　推动四川旅游民宿精品化发展的对策建议

四川省民宿业在过去几十年里经历了从无到有、从个体到集群、从低端到高端的发展历程。目前，民宿行业正步入品质化、品牌化、个性化和集聚化的4.0时代。随着时代和业态的变化，民宿产业也需要适应新的发展理念和管理模式。政府应充分把握市场逻辑和产品思维，发挥“引导、规范、服务、保障、整合”的职能，在发展中规范，在规范中建标，在建标中建模，在建模中创碑，在创碑中完善。

（一）顶层设计方面：秉持“重点”“优先”“特色”发展思路

从宏观层面进行统筹规划，引导各地根据自身情况进行差异化、错位化、集聚化发展，推动跨区域、跨行业、跨部门的联动、共享和协同。首先，支持在市场前景良好、自然资源丰富、生态环境优良、人文风情浓厚、基础设施完善的区域优先发展精品民宿，用3~5年时间形成几个民宿产业集群，塑造“诗栖天府”四川民宿集聚区的整体品牌。其次，依托川西林盘、雪山草地、温泉森林、民族村寨等资源禀赋重点打造旅游度假目的地，以“旅游度假目的地+精品民宿”的模式，推动头部民宿品牌矩阵的构建。最后，在“四川特色”上做足文章。充分挖掘四川独特的自然生态资源、六大文化资源，融合四川人的天人哲学、生活美学，对外输出四川特色的“美好生活方式”，储备具有四川特色的IP。

（二）协同发展方面：牵头成立四川民宿产业联盟

首先，推动各地组建民宿协会，充分发挥民宿协会在政府、企业之间的桥梁纽带作用，以协会力量帮助四川孵化精品民宿品牌。其次，加强区域联动，以民宿会展会议吸引五湖四海的优势力量，加强区域资源对接，重点打造“成渝大后方民宿基地”。最后，牵头成立四川民宿产业联盟，推动四川民宿资源精准对接全国顶级的民宿机构，整合有利于四川民宿产业发展的一切优质资源，挖掘民宿经济投资潜力，设立民宿产业发展引导基金，吸引国有资本、社会资本进入民宿相关配套产业，参与民宿基础设施建设和运营。

（三）土地政策方面：破解旅游民宿发展的用地瓶颈

四川应大力活化土地政策，扩大农村土地流转试点范围，允许相关地方进行大胆探索，比如以入股/联营举办企业的方式，使用集体经营性用地。符合相关规划的区域，可实行点状供地。同时全面启动全省农村闲置房屋调查摸底、盘活利用工作，有序盘活旧村委用房、旧厂房、旧校舍、农户闲置房等闲置合法资产。此外，还可以建立“文化股权”制度，将非遗传承人纳入民宿产权分配。

（四）措施完善方面：破解旅游民宿发展的办证难问题

针对民宿主普遍反映的办证难问题，要以“全保障”和“严管理”共同推进，加强文旅、公安、农业、住建、应急、市场监管、消防等相关部门之间的统筹协调，设立统一机构对民宿业发展进行统筹管理，制定多部门协调的联席审批制度。立足乡村振兴成立专门的民宿产业推进办公室，出台具体政策来规范和引导民宿健康有序发展，推动各地建立包括记录、抽查和惩戒的事中事后监管制度和平台。

（五）人才培养方面：组建四川民宿智库和民宿学院

聚合国内省内专家、民宿带头人等建立四川民宿智库，加强民宿发展的实践调研、文化阐释和学术研究。建立四川民宿学院，重点培养民宿开发领军人才和专业服务人员、乡村民宿管理人员、高水平民宿管家等人才，对应四川民宿发展实际需求制定民宿管理必修和选修课程，形成民宿教培的课程体系，打造西部民宿人才培养基地。

B.12
四川对外文化贸易发展报告

杨嘉嵋*

摘　要：　2024 年，在四川省委、省政府一系列高效举措的助力下，四川省对外文化贸易进出口总额突破 10 亿美元，文化创意产品进出口贸易额占比约为 80%，与共建“一带一路”国家之间进出口贸易额超过 4000 亿元，文化出口重点企业数量居西部首位。数字文化贸易开启发展新格局，仅“成都服务海外行”订单金额就达到 2.08 亿元。本文还提出进一步加大政策扶持、探索对外文化贸易创新模式、努力打造国际品牌等对策建议。

关键词：　四川　对外文化贸易　文化创意产业　数字文化贸易

对外文化贸易是衡量一个国家、地区、城市文化软实力的重要指标，对于推动社会经济、文化企业的转型升级具有重要意义，且在世界文化贸易运行机制中发挥着越来越重要的作用。2018 年，我国对外文化贸易额首次突破千亿美元大关，2019 年以后，一直稳定在千亿美元的位置。2021 年，我国对外文化贸易额再创新高，达到 1588.1 亿美元①。我国对外文化贸易逆势而动，焕发出令世界瞩目的勃勃生机。四川省作为我国西部地区的文化大省、文化强省，其对外文化贸易额持续增长，连年领跑西部地区，成为对外贸易领域中的一道亮丽风景。

---

* 杨嘉嵋，文学博士，四川省社会科学院金融财贸研究所研究员，主要研究方向为传媒经济、文化产业。

① 李小牧、李嘉珊、刘霞主编《文化贸易蓝皮书：中国国际文化贸易发展报告（2023）》，社会科学文献出版社，2024，第 36 页。

一　完善的文化生态环境

2021 年，四川省文化产业实现增加值 2441.3 亿元，比上年增长 19.8%，占四川省地区生产总值的比重为 4.51%，比上年提高 0.31 个百分点。2022 年，四川文化产业进入高速发展期，全省文化产业核心领域规模以上企业实现营业收入 4797.3 亿元，比上年增长 1.4%，增速比全国高 0.5 个百分点，为文化产业“走出去”打下了良好基础①。2023~2024 年，四川省文化产业发展综合指数从全国第 12 位提升至第 7 位，并且科技赋能的文化产业呈现强劲发展势头。四川文化产业发展进入高附加值、高增加值阶段，为文化贸易的积极开展提供了条件。四川是西部地区文化产业发展的龙头。近年来，联合国教科文组织先后授予成都“美食之都”的称号，授予彭州和都江堰“文化名城”的称号，授予眉山三苏祠“文化遗产保护荣誉证书”等，为加快四川文化产业国际化步伐提供新契机。

四川省持续推进对外开放战略，国际文化交流日益密切。2022 年 7 月 28 日，四川国际文化旅游节吸引了世界各地的上百家演艺团体、近万人参与，并通过演出交易会达成合作意向近 400 项②。2023 年 4 月 19 日，成都举办第 31 届世界大学生运动会，以“天府之国”为主题的文艺表演，融合了川剧、民族舞蹈、现代音乐等多元艺术形式，呈现四川的文化特色，提升了四川文化在国际舞台上的影响力和认可度。2024 年 9 月 12 日，日本大阪世博会中国四川省推介会在成都举行。大量四川文化产品走进日本，为四川文化产业提供了发展新机遇和新动能。2025 年 3 月 12 日，中国·四川国际茶文化旅游节开幕，吸引了来自印度、斯里兰卡等多国茶商和旅游者，实现茶叶销售收入 10 亿元，签订 1 个生态文化旅游融

---

① 《四川稳外贸“新八条”出台 外经贸专项信贷额度扩大至 800 亿元》，《四川日报》2025 年 2 月 18 日。

② 《国际文化旅游节捧出系列“文化和旅游盛宴”》，https://www.mct.gov.cn/preview/whzx/qgwhxxlb/sc/202207/t20220729_935019.htm。

合发展市州联盟框架协议[①]。

文化产业的高速发展、国际文化的频繁交流，为四川对外文化贸易提供了坚实的基础和“走出去”的动力，推动四川文化产品、文化服务在世界舞台上大放异彩。

二　四川省对外文化贸易发展现状

当前，四川省文化产业发展势头良好，正积极推进中华文化、四川文化“走出去”，力争在世界文化市场和全球文化贸易格局中发挥不可替代的重要作用。在这一背景下，本文旨在对四川省对外文化贸易的现状进行客观、详尽的梳理与分析，并就推动四川文化产品和文化产业顺利“扬帆出海”提出建议与参考路径。

（一）文金深度融合：对外文贸稳步增长

首先，提供专项信贷与融资支持。四川省2025年出台的《政策性金融持续支持外经贸发展八条措施》提出，将对外经济贸易的专项信贷额度由原来的500亿元提升至800亿元，重点支持对外文化贸易相关企业和项目[②]。建设银行四川省分行针对数字文创企业推出“善新贷”等专属信贷产品，并搭建全球发行结算通道。例如，支持游戏《铃兰计划》在研发过程中实现资金T+0实时结汇（即交易当日完成货币买卖与结算），有效提升了国际资金流转效率。四川省积极引导国有银行、商业银行等金融服务机构为被纳入《国家文化出口重点企业名录》的四川文化企业提供更为宽松、优先的贷款政策。同时，引导保险机构为这些外向型文化企业制定专项保险计划，提供优惠的风险管理工具与完善的保险服务。此外，四川省不断完善外向型

① 《第十一届四川蒙顶山国际茶文化旅游节于3月12日开幕》，https：//www.diyifanwen.com/fanwen/qitajieri/1611314200422637.htm。

② 《四川稳外贸“新八条”出台外经贸专项信贷额度扩大至800亿元》，《四川日报》2025年2月18日。

文化企业的外汇管理机制，简化相关流程，便利对外文化贸易，为文化企业“走出去”提供全方位的金融支持。例如，正式设立四川文化产业股权投资基金，基金总募集规模达 50 亿元，首期 10 亿元已进入投资期，目前已投资多个细分文化行业的龙头企业，直接助力四川文化产业拓展海外市场。其次，四川积极打造金融平台与服务载体。2024 年，成都文化金融服务中心正式揭牌，推动创建国家级文化与金融合作示范区，促进文化资产与金融资源有效对接，为文化企业提供专业化、集成化的投融资支持[①]。最后，推动资产证券化与资本运作。支持四川省旅投集团通过 IPO、并购重组等方式，提升文化资产的证券化率；推动文旅产业园区 REITs（房地产投资信托基金）发行，拓宽融资渠道，孵化重点对外出口文化企业。例如，天府软件园项目通过 REITs 融资支持，助力极米科技等文化科技企业实现快速成长和国际市场拓展。

当前，文化贸易与金融已进入深度融合阶段，四川省对外文化贸易呈现从小到大、由弱渐强的发展态势。四川省聚焦文化实力，与美国、东盟、欧盟、日本、韩国、以色列、澳大利亚、印度等国家和地区展开不同类型、不同规模的文化产品、文化服务贸易往来。2024 年，《王者荣耀》《万国觉醒》等“四川造”手游行销全球，营收不断高涨，四川自贸区成都片区的游戏电竞产业营收近 700 亿元。武侯祠将诸葛亮与《王者荣耀》角色联动，在青城山举办电竞水友赛，带动文旅消费增长 25%[②]，将四川“文化+”与“互联网+”深度融合的鲜明特征托举到国际市场。以成都为例，截至 2024 年底，对外文化进出口贸易额达到 8390 亿元，同比增长 12.1%，规模居中西部城市第一。全市进出口实绩企业共有 6205 家，同比增长 10.5%，服务贸易额突破 150 亿美元，绿色贸易额达 166 亿元，同比增长 13.2%[③]。《熊

---

① 《成都市文化金融服务中心正式揭牌!》，https://www.nbd.com.cn/articles/2024-01-16/3210998.html。

② 《〈哪吒 2〉火爆全球背后：四川多年来深耕数字文化产业的一次集中爆发丨“文旅产业建圈强链”观察①》，https://cbgc.scol.com.cn/news/5985062。

③ 《2024 年成都外贸进出口同比增长 12.1%！今年聚焦“蓉品出海”拓市场》，《成都商报》2025 年 4 月 15 日。

猫计划》《里斯本丸沉没》等影片在海外电影市场掀起观影热潮。中日双方在文化创意、动漫、会展博览、旅游、教育等领域的深度合作颇见成效。

（二）打造老字号，提升文创产业外贸总额

四川省立足文化产业实际，在激烈的文化贸易竞争中另辟蹊径，着眼于“川潮”与文创联手，吸引了大量世界文化消费者的目光。

首先，具体政策提供支持。自 2017 年起，四川省将“四川老字号保护发展工程”列为保护、传承和发展中华优秀传统文化的重要项目，推动老字号在守正创新中实现突破，讲好“老字号故事”，充分挖掘和培育川茶、川药、川酒、川创等蕴含千年文化积淀的优势资源，促进中华优秀传统文化和四川传统文化的创新性发展，积极带动消费。2024 年 11 月，四川省商务厅公布新一批“四川老字号”名单，文君牌、诗婢家、饭扫光、青城山、马厚德、鸡毛店等一批历史底蕴深厚、工艺技术独特、设计制造精良的巴蜀文化品牌位列榜中。四川省还支持川剧保护传承立法，开展非遗项目的跨境协同保护，推动蜀绣、彝族漆器等传统工艺通过香港国际展会走向国际市场①。2024 年，川港合作促成了酒类、中药材等特色产品供应链的国际化。

其次，激励机制提升动力。四川省对老字号实行动态考核机制，打破终身制，实施“有进有出”的管理方式，推动老字号持续创新，不断焕发新活力。

最后，挖掘老字号文化潜力。四川省从优化结构入手，深入发掘具有较高经济与文化价值的产品、技艺与服务所对应的企业和品牌。持续举办老字号嘉年华、老字号直播年货节等特色活动，通过跨界合作、软硬件升级等方式，支持老字号开展新产品及文创产品研发、品牌形象包装升级，打造高标准的老字号集聚区，让国内外消费者切实感受到四川老字号所承载的民族风

---

① 《四川省商务厅等四部门关于公布新一批四川老字号名单和四川老字号标识的通知》，https：//swt. sc. gov. cn/sccom/tzgg/2024/11/4/bcac474bc5524c8c9fc9b4e7397c970d. shtml。

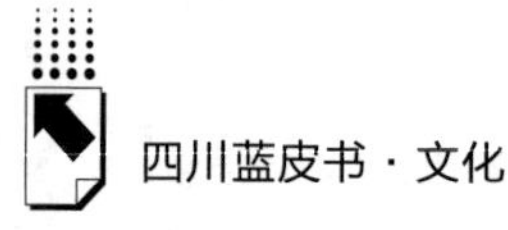

情与国货新潮。

截至2023年9月，全省有“四川老字号”品牌125个（其中“中华老字号”品牌48个）。2022年，“水井坊”代表川酒远征巴拿马，在法国戛纳国际创意节上吸引众多国际关注，展示出其传承600年的匠心技艺与品牌文化基因。2023年1~9月，四川“中华老字号”互联网销售额达280亿元，同比增长16.5%①。从贸易情况来看，“四川老字号”对海外用户具有较强吸引力，发展潜力巨大。

（三）文化创意产业逐渐成为文化产业的“顶梁柱”

文化创意产业具有高附加值、信息不对称、高额固定成本与低廉复制发行边际成本等特性，深受国际文化消费者青睐。近年来，四川省着力打造具有高附加值的文化创意产业。一是建构多元智力支持体系。2016年，四川省文化创意产业研究院正式成立，推动“文化+”与“互联网+”的深度融合，成为集“政、产、学、研、资、介”于一体的文化创意产业孵化平台，为四川文化创意产业发展提供前瞻性、战略性、针对性与特色性的智力支持。2019年，四川省文化创意产业联盟正式成立，由省内多家重点文化企业牵头，联合全国200余家文化产业研究高校、科研机构、文化企业及社会团体，共同打造文创产业集群。该联盟旨在推动文化创意产业向更具时代性、地域性与国际性的“大文创”方向发展，充分激发市场活力，通过沉浸式、全域化的文化创意为旅游者带来新鲜感、新奇感、深刻感与情动感，助力四川文创产业迈上新台阶。二是加强专项政策与资金支持。2021年，四川省出台《四川省重大文艺项目扶持和精品奖励办法》，设立专项资金3亿元，重点支持影视剧、舞台剧等领域，其中电影项目最高可获得2000万元扶持②。2024年，四川打造天府国际动漫城等数字文化产业园区，数字文

① 《老字号创新示范 解锁国潮新消费》，https：//swt. sc. gov. cn/sccom/swdt/2023/12/21/184c43c5ca8d4624884ff423d8d3110f. shtml。

② 《四川推出文艺创作扶持奖励新政策》，https：//www. sc. gov. cn/10462/10464/10797/2024/1/4/1831d875a6a34437acb5769f4fce988f. shtml。

化成为文化产业的重要增长极[①]。同时，四川省依托“天府文创云”等投融资平台，开展债权融资与风险补偿，切实缓解中小微文创企业“融资难”问题。2025 年 1 月 3 日，四川省发布《四川省文化和旅游产业链专项工作方案》，聚焦文化创意设计产业、影视产业等十大重点领域，着力培育文化创意产业链中的重点文化企业和重点文旅项目，激发文旅市场潜能，推动文创产业“走出去”与“走进去”。

四川省文化创意产业的固定资产投资也逐年提升，占全省地区生产总值的比例不断上升，金融对文创产业的支持力度也不断加大。四川与重庆共建“成渝文旅一卡通”等合作项目，联合举办招商推介会等。商务部数据显示，2023 年四川外商直接投资（FDI）到资 245.2 亿元，同比增长 6.5%，稳居中西部第一[②]，显示出稳定的总量特征，彰显出四川文创产业在外贸方面的活力与后劲。四川文化产业对外贸易结构逐步优化，2024 年上半年，四川数字服务贸易额达 266.7 亿元，同比增长 13.2%，持续快速发展[③]。其中，动漫游戏、广告与会展服务、文化休闲、娱乐服务、出版物及版权服务的进出口成为文化贸易顺差的主要支撑力量。近年来，文化服务领域中具有高知识技术含量、高附加值的门类（如文化艺术、网络文化、新闻出版、广播影视等）呈现快速发展趋势。截至 2024 年，四川省文创产业对外贸易增长最快的门类，包括动漫游戏服务、广播电视电影服务和网络文化服务。其中，成都市青羊区的少城国际文创谷以鲜明的文创特色脱颖而出，2023 年特色服务进出口额超过 7500 万美元，2024 年增长至 8600 万美元[④]。四川人艺的演艺剧目、峨影集团的影视制作服务通过“川行天下”活动拓展东盟、北美市场，2025 年前两个月对美贸易额同比

---

① 《2024 年四川全面深化改革十件大事发布》，https：//swt. sc. gov. cn/sccom/bwxx/2025/2/11/68efafde8011460fb9f45cbe96c1492f. shtml。

② 《解码 2023 四川外资招引“年报”》，《四川日报》2024 年 1 月 31 日。

③ 《开辟中东电竞游戏新市场 四川组团抓订单》，https：//sichuan. scol. com. cn/ggxw/202410/82630344. html。

④ 《成都青羊区少城国际文创谷 入选四川省首批服务贸易特色基地》，http：//sc. people. com. cn/n2/2025/0317/c379469-41166644. html。

增长 42.4%[①]。可见，四川省文化产业的对外贸易进程逐渐从以文创产品贸易为主发展到文创服务贸易扮演越来越重要角色的新阶段，进出口贸易结构不断优化，体现了文创产业集约式发展的良好势头。

（四）创新外贸模式："一带一路"文贸发力

"一带一路"倡议为四川文化"走出去"提供了广阔空间[②]。四川省立足传统文化根基，不断实现"文化+"的对外文化贸易模式创新。首先，采用跨境合作特色文化产业示范园模式。以市场化、国际化为导向，采用政府、企业与高校、科研机构协同运营模式，设立文化产业基金，吸引社会资本参与，着力打造具有高附加值的文化产品——如泸州酒文化示范园、自贡彩灯文化示范园等，大力发挥文化产业集聚效应。其次，采用文化贸易与电子商务交互模式。借助互联网实现企业与客户的不断交互，将市场调研、广告宣传、招投标、报关等环节融入跨境电子商务，以方便、快捷、高效的服务拓展新型文化业态。再次，采用互联网金融众筹模式。近年来，文化、创意、设计项目发展大多数采用互联网众筹模式，能够集聚全球网络用户的智力、创意、资金、渠道、市场等要素，保障文化产品产业链运作实现高效率、高质量与高流通。最后，采用海外文化学术机构推广模式。如借鉴海外创办文化学术机构经验，创办川菜烹饪学院、蜀文化体验馆等，吸引海外人群积极体验川菜小吃、观赏彩灯皮影、试做蜀锦蜀绣、学习中国茶道。

四川省作为我国西部的重要省份，积极参与"一带一路"倡议，与共建国家在文化贸易领域展开广泛合作，发展势头良好。进出口文化产品和服务种类主要包括影视、图书、音乐、蜀绣、竹编、漆器、文艺演出、文化节与展览、文创产品开发、数字文化合作、旅游线路开发等，文化贸易和文化

---

① 《涌动对外开放的澎湃活力》，https://www.sc.gov.cn/10462/10464/10797/2024/7/16/012d0d475dd74d75bdaccbbc5bad31e9.shtml。

② 《规模翻倍企业数翻倍"一带一路"外贸四川年均增长 10.9%》，https://news.qq.com/rain/a/20231018A0873400。

产品呈现服务化、数字化趋势。截至 2024 年底，四川省已与 229 个国家（地区）进行文化产品和文化服务的贸易往来，全省对外贸易 30%的份额，布局在共建“一带一路”国家。中欧班列（成渝）开行超过 2 万列，约占全国的 40%，进出口规模从 2012 年的 1535.3 亿元，扩大到 2023 年的 3788.7 亿元，年均增长 10.9%。四川对共建“一带一路”国家进出口总额达到 3703.4 亿元，同比增长 13.5%。2013~2024 年，四川对共建“一带一路”国家进出口规模从 1538.6 亿元提升至 4147.7 亿元，年均增长 10.7%，高于同期全国对共建“一带一路”国家平均增速 4.1%①，“四川礼物”在“一带一路”国家已成为口碑良好的“人气品牌”。以自贡为例，2023 年实现对外文化贸易出口 2000 万美元，聚集文化企业超过 2000 家，自贡彩灯在海外展出 40 余场②。四川省对外文化贸易进一步拓宽国际市场，不仅增强了国际社会对四川文化产品的认可、喜爱和肯定，更提升了我国对这些国家的设计和成套设备出口，间接带动大量货物出口，成为四川扩大对外贸易的亮点。

（五）打出“组合拳”：助力文企高质量发展

出口企业是对外贸易的经营主体，也是贸易活力最为直观的体现者。四川省贯彻落实国家《关于推进对外文化贸易高质量发展的意见》，打出聚合力、建平台、挖特色、育主体、拓市场、优政策“组合拳”，全力助推文化领域的改革开放。首先，国际市场拓展激励。2024 年，省商务厅实施“川行天下”品牌计划，明确 100 场重点支持的展会活动清单③，对重点文化企业参加国际展会、开展经贸促进活动给予最高 80%展位费补贴及人员费用

① 《四川对共建“一带一路”国家前 10 月进出口同比增长 13.5%》，https：//www.sc.gov.cn/10462/10464/10797/2024/12/4/5965a0f7ff83428683e2b71aef22d555.shtml。

② 《2023 年实现文化出口 2000 万美元 自贡彩灯“出海”走得稳》，《四川日报》2023 年 9 月 1 日。

③ 《川行天下 参加这 100 场展会活动将获重点支持》，https：//www.163.com/dy/article/JO923UGN05566VTZ.html。

支持；对完善国际营销体系、产品认证、线上渠道布局给予专项补贴①。其次，国际营销网络构建。推动建设海外文化贸易基地，如四川与亚马逊等平台推动四川15个具备潜力的优势产业带转型升级，培育100个具备国际竞争力的跨境电商知名品牌、100个对欧跨境电商卖家以及10个四川本土文创IP出海品牌②，推动文化企业更好地"走出去""走进去"。另外，文化IP保护机制启动。《哪吒》系列通过版权保护机制（如《哪吒》专项版权公告），强化IP国际化运营，打造更多的现象级文化IP和重点文化企业。最后，相关部门指导企业在非遗、5G、影视、出版、演艺、动漫游戏等领域开发国际化品牌产品和服务，打造大熊猫、三国、三星堆等大IP，加快中医药、川菜等四川特色文化的海外传播和对外贸易，推动巴蜀文化走向全球、融入世界。

在四川文化产业的发展过程中涌现了一批富有活力的对外文化贸易企业，在2023~2024年度国家文化出口重点企业和重点项目名单中，四川有24家企业、10个项目上榜，居西部首位，处于全国较为领先的行列（见表1）③。

表1　2023~2024年度国家文化出口重点企业和重点项目

四川文化出口重点企业(共24项)	四川文化出口重点项目(共10项)
成都索贝数码科技股份有限公司、四川少年儿童出版社有限公司、成都格斗科技有限公司、新华文轩出版传媒股份有限公司、四川天地出版社有限公司、成都卓杭网络科技股份有限公司等	小小蚁国，璀璨星城国际彩灯展，爱尔兰"野性之光·中国彩灯节"，南亚出版中心，法国布拉尼亚克"中国彩灯节"，休斯敦冬季梦幻彩灯节，中国图书走出去"百千工程"项目，美国波士顿、西雅图中国花灯展，"荷兰 China Light 国际彩灯巡展项目""中国彩灯点亮中东欧系列巡展项目"，纪录片《蜀守冰》《李白》

① 《四川鼓励企业出海参展开拓国际市场》，《工人日报》2025年3月3日。

② 《四川省商务厅与亚马逊全球开店 启动跨境电商三年赋能计划》，https://swt.sc.gov.cn/sccom/swdt/2025/2/28/3352c64055fa4f8f8867d64262126c29.shtml。

③ 《关于2023-2024年度国家文化出口重点企业和重点项目的公告》，https://www.mofcom.gov.cn/zcfb/blgg/art/2023/art_4562a465ff3146618cd53160bfe1b688.html。

可以看到，四川的文化企业、项目在 5G 技术、新闻出版、广播影视、文化艺术、数字文创等领域较为突出，初步形成了一批既具有文化传播社会责任感，又具备较强抗风险能力与海外市场拓展能力的文化创意类领军企业与品牌，如自贡灯彩文化产业集团有限公司拥有 18 项行业新型实用发明专利，持有“中国彩灯节”“中国熊猫节”等多个国际 IP 独家版权，彩灯作品多次创造大世界吉尼斯纪录，并荣获国际游乐园及景点协会 IAAPA 铜铃奖等多项国际大奖，在行业里率先实现产学研一体化，与自贡市政府、四川轻化工大学携手创建了全国第一家本科院校——四川轻化工大学彩灯学院。公司已在全球 18 个国家 50 多个城市举办逾百场次“中国彩灯节”，在国内 200 多座城市举办过各种类型的灯会展览展出活动①。

（六）搭建数字平台：数字文贸开启新格局

四川省拥有成都这一国家级文化和科技融合示范基地。近年来，四川省大力发展数字文化贸易，积极推进数字文化平台建设。首先，提供政策与资金支持。2024 年，省级层面针对人工智能产业链推出专项政策，计划 3 年内投入 12 亿元②，推动技术攻关、算力供给和场景应用；2025 年 3 月，四川获批国家数字经济创新发展试验区，重点探索数据要素赋能路径；2024 年 3 月成都高新区管委会发布《成都高新技术产业开发区加快数字经济产业重点领域高质量发展若干政策》，对数字文创领域最高补助达 3000 万元，设立 200 亿元产业基金覆盖全产业链③。其次，产业生态构建。全省设立 55 家数字化转型促进中心，为中小企业提供数字化解决方案④；打造省级服务贸易示范基地，推动“游戏动漫出海”“非遗文化出海”等项目；建立“拍

① 《自贡灯彩文化产业集团有限公司》，http：//www. szzs360. com/shop/5625/。

② 《四川计划三年投入 12 亿元助推人工智能产业发展》，https：//www. chinanews. com/cj/2025/03-19/10385576. shtml。

③ 《数字文创企业最高一次性给予 3000 万元补助 成都高新区发布“数字经济 26 条”》，《成都商报》2024 年 3 月 28 日。

④ 《帮助中小企业数字化转型 省数促中心已达 55 家》，https：//www. sc. gov. cn/10462/10464/10465/10574/2025/4/11/9da476ec5cda42cd94704aac0174e186. shtml。

在四川”一站式影视拍摄服务平台，简化审批流程，协调场地资源，降低文化企业运营成本。同时，国际合作进一步深化。2023年5月15日，四川省政府与华为签署协议，共建“数字政府”和“中国存储谷”，推动千行百业数字化转型[①]；通过中国网络视听大会等国家级平台，促进文化科技资源对接。最后，数字基建支撑。四川建设天府数据中心集群，完善算力网络，为人工智能、数字内容制作提供底层支撑。文化大数据公司整合超万部（本）影视、电子书资源，通过融媒体平台实现惠民服务与全域覆盖。

近年来，四川省数字文化产业发展迅速，涵盖游戏、动漫、影视、数字出版等领域，涌现出腾讯成都、完美世界等知名数字文企。四川在5G、人工智能、虚拟现实等领域的技术创新为数字文化贸易提供了有力支持，推动了数字文化产品的多样化和国际化，在游戏、动漫、影视等领域表现突出。以成都为例，2024年8月18~25日，由成都市商务局主办的“成都服务海外行”活动组织了成都Tap4fun、星合互娱、格斗等10余家游戏动漫企业前往德国、芬兰参加一系列产业推介、对接洽谈和拜访考察活动。经过多轮深入洽谈与对接，成都企业成功揽获30个意向订单，不再是将游戏产品简单地放在海外贸易平台，而是与海外企业进行深入合作，双方共同负责游戏发行、技术合作、美术外包、市场开发等多领域工作，合计订单金额达2.08亿元[②]。2024年2月，四川省重大文艺扶持项目之一动画电影《哪吒2》正式与观众见面，四川这片土地孕育出的乐观、坚韧、幽默性格特质，为哪吒这一角色提供了崭新的灵感。此片不仅在国内取得影史票房第一的骄人战绩，而且陆续在澳大利亚、新西兰、斐济、美国、加拿大等多个国家和地区上映，全球票房突破138亿元，有力地提振了我国原创数字文化产品“深耕国内，远征国际”的自信心。四川正在迅速成为我国西部数字文化贸易的重要枢纽和关键力量。

（七）文贸基地上榜：服务平台升级

四川文化产业的出口贸易能够保持增长离不开适合产业持续发展的环境

① 《四川省与华为公司签署战略合作协议》，《四川日报》2023年5月16日。

② 《企业组团赴欧洲抢订单 成都服务海外行今日启动》，https：//www.163.com/dy/article/J9SS HKFD0514R9MQ.html。

与支持平台。

2023 年 10 月，文化和旅游部、商务部联合发布的《新一批国家对外文化贸易基地名单》中，四川省自贡市人民政府及自贡彩灯文化传播运营有限责任公司在列，成为 12 个国家对外文化贸易基地之一。目前，四川拥有成都软件园国家数字出口基地、自贡国家文化出口基地、武侯区三国创意园国家文化出口基地，以及泸州中医药出口基地。

文贸服务平台不断升级。成都市武侯区三国创意园成立于 2019 年，围绕文化 IP 开发，助力企业拓展国际市场，扩大文化贸易规模。目前该基地共有四川科幻世界杂志社有限公司、成都游熊科技有限公司等优秀的出版、动漫、游戏类文化进出口企业 142 家，游戏动漫、版权贸易、文博旅游、创意设计、文化用品等出口产品和服务已辐射美国、荷兰、德国等全球 70 多个国家和地区[①]。2020 年，基地实现旅游总收入 153 亿元、外汇收入 452.15 万美元[②]。自贡国家文化出口基地以彩灯和仿真恐龙特色文化贸易为主，聚集文化企业超 2000 家，其中规上文化企业 106 家，与全球 90 个国家和地区开展贸易往来，彩灯和仿真恐龙产业占据国内 85% 和国外 92% 的市场份额[③]，累计 58 家（次）企业、23 个项目入选国家文化出口重点企业和重点项目。基地通过经营主体培育、创新平台建设、科学技术应用推广等举措，提升彩灯文化产业全链条科技创新水平，以科技创新赋能传统文化产业转型升级、高质量发展。2023 年一季度，基地企业在美国、法国、爱尔兰、智利等 10 个国家开展境外彩灯项目 35 个，实现文化出口 1470 万美元，同比增长 42.75%[④]。

① 《成都市武侯区三国创意园：打造成都市新的文化出口产业增长极》，https：//www.sohu.com/a/489548458_120006290。

② 《成都市武侯区三国创意园：打造成都市新的文化出口产业增长极》，https：//www.sohu.com/a/489548458_120006290。

③ 《灯会到达 80 多个国家和地区 占据海外 92% 灯展市场》，《人民日报》2024 年 2 月 26 日。

④ 《一季度实现文化出口 1470 万美元 自贡国家文化出口基地推动优秀文化“走出去”》，https：//www.sc.gov.cn/10462/10464/10465/10595/2023/4/21/49dfc1748d5f4404a0108133178adfdd.shtml。

（八）文贸政策完善：提升国际化水平

四川省善于利用各种政策和机制资源，对科技含量高、附加值高的文化产业项目给予特别的扶持和推进，从而形成综合性的政策优势，鼓励文化新业态不断发展。积极的文化政策为四川文化“走出去”增添强劲动力。“十四五”规划实施期间，四川省先后发布了《四川省文化产业发展专项资金管理办法》《四川省公共文化服务体系建设专项资金管理办法》《全省文化和旅游发展大会申办办法》《天府文化旅游产业优秀龙头企业评选办法（试行）》等文件，鼓励设立各类文化风险投资基金，切实保护文化作品的知识产权，在3年内培育100家以融合发展为特色、具有较强竞争力和影响力的文化旅游重点企业。2025年2月，《四川省政府工作报告》提出“全方位推进四川开放发展，加快构筑向西向南开放战略高地和参与国际竞争新基地”、“着力稳外贸引外资。主动对接双边、小多边贸易投资协定，支持拓展东南亚、西亚、中东、南美等新兴市场”的目标，为推进四川文化产业建设、提高国际化水平奠定了基础。

从宏观政策方面来看，党的二十届三中全会公报、商务部出台的《关于推进对外文化贸易高质量发展的意见》（以下简称《意见》）、《四川省“十四五”文化发展和改革规划》（以下简称《规划》）等政策举措，都为四川省文化产业的对外贸易起到了方向性指导与建议的作用。《意见》提出大力发展数字文化贸易、健全文化贸易合作机制、提升便利化水平等多项具体任务举措。《规划》提出，在对外文化贸易方面，着力统筹国际国内两个市场，持续开展区域合作交流、国内外宣传推广，实施四川文旅吉祥物“安逸”三年宣传推广工程、宣传推广全覆盖工程、四川文化和旅游节庆品牌项目，组织大熊猫文化旅游周、川灯耀世界、“天府旅游美食”海外行等重大境外推广活动，着力提升四川文化和旅游美誉度、知名度。在具体政策方面，四川省政府于2014年发布了《关于加快发展对外文化贸易的实施意见》，提出全省将壮大对外文化贸易企业，支持在四川举办国际性文化创意类活动，实施四川优秀文化产品和服务对外推广工程，推动川剧、川茶、川菜、川酒文化和出版（版权）、巴蜀画派、蜀锦蜀绣、民族歌舞、杂技、灯会、工艺品、影视作品、动漫游戏等四川特色文化出口。在创新金融服务方面，支持境内银行按照风险可控、商业可持续原则开展境外人民币贷款业务，创新文化贸易出口信用保险承保模式，提升承保理赔服务水平等，为四川文化产业的对外贸易起到了良好的支持与促进作用。

三　促进四川省对外文化贸易的建议

（一）进一步加强政策扶持，为对外文化贸易注入新鲜血液

四川文化产业的快速发展，除了相关企业在其产品、服务方面的努力之外，还有赖于不断进步与完善的政府扶持政策体系。应结合四川实际情况，联合财政、税务、商务、海关等多个部门，加快协调形成严谨全面、可操作性强的鼓励措施，通过文化出口基金、融资贴息、所得税减免、出口信用保险、出口退税、股票上市、放宽涉外经营条件等多种形式，推动具有鲜明特色和强大潜力的重点文化企业扬帆出海。

（二）促进文化与金融的深度合作，探索对外文化贸易创新模式

首先，应创新金融产品与服务，金融机构应针对文化和旅游企业的特点，设计专门的金融产品和服务，如推出文化创意产业贷款等，以满足不同类型、不同发展阶段的文化企业的融资需求。其次，优化信贷政策，金融机构在合规前提下可适度放宽对文化企业的信贷政策，简化审批流程，提高审批效率。同时，对于符合条件的文化企业，可以给予一定的利率优惠和贷款额度支持。再次，要加强担保体系建设，建立健全文化企业的担保体系，通过政府出资、引入社会资本等方式，设立担保机构或担保基金，为文化企业提供融资担保服务，降低其融资风险。又次，建立风险分担机制，政府应引导建立文化和旅游企业的风险分担机制，通过设立风险补偿基金、引入保险机构等方式，减轻金融机构在支持文旅企业发展过程中的风险压力。此外，

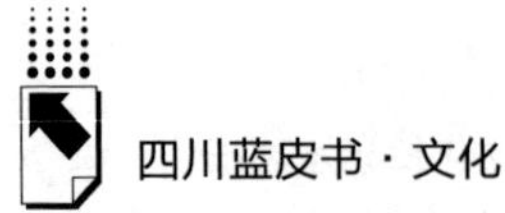

政府各部门应加强政策协同和配合，形成支持文化企业发展的合力。如可以联合出台相关政策，为文旅企业提供更加全面、系统的金融支持。最后，还应加强文化和旅游企业的信用体系建设，提高其信用评级和融资能力。

（三）努力打造国际品牌，为“走出去”打下良好的基础

认真研究《哪吒2》等文化IP在国际影视市场成功的内在逻辑，在网络游戏、电竞、影视、动漫、娱乐、出版、新媒体等重点领域率先推进，借鉴国际文创产品、服务的精髓，努力打造一系列国内一流、国际知名的品牌，在其基础上实现四川文化产业链的升级。在复合型文化人才的推动下，实现文创产品市场运作的国际化、多元化。

B.13
四川音乐小镇发展报告

——以彭州市白鹿镇为例

尹思霖　魏浥尘*

摘　要：　本文分析了国内外音乐小镇的发展历程及主要特色，重点以四川彭州市白鹿镇音乐小镇为案例，探讨其发展现状、举措与亮点、不足之处，并提出发展建议。国外音乐小镇如美国纳什维尔、奥地利萨尔茨堡等通过音乐产业与地域文化融合，形成多样化成功模式；国内音乐小镇起步于21世纪初，经历探索、爆发、调整阶段，形成如河北周窝音乐小镇、陕西洛南音乐小镇等特色项目。白鹿音乐小镇依托历史文化底蕴，以古典音乐为核心，举办丰富活动，推动音乐文旅产业发展，但也存在文旅资源挖掘不够、消费活跃度不高、国际知名度待提升、特色优势待巩固等问题。针对这些问题，建议从政策支持、基础设施与文物活化利用、场景营造与产业培育、场馆建设、交流合作等方面加以改进，以促进音乐小镇的持续发展。

关键词：　音乐小镇　乡村振兴　乡村文化　彭州市白鹿镇

音乐小镇不仅是乡村文化产业的重要形态，也是人们精神文化生活的重要承载场景。在我国，音乐小镇属于特色小镇的一种，是乡村文化振兴建设中的重要一环，对乡村文化振兴发挥着不可或缺的引领作用。2016 年 7 月，

* 尹思霖，华威大学硕士研究生，主要研究方向为教育创新；魏浥尘，四川省社会科学院文学专业 2023 级研究生。

住建部、国家发改委、财政部联合发布的《关于开展特色小镇培育工作的通知》提出，2020 年前将培育 1000 个各具特色、富有活力的特色小镇[①]。2018 年 10 月，中共中央、国务院印发《乡村振兴战略规划（2018—2022 年）》，明确将乡村特色文化产业纳入乡村振兴重点领域，支持开发传统工艺、民俗演艺、非遗体验等文化产品[②]。2022 年，文化和旅游部等六部门发布《关于推动文化产业赋能乡村振兴的意见》，明确提出八大赋能方向，重点支持音乐、美术、手工艺、数字文化等领域的乡村产业化。音乐小镇在国家文化产业政策支持下应运而生，不断快速发展，成为乡村文化产业发展的一道独特风景。

近年来，四川音乐小镇进入快速发展阶段，本报告通过梳理国内外音乐小镇发展概况及主要特色，并以四川彭州市白鹿镇音乐小镇为典型案例，分析四川音乐小镇的发展现状及主要策略。

一 国内外音乐小镇的发展历程及主要特色

在国外，音乐小镇构建了超越地域的文化消费场景；在国内，音乐小镇则成为传统文化现代化的枢纽之一。

（一）国外音乐小镇的发展

国外音乐小镇的雏形可追溯至 20 世纪初，音乐产业与地域文化的自然融合催生了早期音乐聚集地。美国纳什维尔是田纳西州的首府，但它不仅是一座城市，更是乡村音乐的圣地。1925 年，WSM 电台推出《乡村大剧院》节目，推动乡村音乐产业化，使纳什维尔成为“乡村音乐之都”。20 世纪 50 年代，唱片公司、录音棚和音乐出版机构在此集聚，形成完整的

---

① 《我国将培育 1000 个特色小镇》，https：//www. gov. cn/xinwen/2016 - 07/19/content_5092569. htm。

② 《乡村振兴战略规划（2018—2022 年）》，https：//www. gov. cn/zhengce/2018-09/26/content_5325534. htm。

产业链[①]。奥地利萨尔茨堡依托莫扎特出生地这一文化遗产，从 1920 年起举办萨尔茨堡音乐节，将古典音乐与旅游结合，成为全球音乐朝圣地[②]。20 世纪 60 年代披头士乐队走红后，英国利物浦市政府将乐队故居、洞穴俱乐部等改造为景点，2001 年还成立“披头士博物馆”，推动音乐遗产旅游。21 世纪后，音乐小镇向多元化发展。美国奥斯汀以“世界现场音乐之都”为定位，每年举办“西南偏南音乐节”，融合科技与艺术，吸引全球创意人才。西班牙的毕尔巴鄂借力古根海姆美术馆的文旅效应，开发音乐主题街区，形成后工业城市转型典范[③]。

音乐小镇作为文化、经济与旅游深度融合的载体，在全球范围内形成了多样化的成功模式。这些国外音乐小镇通过音乐产业不断集聚、文化遗产活化以及节庆经济驱动等方式，实现了音乐小镇的跨越式发展。这些国外音乐小镇各具特色。例如，纳什维尔以唱片业为核心，聚集了超过 200 家音乐企业，贡献了全市约 25%的就业岗位，形成了完整的音乐产业链条；萨尔茨堡则围绕莫扎特 IP 进行深度开发，其肖像使用权年收入超过千万欧元，形成了以文化 IP 为核心的产业模式；英国形成了节庆经济型的音乐发展模式，如格拉斯顿伯里音乐节显著带动周边酒店收入增长，提升幅度达 300%，催生了“节庆+露营”的复合型业态；而新奥尔良法国区则依托爵士乐的即兴演出激活历史街区，实现音乐家与居民共建共享的文化生态。

（二）国内音乐小镇的发展

2015 年国家新闻出版广电总局出台《关于大力推进我国音乐产业发展的若干意见》，推进音乐行业标准化建设，搭建大型专业音乐平台，建设国家音乐产业基地。与此同时，随着我国乡村振兴战略的实施，国内许多地方

① 《乡村音乐：田纳西州纳什维尔的大奥普里剧院》，https://www.bilibili.com/opus/703141229421920313。

② 《百年萨尔茨堡音乐节魔力依然》，https://yzdsb.hebnews.cn/pc/paper/c/202008/03/content_48150.html。

③ 《一个博物馆如何复兴一座城市?》，https://news.sohu.com/a/716924907_121124406。

将音乐小镇与特色旅游相结合，助推了国内音乐小镇的快速发展。近年来，各地区的音乐小镇、景区演艺、民俗风情等已然成为文化产业发展的重点。从我国来看，特色突出的音乐小镇整体上多布局于东南沿海地区，但中西部地区音乐小镇的发展也呈现加速趋势。这些小镇主要分布在成都及其周边地区、陕西商洛、湖北宜昌、河北衡水等地。总体来看，各地均充分利用自身特色资源，结合音乐产业的特点推动发展，整体呈现出良好的增长势头①。

国内音乐小镇起步于21世纪初，主要经历了以下几个阶段。一是探索期（2000~2012年）：2009年，北京迷笛音乐学校迁入海淀狂飙乐园，形成了我国首个以音乐教育为主题的园区；2002年，丽江雪山音乐节首次尝试将民谣音乐与旅游相结合，开了“音乐+文旅”模式的先河。二是爆发期（2013~2018年）：在政策推动下，2016年住建部提出“培育特色小镇”的发展方向，各地积极响应，涌现出包括浙江嵊州“中国越剧音乐小镇”、江苏周庄“海峡两岸音乐谷”等在内的50余个音乐小镇项目。三是调整期（2019年至今）：随着文旅部叫停“滥建小镇”现象，音乐小镇发展进入理性阶段，已落地项目逐步转向精细化运营，重视内涵提升与可持续发展。

国内较为知名的音乐小镇主要有5个。一是河北周窝音乐小镇，该小镇以乐器生产制造业为核心，并在此基础上延伸拓展相关音乐产业链。位于河北衡水市武强县的周窝音乐小镇，是目前中国最大、世界第二的管弦乐器制造基地。小镇依托西洋乐器制造产业，以音乐文化为主题，以北方特色民居为基础，打造出中国首个将乐器文化与创意文化旅游相结合的特色小镇②。二是陕西洛南音乐小镇。2018年12月17日，洛南音乐小镇景区成为国家4A级景区。小镇主要包括音乐广场、音乐工厂、音乐风情街、音乐酒店及民宿客舍等文化旅游板块。其建设思路在于依托秦岭优美生态，打造“丝路国际音乐节”和“丝路国际音乐论坛”两大国家级文化品牌，确立建设国家音乐产业基地的总

① 《以音乐产业为主题的特色小镇模式分析》，https://baijiahao.baidu.com/s?id=1655055420437188483&wfr=spider&for=pc。

② 《以音乐产业为主题的特色小镇模式分析》，https://baijiahao.baidu.com/s?id=1655055420437188483&wfr=spider&for=pc。

体目标。三是苏州太湖音乐小镇，这是一个充满艺术氛围的小镇，建设了配套的录音棚、音乐厅等设施，整体氛围浓郁、艺术气息突出。四是珠海北山音乐小镇。自2010年起，小镇持续举办北山爵士音乐节和北山世界音乐节，邀请来自全球的顶级乐队和音乐家参与演出，将音乐与古村落的文化氛围深度融合，吸引了大量国内外游客。五是合肥王大郢音乐小镇。该小镇由老旧村庄改造而成，按照“留住乡村、展示乡音、体现文化魅力”的理念建设，致力于打造成为国内一流的音乐小镇。在发展过程中，积极引入艺术家和文创企业，推动音乐、艺术、创意等产业的融合发展，形成包括音乐演出、艺术展览、文化创意产品在内的多元化业态。同时，小镇建设了众创空间、音乐酒吧、餐饮、客栈、咖啡馆、艺术家院落等特色空间，为音乐人和游客提供了丰富的活动场所。

二　四川音乐小镇发展分析：以彭州市白鹿镇为例

四川省内音乐小镇的发展建设也取得令人瞩目的成绩。2016年四川成立省级音乐产业发展领导小组①，统筹全省音乐小镇建设；2017年出台了《四川省音乐产业发展专项资金管理办法》等文件。截至2024年，四川省建成的音乐特色小镇数量为11个。其中，成都彭州白鹿音乐小镇、大邑安仁古镇等5个小镇作为核心载体，形成“音乐+文旅”产业集群②。除此之外，一些别具特色的音乐打卡地也逐渐发展起来。如阿坝州羌族多声部音乐村通过“云上对歌”系统，使远在2000公里之外的都市白领也能实时参与高山羌寨的古老和声；成都东郊记忆园区则将三线建设时期的工业噪声采样重构为电子音乐，使老一辈建设者在声波中重拾集体记忆。位于成都周边的街子古镇则定位为“民乐文创谷·音乐康养地”，将非遗音乐与生态旅游相结合，形成“文化传承+健康旅居”的差异化竞争力。拥有2000年制琴历

① 《看动力：四川音乐产业助推消费升级开启发展新引擎》，https：//www.zgm.cn/html/a/2018/0322/156652.html。

② 《2024年“最美小镇”，成都两地上榜!》，https：//mp.weixin.qq.com/s?__biz=MzI5MzMzNDg2Nw。

史的街子古镇，以古琴文化（李子昭“大圣遗音”古琴）为核心，发展传统民乐与新民乐，打造了“鸾飞凤舞”音乐广场、民歌村音乐场馆等载体，引入兰卡布尺等原创音乐人，推出大型实景剧《蜀歌蜀嫁》等文化项目。音乐小镇的发展为人们带来了多样化的生活方式和文化体验。据联合国教科文组织研究，定期参与音乐小镇活动的群体，其文化归属感指数较普通人高出41%。这种通过音乐实现的文化疗愈，也成为化解现代社会压力的重要途径。

总体来看，四川音乐小镇的发展具有鲜明的地方特色。下文将以彭州市白鹿镇为主要案例，进一步分析四川音乐小镇的发展路径与经验。

（一）四川音乐小镇白鹿镇的发展现状

白鹿音乐小镇位于四川成都北部著名的龙门山脉，地处龙门山湔江河谷生态旅游功能区核心区，总面积2.89平方公里，距成都市区约60公里。这里历史文化底蕴深厚、生态旅游资源丰富，是古蜀文明的重要发源地，也是中法百年文化交流的集聚地。小镇拥有国家级文物保护单位白鹿领报修院、彭州市级文保建筑中法友谊桥、始建于200多年前的白鹿场老街、世界地质奇观塘坝子飞来峰等诸多珍稀文化旅游资源。小镇环境优美，四季繁花盛开、绿树成荫，年均气温24℃，森林覆盖率达90%，享有“天然氧吧”之美誉。

近年来，白鹿音乐小镇依托其深厚的历史文化底蕴和文化互鉴传承，坚持以古典音乐为核心，以国际交流为特色，不断推动小镇发展创新，致力于建设中国式的国际化古典音乐小镇，取得显著成效。古老的山区小镇焕发出勃勃生机，成为中国西部具有公众影响力和社会美誉度的文艺风尚品鉴示范场景，奏响了新时代天府乡村创新发展和品牌塑造的交响乐章，社会各界广泛关注，专业人士高度赞誉。

“5·12”地震前，白鹿镇主要以矿山开采和传统农业为产业支撑。2013年，彭州市委、市政府与成都本土优秀音乐文创企业香颂文化合作，深入挖掘白鹿领报修院的文化价值和小镇百年中法文化交流史，在中国音乐家协会与国内外音乐艺术家的支持下，创办了中法古典音乐艺术季，确立了以古典音乐弘扬为核心、以国际文化交流为特色的音乐文旅产业发展路径，带领群众走上从传统产业向现代音乐文旅产业转型的奋进之路。2014 年，白鹿镇被评为国家 4A 级音乐旅游景区；2017 年，白鹿镇被成都市确定为国际音乐之都重点建设的音乐小镇。2018 年，白鹿在中法古典音乐艺术季基础上，又创办了四季音乐季，致力于培育小镇古典音乐 IP。

2022 年，白鹿镇再次创新起航，由专业的音乐文旅企业对音乐小镇进行整体管理运营，加快构筑小镇发展新优势，开启了跨越式发展新征程。2022 年，白鹿镇成功创建国家级夜间文旅消费集聚区、成都市文艺风尚品鉴示范场景、成都市文创产业园。2023 年，白鹿镇再获四川省蜀里安逸—乐游蜀地消费新场景、成都市 2023 十大新消费示范场景等殊荣，被确定为成都音乐产业主承载地，同时还被确定为成都大运会和世界科幻大会城市文化交流指定点位。

（二）主要举措与发展亮点

今天的白鹿镇，吸引着越来越多的国内外游客和音乐爱好者走进这里，感受音乐跨越时空的魅力，感知艺术融通心灵的力量，探求文化和旅游创新融合发展的方向。在这里，音乐与产业深度融合，国际化的场景与青山绿水交相辉映，中外文化交流互鉴，成为四川向世界展示天府文化、中华文明的一个重要窗口，彰显中国式现代化的万千气象。其主要发展特色有如下四点。

1. 音乐凝神塑形，多彩活动点亮小镇

用音乐对话世界，让世界了解白鹿。白鹿镇坚持以古典音乐为核心推动特色小镇建设，持续培育打造白鹿·中法古典音乐艺术季、白鹿四季音乐季核心 IP，积极引进法国尼斯国际钢琴比赛、中法文化之春展演、国际青少年合唱比赛等国内外知名音乐品牌活动，创办白鹿钢琴特色学校、白鹿童声合唱团、白鹿夏季音乐学院等音乐品牌。180 多位中外知名音乐大师、文化学者及 1000 多位青年艺术家走进白鹿，举办了数千场精彩纷呈的音乐展演与文化交流活动。春之声、夏之梦、秋之语、冬之韵……12 个知名品牌音乐节会、每年 300 余场中

外经典音乐艺术活动，为观众和游客奉上四季不断的饕餮音乐艺术盛宴，让白鹿天天有音乐、月月有活动、季季有节日。中央电视台、新华网、《人民日报》、中国网等100多家媒体竞相报道，小镇影响力持续提升。

2. 产业筑基赋能，场景丰美消费活跃

以音乐为特色、产业为引领，积极构筑小镇音乐文旅产业体系，培育消费新场景新业态。白鹿镇先后建设了森林里的钻石音乐厅、玫瑰音乐剧场、书院教堂音乐厅、音乐大师工作室、音乐微博物馆、艺术家街区等极具特色的音乐艺术空间，培育打造了书院咖啡吧、主题音乐公园、屿众·乐拍馆、音乐星光大道等一大批网红消费场景，大力推动沉浸式音乐演艺、文博艺术、音乐研学、音乐露营、时尚潮玩、民宿酒店、美食品鉴、浪漫婚恋、非遗传承体验等音乐文旅新业态成长。消费场景与美丽山水融于一体，小镇夜间经济、户外经济、周末经济全面发展。

3. 开放融通交流，欧风蜀韵跃动国际

以音乐为桥梁，创新搭建国际交流舞台，加快构筑国际化的特色小镇。白鹿镇常态化邀请中法及其他世界各国知名音乐艺术家、文化学者、外交使节走进白鹿，举办音乐展演与国际交流活动。由叶小钢领衔，胡坤、方锦龙、董强、皮埃尔·瑞切、米歇尔·勒蒂耶科等150余位中外知名音乐大师组成的小镇艺术家团队携手搭建中外文化交流合作新发展平台。小镇建筑中西合璧，鳞次栉比的法式建筑点缀于青山绿水之间，色彩斑斓，美不胜收。完善的中英法日四国语言导视系统、赛赫布朗城堡与莫雷之家、中法艺术跷跷板、中外美食等，让小镇敞开胸怀，拥抱世界。成都大运会、世界科幻大会、世界友谊小姐大赛、北大燕京学院国际学生社会实践考察等各类文化交流活动纷纷走进白鹿。白鹿镇与法国莫雷市等建立友好合作关系，并促进彭州与23个国家和城市建立友好合作与友好城市关系。东西方文化在小镇精彩交流碰撞，欧风蜀韵处处彰显出白鹿的国际风采。

4. 专业推动引领，发展助力乡村振兴

白鹿音乐小镇不断探索创新发展的体制机制，大力支持由彭州国有公司与经验丰富的民营文旅企业合作组建专业化管理运营团队，汇聚国有与民营企业的双重优势，推动小镇高质量发展。白鹿镇构建起“政府支持保障、链主企业推动、艺术委员会专业引领、多元音乐活动支撑、人才梯队培育与国内外艺术家及艺术机构联动助力”的独特发展模式，持续为音乐小镇注入发展活力。2023年，小镇吸引游客超过250万人次，音乐文旅产业收入超3亿元，带动白鹿镇农村居民人均可支配收入提升至3.2万元。本地的山间竹笋、老树白茶、生态蔬菜、樱桃果酒，与缤纷音乐、面包咖啡、香槟红酒及中外美食交相融合，携手走向广阔世界，有力促进了产业富民、乡村振兴。

（三）发展不足分析

1. 文旅资源挖掘不够

白鹿镇对于普通游客的吸引力仍然不强，文旅资源开发挖掘力度不够，文旅综合配套设施较差，酒店等住宿条件简陋，经常性的国内外音乐及艺术展演活动较少，留不住客人，形不成客流量是制约小镇发展的一大现实问题。

2. 消费活跃度仍不高

受限于小镇总体文旅产品品质不佳、品类结构单一、同质化现象普遍等，无法满足来访游客新消费需求，消费活力激发不足。

3. 国际知名度还需提高

白鹿镇目前宣传推广手段较为单一，特色定位与差异化优势还未完全形成，缺乏精品赛事活动等有力载体支撑，与真正成为国内外知名的国际音乐小镇还有较大的差距。

4. 特色优势仍待巩固

小镇尚未培育出特有产业优势，尚未完全形成以特色小镇建设带动乡村全面振兴的良性循环。

三　音乐小镇发展建议

四川音乐小镇经过快速发展，正进入瓶颈突破期和发展深化期。以白鹿音乐小镇为代表的四川音乐小镇，坚持以音乐为核心不断增自信、谋发展、促开放，成为四川推进音乐国际交流与对外开放的鲜活案例，彰显了中国乡村现代化建设的万千气象，对于四川进一步贯彻落实中央和省委决策部署、加快建设改革开放新高地、推进文化强省建设，具有很好的示范引领意义。可以将白鹿音乐小镇的发展提升至四川对外开放与国际交流的高度予以重点支持培育。

（一）加大对音乐小镇发展的政策支持力度

建议对四川省内音乐小镇进行系统梳理和发展分类，加强整体政策支持。建议将白鹿音乐小镇作为音乐示范镇，定位为四川对外开放与国际交流的重要点位予以大力支持。坚定以建设音乐特色国际度假小镇为目标，继续支持白鹿镇做优做强，丰富小镇的音乐产品供给，提升小镇古典音乐艺术气质，进一步增强辨识度，彰显小镇国际化魅力。

（二）做优基础设施服务与文物活化利用

加强省内音乐小镇的基础设施建设，注重建筑风格的统一。应进一步围绕特色化建筑进行规划建造，统一景区沿线风貌，树立国际品牌形象。同样，在基础设施建设方面，应加强白鹿音乐小镇的高标准道路系统和水电气等基础设施改造，特别是白鹿书院道路改造，加快形成连接白鹿场社区和白鹿领报修院的双循环交通通道，解决交通瓶颈问题。在保障服务供给方面，应增加公共交通线路、班次。同时，加强精品特色酒店招引，推进标准化专业音乐厅建设，进一步增强小镇音乐产业发展承载能力，提升国际化服务品质。在保护文旅资源方面，应深化白鹿领报修院的保护与活化利用，加快白鹿领报修院古典音乐博物馆建设，强化建筑与音乐的联结。

（三）丰富音乐小镇场景营造与产业培育

通过搭建平台、政策引导、整合资源等方式，进一步加强服务支持和规范引导，吸引音乐企业和人才入驻，鼓励音乐创作和演出等，促进经济效益和社会效益相统一。以践行新发展理念的公园城市示范区建设为引领，推动文旅农商创新融合，深化白鹿国家级夜间文旅消费集聚区建设，持续培育音乐文旅新消费、新场景、新业态，推进“音乐+旅游”“音乐+农业”“音乐+服务”等产业体系建设，推动音乐产业建圈强链、转型升级，进一步夯实小镇产业发展根基。加强红酒、雪茄、咖啡、啤酒、香水等特色服务产业布局和氛围营造，持续增强消费活力和乡村发展动力。

（四）加快推动省内音乐小镇的场馆建设

部分音乐小镇设施老化，加之接待能力长期不足，差异特色难以体现。建筑是凝固的音乐，音乐是流动的建筑，对此，可以规划建设特色场馆。白鹿领报修院是白鹿·中法古典音乐艺术季的主承载地，也是国家级文物保护建筑，还是四川百年中法文化交流史的见证。应进一步深化白鹿领报修院的保护与活化利用，加快白鹿领报修院音乐博物馆建设，强化建筑与音乐的链接，充分发挥文物的当代价值，打造四川文物保护与活化利用的典范。

（五）加强国际国内交流合作，进一步擦亮品牌形象

发挥群众力量、智库力量，通过策划比赛等形式，吸引各方人士帮助小镇设计具有特色的标志卡通人物和主题宣传口号，充分调动社会各界的积极性和创造力，为小镇发展注入新活力。加强国际交流合作，特别是与法国及欧盟国家的交流合作，通过承办会展会议、举办赛事活动、开展旅游参访等方式，深化国际友好关系。继续邀请世界著名团队、专家等开展定期的文化交流活动，争取举办国际音乐活动，如国际音乐论坛、音乐产业峰会等，提升小镇在国际音乐领域的地位。与国内音乐院校和机构等加强合作，开展联合教学、实习基地建设，鼓励民间音乐团体、个人开展交流活动，丰富小镇人才资源和音乐文化内涵，切实提高国际音乐小镇的知名度和美誉度。

传承创新

B.14
古蜀文明三星堆国际传播研究报告

唐 婵　杨自强　马嘉钰　张子莹*

摘　要：　古蜀文明三星堆作为中华文明的生动表现，承载着文化价值、社会价值、经济价值与传播价值，具备推动文明交流与互鉴的丰富动能。近年来，古蜀文明三星堆的国际传播探索，在内容传播、活动运营、产业拓展等多维度展开，呈现参与主体越发多元、传播内容不断创新、海外影响逐步扩大等趋势。与此同时，仍面临文明资源的挖掘与转化力度不够、文明内涵阐释浅表化与碎片化、文明品牌建构标签化与脸谱化、传播效果持续性与渗透性不足等现实难题。古蜀文明三星堆国际传播体系的系统性升级，需要立足古蜀文明资源优势与文明交流互鉴期待，进一步在传播主体协同网络、古蜀文明内容生产、文物故事话语表达、数字传播体验提升、品牌矩阵拓展建构等方面实现迭代创新。

* 唐婵，博士，四川省社会科学院新闻传播研究所助理研究员，主要研究方向为新闻传播、文化产业；杨自强，四川省社会科学院新闻传播研究所 2024 级硕士研究生；马嘉钰，四川省社会科学院新闻传播研究所 2024 级硕士研究生；张子莹，四川省社会科学院新闻传播研究所 2024 级硕士研究生。

关键词： 古蜀文明　三星堆　国际传播

古蜀文明三星堆作为汇聚文化价值、社会价值、经济价值与传播价值的神秘宝藏，不仅是中华文明宝库的璀璨明珠，而且是向世界讲好中国故事的生动资源，在推进文明交流互鉴中有着不可替代的重要作用。伴随三星堆考古发掘的推进，更多彰显古蜀灿烂文明的文物出土，三星堆的国际传播探索也日渐多元化，既有承载文明内涵的内容传播，又有推进文明对话的活动运营，还有转化文明价值的产业拓展。然而，同深化文明交流互鉴及提升中华文明国际影响力的理想期待相比，古蜀文明三星堆的国际传播仍面临诸多困境与较大提升空间。立足古蜀文明三星堆国际传播的背景与意义，系统性分析相应传播现状及主要问题，进而提出具有针对性的发展建议，对提升古蜀文明国际传播效果与扩散中华文明全球影响等均具有重要促进作用。

一　古蜀文明三星堆国际传播的背景与意义

古蜀文明三星堆的国际传播，是在动态变化的国际舆论生态下，政策引领与现实需求交互驱动的实践探索。相应传播实践，承载着强化古蜀文明乃至中华文明的国际影响力、提升国际传播体系的整体效能、展示立体化国家形象等多维意义。

（一）古蜀文明三星堆国际传播的背景

在一系列政策引导下，更高效能的国际传播体系建设需求与古蜀文明三星堆所具备的资源优势，共同构成了三星堆国际传播的现实背景，也对其实践路径和传播效果提出了更为具体的要求与期待。

1. 政策赋能三星堆国际传播与文明交流互鉴

2023 年 7 月，习近平总书记到四川广汉三星堆博物馆新馆考察时指出“三星堆遗址考古成果在世界上是叫得响的”，“为中华文明多元一体、古蜀文明与中原文明相互影响等提供了更为有力的考古实证”。[①] 其后，习近平总书记对宣传思想文化工作作出重要指示，强调“着力加强国际传播能力建设、促进文明交流互鉴”[②]。《四川省传承发展中华优秀传统文化“十四五”重点项目规划》阐明了四川省传承中华优秀传统文化的基础和形势，并提出古蜀文明保护传承工程等重点项目[③]。2025 年四川省人民政府工作报告中，有关“实施文化保护传承利用工程‘专精特新’项目”“推进三星堆—金沙遗址申报世界文化遗产”等内容[④]，亦是对三星堆对外传播的有力支持。

2. 国际传播形势对文明叙事提出现实需求

在复杂多变的国际舆论生态下，讲好中国故事、传递中国声音、展示中国形象的国际传播实践，面临一系列障碍。这就要求国际传播参与主体强化“以文明叙事为主轴”的创新型探索，以人类共同关注的更具吸引力的文明及文明对话，提升国际传播的整体效能。古蜀文明三星堆作为悠远历史、神秘故事、中国智慧的载体之一，正是文明叙事的重要基础与资源宝库，可为构筑文明对话桥梁与文化交流枢纽提供丰富资源，并为“以文明叙事为主轴”的国际传播拓展创新空间。

3. 古蜀文明三星堆具备提升国际影响的基础优势

作为中华文明的重要组成部分，古蜀文明三星堆是古蜀社会的宝贵遗产，包括青铜面具、青铜器皿等在内的珍贵文物，不仅彰显了古蜀人的智慧与创造力，而且丰富了有关中华文明的认知与理解，在中华文明的传承与传播中有显著意义。基于丰富的文明资源与叙事资源，三星堆汇聚了多重价值：一是文化价值，表现为对古蜀社会礼俗与古蜀人心理的揭示、对艺术底

---

① 《习近平总书记关切事丨三星堆考古的新故事》，https://www.gov.cn/yaowen/liebiao/202407/content_6964320.htm。

② 于运全：《着力加强国际传播能力建设与体系构建》，《红旗文稿》2023 年第 22 期。

③ 《坚定文化自信 擦亮四川历史文化名片》，https://www.sc.gov.cn/10462/12771/2022/6/20/a27a260ca130444bb05d4af838565e48.shtml。

④ 《2025 年四川省人民政府工作报告》，https://www.sc.gov.cn/10462/c105962s/2025/2/6/d6df30eefd1d4a3a941ea4466ced19f5.shtml。

蕴与历史故事的传承等；二是社会价值，表现为文明传承下文化自信与国家认同的提升等；三是经济价值，表现为文明资源在文旅融合发展领域的转化；四是传播价值，表现为基于前述多重价值的文化传播与社会互动等。数据表明，经过多重价值释放，三星堆已形成一定的品牌效应，例如三星堆博物馆新馆自2023年7月至2024年11月，累计接待游客超700万人次[①]。相应资源、价值及已有的品牌影响，构成了三星堆对外传播创新升级的有利基础。

（二）古蜀文明三星堆国际传播的意义

古蜀文明三星堆国际传播在强化三星堆品牌影响、推动文明交流互鉴、提升国际传播体系效力及展现立体化中国形象等方面，具有多维度交互促进的重要价值与深远意义。

1. 有利于提升中华文明的国际传播力

古蜀文明的国际传播是多维度与多层次交互的过程，直接关系到文明交流互鉴及中华文明国际影响力。通过古蜀文明起源及高度发达的物质与精神体系，展现中华文明多元一体的深层基因，可有力破除历史偏见。青铜神树、黄金面具等文物，以不同于中原礼器范式的艺术创造力，印证了长江流域与黄河流域并行发展的文明图景，彰显了古蜀文明强盛的生命力，以及中华文明的多样性与包容性。同时，三星堆作为中华文明的标识性IP，相应国际传播有助于推动世界对中国文化的认知重构，既可传递中华文明开放包容的独特魅力，又可依托“可感知的文明对话”提升中华文明的亲和力与影响力。

2. 助力构建更有效力的国际传播体系

古蜀文明三星堆不仅是中华文明多元一体的重要表现，更是中华文明走向世界的生动符号与叙事资源。通过挖掘三星堆的叙事资源与推进文明叙事

① 《三星堆博物馆新馆已累计接待游客超700万人次，德阳将加速建设中国装备科技城》，https://baijiahao.baidu.com/s?id=1815686252864770245&wfr=spider&for=pc。

的创新发展，可进一步强化三星堆在国际传播中的力量与效果，并助力构建更有效力的国际传播体系。尤其是伴随数字技术与智能技术的发展，以及直播、短视频、动漫等传播形态的广泛运用，有关三星堆的文明叙事有了更强有力的技术支持与更生动的表现方式，更有利于推动以青铜纵目面具、金杖等文物为载体的文明叙事创新，也更有利于拓展国际传播体系的话语资源、故事资源与总体效果。

3. 展示立体生动与底蕴丰富的国家形象

古蜀文明三星堆的国际传播，不仅可以使三星堆成为连接中国与世界的重要桥梁，而且可以从不同面向展示出立体生动与底蕴丰富的中国形象。融入文明内涵与文化底蕴的三星堆对外传播实践，将以更具亲和力、渗透力与对话感的方式，搭建起海内外沟通的平台与通道，进而增进不同国家与地区对中国形象的关注、认知、理解与认同。例如，在古蜀文明与古埃及文明、古印度河谷文明等展开对话的过程中，人类命运共同体的文化建构得到进一步推进，更有利于改变海外对中国形象的片面认知与刻板印象，进而树立立体包容、历史悠远且底蕴深厚的中国形象。

二　古蜀文明三星堆国际传播的基本现状

古蜀文明三星堆拥有悠远历史与深厚底蕴，承载着非凡智慧与神秘魅力。面对动态变化的国际舆论生态，不同传播主体逐步综合内容传播、活动运营、产业拓展等多元化方式，建构起越发立体的国际传播体系。

（一）内容传播：依托平台矩阵的传播体系构建

有关古蜀文明三星堆的内容传播，是三星堆国际传播创新的核心要素，也是国际传播体系构建的重要组件。经过多年探索，三星堆国际传播平台矩阵渐成规模，三星堆国际传播内容体系亦持续扩展。

1. 古蜀文明三星堆国际传播平台矩阵

2021 年 3 月，伴随三星堆考古成果发布，三星堆国际传播平台——

“Sanxingdui Culture · 三星堆文化”正式上线。三星堆国际传播平台及力量在其后渐成规模：既有“Sanxingdui Archaeology · 三星堆考古”双语官方网站、“Sanxingdui Culture · 三星堆文化”Facebook 公共主页、Twitter 账号、Instagram 账号、YouTube 频道等，又有高度关注三星堆的中央、省、市、县四级媒体，如中国国际电视台（CGTN）、四川国际传播中心（SICC）、广汉市融媒体中心等，还有抖音（TikTok）、小红书（REDnote）等社交媒体平台①。其中，“Sanxingdui Archaeology · 三星堆考古”双语官方网站已成为重要信息枢纽，通过 Archaeological Discovery（考古发现）、Research（研究进展）、Cultural Relics（文物资料）、Journals（学术期刊）等板块持续展开传播。伴随三星堆影响力提升，关注三星堆的媒体机构、社交平台、出版社等不断增多，进一步拓展了三星堆国际传播平台矩阵。

2. 古蜀文明三星堆国际传播内容体系

在主流媒体引领下，有关三星堆的内容产品持续输出，获得较高的关注度和热度。根据四川新闻网 2024 年 5 月发布的信息，新一轮考古发掘以来，广汉市融媒体中心积极作为，联动 31 个国家和地区 227 家新闻媒体专题报道三星堆考古新发现，全网阅读量超 500 亿次②。2023 年，四川国际传播中心与头部手机游戏《原神》合作，在不同国家的主流平台和垂类社区投放视频，其中“三星堆原神联动”系列报道海外流量突破 3 亿，全网曝光量超 10 亿③。2023 年 7 月，习近平总书记到广汉三星堆博物馆新馆考察，相关报道随即引发海内外广泛关注；《人民日报》、新华社、中央广播电视总台、《环球时报》在官网和推特持续发布新馆启幕相关信息，并被美国有线电视新闻网、《联合早报》、《印度时报》等海外媒体和海外自媒体博主关注、转发；中央广播电视总台制作的纪录片《古蜀记 · 三星夺目》在 YouTube 平台累计

① 钟莉、张嘉伟：《文明的语言：Z 世代国际传播的符号之旅——以三星堆国际传播平台为例》，《新闻界》2022 年第 12 期。

② 《构建“三星堆 +”国际传播体系 推动中华文化更好走向世界》，https://baijiahao.baidu.com/s?id=1799947704502951335&wfr=spider&for=pc。

③ 李旭：《讲好三星堆多彩故事 演绎新时代多彩中国》，《中国新闻发布（实务版）》2025 年第 1 期。

播放量超过 17 万人次①。CGTN 联合埃及国家电视台制作的文化历史类纪录片《当法老遇见三星堆》②，及川观新闻、四川省文物考古研究院、三星堆博物馆联合推出的 MV《我怎么这么好看》③ 等，以跨越时空的对话推动了古蜀文明传播与文明交流互鉴。

此外，社交媒体传播、图书出版等亦在三星堆国际传播中发挥着重要作用。在社交媒体传播中，既有主流媒体在社交媒体平台开设的账号发声，也有诞生于网络空间的网络原生媒体话语。有关三星堆的内容至少包括三星堆的重要动态、海外专家有关三星堆的论述、海外用户有关三星堆的评价等方面，形成了对话感更强的传播网络。有关三星堆的主题图书，则正从传统的印刷出版向数字出版转型，还有兼具触摸感与互动感的手工立体书等。

（二）活动运营：深入对话场景的文明影响扩散

围绕古蜀文明三星堆举办的主题活动及活动运营，既包括汇聚多元力量而在国内举办的活动，也包括承载文明魅力且落地海外的活动。这些活动持续且创造性地拓展着古蜀文明的全球影响力，切实践行着“引进来”与“走出去”的交流期待④。

1.“向内”汇聚文明对话的多元力量

汇聚文明交流互鉴的多元力量，促进跨界的文明对话，是围绕三星堆展开的一系列活动的目标指向。无论是有关三星堆的比赛或创意征集活动，还是为推广三星堆文明举办的座谈或志愿者招募活动等，都是从海内外不同社

---

① 王润珏、高再红：《因势而新：中华优秀传统文化国际传播探索与展望》，《对外传播》2024 年第 1 期。

② 《一场跨时空的对话与互鉴，纪录片〈当法老遇见三星堆〉开播》，https：//baijiahao. baidu. com/s？ id=1786310154961575286&wfr=spider&for=pc。

③ 《上热搜！四川这首神曲火了》，https：//cbgc. scol. com. cn/world/1026166？ from-related-news。

④ 《以更有效力的国际传播体系提升中华文明影响力》，http：//www. qstheory. cn/qshyjx/2024-11/15/c_1130219654. htm。

会领域吸纳传播力量的重要环节，也都是向海内外推广三星堆文明的关键过程。

在通过征集创意而汇聚传播力的比赛或创意征集活动方面，三星堆博物馆与四川国际传播中心等发挥了重要作用。例如，四川国际传播中心、三星堆博物馆等于2022年6月联合启动“幻彩三星堆”中华文化全球推广活动，吸引近50位海内外艺术家、非遗传承人及17个国家的绘画涂鸦爱好者，为三星堆出土文物线描绘本上色创作，全网传播量突破5000万①。四川国际传播中心、四川省文物考古研究院、三星堆景区管委会等于2023年2月联合启动“我的三星堆世界 · Let's Pixelate it! Sanxingdui Player”青年展播征集活动，邀请海内外像素设计爱好者以三星堆为主题创作像素风格场景，推动古蜀文明的年轻态传播②。2024年11月举办的“讲好中国故事”创意传播国际大赛四川分站赛，以“多彩中国 美美与共”为主题③，同样为三星堆对外传播提供了契机与渠道。在通过促进交流而汇聚传播力的座谈及志愿者征集活动方面，亦有多元主体的力量汇聚与作用发挥。例如，广汉市于2024年发布“我来讲堆堆”三星堆讲解志愿服务项目，注重选拔英语讲解员，以为三星堆的国际传播积累更多基础资源④。

2. “向外”释放古蜀文明的全球影响

直接落地海外的三星堆传播活动，有针对性地释放着古蜀文明魅力。较具代表性的是2021年5月就发布的“三星堆文化全球推广战略合作项目”，包括“看中国 看三星堆”外国青年影像计划、三星堆系列图书国际出版项目、“发现三星堆”纪实节目合作项目、三星堆主题电影项目、三星堆主题

① 李旭、张宇：《省级国际传播中心建设的三种思维——以四川国际传播中心为例》，《中国记者》2024年第6期。

② 《“灵感中国 · 我的三星堆世界”颁奖仪式暨国际传播青年沙龙在蓉举行》，https://sc.chinadaily.com.cn/a/202305/18/WS64662997a310537989374dec.html。

③ 《万元大奖等你来拿 2024“讲好中国故事”创意传播国际大赛四川分站赛正式启动》，https://baijiahao.baidu.com/s?id=1814883090263864643&wfr=spider&for=pc。

④ 《四川广汉：志愿服务“八大联盟”“十大项目”发布》，https://www.guanghan.gov.cn/gk/mbjj/gjjmb/1673044.htm。

原创音乐剧项目、数字三星堆国际展项目、“走读三星堆”文化体验产品设计与全球推广项目、三星堆主题全球灯展、三星堆腾讯新文创合作项目①。其后，落地海外的三星堆传播活动越发多元。例如，成都市广播电视台双语纪录片《穿越千年的对话——三星堆-金沙文明对话玛雅文明》国际交流推广活动，于2024年9月来到阿根廷布宜诺斯艾利斯大学的孔子学院②；四川国际传播中心构建了“三星堆-金沙”中华文化对外推广平台，持续开展“中华文化走出去”活动，打造“万物有灵”古蜀文明数字展，先后走进十多个国家③。

（三）产业拓展：融合三星堆元素的文明价值转化

有关古蜀文明三星堆的产业拓展，正以跨越行业边界的突破性，拓展着文明价值转化的空间，且已形成越来越多的价值转化路径，如融入文旅融合发展的文明价值转化、融入视听创意产业的文明价值转化等。

1. 融入文旅融合发展的文明价值转化

三星堆博物馆本就是文旅融合发展的重要主体，依托三星堆博物馆吸引更多游客，在促进文旅融合发展的同时，提升三星堆在海外的曝光度和影响力，已成为三星堆对外传播的重要路径。利用数字技术与智能技术打造的沉浸式体验场景与互动空间，也越发成为三星堆推进文旅融合发展的新空间，以及吸引海外大众的新能量。在文旅融合场景层面，三星堆元素已嵌入咖啡馆、主题邮局、文旅园区等社会空间，正形成越发多元且更具吸引力的文旅新业态。例如，作为热门创意园区的成都东郊记忆园区，就有三星堆元素嵌入。

---

① 《“三星堆文化全球推广战略合作项目”发布》，https：//baijiahao. baidu. com/s？ id=1701010597494844014&wfr=spider&for=pc。

② 《“三星堆-金沙文明对话玛雅文明”国际交流推广活动在阿根廷举行》，https：//mp. weixin. qq. com/s？ __biz = MjM5OTI5NTIxNw = = &mid = 2652581764&idx = 1&sn = 008b8c8a056ff14c36f83031ac721024&chksm=bd82c62be295585611eb34c4710。

③ 李旭：《讲好三星堆多彩故事 演绎新时代多彩中国》，《中国新闻发布（实务版）》2025年第1期。

在文旅融合产品层面，跨界联动打造的文创产品，既承载着三星堆文明意涵，也释放着文旅吸引力与文明影响力。例如，三星堆博物馆曾与腾讯联合推出三星堆新文创合作项目，基于多元平台探索三星堆 IP 在新文创领域的创新合作，助力提升古蜀文明对海内外年轻群体的影响力。[①] 此外，还有三星堆博物馆与剑南春集团联合打造的文创产品、三星堆博物馆与景德镇中国陶瓷博物馆联名推出的文创产品等，将古蜀文明符号融入文旅消费场域。

2. 融入视听创意产业的文明价值转化

融合三星堆元素与视听创意产业的探索，已经体现在电影、音乐剧、游戏等多个领域。在国家文化“走出去”战略下，四川文化产业投资集团按照四川开发巴蜀优秀文化资源的总体部署，面向国际市场创作并发行了动画电影《金色面具英雄》，该电影还于 2020 年 8 月登上世界动画业权威杂志的封面，有力提升了三星堆在动画电影领域的知名度[②]。电影《哪吒之魔童降世》和《哪吒之魔童闹海》中，亦有吸纳三星堆元素的设计。作为“走进三星堆，读懂中华文明”全球推广项目之一的原创音乐剧《三星堆》[③]、出海游戏《原神》等，都在三星堆国际传播与价值转化中发挥了重要作用。

当前，伴随视听创意产业的发展，融入三星堆元素的产品呈现类型越发多元、规模越来越大、影响逐渐广泛的特征，正推动古蜀文明进入海内外大众视野。在视听创意产业中实现创造性转化的三星堆元素，以更具亲和力的形态，深化着大众的认知与理解，有助于三星堆元素的广泛传播。而在视听创意产业与文旅产业等融合发展进程中，古蜀文明三星堆元素的融入，既为古蜀文明价值转化拓展了创新空间，也为“视听+文旅”融合发展提供了重要力量。

---

① 《九大举措 将三星堆文化推向全球》，https：//baijiahao. baidu. com/s？ id = 1701011169834137073&wfr = spider&for = pc。

② 张志宏、刘恋：《中国传统文化的国际化表达——〈金色面具英雄〉登上〈动画杂志〉封面的思考与启示》，《对外传播》2020 年第 12 期。

③ 《在音乐剧〈三星堆〉中读懂世界共通的语言》，https：//baijiahao. baidu. com/s？ id = 1780236509316158315&wfr = spider&for = pc。

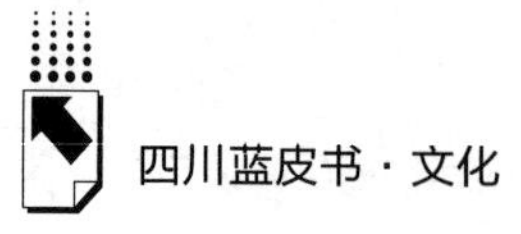

三　古蜀文明三星堆国际传播的主要问题

尽管古蜀文明三星堆的国际传播已取得一定成效，有关三星堆的考古发现也刷新着海内外对古蜀文明的认知，但是古蜀文明三星堆国际传播进程中的障碍或问题仍然存在，且在很大程度上限制着三星堆的国际影响力，也影响着中华文明多样性与深层内涵的全球传播。

（一）文明资源的挖掘与转化力度不够

相较于古蜀文明三星堆叙事资源的丰富性，基于文明叙事资源转化的可用于传播的故事仍较为有限。在文化创意产品与相关产业发展层面，古蜀文明文化遗产资源的开发与利用亦留有较大空间。

1. 文明叙事资源的挖掘与转化不足

古蜀文明源远流长，三星堆底蕴丰厚，既拥有神秘的历史与传说，也包含古蜀人的信仰与生活方式。在三星堆遗址出土的文物背后，古蜀人的祭祀仪式、社会生活与生产方式等，构成了极为丰富的叙事资源与国际传播资源。例如，三星堆祭祀坑出土的数百根象牙便是丰富的叙事资源库，其来源、用途及其在古蜀文明中的象征意义，均可成为引人入胜的叙事线索；青铜大立人像作为三星堆遗址的标志性文物，不仅造型独特，而且蕴含深层的文化意蕴及丰富的故事价值等。

然而，在当前三星堆对外传播的实践中，其丰富的叙事资源尚未得到充分挖掘与转化。据观察，“SanxingduiArchaeology·三星堆考古”双语官方网站发布的内容，多为考古发现、文物外形和设计元素等信息，而故事性更强的讲述古蜀人生活与古蜀社会发展情况的内容还不够多。在其他传播平台上，有关三星堆的内容，也更多是介绍文物外形及其出土信息，而对于文物在古蜀宗教仪式中的角色、古蜀人的宗教等级制度等，缺乏更加深入的阐释与表达。由文物出土信息构成的内容传播体系，也就难以形成古蜀文明故事应有的叙事框架，自然难以充分调动大众的兴趣与互动。这就容易导致海外大众在看到相关文物及信息时，仅停留在惊叹文物的奇特外形层面，而难以深入理解文物背后的古蜀文明底蕴。

2. 文化遗产资源的开发与转化有限

除三星堆遗址出土的文物外，古蜀文明还拥有丰富的文化遗产资源，如古蜀的音乐、舞蹈、手工艺等，都与三星堆遗址的文物相关，共同构成了古蜀文明的资源体系。古蜀文化遗产资源的开发，是古蜀社会场景与古蜀人生活场景建构的必备元素，也是三星堆国际传播效能提升的重要力量。然而，三星堆的国际传播主要集中在三星堆遗址出土的文物上，在一定程度上忽略了同三星堆相关的更多样的文化遗产资源。例如，古蜀的音乐、舞蹈等元素可能同文物交互建构着古蜀社会场景，能够让海外大众深切体会古蜀文明的正是相应社会场景，而在当前有关三星堆的国际传播中，对场景及场景中不同要素的讲述不多，古蜀文化遗产资源价值并未得到充分利用。

与此同时，在基于文化遗产资源打造文化创意产品、文化消费场景、文旅融合产业等方面，也存在三星堆国际传播的创新瓶颈。虽然已有一系列与三星堆相关的文创产品推出，也有三星堆元素嵌入的文旅场景建构与文旅业态拓展，但大多数文创产品都是复制文物图像而形成的产品，大多数文旅场景与业态都是文物设计元素的简单嵌入。相应产品与场景对古蜀文明内涵的深度挖掘与创新转化不足，在适应海外大众对文化产品与文化消费的多样化需求方面也显得乏力。

（二）文明意涵阐释的浅表化与碎片化

由于对文明资源的挖掘与转化不够，在已有的三星堆国际传播探索中，还呈现文明意涵阐释的浅表化与碎片化现象。已有传播实践，或以较严肃的方式传递文物出土信息，或以趣味化方式传播文物形象，科学性与系统性有待加强。

1. 文明意涵阐释的科学性与深度不足

在当前三星堆国际传播的探索中，已经出现萌化、趣味化的传播方式，呈现娱乐化倾向。例如，在传播青铜纵目面具时，将其制作成趣味短视频，以娱乐化方式吸引关注。进一步观察与分析发现，三星堆的萌化策略已形成一套产业逻辑：将意涵深刻的文物转化为简单易理解的 IP 形象或表情包，将文化符号从原有语境中剥离出来，或许可在短期内形成一定的社会效益与经济效益。

面对市场机制影响下的注意力竞争生态，萌化、趣味化的文化传播是吸引大众尤其是年轻群体的重要手段，但文明意涵的深刻价值若被长期忽略，亦可能造成更深远的不良影响。一方面，娱乐化风格的文化传播，虽然可在短时期内引发关注并推进流量变现，却是对三星堆神秘形象和悠远历史的解构，不利于塑造海外大众对古蜀文明的深刻认知。另一方面，停留于浅表的文物形象阐释与算法逻辑的加持，还将强化跨文化传播中的误读机制与文化偏见，并加剧古蜀文明乃至中华文明对外传播的困境。古蜀文明三星堆的神秘感与萌化，可转化为吸引更多海外大众关注的线索，但不能将国际传播停留在神秘感或萌化层面。

2. 文明意涵阐释的系统性与协同性不够

同文明意涵阐释的科学性与深度不足现象相适应，文明意涵阐释的系统性与协同性也有待提升。系统性的不足主要体现在三个方面：一是对古蜀文明三星堆的深层意涵阐释的系统性不足，较为典型的表现便是对古蜀人的宇宙观、价值观、社会组织及社会结构的系统性阐释较少，未能建构起“物质—制度—精神”的多层次解读体系；二是对三星堆与古蜀文明更多文化遗产间的关联阐释不够，以至于某种程度上忽略了古蜀文明的深刻性与丰富性，还在某种程度上遮蔽了三星堆的深刻价值；三是对三星堆与中华文明其他组成部分间的关联阐释不够，容易导致海外大众对中华文明认知的片面性与碎片化。

三星堆国际传播中的协同性不足，则主要体现在两方面。一方面，不同层次的文明意涵阐释与传播需加强协同，即针对不同国家与地区、不同群体的文明意涵阐释与传播应有不同特征，进而在深层内容与浅层表达、科学视角与娱乐视角的多元协同中，形成既具有一定特性又互补互促的内容体系。另一方面，不同传播平台之间的协同度亦需提升，即当前不同传播平台上有关三星堆的传播实践，或是呈现同质化，或是遵循了各自平台传播规律而在跨平台协同上表现不力，都是限制三星堆国际传播与文明意涵交流的重要因素。

（三）文明品牌建构的标签化与脸谱化

古蜀文明三星堆已形成的品牌影响，呈现标签化与脸谱化特征，虽为更深层次的文明交流互鉴奠定了基础，但也是古蜀文明品牌建构需进一步突破的瓶颈。

1. 集中于“标签”与“脸谱”的品牌形象

三星堆国际传播的标签化现象，实际上是文化符号在跨语境传播中维度收缩与内涵简化过程。正是由于许多传播主体对三星堆独特文化元素的提炼和传播不够全面，海外对三星堆的印象长期集中且停留在面具上。面具在海外大众认知中，成为三星堆的一个标签，三星堆乃至古蜀文明在海外的形象，也长期被简化为“面具文明”。虽然这一标签在一定程度上有助于提高三星堆的知名度，但这种“简化—强化”机制加剧了古蜀文明脸谱化，也可能对更深层次的认知与对话造成阻碍。

具体表现为，集中于“标签”与“脸谱”的品牌形象，可能进一步导致海外大众忽略三星堆遗址出土的众多文物，更对古蜀文明的深厚内涵知之甚少。例如，三星堆遗址出土的青铜神坛、青铜太阳轮等文物，同样具有极高的历史价值和艺术价值，但由于其在传播中显示度不如面具高，便没能进入更广范围的大众视野。当诸多文物的文化内涵被压缩为表面的视觉奇观，古蜀文明也随之从多维度文明被压缩为标签，导致代表性文物与古蜀文明的魅力释放受到限制，进而影响到古蜀文明在文化传播与文明交流对话中发挥品牌效应。

2. 标签化与脸谱化品牌传播的效果限度

标签化与脸谱化的品牌传播，虽然强化了某种视觉特征和记忆点，却折损了古蜀文明本身的丰富性与品牌矩阵的立体性，也难以适应不同国家与地区群体的差异化与个性化需求。

作为文明资源挖掘与转化不够、文明意涵阐释的浅表化与碎片化等结果的品牌建构表现，标签化与脸谱化品牌形象的传播效果明显是有限的。一方面，已经形成的标签化品牌形象，不利于三星堆的立体化传播与深度价值转化，甚至可能导致“资源挖掘不力—文明阐释不够—品牌形象片面”的恶性循环。古蜀文明三星堆作为多元、复杂的文化体系，其所包含的丰富内容与悠远魅力，需要通过全面、立体的品牌形象来展现。而脱离古蜀文明语境的三星堆形象传播，既不利于构建系统性、协同性的品牌矩阵，也不利于推动海外大众全面且深入地了解三星堆与古蜀文明。另一方面，不同国家与地区群体的个性化与差异化需求，更要求三星堆的国际传播构建起立体化品牌矩阵，以不同面向的品牌形象吸引不同地域或不同文化语境的群体，进而拓展三星堆及古蜀文明在海外的品牌效应。

（四）传播效果的持续性与渗透性不够

古蜀文明三星堆的国际传播热潮，总是伴随新一轮考古发现及其他重要节点发生。而在日常状态下，古蜀文明三星堆国际传播的出圈产品或活动不多，呈现持续性与渗透性不足的现象。

1. 传播热度的持续性不够

因应特定节点（如有文物出土时）集中力量开展大规模且具有创新性的国际传播，已经成为三星堆获取“高光”的国际传播策略。但海外大众对三星堆的关注曲线同重要节点高度耦合，也说明三星堆国际传播热度的持续性不够。通过梳理与分析发现，在三星堆对外传播的多维度探索中，内容传播是相较于活动运营与产业拓展更为常规的实践方式。而在内容传播方面，在海外热度较高的有关三星堆的内容产品，或是新一轮考古发现发布时推出的重要信息，或是由中央级媒体联合发布的重要事件，或是四川国际传播中心与三星堆博物馆等特别策划的创新产物。然而，无论是文物出土信息、重要事件，还是特别策划的创新产品，相较于常规的新闻报道和信息传播，都是某一阶段集中力量探索形成的产物，只能助推三星堆在海外形成“时有出圈”而非“长期出圈”的传播效果。

而这种“爆发—消退”的传播效果波动规律，也可能加剧海外大众对三星堆的认知片面化与记忆碎片化，进一步为立体化品牌形象建构增加阻碍。同时，伴随一轮传播热潮的消退，下一轮传播效果提升的难度也会增大，以至于三星堆国际传播陷入投入高而收效低的困境。

2. 传播效果的渗透性有限

对于三星堆国际传播的效果，已有研究表明：“三星堆的国际传播只是在专业领域具有较大影响力，对于没有参与对话模式共创的一般公众来说，三星堆的文化内涵和价值理念还不具有可对话性。”① 换言之，在三星堆的国际传播探索中，尽管已有内容产品和主题活动出圈破圈，也有融合三星堆元素的产业发展取得成效，三星堆在海外大众心理与社会生活中的渗透性仍较为有限。

三星堆国际传播效果的渗透性不足，不仅跟前述文明资源挖掘、文明意涵阐释、文明品牌建构等多层面问题密切相关，也是跨文化传播困境的明显表征。以三星堆国际传播的语言表达为例，许多内容采用的是“直译式”表达，即把国内大众可理解的汉语翻译成外语，以期展开跨文化的交流与对话。而这种话语表达方式，既不符合海外大众的认知习惯与语言表达习惯，也难以引发有关古蜀神话的联想。这就容易导致“高流量、低渗透”的短时间围观，而不利于建构长时期的文化记忆。可以说，在跨文化传播进程中，若不能强化传播效果的渗透性，也就难以让古蜀文明扎根海外大众的心理与生活，也就难以实现深层次的文明交流互鉴与文明影响扩散。

四　对古蜀文明三星堆国际传播的建议

面对前述多层面的问题，推进古蜀文明三星堆国际传播体系的系统性升级，既是现实需求，也是必然趋势。系统性升级至少需覆盖传播主体网络、内容生产、话语表达、场景体验、“文明+”产业发展等维度。

---

① 崔贺轩：《与世界对话：长江文明国际传播影响力建构》，《三峡大学学报》（人文社会科学版）2024 年第 5 期。

（一）扩大协同网络，优化三星堆国际传播体系

古蜀文明三星堆的国际传播，需构建“政府引领、多元参与、跨界协作”的复合型传播网络，形成更具协同性、更加高效率与高质量的多链传播。

1. 整合信息传播领域资源，强化跨平台与跨区域的协同网络

整合主流媒体与社交媒体资源，提升传播主体的总体能级。推动三星堆博物馆与中央、省、市、县四级媒体的深度合作，定期推出深度报道、专题片与纪录片等，以周期性甚至常态化的精品内容传播，提升三星堆的曝光度和权威影响。同时，根据不同社交媒体平台的差异化定位，推出更具创意的短视频、直播、动漫作品等，更有针对性地吸引年轻群体关注三星堆及古蜀文明，进而在主流媒体与社交媒体平台的有机协同中形成更大的国际传播合力。与此同时，联动海外力量，增强传播网络的连接力与影响力。例如，与国际知名杂志社建立常态化合作，扩大跨地域协同的三星堆传播网络；联动更多出海企业与扎根海外的社会组织，举办以三星堆为主题的展览、讲座、研讨会等活动，以在更大范围与更深层次强化古蜀文明的国际影响力。

2. 汇聚不同社会领域资源，拓展跨行业与跨圈群的协同网络

深度联动文旅产业、视听产业等，激活古蜀文明三星堆的创新型传播场景。在政策引领下，鼓励文旅企业将三星堆及更多古蜀文明元素纳入旅游线路设计，并开发更多以古蜀文明为主题的旅游产品与旅游场景，如扩大三星堆文化研学之旅、考古体验之旅等覆盖面。同时吸纳国际知名旅行社力量，推出并丰富落地海外的定制化旅游套餐，吸引更多海外大众体验古蜀文明。与此同时，广泛汇聚民间力量，拓展古蜀文明三星堆的国际传播网络。例如，鼓励更多民间艺术家、手工艺人、文化爱好者等参与古蜀文明的艺术创作与作品推广，优化跨圈群的国际传播格局；吸引更多社交媒体平台的网络达人、活跃用户等参与文化传播，以更多民间力量强化古蜀文明的国际传播力。

（二）深挖古蜀文明，强化“再地化”内容生产

再地化是侧重于对地方性知识进行再阐释、再建构、再传播的策略，可用于地方文化的现代化调适与国际化表达①。在古蜀文明三星堆的国际传播中，嵌入“再地化”理念，创新“再地化”实践，有助于一系列问题解决与传播效能提升。

1. 再阐释古蜀文明三星堆的深刻意涵

古蜀文明三星堆蕴含着丰富的历史、文化、宗教和社会信息，是值得且需要深入浅出地阐释的文明资源。一方面，多元传播主体可与考古学家、历史学家等深度合作，深入理解三星堆遗址出土的文物故事，并以大众易理解的方式进行“转译”与国际传播。另一方面，在讲述三星堆背后的故事时，还可融入更多的古蜀文明遗产资源，丰富故事的场景、语境、情节与细节，以强化古蜀文明三星堆国际传播的对话感。

2. 再建构古蜀文明三星堆的产品矩阵

古蜀文明三星堆的国际传播需利用多元文化符号与表现形式，通过历史人物、神话传说、社会习俗等故事建构而展开。可在常规新闻报道与科普信息基础上，强化历史人物或神话人物的具象化塑造与多维度叙事，构建多元化、矩阵式、协同互补的文明传播载体，以更好地展现古蜀文明的丰富精神内核。根据本土语境与国际传播实际需求，对古蜀人物和神话故事进行创造性转化，以“故事化+科技化”等形式推动古蜀文明传播创新，还可使其更具吸引力和传播力。

3. 再传播古蜀文明三星堆的深远价值

再梳理古蜀文明三星堆的多重价值，并面向国际舆论生态展开文明交流与对话，是古蜀文明三星堆国际传播进程中必须坚持的路径。在此路径上，可进一步明确有关三星堆的内容传播、活动运营、产业拓展等实践定位，以

---

① 娄立原、黄华：《〈有朋自远方来〉的再地化国际传播创新实践》，《中国广播电视学刊》2024年第4期。

更加充分地发挥直播、短视频、动漫与游戏等传播作用，以更加充分地释放国际研讨会、主题展览、互动创作等活动的交互力量，以更加有力地拓展嵌入三星堆元素的创新产业与新兴业态。多元立体的传播体系及其迭代升级，是古蜀文明三星堆走向更广阔的国际舞台的重要支撑。

（三）诉说文物故事，创新“共情式”话语表达

在认知共情、情感共情与意动共情的协同作用下，可以实现文化符号的深度转译与情感共鸣①。文物故事的共情式话语表达，能够链接到更多海外大众，并有力提升海外大众对古蜀文明的认知、理解与认同度。

1. 文明叙事故事化

文明交流互鉴的叙事创新，需要从文明表征元素入手，逐步深入文明意涵内核，构建多层次交互的叙事体系②。一方面，三星堆遗址出土的文物不仅是器物，更是古蜀人精神世界的具象表达，还是古蜀社会与生活习俗的重要载体。以文物为线索，还原古蜀人生命图景与古蜀社会场景，既是文明叙事的故事化策略，也是文明传播效果提升的可行方式。另一方面，从日常化与生活化叙事切入，更有利于激活古蜀文明的情感表达与故事魅力。以具体生活场景为锚点，将较为抽象的文明意涵转化为可感知的“人的故事”，更能引发跨文化共情。

2. 话语表达时尚化

话语表达的时尚化，既是古蜀文明与现代话语结合的直接表现，也是吸引大众尤其是年轻群体注意力的重要手段。一方面，可借助视频表达的易理解特征，连接中外。通过高质量的纪录片、动画短片和微电影等，让海外大众更加直观地感受三星堆文化与古蜀文明。另一方面，可通过传播形式的年轻化转向，穿越古今，即将古蜀文明三星堆与智能科技、智能化信息生态深

---

① 张伶聪、王奕懿：《“哪吒”出海：中华优秀传统文化国际传播的动画电影进路》，《中国编辑》2025年2月26日网络首发。

② 李沁、姜俣、刘入豪：《面向文明交流互鉴的国际传播本体转型与未来进路》，《中国编辑》2024年第7期。

度融合，开发更多可嵌入大众生活的产品（如手机壁纸），或更多地在电影、动漫等创意产业中嵌入三星堆元素，以强化古蜀文明与现代生活的关联，进而在跨文化传播中塑造既有深度又有时尚感的交流日常。

3. 互动方式游戏化

游戏产业与游戏产品作为备受欢迎的创新产物，正逐步成为文化传播的重要载体。古蜀文明三星堆的国际传播，亦可以游戏产业为载体，通过开发更多考古模拟游戏或角色扮演游戏，强化年轻群体的互动性与认同感。一方面，可依托以三星堆文化为背景的考古模拟游戏，让玩家在游戏中体验考古挖掘的乐趣，进而在轻松愉悦的状态下理解三星堆的价值。另一方面，可依托有关三星堆的角色扮演游戏，通过游戏情节的推进，让玩家深入了解古蜀文明的社会语境和深刻内涵。此外，还可强化智能体的跨文化交流能力，为不同文化背景的用户提供个性化的游戏体验，进一步拓展三星堆文化的传播效能。

（四）用好数字传播，升级沉浸式文明体验

伴随数字技术与智能技术发展，通过打造虚实交互场景与虚拟场景等方式给予大众沉浸式体验，已成为古蜀文明三星堆国际传播的创新方向。其关键在于进一步提升沉浸感与体验感，让海外大众深度体验古蜀文明。

1. 重构实体空间，创新沉浸式文旅场景

重构实体空间的古蜀文明体验，推动沉浸式文旅场景创新，是三星堆国际传播提档升级的重要基础。一方面，可在三星堆博物馆嵌入更加智能化的场景，运用 AR（增强现实）与全息投影技术等，更加立体生动地还原古蜀社会场景。另一方面，可将三星堆元素植入更多海外博物馆的常设展览中，深入具体场景强化文明交流与对话。如此，既有利于凸显古蜀文明的独特性，又可通过对比叙事引发大众对人类文明的共性思考。

2. 跨越时空限制，优化沉浸式云端体验

利用沉浸式云端互动打破时空边界，推动穿越古今、连接中外、融合文化与科技的场景创新，是三星堆国际传播创新的重要空间。基于技术赋能，

可进一步融合 VR（虚拟现实）、AR（增强现实）、MR（混合现实）与人工智能技术等，对三星堆传播场景进行更具沉浸感的智能化建构，为用户打造身临其境且有定制意义的云端场景体验。同时，更好地发挥数字平台的共享机制，促进用户间实时互动与文化共情，例如开发及优化多端口适配的“云端现实”应用，支持手机、网页等多终端接入，并为用户搭建交流平台，提升用户的体验感与认同感。

3. 孵化文化社群，激活沉浸式对话空间

在不同类型的社交媒体平台建立“三星堆文化”或“古蜀文明”专区，鼓励活跃用户分享见闻、观点及其创作的内容产品，并以此吸引更多不同国家与地区的大众参与讨论，进而不断孵化有利于文明对话的社群。在文化社群日常运作的基础上，举办跨国线上论坛或话题讨论等活动，邀请考古学家、艺术家与大众展开对话，提升古蜀文明三星堆的国际传播深度与互动性，以将“单向输出”转化为“共创共建”。

（五）建构立体品牌，助推“文明+”产业发展

古蜀文明三星堆的国际传播，还需建立立体化品牌矩阵，以在“文明+”产业融合发展中，推进文化 IP 与产业生态的深度融合。同时，立体化品牌矩阵的转型升级，还可为“文明+”产业融合发展注入可持续动能。

1. 建构差异化与系统性兼具的品牌矩阵

在古蜀文明三星堆的丰富资源中，蕴含着极具特色的文化 IP，既包括青铜面具、青铜神树等器物 IP，也包括历史人物与古蜀神话 IP。整合历史人物、器物符号与神话叙事等多元文化元素，构建“历史—器物—神话”协同一体的品牌矩阵，将更有助于提升古蜀文明的品牌效应。只是具有差异化特色的 IP 价值转化，需要在挖掘其故事内涵与情感价值的基础上，借助文创产品、影视制作等来更好地实现，也需要在差异化价值转化中形成系统性品牌效应。其中，历史人物 IP 可依托文献记载与考古发现来塑造；器物 IP 可侧重于视觉化与情感化表达，利用兼具市场竞争力与文化吸引力的衍生品来传播；古蜀神话 IP 则可通过影视产业、动漫产业等强化活态传承。

2. 拓展社会效益与经济效益兼具的“文明+”产业体系

伴随兼具差异化与系统性的品牌矩阵建构，古蜀文明三星堆的元素、价值及故事等，必然会更加广泛且深入地嵌入更多产业中，进而拓展兼具社会效益与经济效益的“文明+”产业体系。在围绕古蜀文明三星堆品牌矩阵展开协同运营的过程中，古蜀文明三星堆的国际传播将从“多线输出”转向“交互促进”的新格局，并为“文明+”产业的高质量发展提供资源支撑。在“文明+旅游”“文明+视听”等产业融合发展探索中，古蜀文明三星堆国际传播形成的品牌效应，将与文旅、影视、游戏等产业发展深度交织，进而提升文明交流互鉴与产业融合发展效能。

B.15

四川非遗传统美术发展报告

唐　林*

摘　要：　传统美术是中国非物质文化遗产十大门类之一，也是与人们日常生活息息相关的非物质文化遗产的重要门类之一。本文从代表性项目、代表性传承人、展示与展演、传承与体验基地、主题活动、其他活动、人才培养、对经济社会发展的贡献、学术研究、对外交流等十个方面对四川非遗传统美术的保护、传承与创新成就等主要内容进行总结，并做出适当评估，以期四川非遗传统美术在未来获得更大的发展。

关键词：　四川　非物质文化遗产　传统美术

中国的非物质文化遗产分为十大门类：民间文学，传统音乐，传统舞蹈，传统戏剧，曲艺，传统体育、游艺与杂技，传统美术，传统技艺，传统医药，民俗。传统美术是中国非物质文化遗产十大门类之一①。

四川非遗传统美术种类十分多样，包括年画、竹编、剪纸、藏族唐卡、泥塑、面人、竹刻、石雕、木雕、藏族纺织及挑花刺绣工艺、草编、藤编、棕编、面具、赏石艺术、藏文书法、盆景技艺、毕摩绘画、释比绘画等。

* 唐林，四川省社会科学院艺术研究中心主任、四川省政府文史研究馆特约研究员、四川省与成都市非物质文化遗产专家，主要研究方向为巴蜀文化。

① 非物质文化遗产中的“传统美术”和“传统技艺”是在2008年分开统计的。在2006年国务院公布的第一批国家级非物质文化遗产名录中，这两类项目是合并在一起的，统称为“传统美术和传统手工技艺”。但2008年，国务院在公布第二批国家级非物质文化遗产名录和第一批国家级非物质文化遗产扩展项目名录时，将这两类项目分开统计，分别称为“传统美术”和“传统技艺”。有鉴于此，迄今传统美术和传统技艺时有交叉。

一　项目名录公布情况

中国已经建立起具有中国特色的国家、省、市、县四级名录体系，四级名录共认定非遗代表性项目 10 万余项，一大批珍贵、濒危和具有重大价值的非遗得到了有效的保护。非遗代表性项目名录的建立是非遗保护的重要基础性工作之一。

（一）国家级非遗代表性项目

四川省共有国家级非遗代表性项目 153 项，其中，传统美术共 25 项（见表 1）。四川非遗传统美术项目在全国具相当高的地位。2019 年，文化和旅游部非遗司开展了全国国家级非遗代表性项目优秀保护实践案例遴选工作，共评出 50 个案例，其中传统美术全国仅 5 个入选，四川成都的道明竹编就在其中。不仅如此，2024 年，绵竹年画、夹江年画这两个四川国家级传统美术项目成功申报联合国人类非物质文化遗产代表作名录①。

表 1　四川传统美术类国家级非遗代表性项目名录

序号	项目名称	公布时间	类型	保护单位
1	绵竹木版年画	2006 年（第一批）	新增项目	绵竹年画博物馆
2	藏族唐卡（噶玛嘎孜画派）	2006 年（第一批）	新增项目	甘孜州文化馆
3	藏族唐卡（郎卡杰唐卡）	2021（第五批）	扩展项目	炉霍县文化馆
4	蜀绣	2006 年（第一批）	新增项目	成都市非遗中心
5	藏族格萨尔彩绘石刻	2006 年（第一批）	新增项目	色达县文化馆
6	竹刻（江安竹簧）	2008 年（第二批）	扩展项目	江安县文化馆
7	泥塑（徐氏泥彩塑）	2008 年（第二批）	扩展项目	大英县文物管理所
8	竹编（渠县刘氏竹编）	2008 年（第二批）	扩展项目	四川刘氏竹编工艺公司

① 《春节申遗成功！四川还有哪些和春节相关的非遗？邀您云旅游 感受川味春节》，https://baijiahao.baidu.com/s?id=1817603164438570920&wfr=spider&for=pc。

续表

序号	项目名称	公布时间	类型	保护单位
9	竹编(青神竹编)	2008 年(第二批)	扩展项目	青神县文物保护中心
10	竹编(瓷胎竹编)	2008 年(第二批)	扩展项目	邛崃市文化馆
11	竹编(道明竹编)	2014 年(第四批)	扩展项目	邛崃市文化馆
12	草编(沐川草龙)	2008 年(第二批)	新增项目	沐川县文化馆
13	石雕(白花石刻)	2008 年(第二批)	新增项目	广元利州区文化馆图书馆
14	石雕(安岳石刻)	2008 年(第二批)	新增项目	安岳县文化馆
15	藏文书法(德格藏文书法)	2008 年(第二批)	新增项目	德格县文化馆
16	木版年画(夹江年画)	2008 年(第二批)	新增项目	夹江县文化馆
17	羌族刺绣	2008 年(第二批)	新增项目	汶川县文化馆
18	民间绣活(麻柳刺绣)	2008 年(第二批)	新增项目	广元市朝天区文化馆
19	糖塑(成都糖画)	2008 年(第二批)	新增项目	成都市锦江区文化馆
20	盆景技艺(川派盆景技艺)	2011 年(第三批)	扩展项目	四川省盆景协会
21	棕编(新繁棕编)	2011 年(第三批)	新增项目	成都市新都区文化馆
22	藏族编织、挑花刺绣工艺	2011 年(第三批)	新增项目	阿坝州藏族传统编织挑花刺绣协会
23	毕摩绘画	2014 年(第四批)	新增项目	美姑县文化馆
24	藤编(怀远藤编)	2021 年(第五批)	新增项目	崇州市文化馆
25	彝族刺绣(凉山彝族刺绣)	2021 年(第五批)	新增项目	凉山州非遗中心

注：新增项目指原先未被列入国家级非遗代表性项目名录的非遗项目，经过评选和认定程序，被确认为具有代表性、独特性和重要性，并被纳入名录之中的非物质文化遗产。扩展项目指已经列入国家级非遗代表性项目名录的项目，根据相关的评估和认定，对已有项目进行扩展和补充。这可能是对该项目的某些方面，如技艺流派、地域传承等进行补充和拓展，以更全面地展现该项目的代表性和多样性。

四川的非遗传统美术项目堪称四川非物质文化遗产中的瑰宝，如蜀绣，以精美的针法和独特的艺术风格展现出中国刺绣艺术的独特魅力；糖画则是一种以糖浆绘制各类图案的传统技艺，造型生动，深受儿童喜爱；道明竹编、新繁棕编、怀远藤编、瓷胎竹编则凭借其精致的图案与兼具实用性的设计，全面展现了四川编织艺术的独特韵味。

（二）四川省非遗代表性项目

2007~2022 年，四川省非物质文化遗产代表性项目共计评选六次，总数 1132 个，实现了省级项目县级全覆盖，居全国前列[①]，其中，传统技艺类项目数量最多，共 355 项；其后依次为传统音乐 167 项、传统民俗 147 项、传统舞蹈 123 项，传统美术类项目共 117 项。

（三）市、县级非遗项目

四川各市州及县（市）近年来也陆续公布了一批非遗传统美术项目，尽管由于数据分散、采集难度较大，尚无法全面统计，但整体来看，传统美术类项目正日益受到重视，其数量持续增长，已处于十大非遗门类中的上游位置。例如，在成都市第九批市级非物质文化遗产代表性项目中（共新认定 100 项）[②]，传统美术类项目占 11 项，与传统医药并列第二，仅次于传统技艺（82 项）[③]。

此外，四川还存在一些尚未列入国家、省、市级非遗名录，但在社会上具有广泛影响、事实上具备非遗价值的传统美术项目。例如眉山钦斋泥塑，其代表作品包括《苏东坡像》《钟馗出巡》《掏耳朵》等。传承人李长青因艺术造诣深厚，现任四川省民间文艺家协会副主席（因个人原因未申报非遗代表性传承人）。

① 赵红川：《关于提高非遗代表性项目传播力影响力竞争力的若干思考》，https：//mp. weixin. qq. com/s？__biz = MzU4MzA5NTA0MA = = &mid = 2247743586&idx = 3&sn = 96dbce20fc89fb612ccf63af6d5da5f9&chksm = fc79a19225d052c2d2399d1a86b611549281d7a2851bd7831ff5f9caf8c3e8cfe6178b3b4f27&scene = 27。

② 《成都市人民政府关于公布成都市第九批非物质文化遗产代表性项目的通知》（成府函〔2024〕119 号）。

③ 近几年来，非遗传统技艺数量增长较快，主要原因是食品技艺等列入其中，而传统音乐、传统民俗、传统舞蹈数量由于前期已经挖掘较充分，数量则呈下降趋势。

二　代表性传承人公布情况

非物质文化遗产代表性传承人，是指承担非遗代表性项目传承责任，在特定领域内具有代表性，并在一定区域内具有较大影响，经各级文化和旅游主管部门认定的传承人，包括国家级、省级、市级、县级非遗代表性传承人。

（一）国家级非遗产代表性传承人

四川省国家级非遗代表性传承人共154人，其中传统美术类为27人（见表2），其中有部分传承人具有国际声誉，如国家级非遗项目蜀绣代表性传承人郝淑萍是亚太地区手工艺大师，是中国获此殊荣的81人之一。

表2　四川传统美术类国家级非物质文化遗产代表性传承人

编号	姓名	项目名称	申报地区或单位
1	陈兴才	绵竹木版年画	德阳市
2	郝淑萍	蜀绣	成都市
3	徐兴国	泥塑(徐氏泥彩塑)	大英县
4	汪国芳	羌族刺绣	汶川县
5	樊德然	糖塑(成都糖画)	成都市
6	颜登泽仁	藏族唐卡(噶玛嘎孜画派)	甘孜州
7	刘嘉峰	竹编(渠县刘氏竹编)	渠县
8	杨华珍	藏族编织、挑花刺绣工艺	阿坝州
9	李芳福	绵竹木版年画	德阳市
10	拉孟	藏族唐卡(噶玛噶孜唐卡)	甘孜州
11	孟德芝	蜀绣	成都市
12	何华一	竹刻(江安竹簧)	江安县
13	陈云华	竹编(青神竹编)	青神县
14	赵思进	竹编(道明竹编)	崇州市
15	陈焕彬	草编(沐川草龙)	沐川县
16	唐骏	石雕(白花石刻)	广元市
17	石永恩	石雕(安岳石刻)	安岳县

续表

编号	姓名	项目名称	申报地区或单位
18	李兴秀	羌族刺绣	汶川县
19	张菊花	民间绣活(麻柳刺绣	广元市
20	吉克伍沙	毕摩绘画	美姑县
21	曲久	藏族唐卡(郎卡杰唐卡)	甘孜州
22	彭世平	蜀绣	成都市
23	丁志云	竹编(道明竹编)	崇州市
24	张荣强	木版年画(夹江年画)	夹江县
25	朱木兰	棕编(新繁棕编)	成都市新都区
26	李志辉	藤编(怀远藤编)	崇州市
27	阿西巫之莫	彝族刺绣(凉山彝族刺绣)	凉山州

注：根据《文化和旅游部关于第六批国家级非物质文化遗产代表性传承人推荐人选名单的公示》等资料整理，部分传承人已经去世。

（二）四川省级非遗产代表性传承人

截至2024年末，四川省非物质文化遗产代表性传承人共评选七次。第七次共评选出传承人308人，其中传统美术类36人，在十大门类中排在第三位，排在前两位的是传统技艺92人、传统舞蹈37人[①]。

（三）市、县级非遗代表传承人

与非遗代表性项目一样，四川各市州、县（市）也公布了一大批非遗传承人，但由于数据难以收集，无法整理。不过，传承人的数量与非遗代表性项目的数量基本一样。

① 《四川省文化和旅游厅关于公布第七批省级非物质文化遗产代表性传承人名单的通知》（川文旅发〔2021〕78号）。

三 展示与展演

十余年来，以非遗传统美术为主题的展览、展演活动在数量和质量上均有显著提升。活动类型主要集中于年画、竹编、刺绣等领域，整体规模持续扩大，设计水平普遍提高，非遗传承人参与程度明显增强，体现出国家在相关领域投入力度的不断加大。

成都蜀锦织绣博物馆（于2025年升级后重新开放）专门设置了蜀绣长廊等展示区域，中央设有两台绣架，蜀绣非遗传承人在此进行现场刺绣，展示蜀绣技艺的精妙与风采。绵竹年画博物馆是全国唯一的专业年画博物馆，也是目前全国规模最大的年画馆，馆藏大量艺术价值较高的作品，其中包括清代绵竹年画大师黄瑞鹄所作的《迎春图》，被誉为清代的“清明上河图”。青神竹编艺术博物馆馆藏超过3000件作品，宜宾竹文化博物馆则收藏了200余件中外竹工艺品，馆内镇馆之宝《长江颂一号》运用圆雕、镂空雕等多种技法，以立体形式展现长江两岸风光，体现了江安竹簧非遗工艺的代表性，由国家级非遗代表性传承人何华一创作。成都（邛崃）华珍藏羌文化博物馆由国家级非遗传承人杨华珍创办，收藏织绣实物、古籍、服饰、佛像及手工艺品等共计2587件，部分藏品具有较高的艺术与学术价值。仪陇剪纸博物馆馆藏600余件，是四川省唯一以民间剪纸为主题的专门博物馆。

此外，四川非遗馆、四川博物院、成都博物馆、四川美术馆（神州版画博物馆）、成都武侯祠博物馆、杜甫草堂博物馆、成都市美术馆（天府美术馆）等机构，也经常举办与非遗传统美术相关的展览和体验活动，如“锦绣四川——蜀锦蜀绣及民族织绣精品展”“梵韵丹青 藏地英雄——格萨尔王百位大将大型唐卡展”“非遗体验：油纸伞绘画”“唐卡艺术与历史融合之旅”“四川非遗精品展：探索天府文化宝藏”等。其中，四川非遗馆作为国际非遗节的永久举办地，常年开展各类传统美术类活动，是展示四川非遗艺术的重要平台。

另外，一些传统美术大师的作品也被广泛展出。例如，中国美术家协会会员李先海创作的木雕作品“中华医学”，以中国非遗传统医药为题材，2015年被中国国家博物馆收藏并长期展出。2019年，中国美术馆与四川省文联联合主办“匠心入木——李先海雕塑艺术展”，在中国美术馆展出李先海数十年来创作的80余件木雕艺术精品，全面展示了其深厚的艺术功底与非遗题材的独特表达。

传统美术的展演活动在各地持续开展。2024年底，西昌举办了“彝绣之夜”展演活动，分为“拾艺·云深之处”“寻忆·阿嫫妮惹”“守艺·彝韵宜人”三大篇章，系统展示彝族古老的彝绣技艺。活动还设置了多个精美展销区，吸引众多企业和合作社参与，集中展销彝绣服饰、相关衍生品及文创产品等①。此外，成都新都区巧帆棕编专业合作社也举办了融合非遗技艺与传统音乐的非遗音乐会，进一步丰富了传统美术的多元传播形式。

四　传承体验等基地（站）

（一）传承基地

根据《四川省非物质文化遗产保护传承基地建设实施方案》（川宣通〔2020〕16号），省委宣传部、省经信厅、省文旅厅等七部门在全省范围内联合开展了第一批四川省非物质文化遗产保护传承基地遴选工作。目前，四川省共认定省级非遗保护传承基地30个（其中，2020年第一批10个、2023年第二批20个）。在第一批10个基地中，传统美术类项目占3个，分别为绵竹年画、蜀绣和安岳石刻，设立地点分别为绵竹市、成都市武侯区和安岳县；在第二批20个基地中，传统美术类项目占2个，分别为刘氏竹编和青神竹编，分别设于渠县和青神县。总体来看，30个省级保护传承基地中，传统美术类项目共占5个，占比为25%。

① 《四川文化产业市州行“彝绣之夜”展演活动在西昌举行》，https://www.lsz.gov.cn/jrls/znldhd/202501/t20250101_2776699.html。

除了省级非遗保护传承基地外，四川各市州也相继建立了地方级的非遗保护传承基地。其中部分地区将传统美术类项目置于重要位置。例如，乐山市 2022 年公布的十大非遗保护传承基地中，传统美术类项目占 4 个，分别为沐川草龙、嘉州根书画制作技艺、井研农民画和峨眉山指画。

在四川，还有两个中国工艺美术大师非遗传承基地，由北京非物质文化遗产发展基金会“大国非遗工匠专项公益基金”资助设立。该项目于 2018 年首次开展评选，全国共遴选出 49 位中国工艺美术大师，每位获 10 万元资助。四川共有两位大师入选，分别是刘氏竹编传承人刘嘉峰和蜀绣传承人孟德芝[①]。

与非遗保护传承基地性质相近，四川省文化厅于 2014 年组织评选了省级非遗传习基地（市州层面则评选传习所）。首批公布的 23 个省级非遗传习基地中，传统美术类占 9 个，分别为攀枝花苴却砚雕刻技艺、绵竹木版年画、北川羌绣传统刺绣工艺、遂宁观音绣、仪陇剪纸、江安竹簧工艺、青神竹编工艺、甘孜藏族噶玛嘎孜画派及甘孜藏族郎卡杰唐卡等传习基地。需要说明的是，2014 年以来，省级传习基地尚未开展新的评选工作。

（二）体验基地

一是省级体验基地。四川第一批非物质文化遗产项目体验基地共 152 个[②]，其中传统美术类 30 个，占比 20%，包括：成都的蜀锦蜀绣技艺、邛崃瓷胎竹编、邛崃藏羌织绣、崇州道明竹编、崇州观胜川派盆景技艺、崇州怀远藤编、新繁棕编，自贡的陈家祠堂手工剪纸，泸州的纳溪蝴蝶画制作，德阳的绵竹年画博物馆绵竹木版年画、绵竹耕读园绵竹木版年画、绵竹年画展示馆（孝感德镇）绵竹木版年画、绵竹三彩画坊绵竹木版年画、绵竹汉

① 自首次评选后，迄今为止没有再进行评选。

② 据 2019 年 7 月 9 日四川省人民政府网站《四川第一批非遗体验基地 152 个全名单！快看有你家乡没？》，非遗体验基地数为 152 个，但据 2019 年 7 月 17 日四川日报网《四川公布首批 171 处非遗项目体验基地》，非遗体验基地数又为 171 个。两个官方数据不同。本文采用四川省人民政府网站 152 个数据。

旺木版年画，绵阳的平武羌绣，广元的利州白花石刻、苍溪唤马剪纸，遂宁的船山观音绣，乐山的夹江木版年画、沐川草龙技艺，广安的武胜剪纸，达州的渠县刘氏竹编，巴中的通江巴山剪纸，雅安的芦山刘氏木雕技艺，眉山的青神竹编，资阳的安岳竹编、东峰剪纸，阿坝州的马尔康嘉绒唐卡、特果唐卡、松潘象藏唐卡。

二是国际非遗节体验基地。2023 年，四川省文化和旅游厅发布《关于公布第八届中国成都国际非物质文化遗产节非遗体验基地名单的通知》（川文旅发〔2023〕85 号），全省共命名 413 个国际非遗节非遗体验基地。其中，104 个为综合基地（包含两个及以上不同非遗体验内容）、309 个为专项非遗体验基地（仅包含一个非遗体验内容，或虽有两个内容但属于同类项目，如遂宁市船山区金楠溪木艺非遗体验基地的楠木雕刻和手工雕刻均属雕刻类）。在专项基地中，传统美术类基地有 88 个，占全部 413 个基地的 21. 3%，占专项基地的 28. 5%。

（三）生产性保护示范基地

国家层面，在文化和旅游部公布的国家级非物质文化遗产生产性保护示范基地（目前主要涵盖传统美术和传统技艺两个门类）中，四川省共有 11 家（分三批次），其中传统美术类占 4 家，分别是绵竹年画社（生产绵竹木版年画）、康定大吉香巴拉文化发展有限公司（生产藏族唐卡噶玛嘎孜画派）、青神县云华竹旅有限公司（制作青神竹编），以及汶川杨华珍藏羌织绣文化传播有限公司（制作藏族编织、挑花刺绣工艺和羌族刺绣）。其中，青神县云华竹旅有限公司两次入选。

省级层面，2014 年四川省第二批非遗生产性保护示范基地共 16 个，其中传统美术类 3 个，分别是成都的新繁棕编、川派盆景制作技艺和渠县刘氏竹编生产性保护示范基地①。

① 《关于公示四川省非物质文化遗产“两基地”名单的公告》。

（四）传统工艺工作站

目前，四川省设有6个省级非遗传统工艺工作站，其中两个主要聚焦传统美术，分别是位于成都崇州的中央美术学院驻四川成都传统工艺工作站和位于遂宁的四川美术学院驻安居传统工艺工作站。中央美术学院工作站以国家级非遗项目道明竹编传承创新为示范，依托工作站平台整合工艺研究、创意设计、市场推广、金融投资等社会专业资源，推动成都主要传统工艺的整体提升，促进传统工艺振兴，助力乡村文化、产业和人才发展。但另一个位于安居的传统工艺工作站暂无相关活动报道。

五　主题活动

（一）非遗进校园

四川省很早就开始在各地学校开展"非遗进校园"工作，实施"非遗传承进校园"示范活动，并授牌"非遗传承基地学校"，围绕非遗传承基地开展相关工作，将非遗传统美术融入学校美育教育。较受欢迎的项目有年画、剪纸、刺绣、竹编、糖画、泥塑等具有四川地方特色的非遗项目。

四川省文化和旅游厅等主办的"非遗进校园"十大案例评选活动中，2023~2024年共评选出20个案例，其中传统美术类占5个，分别是："城南小学武胜剪纸艺术工坊"（武胜县）、沐川草龙培育传承新生力量（沐川县文化馆）、十九小学金沙漆画工作坊（攀枝花市西区文化馆）、宜宾旧州小学面塑工作室（宜宾市翠屏区）、"瓷胎竹编进校园"（邛崃市平乐九年制义务学校）。

"非遗进校园"活动在四川各县市区甚至乡村蓬勃开展，案例繁多。例如，成都崇州中小学校积极将竹编融入学校教育，道明竹编代表性传承人丁志云、丁春梅父女在"非遗传承基地学校"崇州中学举办竹编讲座，随后又在成都高校和中小学校开展竹编讲座和技艺教学；在乐山夹江，夹江木版年画代表性传承人张荣强致力于传统夹江木版年画的现代传承，将“年画进校园”教学作为传承工作的重要组成部分，筹建了“大兴荣年画研学基地”，作为中小学和艺术院校的非遗研学基地，迄今已接待四川省内外大学生和中小学生年画研学约 3 万人次[①]。四川民族学院举办“非遗进校园（甘孜州刺绣类项目）”系列科普活动，现场展示刺绣技艺并安排系列讲座。

（二）非遗进社区

四川非遗进社区活动丰富多样，影响广泛，参与人数众多。比如，2024 年 7 月在绵阳北川禹王广场举办的四川民族地区千人羌绣技能传习活动，吸引了来自北川的 1000 名羌绣技艺从业者和爱好者参与；崇州竹艺村举办了竹编大赛等活动。在省文化和旅游厅等机构主办的非遗进社区十大案例评选中，2022 年和 2023 年共评选出 20 个案例，其中传统美术类占 5 个，分别是：“岚安刺绣深扎社区 传统文化薪火相传”（泸定县文广旅游局）、“社区传承展活力 高坪竹编谱新篇”（南充市高坪区斑竹竹艺公司）、“花间刺绣在社区 群众就业奔小康”（马边花间刺绣专业合作社）、“非遗在社区 文化永传承”（乐山市嘉州绣工艺有限公司）、“麻柳刺绣扎根社区 织出幸福美好生活”（广元市朝天区文化馆）。

（三）非遗工坊

国家级层面，2022 年文化和旅游部等部门共同公布的非遗工坊典型案例名单中，全国共有 66 家非遗工坊入选，其中四川有 4 家入选。在这 4 家工坊中，有 3 家属于传统美术，分别是绵阳北川县羌族草竹编非遗工坊、阿坝理县囍悦藏羌绣专业合作社非遗工坊、乐山马边花间刺绣非遗工坊[②]。

省级层面，2023 年和 2024 年，四川省文旅厅、财政厅、人社厅和农业农村厅联合公布了 60 个优秀非遗工坊名单，其中传统美术类占 19 个，约占

① 李振宇：《非遗进校园，传承中华文化之美》，《中国文化报》2024 年 10 月 20 日。

② 《文化和旅游部 人力资源社会保障部 国家乡村振兴局关于公布 2022 年“非遗工坊典型案例”的通知》（文旅非遗发〔2023〕12 号）。

32%。这些工坊包括：成都郫都区的郫都蜀绣、邛崃市的瓷胎竹编、青白江区的十二针（蜀绣）、崇州的志辉怀远藤编，绵阳北川的伊尔羌绣、平武的走马羌寨羌绣，广元利州区的铁笔斋白花石刻，遂宁蓬溪县的麦秆画、船山区的妙善观音绣，乐山马边花间刺绣，南充高坪竹编，巴中通江的巴山剪纸，阿坝州茂县羌绣、阿坝县郎依甲藏族唐卡、汶川县羌风羌韵羌绣、理县囍悦藏羌绣，甘孜炉霍县发郎卡杰唐卡、德格县贝德雅唐卡、理塘县地觅唐卡等。每个项目均获得省级财政扶持资金 30 万元。

（四）非遗保护实践

在省文化和旅游厅等主办的非遗保护实践优秀案例评选中，2022~2024 年共评选出 30 个优秀案例，传统美术类占 7 个。2022 年包括竹刻（江安竹簧）、藏族唐卡（郎卡杰唐卡）、蜀绣、木版年画（夹江年画），2023 年包括四川剪纸（巴山剪纸·通江），2024 年包括飞针走线绘就羌乡《锦绣图》和藏族唐卡（噶玛嘎孜画派）。

（五）非遗传承人抢救性记录工程

抢救性记录工作优先针对 70 周岁以上，或虽未满 70 周岁但体弱多病的国家级非遗传承人开展，内容涵盖资料调查搜集、传承人口述、教学等活动的文字、音频及影像。该工程在四川省的国家级、省级、市级层面均已启动，部分传统美术类传承人已被纳入，如国家级非遗代表性传承人羌绣传承人汪国芳、已故成都糖画传承人樊德然，省级非遗代表性传承人自贡贡井区草编（草靶龙）传承人叶正宣，市级非遗代表性传承人眉山手指画传承人尹道新等。

六　其他活动

（一）非遗品牌建设

在四川非遗品牌建设中，影响最大的项目是“非遗四川·百城百艺”

四川非遗品牌评审工作。根据四川省财政厅等六部门印发的《关于实施财政支持历史文化遗产保护利用重点工程的通知》（川财教〔2022〕160 号），四川省文化和旅游厅等机构于 2023 年和 2024 年组织开展了第一批和第二批“非遗四川·百城百艺”四川非遗品牌评审工作，共评选出 60 个四川非遗品牌，其中传统美术类有 13 个，分别为成都的道明竹编、德阳的绵竹年画、绵阳北川的羌绣、乐山马边县的小凉山彝族刺绣、宜宾的江安竹簧、眉山的青神竹编、资阳的安岳石刻、广元市的利州·白花石刻、南充的高坪竹编和仪陇剪纸、雅安的芦山木雕、阿坝的壤塘·觉囊唐卡、凉山州的甘洛·彝族刺绣。每个认定的非遗品牌项目均获得四川省级财政安排的 100 万元奖补资金。此外，四川各市州也开展类似评选。如乐山市文广旅局主办的“2022 乐山十大非遗伴手礼”，其中传统美术类占据 2 项，分别是沐川乌木雕刻艺术品伴手礼和峨眉山蝴蝶画伴手礼。

（二）非遗年度人物评选

国家级层面，在文化和旅游部非遗司指导、光明日报社主办的 2020 年“中国非遗年度人物”评选中，共选出 10 位代表当时中国非遗保护发展成绩的标志性人物，其中乐山市马边彝族自治县花间刺绣专业合作社负责人、四川省级非遗代表性项目彝族手工刺绣县级代表性传承人乔进双梅当选。她还是“全国脱贫攻坚先进个人”“全国巾帼建功标兵”，并当选第十三届全国人民代表大会代表。2023 年“中国非遗年度人物”100 位候选人名单中，甘孜藏族自治州藏族唐卡（勉唐画派）自治州级代表性传承人丁真赤真入选。省级层面，2022 年由省文化和旅游厅等机构主办的四川非遗年度十大人物评选中，传统美术类占 3 个，分别是陈云珍（国家级非遗羌绣传承人，党的二十大代表）、郝淑萍（国家级非遗蜀绣传承人）和陈云华（国家级非遗青神竹编传承人）。

（三）传统工艺振兴目录

2018 年 5 月，文化和旅游部与工业和信息化部联合发布了《第一批国家传统工艺振兴目录》，全国共有383个传统工艺项目入选，四川省占23个，其中传统美术类项目有9个，分别是蜀绣、羌族刺绣、藏族编织与挑花刺绣工艺、麻柳刺绣、渠县刘氏竹编、青神竹编、道明竹编、绵竹木版年画绘制技艺以及藏族唐卡绘制技艺（噶玛嘎孜画派）等。

2019年，四川省文化和旅游厅与经济和信息化厅联合公布了《第一批四川省传统工艺振兴目录》，共计88个项目，其中传统美术项目占24个。此外，省农业农村厅还发布了《四川省农村生产生活遗产名录（第二批）》，该名录涵盖了刺绣、剪纸、雕塑、编艺等多个项目。上述列入目录的许多项目为国家级非物质文化遗产代表性项目。

（四）非遗与旅游融合

在省文化和旅游厅等机构主办的非遗与旅游融合十大案例评选中，传统美术始终占有一席之地。例如，2022年的“崇州竹艺村——非遗与旅游融合赋能乡村振兴之路”，以及2024年的“非遗与旅游融合的竹艺村模式”，都体现了传统美术与旅游的深度结合。2019年第七届中国成都国际非遗节期间，四川省文旅厅推出了10条“四川非遗之旅”线路，其中“年画体验之旅”和“竹艺体验之旅”两条纯文化（非遗）旅游线路均属于传统美术范畴。此外，中国非物质文化遗产保护协会公布的2022年全国非遗与旅游融合发展优选项目中，四川有21个项目入选，包括中国绵竹年画村景区作为非遗旅游景区，以及崇州市竹艺村作为非遗旅游村寨。

（五）传播推广

四川非遗传播推广中，影响最为深远的是《四川非遗100》系列短视频。该系列由四川省文联出品，陆续在四川卫视、四川文化旅游频道播出，并同步上线四川观察App。《四川非遗100》自2021~2025年已播出50集（第五季10集将于2025年内播出），其中涉及传统美术类的有14集，分别为《沐川草龙》、《安岳石刻》、《觉囊唐卡》、《白花石刻》、《知竹长乐》（道明竹编）、《藏羌毓秀》（藏羌织绣）、《绣里乾坤》（蜀绣刺绣）、《刀刻诗画人间》（江安竹簧）、《泥塑人间万象》（遂宁泥彩塑）、《唤马剪纸》、《藏文书法》（德格藏文书法是在卫藏书法基础上发展出的独立书法体式，已有700多年历史）、《川派盘景》、《川北羌族草编》和《眉山钦斋泥塑》。其中，《四川非遗100》（第一季共10集，2021年播放）被国家广电总局评为2021年“弘扬社会主义核心价值观·共筑中国梦”主题原创网络视听节目征集推选和展播活动优秀节目，《沐川草龙》和《安岳石刻》包括在内。此外，中央电视台著名纪录片《非遗里的中国》（四川篇）介绍了道明竹编。

四川艺术基金也支持了一些传播交流推广项目，如2020年由西南民族大学承办的“藏羌彝文化产业走廊联盟夹江手工年画传播交流推广项目”，以及2024年的“长征文化题材郎卡杰唐卡系列创作成果巡展”。

（六）专项保护条例

根据《中华人民共和国非物质文化遗产法》等法律法规，结合地方实际，四川部分地区制定了专项保护条例。例如，《德阳市绵竹年画保护条例》（由四川省第十三届人民代表大会常务委员会第十三次会议批准）是国内首部专门针对年画保护的地方性法规，通过明确法律责任，有效保护绵竹年画资源。

七　人才培养

（一）国家级

一是文化部和教育部于2015年设立的“中国非遗传承人群研修研习普及培训计划”。目前四川共有5所高校入选，分别是四川大学、西南民族大学、四川旅游学院、成都纺织高等专科学校、四川艺术职业学院（其中前3所为首批入选）。已开展的培训项目包括：羌族刺绣（西南民族大学，2016年）、蜀绣（成都纺织高等专科学校，2016年）、绵竹年画（四川大学，

2016年)、传统石刻(四川大学,2017年)、江安竹簧(四川大学,2017年)、道明竹编(四川大学,2018年)、传统木雕(四川大学,2021年)、彝族刺绣(成都纺织高等专科学校,2022年)、麻柳刺绣(四川艺术职业学院,2023年)等。二是文化部于2014年设立的国家艺术基金艺术人才培养资助项目。四川已完成的传统美术类资助项目包括:年画艺术(四川大学,2018年)、巴蜀石窟造像绘画(西南民族大学,2018年)、四川残疾人蜀绣艺术(成都锦美蜀绣文化有限公司,2016年)、藏羌织绣艺术(阿坝藏族羌族自治州藏族传统编织挑花刺绣协会,2016年)、乡村振兴"艺术乡村"彩绘(四川省文学艺术界联合会,2020年)等。

据统计,自2014年国家艺术基金首次立项以来,四川共获得263个项目资助。虽然传统美术类入选项目数量不算突出,但考虑到该基金以剧目创作等为主要资助方向,四川非遗传统美术已得到了相当程度的重视。

(二)省级

与国家级培训、资助体系类似,四川省也相应设立了中国非物质文化遗产传承人研修培训基地,入选高校包括电子科技大学、成都理工大学、四川音乐学院、绵阳师范学院、南充文化旅游职业学院等。同时,四川省还设立了"非遗传承人研修培训项目"(亦称"四川省文化和旅游专项资金资助项目")。目前已开展的传统美术类培训项目包括:蜀绣(成都理工大学,2023年)、漆画(成都大学,2023年)、竹编漆艺(成都大学,2024年)、织绣(成都理工大学,2024年)、剪纸(南充文化旅游职业学院,2024年)、四川黑白木刻(四川农业大学,2024年)等。

此外,一些个人项目也被列入四川艺术基金资助名单,如《索玛花开》——小凉山彝族刺绣的多维时尚设计(四川大学蔡端懿,2023年)、《蜀山行旅》系列漆画创作(四川旅游学院周芬,2023年)等。

(三)其他

除了国家级、省级的计划和项目之外,一些机构也自主开展人才培养工作。例如，四川大学主办的传统竹编技艺与传承研修班由四川大学非遗研究中心发起，在渠县刘氏竹编非遗传承基地举办。又如，乐山市马边县依托成都纺织高等专科学校等专业力量，举办彝绣培训班，对来自五个乡镇的500余名彝绣传承人、绣娘及文化专干等开展系统培训。

除了政府组织的培训项目外，四川的民间组织在非遗人才培养方面也发挥了积极作用。例如，2013年9月成立的四川省非物质文化遗产保护协会，其下属的传统美术专业委员会（筹备）聚集了近10位专家，长期参与省、市乃至县级的相关培训与讲座，涉及多个传统美术项目，如北川羌绣、沐川草龙、井研农民画、简阳农民画等。

八　对经济社会发展的贡献

目前，由于多种原因，官方尚未发布关于非遗对社会经济发展贡献的具体数据。谈及非遗在经济社会发展中的作用，通常以乡村振兴、旅游特色开发、产业基地建设、带动就业人口等指标来体现。在这些方面，传统美术类非遗项目，尤其是竹编、年画、刺绣等，取得了较为突出的成果。

在成都崇州市，道明竹编正助推县域产业高质量发展。通过引进中央美术学院传统工艺工作站建立竹编研学创作的创客基地，该项目近年来积极与建筑、服饰、装饰、文创等领域跨界融合，创新设计出胸针、耳环等300余种时尚潮品。同时，建成开放竹艺村国家4A级景区、百竹园科普基地等特色场景，并专业运营竹编艺术坊、竹艺村村史馆等高品质文创空间。2023年竹艺村吸引游客128.6万人次，带动旅游综合收入12.55亿元。

在德阳绵竹市，绵竹年画已成为该市的重要文化标识、重点文旅产业和城市名片。当地在绵竹年画村建设年画博物馆新馆，形成非遗保护与产业发展的整体空间；开发“绵竹年画快递箱”，既有效保护传统年画又积极推动创新；衍生出刺绣年画、陶版年画、金丝年画、年画服饰、年画玩具等

1000多种产品，并通过“线上+线下”销售模式，年产值接近千万元①。

近年来，凉山州委、州政府高度重视彝族刺绣的传承与发展，联合工会、妇联、人社、民政、职业教育、对口帮扶等多方力量，大力培育人才、引导就业、鼓励创新，发展彝绣从业人员3万余名，其中包括2名国家级、7名省级和23名州级彝绣非遗代表性传承人。全州建立3个州级和15个县级彝绣就业示范基地，为产业发展提供了有力支撑②。

在北川，有30%的羌族妇女掌握基本羌绣技艺，当地从事羌绣生产加工的企业已超过20家，农闲期间灵活就业的绣娘超过1万人，人均年稳定增收6000元左右③。在2023年四川省首届民族地区“国寿杯”妇女手工创新创意大赛（黑水县）中，北川羌绣作品《羌》荣获“创新创意羊角花金奖”。

在乐山市马边县，当地组织开发了10类80余件彝绣产品，带动890余名绣娘居家灵活就业，人均年增收超过1.6万元；并打造“廊桥彝绣服饰一条街”，年绣品销售额超过3500万元④。

综上所述，四川各地传统美术类非遗项目对经济社会发展的推动作用可谓显而易见、成效显著。

九　学术研究

（一）主要著作

目前，除《四川非遗传统美术与技艺》（柯小杰、陈淑娟主编）以及唐林

---

① 舒殊：《百城百艺 四川非遗传承保护焕新“品牌力”》，《中国文化报》2024年12月6日，第4版。

② 《文旅推介 | 同“绣”世界的梦想！四川彝绣产业推介会于30日在启幕西昌!》，https：//mp. weixin. qq. com/s? __biz=MzI1MTA3MTE2Mw==&mid=2654698631&idx=2&sn=e7bd0191098e0d272229453e9cd510a1&chksm=f3bdc9c128891c05c7d2e44f597bf8e42f560a38347b76520ebfb34ad739cbb9733cfc0bc3f2&scene=27。

③ 《绵阳北川：千人学“绣艺”争当非遗新农人》，https：//cbgc. scol. com. cn/news/5178270。

④ 《百城百艺 四川非遗传承保护焕新“品牌力”》，https：//baijiahao. baidu. com/s? id=1817654502528148470&wfr=spider&for=pc。

的《四川美术史》中“工艺美术”章节对四川非遗传统美术作了总体性介绍外，四川在年画、蜀绣、唐卡、刺绣、竹编等领域的研究已取得了引人注目的成果。

年画方面，代表性著作包括：《绵竹年画》（高文等）、《绵竹年画》（张晓黎）、《中国绵竹年画》（上、下，范小平）、《中国绵竹年画研究》（宁志奇）、《绵竹木版年画》（范小平）、《中国濒危年画寻踪：夹江年画之旅》（沈泓）等。蜀绣方面有：《蜀绣》（朱利容等编著）、《蜀绣》（胡家康）、《中国蜀绣》（赵敏主编）、《蜀绣针法》（江克均主编）、《蜀绣赏析》（成都非物质文化遗产保护中心编）等。唐卡研究方面，已出版《康巴唐卡：藏传绘画艺术吉祥瑰宝》（杨嘉铭等）、《中国唐卡艺术集成——德格八邦卷》（孟燕主编）、《唐卡艺术》（上下卷，康·格桑益希）、《郎卡杰唐卡》（拥塔拉姆编）、《噶玛嘎孜画派唐卡》和《噶玛嘎孜画派唐卡传承保护》（康·格桑益希等）等。刺绣方面成果有：《羌族服饰与羌族刺绣》（钟茂兰）、《羌族刺绣艺术》（赵志红）、《麻柳刺绣》（韦宗强）、《凉山彝族服饰刺绣技艺》（苏小燕等）、《羌族刺绣图像学》（耿兆辉等）。竹编领域出版物包括：《青神竹编》（陈云华主编）、《非物质文化遗产道明竹编制作工艺技术传授》《道明竹编》（崇州市文化馆编）等。此外，还有涉及相关美术门类的代表性研究，如：《中国川派盆景》（张重民等）、《泸县宋代墓葬石刻艺术》（肖卫东）、《徐氏泥彩塑》（张强主编）、《安岳石刻艺术》（汪毅）、《“一带一路”上的新繁棕编艺术》（何洋托美次仁）、《凉山彝族毕摩绘画的艺术人类学研究》（刘冬梅）等。

目前，四川师范大学正组织编写《四川民间工艺研究》丛书，计划出版六种，分别为《刺绣与印染》《纺织与扎制》《髹漆与雕刻》《剪纸与年画》《陶艺与金工》《塑绘与演具》，其中刺绣、雕刻、剪纸、年画、塑绘等均为传统美术类主要门类。该丛书预计于2026年前完成出版。

（二）论文

1. 国际会议

近年来，关于四川传统美术类非遗项目的研究在国际学术交流中也有所体现，如李祥林的《“最有学问的年画”——民俗学视野中的戏曲年画》、王坤的《市场化为民间文化带来的裂变效应——以四川绵竹陈氏年画世家为例》、周德伍等人的《论新形势下川西绵竹木版年画的保护、传承与发展》，均在国际会议上进行过交流。

2. 期刊论文

总体来看，期刊论文中针对整个非遗体系的研究较多，聚焦于具体非遗门类，特别是传统美术项目的专业研究则相对较少。已发表的具有代表性的论文包括：唐林的《四川非遗传统美术的传承与发展》《巴蜀传统美术传承报告》，杜靖等人的《非物质文化遗产赋能乡村振兴的路径研究——以绵竹年画为例》，何民的《纸上笔墨春秋色 民间艺术奇葩绵竹年画》，曾冬梅的《夹江年画发展浅析》，赵芸的《道明竹编国家级非物质文化遗产代表性传承人赵思进访谈》，郑文学的《道明竹编的保护与传承》，李嘉玢的《青神竹编技艺及其创新分析》，何政军、何煜雪的《江安竹簧工艺的价值及特征》，张雨嘉的《非遗蜀绣的传承发展路径研究》，钟晓芳的《文化传承背景下的绵阳羌绣非遗发展研究》，廖以银的《巴山剪纸艺术的传承与发展之路》，毛钰等的《仪陇剪纸文化的传承发展分析》，刘克萍的《成都糖画传承与发展研究》，李皓迪的《巴山剪纸数字化时代传播方式研究》，汪毅的《安岳石刻艺术刍论》，刘忠俊的《论郎卡杰的唐卡风格与流派》，杨金凤的《“噶孜”画派——唐卡中的奇葩》，阿嘎佐诗的《非物质文化遗产内外的凉山毕摩》，杨娴等人的《崇州“怀远藤编”的传承关系探析》，于佳桐的《新时代非遗的发展困境分析与保护探究——以四川新繁棕编为例》，穆天钊的《变迁、挑战与机遇：成都川派盆景技艺传承发展探究》等。

十　对外交流

近年来，四川非遗传统美术项目的对外交流呈增长趋势。例如，国家级非遗项目刘氏竹编先后在法国、巴拿马、约旦、摩洛哥、马来西亚等地进行展览展示[①]；道明竹编已先后走进俄罗斯、卢森堡、英国、美国等 20 多个国家和地区，并与沃尔沃、MaxMara 等品牌开展跨界合作，曾为路易十三品牌定制酒杯，为人头马品牌编制 LOGO 图案，其产品远销多个国家和地区。省级非遗项目简州面塑亮相米兰国际手工艺博览会，并受邀参加 2024 年香港国际授权展与香港礼品及赠品展；剪纸、糖画等项目则在世界大学生运动会核心区参与展示。成都浓园文化也积极走向欧洲、非洲和大洋洲，推动成都非遗手工艺“走出去”。

其中，最具代表性的当属国家级非遗项目藏族编织、挑花刺绣工艺传承人杨华珍。她多次代表中国传统工艺出访国外，作品屡获国内外奖项，并被多国元首及博物馆收藏。特别是自 2014 年起，杨华珍启动藏羌织绣 IP 授权项目，以版权合作形式与国际品牌和知名人物展开合作，迄今已与环球影业、星巴克、植村秀、必胜客、Kipling 等 20 多个品牌建立联系。

十一　结论

据统计，四川省国家级非遗项目共计 153 项（五批），位居全国第八，仅次于浙江（257 项）、山东（186 项）、山西（180 项）、广东（165 项）、河北（162 项）、江苏（161 项）和贵州（159 项），与新疆（147 项）、云南（145 项）、福建（145 项）、湖北（143 项）、湖南（137 项）相比，差距并不大[②]。四川的非遗传统美术项目数量大致也处于这一中上水平。作为非遗传统美术资源富集的西部大省，在政府持续推动下，如《成都市蜀锦蜀绣高水平保护高质量发展三年行动计划（2025—2027 年）》以及《成都市促进蜀锦蜀绣高水平保护高质量发展的若干政策措施》（其中蜀绣年产值已达 4 亿元，相关奖励资金累计超过 1 亿元）等政策实施，以及四川非遗公

---

① 《达州：积极探索非遗代表性项目保护传承新模式》，http：//wlt. sc. gov. cn/scwlt/hydt/2025/2/19/050f69ccfef3464a9c2640a947005517. shtml。

② 《数据图解丨数说中国各省市非遗 你的家乡排第几?》，https：//m. gmw. cn/baijia/2021-06/11/34918191. html。

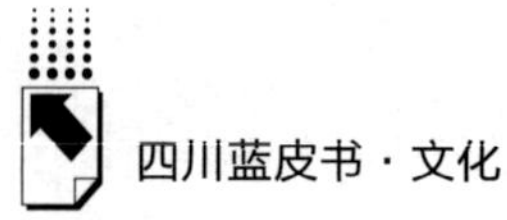

共品牌“川工蜀艺”的推广，有理由相信四川非遗传统美术的未来发展前景将越发光明。

当然，尽管四川非遗传统美术近年来取得了显著成效，但发展过程中也面临一些亟待解决的问题，例如传统美术品牌建设力度仍显不足、社会公众对传统美术的认同感有待提升、传统美术的创新转化空间仍需拓展等，必须正视并逐步破解这些问题。

B.16
四川石窟文化资源产业转化研究

施　霞*

摘　要： 四川坚持“保护第一、加强管理、挖掘价值、有效利用、让文物活起来”的新时代文物工作方针，依托川渝石窟寺国家遗址公园建设，活化石窟文化资源，打造中国南方石窟寺中心。在不断探索发展、取得成效的同时，也遇到了发展问题：文化价值普及化阐释不足、数字化实践探索创新不够、品牌矩阵体系化建设不足、石窟相关专业人才缺口巨大。据此，本报告提出以下建议：创新体制机制激发产业转化动能，强化数字技术创新应用赋能石窟产业，深化产业融合助推石窟产业提质增效，构建多层次立体化多维度的传播体系，建设“产学研用”一体化人才培养体系。

关键词： 石窟文化　产业　文化资源

石窟寺作为中华优秀传统文化的重要组成部分，蕴含着独特的艺术价值和厚重的历史价值，集中展现了中华民族内涵丰富、理念多元的文化精神追求，是中华文明开放包容、兼收并蓄的生动注脚。国家文物局组织开展的全国石窟寺专项调查结果显示，全国共有石窟寺 2155 处、摩崖造像 3831 处，共计 5986 处①。其中，四川的石窟数量居全国第一，超过全国总量的三分之一，共计 2134 处，其中包括全国重点文物保护单位 33 处、省级文物保护

* 施霞，四川省社会科学院文学研究所助理研究员，主要研究方向为古代文学、文化产业。

① 《四川国家文物局：中国重要石窟寺重大险情基本消除》，https://www.gov.cn/lianbo/bumen/202408/content_6969268.htm。

单位 111 处[①]。为深入贯彻习近平总书记关于石窟寺保护利用工作的重要指示批示精神，四川坚持“保护第一、加强管理、挖掘价值、有效利用、让文物活起来”的新时代文物工作方针[②]，主动作为、奋力进取，扎实开展全省石窟寺抢救保护、考古研究、展示利用等工作，在推动石窟寺保护利用工作蓬勃发展的同时，结合川渝石窟寺国家遗址公园建设，通过“乡村石窟文化公园（景点、微景观）”试点，推动中小石窟寺保护与乡村振兴深度融合，走出一条具有典型性、开拓性、创新性的石窟文化资源保护利用转化之路。

一 发展背景

（一）政策背景

为深入贯彻习近平总书记关于石窟寺保护利用工作的重要批示精神，国务院办公厅印发《关于加强石窟寺保护利用工作的指导意见》（国办发〔2020〕41 号）、《“十四五”文物保护和科技创新规划》（国办发〔2021〕43 号）指出，加强文物保护研究利用，走出一条符合国情的文物保护利用之路，为实现中华民族伟大复兴的中国梦作出更大贡献。2021 年 11 月，国家文物局印发《“十四五”石窟寺保护利用专项规划》，强调进一步加强顶层设计和整体布局，系统统筹保护利用工作。石窟寺保护利用工作受到全社会广泛关注，进一步凸显石窟文化资源的社会作用、时代价值。

（二）资金支持

中央和省级文物保护专项资金为四川石窟寺保护利用提供了有力的经济

① 《石窟寺数量居全国第一位，出台方案加强保护管理积极融入川渝石窟寺国家遗址公园建设》，https：//www. sc. gov. cn/10462/10464/10465/10574/2024/5/9/2f3ef5ed4cc145c5b00f97f9aef7df30. shtml。

② 《让文物活起来 把文脉传下去》，http：//www. npc. gov. cn/c2/c30834/202412/t20241220_441696. html。

保障。中央财政提供文物保护资金近3亿元，四川投入省级文物保护专项资金1000余万元[①]，针对乐山大佛、安岳石窟、广元石窟、巴中石窟、荣县大佛、牛角寨石窟等一大批石窟寺文物保护重点项目，创新石窟寺项目工程管理，统筹开展石窟寺抢救保护工作。2020~2024年，国家文物局批复四川石窟寺类全国重点文物保护单位项目立项37个，安岳卧佛院、圆觉洞等6个项目更是被纳入国家“十四五”文化保护传承利用工程项目库[②]。

（三）资源要素

四川石窟寺分布广泛、数量众多、题材多样、特色鲜明，反映了9~13世纪世界石窟艺术的高超水平，是中国南方石窟的典型代表，具有重要的艺术鉴赏价值。从营造年代看，四川石窟始于南北朝晚期，鼎盛于唐宋时期，延续至明清时期，现有唐代之前8处、唐宋时期722处、元代8处、明代209处、清代1161处、时代不明26处。从空间分布看，四川石窟寺遍布攀枝花市以外的20个市州，成都、南充、资阳、巴中均超200处，乐山、达州、眉山等9个市州均超100处，呈现四川盆地内部集中、川西高原少量散布的特点。

二　国内案例

（一）云冈石窟

云冈石窟文化资源产业转化以数字化为核心，通过技术赋能、文旅融合、国际传播等路径，实现了文化遗产保护与经济价值的双重提升。一是数字技术赋能体验创新。在攻克核心技术难题的基础上，建立涵盖10亿级像

---

① 《“保护+活化利用”四川石窟寺保护利用工作分享!》https：//www. 163. com/dy/article/I3ADVND70552D4H1. html。

② 《四川石窟寺数量居全国第一位，出台方案加强保护管理积极融入川渝石窟寺国家遗址公园建设》https：//www. sc. gov. cn/10462/10464/10465/10574/2024/5/9/2f3ef5ed4cc145c5b00f97f9aef7df30. shtml。

素数据的石窟数字档案库，并开创“虚实共生”的全新体验模式，把国内首款 3A 游戏《黑神话：悟空》取景地——大雄宝殿打造成网红打卡点。游客用手机扫描大雄宝殿牌匾，就能以“数字化+实景+本人”的方式，实现和游戏人物黑悟空及华严寺古建筑合影。集成 VR 全景漫游、AI 讲解、实时互动等功能的“云游云冈”小程序，上线三个月访问量突破 800 万人次，并创造单日最高 35 万人次在线参观的纪录①。二是以文塑旅、以旅彰文，创新多元化文旅融合方式。建设了云冈美术馆、博物馆、雕塑馆、云冈书屋等一系列景区文化项目，推出了专题研修班、手作课程、精品线路游等多项研学活动，开发了 3D 打印、云冈舞、时装秀等文化产品，创新了石窟文化元素的创意表达，把合掌露齿菩萨等文化元素打造成了热门 IP，把“华严 · 寺时”AR 咖啡杯套也做成文创产品，扫描杯套，就能听到华严寺的历史，还将杯托做成了古风书签。三是加强云冈石窟价值挖掘阐释和展示传播，打造高水平国际文旅 IP。与中国文物交流中心签订合作框架协议，共同举办“探秘云冈——数字世界中的石窟奇迹”沉浸式数字全球巡展，向世界展示云冈石窟蕴含的丰富内涵、时代价值和世界意义，增强中华文明传播力、影响力②。

（二）敦煌石窟

敦煌石窟文化资源产业转化以“保护优先、创新活化”为核心，通过数字化、文旅融合、IP 开发、国际传播等路径，实现了文化遗产从静态保护到动态经济价值的跃升。一是用数字科技助力传统文化挖掘与消费场景创新，建成“数字敦煌 · 开放素材库”，以数字图像技术、虚拟技术、区块链技术等先进技术，为敦煌壁画、泥塑和洞窟分别建立数字档案；完成文化资源确权，基于区块链技术，将数字资源的素材原创证明和相关授权、支付、

---

① 《数字技术赋能文明传承：云冈石窟数据场景应用的范式突破》，https：//baijiahao.baidu. com/s? id=1824674795851154939。

② 《中国文物交流中心与云冈研究院签署合作框架协议》，https：//www. sohu. com/a/795783392_121124403。

下载等证据信息实时上链存证，便于数字资源交易和二次创作，将资源优势转变为市场优势；联合开发文化创意产品，先后推出敦煌主题的数字人物和游戏皮肤、线上音乐会、“云游敦煌”小程序、敦煌动画剧、“数字藏经洞”和敦煌官方虚拟人伽瑶，开辟数字文旅消费新阵地。目前，“数字敦煌”资源库已吸引全球78个国家的2200万人次访问，成功举办了30余场数字展览，推出了60余种文化衍生品①。二是守正创新，将敦煌石窟文化资源融入文艺创作，推出了《敦煌乐舞大典》《莫高窟与吴哥窟的对话》等一批以敦煌为题材的文艺精品，打造了《又见敦煌》《敦煌盛典》《乐动敦煌》《千手千眼》等四台经典剧目。截至2024年，四大演艺剧目演出超2000场次，观看游客达百万人次②。三是提取石窟文化资源，建设敦煌文化IP体系，将飞天、驼铃、宫灯等敦煌石窟文化元素融入旅游景区和各类公园广场标识系统，建成敦煌书局以及由敦煌1900艺术馆、敦煌1900印务所、敦煌书局研学院、敦煌1900咖啡等组成的敦煌文化时尚新地标——敦煌印局，为游客创造沉浸式体验敦煌文化多元业态的现代场景③。四是深化国际合作，讲好敦煌故事，传播中国声音。截至2024年，敦煌已举办七届丝绸之路（敦煌）国际文化博览会，吸引来自200多个国家和地区的6000多名嘉宾参会。成功举办“让世界走进河西走廊——外交官看中国甘肃行”活动，吸引来自22个国家的30名外交官参加。以敦煌壁画和丝绸之路为题材的经典舞剧《丝路花雨》，在40多个国家和地区演出近3900场次，观众达550万人次④。

综合以上案例分析，国内先发地区在石窟文化资源的转化上主要以科技

① 《“数字敦煌”资源库吸引全球众多访问，助力敦煌文化传播》，https：//baijiahao.baidu.com/s？id=1825530621799011749。

② 《千年丝路续风华——敦煌市敦煌文化保护传承工作综述》，https：//www.gsei.com.cn/html/1660/2025-03-11/content-575519.html。

③ 《千年丝路续风华——敦煌市敦煌文化保护传承工作综述》，https：//www.gsei.com.cn/html/1660/2025-03-11/content-575519.html。

④ 《千年丝路续风华——敦煌市敦煌文化保护传承工作综述》，https：//www.gsei.com.cn/html/1660/2025-03-11/content-575519.html。

为支撑、文旅为纽带、数字化为突破口，构建了保护与利用并重的多元发展模式。通过学术研究夯实基础、文创与科技激活 IP、国际传播延伸产业链，这些经验为文化遗产的可持续转化提供了重要参考，也为中华文化国际传播树立了标杆。

三　四川石窟文化资源产业转化主要成就

近年来，四川在石窟文化资源产业转化方面取得了令人瞩目的成就，不仅让古老的石窟艺术焕发出新的生机，也为地方经济发展注入了强大的动力。

（一）加强保护立法推进

高度重视石窟寺保护工作，出台了一系列政策以加强对石窟寺的保护、研究和利用。2023 年 1 月，省政府办公厅发布《四川省加强石窟寺保护利用工作实施方案》（川办发〔2023〕4 号），全面系统部署石窟寺保护利用十大任务工作[①]。2024 年 4 月，四川省委宣传部等部门联合出台《四川省加强石窟寺联合保护工作方案》（川宣发〔2024〕10 号），从推进石窟寺保护立法、增强基层管护能力、健全保护管理体系、严厉打击违法犯罪、开展普法教育宣传、加大研究阐释力度等 10 个方面，提升石窟寺保护管理能力水平[②]。各市州也纷纷出台专项法规，如《资阳市安岳石刻保护条例》《巴中市石窟保护条例》《乐山大佛世界文化和自然遗产保护条例》《巴中市打造“四龛福城”文旅品牌三年行动计划》等推动石窟寺保护利用工作[③]。

---

① 《四川省人民政府办公厅关于印发四川省加强石窟寺保护利用工作实施方案的通知川办发〔2023〕4 号》https：//wwj. sc. gov. cn/scwwj/gfxwj/2023/1/16/b60ef6f26e854e10b925a8c0f3422535. shtml。

② 中共四川省委宣传部等部门关于印发《四川省加强石窟寺联合保护工作方案》的通知川宣发〔2024〕10 号 https：//wwj. sc. gov. cn/scwwj/flxzfg/2024/5/10/7a7d3fc65ec146cc84eb7474be930e23. shtml。

③ 《四川文物保护利用工作取得新成效绽放新光彩》，http：//www. ncha. gov. cn/art/2023/6/8/art_722_182113. html。

重点推进“平安石窟”工程，启动专项督查，聚焦政策执行、组织保障、专项整治、安全保护、统筹管理等情况。如落实属地主体责任，将石窟寺保护管理摆在重要位置；持续推进全省石窟寺视频监控全覆盖，“建设四川石窟寺安全防护综合控制平台，结合“四川文化专网”“雪亮工程”，推动全省 1479 个中小石窟寺点位安装安防视频监控，努力形成一张全省中小石窟寺安全防护网[①]，省文物局已在资阳市安岳县试点开展；开展全省石窟寺妆彩排查整治专项行动，如清洗了南江石飞河摩崖造像的不当妆彩；加强石窟寺保护科技攻关研究，破解石窟保护难题。联合北京大学、中国文化遗产研究院、中铁科学研究院、大足石刻研究院等专业单位，聚焦石窟寺保护的重要问题，如风险监测、生物病害防治、防风化加固、水害治理、妆彩清洗等，开展关键技术课题研究和成果转化。

（二）考古研究齐头并进

提升石窟寺考古研究与价值阐释水平。一是构建“1+4”研究体系，进一步建强石窟寺保护管理机构队伍。在四川省文物考古研究院（三星堆研究院）下增挂四川石窟寺保护研究院牌子，一次性核增事业编制 90 名，开展石窟寺考古、保护、研究和展示利用等工作[②]；推动成立乐山大佛石窟研究院、安岳石窟研究院、巴中石窟研究中心、广元石窟研究所，构建“总分院制”保护管理模式，建实四川石窟寺保护研究院。

加强石窟寺考古研究和价值研究。一是在全川重要区域展开系统调查。在安岳、内江、绵阳等地，均新发现了石窟寺等文物，如安岳新发现石窟寺和摩崖造像已达 261 处[③]。二是开展跨区域合作，推动川渝石窟寺共同保护、连片开发、合作双赢。川渝两地文物部门签订《共同建设川渝石窟寺

① 《“保护+活化利用”四川石窟寺保护利用工作分享!》，https：//www.163.com/dy/article/I3ADVND70552D4H1.html。

② 《“保护+活化利用”四川石窟寺保护利用工作分享!》，https：//www.163.com/dy/article/I3ADVND70552D4H1.html。

③ 《让石窟艺术代代相传》，https：//www.toutiao.com/article/7417627678980719138/。

国家遗址公园战略合作协议》，联合编制完成《川渝石窟寺国家遗址公园总体规划》，全力推进川渝石窟寺国家遗址公园建设。目前，川渝石窟寺国家遗址公园已纳入国家《“十四五”文物保护和科技创新规划》《巴蜀文化旅游走廊建设规划》；四川省文物局与重庆市文物局、中国文化遗产研究院联合建立川渝石窟保护研究中心、川渝石窟保护研究联合实验室和科技创新基地①。三是建立石窟寺联合保护专家库，积极举办专家座谈会，邀请专家为石窟保护出谋划策。如巴中召开石窟（南龛）综合保护性设施建设项目专家咨询会，乐山召开乐山大佛综合保护专家座谈会，着力破解石窟保护难题。

全面系统的调查与深入不断的研究促使四川石窟考古研究成果结出累累硕果。如国家社科基金重大招标项目“西南唐宋石窟寺遗存的调查与综合研究”通过专家组验收，并获评“优秀”。“该项目历时 10 年，完成西南地区 295 处石窟点调查记录，调查文字记录约 350 万字，拍摄照片近 7 万张，绘制线图约 1200 张，研究成果 8 部。”② 其中 4 部高水平石窟考古报告，全面呈现了 4 处 158 龛（窟）典型唐宋石窟的全部照片、光照图、文字、拓片信息，既为认识和研究西南石窟提供了重要资料，又为我国石窟寺考古报告的编写提供了重要参照。其他重点专题研究，诸如“四川石窟造像题材和风格”“四川石窟造像分期”“四川石窟造像的艺术特征”，也从不同侧面加强四川石窟的价值研究。

（三）跨界互融协同发展

四川一方面加大石窟文化资源的保护力度，另一方面也加强石窟文化资源的利用转化途径探索，从科技赋能、文旅融合、区域协作等方面来推动石窟文化资源的产业转化利用。

---

① 《四川文物保护利用工作取得新成效绽放新光彩》，http：//www. ncha. gov. cn/art/2023/6/8/art_722_182113. html。

② 《历时 10 年 川大教授率团队揭开西南近 300 处石窟神秘面纱》，https：//www. sc. chinanews. com. cn/shms/2021-06-26/151269. html。

一是运用高新技术，实施“数字四川石窟”行动，让四川石窟活起来。安岳修建全省首个石窟数字展示中心——安岳石窟数字展示中心，其制作的“安岳石窟·毗卢幻境”3D 模型作品由某游戏公司采购并计划应用于游戏场景开发，实现全省首笔文化数据资产交易。“数字四川石窟”行动选取广元、安岳、邛崃、巴中、乐山等地的石窟和摩崖造像作为重要石窟打造数字化示范项目，开展全景数据采集、实景三维建模，将石窟文物鲜活地呈现在人们面前。

二是创新中小石窟寺保护利用模式，试点建设乡村石窟文化公园，融入乡村振兴战略。建立四川省石窟寺及石刻保护利用与乡村振兴衔接工作联席会议机制，出台《四川乡村石窟文化公园（景点、微景观）认定管理办法（试行）》，“按照‘一点一策’推进四川乡村石窟文化公园（景点、微景观）建设，每年建设 1 个四川乡村石窟文化公园、8 个四川乡村石窟文化景点、11 个四川乡村石窟文化微景观”[①]，现已有两批 29 处石窟寺成为试点建设点位。绵阳市梓潼县依托资源优势，因地制宜建设石窟文化公园，并与农业主题相结合，融文化体验、智慧农业、循环农业、绿色生态有机农业、观光农业、采摘体验于一体，带动乡村农业、文化、养殖、餐饮、生态等产业协调发展，成为乡村振兴的重要引擎。

三是探索重点石窟文旅融合发展新模式。安岳依托卧佛院景区、圆觉洞景区和毗卢洞、华严洞景点，打造北部、中部、东部三大文旅组团，着力构建点状辐射、点面结合、带状串联的文旅融合发展格局。广元千佛崖景区结合区域内其他文化资源创新节庆品牌开展文化活动，每年举办“汉风唐韵游园会”，开展飞花令、祭花神、射箭、唐风市集等活动，打造沉浸式文化场景。

四是川渝跨区域携手共建共谋发展。川渝两地文物部门签订《共同建设川渝石窟寺国家遗址公园战略合作协议》，联合编制完成《川渝石窟寺国

① 《2134 处石窟寺居全国第一位 四川出台方案加强保护管理》，http：//scdfz.sc.gov.cn/gzdt/zyhy/content_146050。

家遗址公园总体规划》，全力推进川渝石窟寺国家遗址公园建设；成立巴蜀石窟文化旅游走廊联盟，积极打造乐山大佛等石窟寺精品旅游线路和大石刻文化旅游品牌，推出三日石窟精华游、成都都市圈近郊短期游、大足-安岳石窟艺术周末游三条主题游线路，助推地方旅游经济社会发展[①]；联合举办国际学术论坛、石窟艺术双年展，通过学术交流、技术共享、旅游线路整合，构建川渝石窟文化品牌矩阵。

四　存在的问题

四川石窟数量丰富，文化艺术价值高，但受制于体量小、分散化，发展艰难，在重点发展乐山大佛、巴中石窟、广元石窟、资阳石窟四大石窟的同时，以建设乡村石窟文化公园（景点、微景观）带动中小石窟的文化资源转化，一定程度上活化了石窟文化资源，但是也存在亟待解决的问题。

（一）文化价值普及化阐释不足

四川有代表性石窟造像，如乐山大佛、安岳石窟、广元千佛崖等，但对石窟的文化价值缺乏系统性提炼。相较于云冈石窟、龙门石窟等成熟 IP，四川数量大、体量小、位置分散的石窟缺乏故事化的表达，公众对四川石窟的历史背景、艺术特色、宗教内涵的认知都停留在表层。例如，安岳石窟虽有“上承龙门、下启大足”的历史地位，但相关学术研究和公众传播尚未形成体系化成果。如何转化现有的四川石窟研究学术成果，以大众喜闻乐见的形式加以阐释、普及，推广四川石窟的历史内涵、文化价值、现实意义，是四川石窟亟须解决的基础性工作。

（二）数字化实践探索创新不够

四川石窟的数字化实践在初步探索应用中已取得一定成果，诸如建立

---

① 《四川文物保护利用工作取得新成效绽放新光彩》，http：//www. ncha. gov. cn/art/2023/6/8/art_722_182113. html。

实时监测系统、基础数据资源库，进行数字化扫描和 3D 打印等，但受限于石窟数量、分布和标准化程度等因素，整体仍处于数字化技术应用初期阶段，在数字技术的实践创新运用上需要持续推进和优化。比如四川启动的“2024 年四川石窟数字展”，展陈方式单一，仍以观看浏览为主。比较而言，国内其他石窟的数字化实践走在了前列。如云冈石窟运用分体 3D 打印、积木式安装等数字化高科技手段，开了超大体量文物等比例复制的世界先例，让原本不可移动的石窟艺术在数字化时代以鲜活的方式呈现，开启了云冈石窟行走世界的旅程。龙门石窟启动建设智慧文旅数字孪生平台，以数字孪生技术和时空 AI 技术为依托，为游客带来全景沉浸式体验。敦煌石窟“数字藏经洞”项目，通过三维建模与游戏引擎技术，重现藏经洞历史场景，用户可通过角色扮演“亲历”文物流转，实现文化沉浸式传播。

（三）品牌矩阵体系化建设不足

四川石窟被誉为“中国石窟艺术的下半阕”，是中国南方石窟和中晚期石窟的典型代表，安岳石窟更是以唐代造像的宏伟和两宋造像的精美著称，但是它们在国际国内的知名度和影响力都比较小，不能匹配其厚重的历史与丰富的文化内涵。究其原因，四川石窟整体品牌形象比较模糊，更突出个体形象，比如乐山大佛、安岳石窟，地方品牌还未形成合力，中小石窟又缺乏统一的文化 IP，极大地阻碍了川渝共建“中国南方石窟中心高地”的总体目标的实现。提炼清晰的四川石窟品牌形象与标识系统，是建设四川石窟品牌矩阵的关键一步。

（四）石窟相关专业人才缺口巨大

全国石窟专业人才稀少，每年能培养的专门人才总量也极其有限。据统计，全国各大石窟寺保护或相关研究机构的正式在编人员仅有 1500 余人，具有石窟寺保护执业资格的文物保护责任设计师仅有 252 人，文物保护责任工程师仅有 278 人。高校里石窟寺考古（含石窟寺艺术）研究方向的导师仅有34名、石窟寺保护科技方向的导师仅有19名[①]。而石窟文化资源的活化，更强调产品设计者的想象力与创造力，同时还要求具备较高的专业素养和跨学科知识，比如考古、艺术、科技等学科背景。而当前高校相关专业培养体系不健全，没有以非物质文化遗产、物质文化遗产为核心内容和特定教育方向的文化遗产专业，仅部分院校在历史学、考古学等专业下设文化遗产方向，这使得兼具文物学、管理学、旅游学等多学科融合交叉背景的复合型人才极度匮乏。

五　发展路径

四川石窟文化资源丰富、价值重大，应携手重庆，依托川渝石窟寺国家遗址公园建设，打造中国南方石窟寺中心，与西北敦煌，黄河流域云冈、洛阳，形成三足鼎立的局面。

（一）创新体制机制激发石窟产业转化动能

规范四川省石窟寺及石刻保护利用与乡村振兴衔接工作联席会议机制运作，定期召开会议，扩大工作范围，研究解决全省石窟寺保护管理活化利用工作中的重点、难点问题；探索社会资本进入机制或者政府与社会资本合作（PPP）模式，解决产业转化中的资金缺乏难题，如四川绵竹在推进整体旅游建设方面采取PPP模式，成立专门的项目公司负责融资、建设、运营，该项目已经吸引投资19.08亿元；设立“石窟保护公益信托基金”，细化资金使用透明化机制，吸引企业、市民等社会力量捐赠，通过信托模式实现资金长期运营，比如安岳通过公益基金筹集20万元用于木鱼山保护房建设[②]；推广安岳“3+3”文物守护人制度（县、乡、村三级+志愿者），扩大石窟

① 《全国不到20人！如何缓解石窟寺考古人才断档之痛?》，http：//www.china.com.cn/news/2021-03/16/content_77312671.htm。

② 《【文化传承】四川安岳：“3+”工作法高效推动石窟保护》，https：//www.sohu.com/a/857517226_120158407。

志愿者队伍，建立“石窟守护积分制”，村民通过参与巡查、举报破坏行为获得积分，兑换文旅消费券或生活物资；建立奖励激励机制，对参与石窟保护的社会资本给予税收优惠、用地支持等政策倾斜。

（二）强化数字技术创新应用赋能石窟产业

充分运用数字技术，打造石窟点位多元融合场景，不断丰富消费供给，提升消费能级。一是打造沉浸互动场景。综合运用虚拟现实（VR）、增强现实（AR）和混合现实（MR）等沉浸式技术，在重点石窟项目景区、展览馆、博物馆等人流聚集区域，植入 VR 时空隧道、太空体验等数字体验场景，使游客或消费者获得多维感知体验。二是借鉴“云游敦煌”等经验，与腾讯等行业龙头企业联合研发“云游石窟”小程序，让游客可以在立体数字景观中更好地感受千古之美。三是借鉴龙门石窟智慧文旅数字孪生平台，整合四川石窟大中小景区全域时空数据，实现资源管理、游客服务、文化营销的数字化，探索文化遗产保护的四川模式。

（三）深化产业融合助推石窟产业提质增效

深化跨领域合作，多渠道探索“石窟+”融合发展模式。一是深挖四川石窟的文化价值与艺术价值，开发石窟壁画复制品、文创纪念品、动漫形象等，拓展石窟文化的传播渠道。比如依托南龛石窟的如意轮观音、安岳石窟的紫竹观音等知名石窟形象，研发系列手办；提取石窟塑像的服饰纹样、色彩、形制，妆容的线条、装饰元素，融入现代的妆造、服饰设计，赋予现代设计独特的东方美学，带动四川国潮经济发展。二是整合周边农业、生态、非遗等资源，开发特色旅游线路，将石窟与其他旅游景点相结合，打造综合性旅游产品。例如，可以设计包含石窟、历史文化名城、自然风光等在内的多日游线路，吸引更多游客，带动乡村振兴；开发“石刻工匠研学营”，统一规划四川石窟研学路线，结合拓片制作、泥塑临摹等非遗内容，设计不同区域的石窟课程，创建具有本地特色的石窟研学课程品牌。三是注重石窟文化资源与演艺产业的结合，创排舞台剧，推出石窟夜游，开发沉浸式剧本游、数字动画等产品，如以紫竹观音为原型创作动漫 IP，增强文化感染力。四是融入地方文化教育体系，开展石窟文化知识讲座、实践活动等，普及推广石窟文化，推出一批以四川石窟为主题的文艺创作、普及读物，提升大众对石窟文化的认识水平；建设石窟文化教育基地，为学生提供学习和研究的平台，培养学生对石窟文化的兴趣和保护意识；开发石窟文化主题的教材和课程，丰富教育资源，提升教育质量。五是与影视、游戏行业合作，如开发石窟主题游戏、拍摄纪录片《巴蜀石窟密码》，扩大年轻受众群体等。六是利用石窟周边的自然环境和人文资源，开发体育旅游项目，如徒步、登山、骑行等，吸引体育爱好者参与；举办与石窟文化相关的体育赛事，如石窟马拉松、石窟登山赛等，提升石窟的知名度和影响力。

（四）构建多层次立体化多维度的传播体系

一是通过统一的品牌标识、宣传口号等，塑造独特的品牌形象。四川石窟缺乏统一的品牌标识，也就缺乏了凝聚的核心，游客对四川石窟的认识和感知就是碎片化、分散的。二是策划国际性学术与展览活动强化国际交流与品牌推广：制作多语种、多形式的宣传材料，包括高清纪录片、动画短片、互动游戏等，邀请国际知名专家、学者进行解读和评论，提升内容的权威性和吸引力；积极与国际知名博物馆、文化机构建立合作关系，共同举办四川石窟主题展览、学术研讨会等活动，推动安岳紫竹观音、乐山大佛等精品文物参与海外巡展；利用社交媒体、视频平台等新媒体渠道，进行全球范围内的推广和传播。三是加强石窟主题的研究、普及读物等的翻译工作，推动石窟文化出海。四是开发四川石窟系列短视频，比如紫竹观音、乐山大佛。按照“一窟一神”的原则，采用省政府和地方政府联合投资方式，形成拥有自主版权的石窟神话 IP。

（五）建设“产学研用”一体化人才培养体系

一是深化高校合作，构建高层次人才培养平台。建立联合培养机制，与北京大学、四川大学、浙江大学等高校合作，开设石窟寺考古、文物保护、文化创意等专业，推动石窟人才本硕博贯通培养；支持职业院校设立文物保护职业教育基地，重点培养文物修复、数字化技术等技能型人才；大力引进国内外顶尖专家担任兼职教授或首席研究员，提升科研水平；实施项目制人才培养模式，通过强化实践，提升在职人员专业能力。二是安排专业人员参与文物保护工程，建立“以老带新”机制，由资深专家指导新人参与考古调查、数字化建模等任务；开展常态化培训，组织基层文博人员定期参加全国性、全省性研修班。三是加强四川石窟国际传播人才的培养，包括翻译、传播策划、新媒体运营等方面的人才。通过专业培训和国际交流，提升人才的综合素质和国际传播能力，为四川石窟的国际传播提供有力支撑。

B.17
四川民族地区体育旅游发展调研报告

刘 恋*

摘 要： 近年来，四川省高度重视民族地区文体旅融合发展，因地制宜探索出生态资源赋能型、体育赛事驱动型、民俗文化体验型、科技体育创新型等多种发展模式。同时，四川省以政策引领积蓄体育旅游发展势能，重视民族传统体育文化的保护与传承，持续推动民族地区基础设施建设，深入挖掘优势资源，打造冰雪体育旅游品牌，积极整合民族地区体育旅游资源，促进协同发展，在发展民族地区体育旅游上取得了较大成绩。但是，也面临专业人才匮乏、宣传推广不足、市场参与度低等问题，亟须多渠道增强体育旅游人才储备，加强宣传推广，积极吸纳社会资本参与，实现民族地区体育旅游的跨越式发展。

关键词： 四川民族地区 体育旅游资源 体旅融合 民族体育

四川是中国最大的彝族聚居区、第二大藏族聚居区和唯一的羌族聚居区，同时，四川民族地区地理位置特殊，是我国重要的生态屏障，兼具丰富的自然景观与深厚的民族文化底蕴，在发展体育旅游上具有优越的先天条件。促进民族地区文体旅融合发展，不仅是促进民族地区经济发展的新赛道，也是体育旅游提质扩容的必然要求，以及铸牢中华民族共同体意识的重要抓手。当前，国家大力推动体旅融合，体育旅游已成为新兴的旅游消费热点以及推动旅游业转型升级的重要抓手。2016 年以来，国务院、国家体育

* 刘恋，四川省社会科学院新闻传播研究所助理研究员，主要研究方向为传媒与文化产业。

总局等部门相继出台《关于加快发展健身休闲产业的指导意见》《关于大力发展体育旅游的指导意见》《户外运动产业发展规划（2022—2025年）》等政策文件，明确提出支持民族地区依托特色资源开发体育旅游项目，培育经济新增长点。四川省已将“川西北生态体育产业发展区”和“川西北旅游区”纳入省级战略规划，旨在通过体育与旅游的深度融合，打造世界级旅游目的地。

在此背景下，系统研究四川民族地区体育旅游的资源情况、发展现状、模式路径，不仅是对国家战略的积极响应，更是破解区域发展瓶颈、释放资源潜能的关键突破口。

一　四川民族地区体育旅游资源概况

从资源禀赋看，四川民族地区（以甘孜州、阿坝州、凉山州为核心）拥有青藏高原东南缘独特的自然地理条件，如四姑娘山、贡嘎雪山、若尔盖草原等，为山地户外运动、冰雪旅游、草原骑行等提供了多样化载体。同时，藏、羌、彝等少数民族世代传承的赛马、锅庄舞、摔跤等传统体育活动，兼具文化体验与休闲娱乐功能，是宝贵的体育旅游资源。为了更好地掌握四川民族地区体育旅游资源情况，需要对资源分布情况、种类、优势特点等进行梳理与分析。

（一）四川民族地区体育旅游资源分布情况

四川民族地区横跨青藏高原东缘与横断山脉，地貌类型复杂，以甘孜藏族自治州、阿坝藏族羌族自治州、凉山彝族自治州为核心，依托独特的自然地理条件与深厚的民族文化积淀，形成了层次多样且相对集中的体育旅游资源空间分布格局。其资源分布呈现“生态基底支撑、文化特色引领、区域联动协同”的特征，兼具自然景观与人文活动的双重吸引力。

从地理分区与资源集聚特征来看，四川民族地区可以分为川西高原生态运动区、川西南山地探险区。川西高原生态运动区以甘孜州、阿坝州为主体，平均海拔在3500米以上，依托青藏高原东南缘的独特地形，形成了以高原户外、冰雪运动、草原生态为核心的资源集聚带，拥有四姑娘山（登山、攀岩）、贡嘎雪山（高海拔徒步）、若尔盖草原（骑行、赛马）、海螺沟（冰川徒步、温泉康养）等重要旅游资源。川西南山地探险区以凉山州为核心，依托横断山脉与金沙江峡谷地貌，形成以峡谷漂流、山地越野为特色的资源分布区，主要有泸沽湖（水上运动）、螺髻山（徒步）、大凉山峡谷（攀岩、速降）等景点。

四川少数民族众多，各民族文化缤纷多彩、交相辉映，其中藏族、羌族、彝族文化资源的规模和影响力较为突出，形成了藏羌彝文化走廊，为四川发展民族体育旅游提供了深厚的文化积淀。藏、羌、彝民族文化以民族节庆与非遗技艺为核心，构建文化沉浸式体验场景，形成文化体验型体育旅游带，是四川民族地区体育旅游的“根”。

（二）四川民族地区体育旅游资源分类

根据旅游吸引物的不同属性，可以将四川民族地区体育旅游资源分为自然景观、民族节庆与活动、户外运动与项目、示范基地与街区等四个大类。自然景观类体育旅游资源，是将民族地区独特的自然景观作为发展体育旅游的资源，这类资源对地理环境、气候条件要求较高，如高山、冰川、草原等。民族节庆与活动类资源不仅展示民族文化，而且通过游客参与来实现文化传播与经济转化，例如在彝族火把节、藏历年、羌族基勒俄足节等民族节庆中，杂耍、摔跤、射箭等传统体育项目成为吸引游客的核心要素，这类资源的优点是具备较强的民族性、观赏性、娱乐性与参与性，也是民族地区体育旅游最具特色的地方。户外运动与项目类资源对自然环境也有一定要求，但相较于自然景观类，要求相对较低，例如徒步与骑行，四川民族地区独特的地理环境让常见的户外活动与项目更具挑战与魅力。示范基地与街区类资源是对当地体育旅游的赋能与整合，具有地域性、综合性的特征，如康定溜溜城，既有优美的自然景观，又有深厚的民族文化，也是发展体育旅游的重要资源（见表1）。

表 1　四川民族地区主要体育旅游资源

分类	子类/项目	代表性资源/活动	分布地区	特色/核心内容
自然景观	高山与冰川	四姑娘山	阿坝州小金县	登山、徒步、滑雪,“蜀山之后”户外圣地
		海螺沟	甘孜州泸定县	冰川徒步、温泉体验、高原滑雪+藏族文化
		雀儿山（玉龙拉措景区）	甘孜州德格县	雪山冰川+户外运动,文化体验结合
	峡谷与湖泊	九寨沟	阿坝州九寨沟县	徒步、生态观光+藏羌文化
		雅拉雪山（多饶嘎目景区）	甘孜州康定市	登山、木雅文化探秘+生态农业体验
	草原与湿地	若尔盖草原	阿坝州若尔盖县	徒步、骑射等运动+红色文化+湿地生态科普
民族节庆与活动	藏族传统节庆	藏历年、旺果节(赛马、射箭、摔跤)	甘孜州、阿坝州	传统体育项目与宗教文化结合
	彝族火把节	斗牛、摔跤、篝火晚会	凉山州	彝族传统体育文化沉浸式体验
	羌族基勒俄足节	推杆、扭棍子、举石盔、抱蛋等传统体育活动	阿坝州羌族聚居区	羌族传统体育文化
户外运动与项目	徒步与探险	大熊猫栖息地徒步	阿坝州卧龙保护区	生态保护与徒步探险结合,近距离观察野生动物
		长坪沟徒步	阿坝州小金县	原始森林、雪山景观+摄影圣地
	骑行	G318 骑行	甘孜州	骑行运动+自然风光+民族文化
示范基地与街区	体育旅游示范基地	邛海	凉山州西昌市	省级示范基地,拥有 35 公里马拉松赛道、自行车道及帆船基地,彝族文化资源
	文化休闲街区	康定溜溜城	甘孜州康定市	藏族锅庄+茶马古道文化+藏式建筑、餐饮、节庆表演(如康定情歌音乐节)
		雅江梯子巷	甘孜州雅江县	非遗展示、民俗活动

综上分析，四川民族地区具有自然地理资源的立体性与多样性、民族文化资源的丰富性与活态化的双重优势，在发展体育旅游上具有得天独厚的条件。

二　四川民族地区体育旅游发展模式

依托不同的资源条件，四川民族地区纷纷探索出因地制宜的体育旅游发展模式，其中比较典型的有生态资源赋能型、体育赛事驱动型、民俗文化体验型、科技体育创新型四种。

（一）生态资源赋能型

生态资源赋能型发展模式是依托独特的地质地貌、气候环境等生态资源来发展体育旅游，这类资源往往是“先天”缔造，其他地区难以复制。很多体育活动往往对外在环境具有一定要求，如攀岩需要垂直的山体、帆船活动需要开阔的水域、冰雪项目需要良好的雪场……作为体育旅游目的地，这一空间不仅需要为体育活动提供适应的环境，还需要具有可观赏性，因此发展体育旅游对生态资源具有较高要求，依托这些资源来发展体育旅游也就有了先天的“护城河”。但是光有资源是不够的，发展体育旅游还需要当地具有开发、整合资源的能力，同时，在发展旅游业的同时保护好其依托的生态环境。

四川民族地区地貌类型复杂多样，涵盖高山、峡谷、冰川、草原、森林、湖泊等，具有“一域多景”的格局特点，因此生态资源赋能型体育旅游发展模式的案例非常多，其中最有代表性的是冰雪运动旅游。在四川境内，终年积雪不化的雪山超过10座，季节性雪山更是星罗棋布。每到冬天，川西高原成为参与冰雪运动的绝佳去处。四川还有独树一帜的“暖雪”优势。相较于因纬度高而寒冷的北方，四川的冰雪资源因高海拔落差形成，气候更为温润，很少有极寒天气，被誉为“温暖的南国冰雪世界”。四川不仅冰雪多，且与高山峡谷、草原海子并存，丰富的地形地貌让四川的雪也有了更多样态①。四川多地积极发展冰雪运动旅游项目，将“冷资源”转化为

① 《四川为什么是“南方冰雪游首选地”——冬季到四川来旅行（上）》，https：//www. sc. gov. cn/10462/10464/10797/2024/12/16/4e85b088f32745ed9b229f3b71a5daed. shtml。

“热经济”。以阿坝州理县为例，依托冰雪运动，2025 年春节假期该县共接待游客 33.71 万人次，同比增长 4.37%，实现旅游收入 2.87 亿元，同比增长 10.89%，门票收入 381.27 万元，同比增长 45.37%。[①]

（二）体育赛事驱动型

体育赛事驱动型是指通过在民族地区举办大型体育赛事吸引游客、拉动旅游经济的模式。体育赛事具有竞技性与观赏性，在世界范围内都有很强的吸引力，如果该项运动具有良好的群众基础，如世界三大球、马拉松比赛等，更会给举办地带来巨大流量，因此也诞生了“赛事营城”这一城市营销概念。成功的体育旅游项目需要举办地具有较高的办赛水平与营销能力。

体育赛事既可以是民族地区的传统赛事，也可以是现代体育赛事。民族地区传统赛事具有文化根植性，具有竞技体育与民族地区民俗文化的双重魅力。而现代体育赛事走进民族地区，则展现少数民族传统文化与现代体育文化交融的文化之美。四川民族地区传统体育赛事比较有代表性的是阿坝州红原县红原大草原赛马。红原县依托独特的草原资源，举办赛马等传统赛事，融合藏族文化与体育竞技，吸引游客体验马术表演、摔跤等体育活动，极大地带动了当地牧民增收和区域经济文化发展。

现代赛事代表为甘孜州环若尔盖草原国际公路自行车赛。该赛事是由中共若尔盖县委、若尔盖县人民政府主办的自行车赛，是一场以骑行运动为纽带、文化和体育深度融合的高海拔自行车赛事。该活动致力于打造结合若尔盖文化旅游特色的“体育+旅游”赛事 IP，目前已经成功举办两届。千名骑手从若尔盖县唐克镇赛道起点出发，深入若尔盖国家公园腹地，途经黄河九曲第一湾、热尔大草原，骑行至花湖生态旅游区，重温长征的红色记忆，近距离感受“世界最美高海拔国家公园”若尔盖湿地的美

① 《四川冰雪交出亮眼答卷 36 家冰雪运动场所接待爱好者超 41 万人次》，https://sichuan.scol.com.cn/ggxw/202502/82901935.html。

景和特色民族文化[1]。

此外，四川民族地区还推出了不少精品体育赛事。四姑娘山云间花径越野跑暨越野黄金联赛世界系列赛（中国站）及越野黄金联赛中国系列赛总决赛获评 2024 年中国体育旅游精品赛事。2017 年中国甘孜环贡嘎山百公里国际山地户外运动挑战赛成为全国首批体育旅游精品赛事，走出了一条符合甘孜州特点的文体旅融合发展之路。

虽然四川民族地区各类体育赛事很多，但真正出圈、有全国甚至世界影响力的赛事 IP 还较为欠缺，因此这也是四川民族地区体育旅游提档升级的一个重要努力方向。

（三）民俗文化体验型

民族传统体育是各民族在长期的历史发展过程中创造、继承和发扬起来的具有民族特色的体育文化活动。深入挖掘独特的民族体育文化，促进文体旅融合发展，是解决旅游项目同质化问题的必经之路。民族地区丰富多彩的体育文化不仅是民族文化的缩影，也是发展体育旅游的宝贵资源。民俗文化体验型发展模式是结合少数民族传统节庆文化，开展民间民俗体育活动来满足旅行者体验当地民族特色文化需求的模式。由于民俗体育具有较强的民族性、观赏性与参与性，因此与旅游产业存在天然的耦合性。传统节庆活动搭台、旅游经济唱戏，是目前川西北民族地区体育旅游发展的主要模式。

在凉山州彝族火把节期间，彝族人民会举办赛马、斗牛、射箭、摔跤、拔河等体育活动，每年都会吸引海内外大量游客参与，极大地带动了当地的餐饮、住宿等旅游消费。羌族传统体育项目推杆也是极具娱乐性、参与性的旅游体验项目，游客可在茂县、理县等羌族聚居区参与互动，体验这一非物质文化遗产，还可结合羌年等大型节庆活动，感受“民俗体育+节庆旅游”的魅力。

---

① 《2024 若尔盖国家公园自行车赛举行》，https：//baijiahao. baidu. com/s？ id = 1804721408479302294&wfr = spider&for = pc。

（四）科技体育创新型

现代科技的迅速发展衍生出许多新兴科技体育项目，这类体育项目因其科技型、新奇性，受到年轻群体的喜爱。科技体育创新型便是通过举办新兴科技体育项目吸引参赛者与观赛者的体育旅游发展新模式。目前这一活动往往在科技发达的现代城市举办，在民族地区并不常见，但正因如此，在民族地区采用这一模式更“吸睛”。

四川民族地区在这一领域已经有了初步探索。2024 年 11 月，第一届“羌城杯”模拟飞行竞赛在绵阳市北川羌族自治县举办。北川县依托航空飞行营地，承办无人机足球、竞速等赛事，结合羌族文化表演和特色农产品展销，形成“科技体育+民族文化”产业链。虽然这一模式目前才处于起步阶段，但未来发展空间无限，也是民族地区体育旅游可尝试的“发力点”。

三　四川民族地区发展体育旅游的重要举措与经验

（一）政策引领，增强民族体育旅游发展势能

2020 年，四川省人民政府办公厅发布的《关于促进全民健身和体育消费推动体育产业高质量发展的实施意见》，明确提出推动区域体育产业协调发展，以阿坝和甘孜为依托，推进“川西北生态体育产业发展区”开发建设①。《四川省体育发展“十四五”规划》提出，要健全全民健身赛事活动体系，定期举办少数民族传统体育运动会、全民健身冰雪季等赛事活动，支持甘孜发展高原山地户外运动产业，建设亚拉雪山滑雪场项目，支持阿坝州打造国际户外运动目的地②。《四川省户外运动产业发展行动计划（2024—

① 《关于促进全民健身和体育消费推动体育产业高质量发展的实施意见》，https：//www. sc. gov. cn/zfgbdb/detail/924734a9c2d740319d819c0f808abcd6. shtml。

② 《四川省体育局关于印发〈四川省体育发展“十四五”规划〉的通知》，https：//tyj. sc. gov. cn/sctyj/ghjh/2021/11/26/a174c2297387416385377d3cbac6fef9. shtml。

2027年）》提出，支持各地结合本土特色文化、旅游资源打造户外运动精品线路，规范做优并积极推介长坪沟穿越毕棚沟徒步线路、丹巴雅拉-党岭徒步线路、环贡嘎山地旅游环线等户外精品线路[①]。

为了促进冰雪旅游发展，四川先后出台《四川省冬季旅游发展愿景暨四川省发展冬季旅游三年行动计划》《四川省冰雪产业发展实施意见》等政策，提出大力培育发展集滑雪、登山、徒步、自驾、露营、非遗体验、冰雪文化展示等于一体的现代冰雪旅游产品体系。

这些政策的制定与实施体现了四川对于发展体育旅游，特别是民族地区体育旅游的重视，同时为民族地区体育旅游发展指明了方向、提供了政策保障。

（二）培根铸魂，保护传统民族体育文化

对于民族地区旅游业来说，文化是根，文化是魂。少数民族传统体育项目不仅是宝贵的旅游资源，更是传承民族文化的活态载体。四川省高度重视对传统民族体育文化的保护，羌族推杆2009年被列入第二批四川省级非遗名录，并成为全国少数民族传统体育运动会传统表演项目。2018年，四川大学体育学院、成都市人民北路小学以及成都市武侯区达摩国术文化研究会等单位入选四川省首批民族体育传承保护基地。基地与各相关单位开展学术研究交流，发掘、整理、推广民族体育，并在大中小学生中开展民族体育传统文化教育，加强中华优秀民族体育文化的科学普及，从而更好地保护和传承民族体育项目，尤其是濒临失传的民族体育项目[②]。

同时，四川还非常重视校园体育，传承民族体育文化，培育体育旅游后备人才。以宜宾市筠连县为例，该县由县委统战部牵头县教体局和学校成立专项工作组联动推进，把学校作为传承民族传统体育主阵地，促进家校社联

① 《〈关于印发四川省户外运动产业发展行动计划（2024—2027年）的通知〉政策解读》，https：//tyj. sc. gov. cn/sctyj/tycy/2024/7/25/4e89e51bb4414c668fba8d33e100078f. shtml。

② 《首批“民族体育传承保护基地”名单揭晓》，https：//www. sc. gov. cn/10462/12771/2018/11/1/10461972. shtml。

动，将民族传统体育与学校课后服务融合，让学校体育老师成为民族传统体育宣讲员、各族学生成为传播员，从全县民族乡、民族聚居区学校选拔优秀体育老师建立后备人才库，邀请专业教练进行培训，实现“老带新、老带青”健康培养。筠连县将筠连县职业技术学校、民族乡中心校纳入示范试点，每年轮流举办民族传统体育比赛，助推各类体育项目有序传承；将优秀运动员组成“推广队”，通过校与校之间开展友谊赛进行全面推广。2023 年共举办民族传统体育项目蹴球、射箭、手毽等联赛 10 场次，参赛人数达 500 余人①。

2025 年 2 月，四川发布《关于确保中小学生每天综合体育活动时间不低于两小时的通知》，提出要围绕四川省“贡嘎杯”青少年校园体育品牌联赛，积极建设好区域赛事，切实开展市级、县级预选赛和各类别、各层级的体育竞赛活动。这些举措通过校园体育让民族传统体育得到活态化传承，也为民族地区体育旅游发展积累了后备人才。此外，每四年举办一次的四川省少数民族传统体育运动会（以下简称民族运动会），以民族体育的竞赛与表演为运动会的主体与核心，展演和推广民族传统体育项目，营造良好的体育文化氛围。2022 年民族运动会竞赛项目设置射弩、民族式摔跤、蹴球、押加、珍珠球、高脚竞速、板鞋竞速、陀螺等 8 个大项 62 个小项，展现了民族传统体育项目的魅力，助推了民族地区体育旅游的发展，同时促进了各民族文化的交往、交流、交融，为铸牢中华民族共同体意识贡献四川力量。

（三）持续建设，完善旅游基础设施

三州地区地理位置特殊，经济发展相对落后，虽然旅游资源丰富，但旅游基础设施不完善，限制了旅游业发展。为了解决基础设施问题，四川采取了一系列行之有效的措施。自 2008 年起，四川持续加大对民族地区公路、铁路等交通基础设施的投入，并纳入省级专项资金扶持范围，民族地区交通状况得到极大改善。2018 年底，雅康高速（雅安至泸定段）等项目通车，

① 《筠连县“三举措”弘扬传承民族传统体育》，http：//www. sctyzx. gov. cn/。

显著缩短了成都至甘孜等民族地区的行车时间；2024 年，成都至九寨沟的高铁开通，行程仅需 2 小时，大大节省了游客的时间成本。此外，四川还积极强化机场、火车站与旅游路网的衔接，支撑全域旅游发展……地理通达性的提升减轻了游客负担，也进一步扩大了景区的辐射范围，为四川民族地区体育旅游的快速发展打下良好基础。与此同时，民族地区的酒店、餐饮业也不断提质扩容，景区接待能力显著提升。

此外，三州地区的智慧旅游建设也是一大亮点。自 2003 年启动“数字九寨”工程以来，景区在资源保护、运营管理、旅游服务以及产业整合等方面均实现了显著的进步，为后续的智慧景区建设奠定了坚实基础。随着 2008 年后“数字九寨”向“智慧九寨”的逐步演进，九寨沟景区智能化管理与服务平台于 2010 年顺利通过国家验收，标志着景区成为全国网格化管理的先行者。自此，九寨沟的智慧景区建设不断迈向新高度，持续升级与完善[①]。凉山州的邛海湿地智慧跑道项目结合西昌本土文化、湿地公园特色生态自然元素与彝族文化元素，利用景区内现有优质步道打造了一条全长 10.57875 公里（折返跑为半程马拉松里程）的新型智慧赛道。赛道贯穿整个邛海北岸，支持徒步、路跑、骑行等不同类型的运动形式和休闲活动。智慧跑道通过物联网、大数据、人工智能等技术，实时记录运动数据，全程跟踪运动情况，分析卡路里消耗等数据，让用户在跑步时实时了解自己的运动数据，给游客带来全新的运动体验。这一项目实现了生态景观与科技应用完美结合，打造了独一无二的智慧旅游示范区[②]。甘孜州与视旅科技合作，引入旅游领域大模型 VtripGPT，将 AI 技术与旅游相结合，嵌入色达牧人家园、甘孜黑牦牛、圣地亚丁等多个小程序，为甘孜旅游增添智慧体验[③]。智慧旅游建设让科技融入民族地区发展，为体育旅游增添更多便利与趣味。

---

① 《九寨沟：探索智慧文旅景区的建设之路》，https：//baijiahao. baidu. com/s? id = 1820649878250399548&wfr = spider&for = pc。

② 《西昌首条智慧跑道，邛海湿地公园的“黑科技”你体验过了吗?》，https：//kjj. lsz. gov. cn/xxgks/fdgk/dtyw/lskj/202212/t20221205_2383906. html。

③ 《AI 为甘孜旅游带来新机遇》，https：//baijiahao. baidu. com/s? id = 1817019033763086987&wfr = spider&for = pc。

（四）挖掘优势资源，打造体育旅游品牌

四川民族地区拥有丰富多样的体育旅游资源，其中冰雪运动资源优势明显。凭借独特的自然及人文优势，四川民族地区加速打造了一大批冰雪观光旅游场景，为四川发力“冰雪赛道”提供了足够的底气与差异化竞争优势。近几年，四川着力发展这一拳头产品，多举措擦亮冰雪旅游品牌。

夯实冰雪运动群众基础，推出全民健身冰雪品牌赛事活动。2019 年，四川省发起全民健身冰雪季活动，四川省体育局响应“带动三亿人参与冰雪运动”和冰雪运动“南展西扩东进”号召，加快筑梦冰雪行动。该活动自举办以来，吸引带动参与冰雪活动人数累计超 4200 万人次，成为广大群众喜闻乐见、积极参与的赛事活动。在全民健身冰雪季活动系列赛事的示范带动下，全省各冰雪场（馆）因地制宜开展了丰富多样、特色鲜明的冰雪活动，在促进体育消费、旅游消费等方面发挥了重要作用。全民健身冰雪季已成为四川普及发展和持续推动冰雪运动的重要平台和品牌性活动。与此同时，四川省第七届全民健身冰雪季还以冰雪赛事活动为引领，推动冰雪“四进”拓消费，将冰雪嘉年华、冰球比赛、社区（乡村）陆地冰壶比赛、亲子越野滑轮比赛等近 30 场次赛事活动，送进景区、送进商圈、送进社区、送进学校。冰雪“四进”的落地实施，进一步夯实冰雪运动群众基础，促进文体旅产业融合发展，吸引更多人参与冰雪运动，激发冰雪经济活力①。

综合运用事件营销、名人效应、价格促销等手段，提高冰雪体育旅游品牌知名度与影响力。2024 年 12 月，为进一步推动四川冰雪经济高质量发展，汇聚更多优质产业资源，2024 四川省冬季旅游启动仪式在阿坝州九寨沟风景区举行。活动汇聚了四川政界人士、全国冰雪产业领军者以及包括四川非遗宣传推广大使李子柒、凉山籍歌手海来阿木、甘孜州文旅局局长刘洪等文旅名人，为活动带来巨大流量。四川还以“真金白银”的政策激活消费潜力，

① 《四川省第七届全民健身冰雪季大幕拉开——冬游四川 共赴冰雪运动之约》，https：//www.sc.gov.cn/10462/10464/10797/2024/12/31/4645a657d6d9463680a7d9c68398ddc2.shtml。

重磅发放“冬游四川”文旅消费大礼包，共计 1.5 亿元；联动全省 4A 级及以上旅游景区推出 10 万张免费门票①。一套“组合拳”让四川民族地区冰雪体育旅游更加深入人心。

（五）区域联动，整合发展资源

通过民族地区体育旅游资源整合，实现跨区域资源互通、客源互送，让民族地区体育旅游共同发展。2018 年，四川省旅游产业发展领导小组印发《全省民族地区全域旅游管理提升工作方案》，针对阿坝州、甘孜州、凉山州、马边县、峨边县、北川县等民族地区生态环保、旅游产业、经济社会发展实际，从区域协调、资源保护与开发、标准化旅游品质提升、人才培育等方面做了相关部署，旨在提升民族地区全域旅游管理能力和水平。

方案印发后，平武、九寨沟、松潘三县结成“环雪宝顶旅游联盟”，在区域规划统筹、旅游产品开发、资源保护共享、市场联动治理等方面展开多方位密切合作，加强旅游产品和市场开拓，共同推动大九寨旅游经济圈建设②。阿坝州与甘孜州联合推出“藏羌彝文化体育旅游线路”，整合若尔盖草原赛马、九寨沟民俗体育风情园、四姑娘山攀岩等项目，通过共同营销和游客互送，放大“体育+民族文化”的协同效应，提高区域旅游的竞争力。

四　四川民族地区体育旅游存在的不足及发展对策

虽然四川民族地区体育旅游具有良好的资源禀赋，且经过近些年的大力发展，已经取得了一定成绩，但不可否认的是，在发展过程中依然存在很多不足，要正视与体育旅游发达地区的差距，着力于强基础、补短板、添活力，促进四川民族地区体育旅游产业的提档升级。

① 《冷冰雪热经济，看四川如何发力冰雪“万亿赛道”》，https：//baijiahao.baidu.com/s？id=1817795688823180074&wfr=spider&for=pc。

② 《四川推行旅游标准化　助推全域旅游新发展》，http：//travel.china.com.cn/txt/2018-01/15/content_50227669.htm。

（一）四川民族地区体育旅游发展存在的不足

1. 专业人才匮乏，服务质量待提升

人才是发展的基础，体育旅游更是对人才资源有着特殊的要求。体育旅游涉及户外运动指导、文化解说、安全保障、经营管理等多个领域，需要大量具有专业知识的复合型人才。人才的匮乏会直接导致体育旅游的安全保障缺失、民族文化体验感不足与体育旅游项目创新性低下等问题。四川民族地区经济发展相对滞后，对高质量体育旅游人才的就业吸引力较弱，因此面临着专业人才储备不足、服务质量参差不齐等问题。例如，攀岩、漂流等项目虽已开展，但部分景区缺乏专业教练团队，导致景区能接纳的游客数量少。专业人才的短缺还会限制行业创新能力，导致体育旅游项目停留在传统模式（如登山、马拉松等），难以涉足极限运动、电竞旅游等新兴细分领域，多地区参与的同质化竞争必然导致价格战，压缩行业利润空间，进一步阻碍高质量产品的孵化。既懂民族文化又具备旅游管理能力的复合型人才稀缺，致使少数民族传统体育文化的传承与旅游结合不足，无法满足游客对专业性和体验感的需求。

2. 宣传推广力度不足，市场认知度不高

目前，对四川民族地区体育旅游资源的宣传推广力度较小，营销推广过度依赖节庆活动造势，新媒体矩阵运营和精准客群触达较滞后。具体表现为只有在重要时间节点（如彝族火把节、全民冰雪季等活动）期间有一些新闻报道、活动营销，缺乏常态化、系统化的宣传推广活动，也没有建立多平台、差异化的新媒体矩阵。尽管四川拥有丰富的民族传统体育旅游资源，但公众对体育旅游这一概念的了解程度普遍较低，对四川民族地区体育旅游的认知度更低。有调查显示，39.74%的受访者完全不了解体育旅游，仅有3.85%的人非常了解[①]。四川民族地区要打造世界级体育旅游目的地，需要加大宣传推广力度，培养公众体育旅游的消费习惯，同时积极宣传四川民族地区体育旅游资源与项目。

① 《四川省体育旅游现状分析与对策研究》，https：//www. cnxueshu. com/jiaoyu/350_2. html。

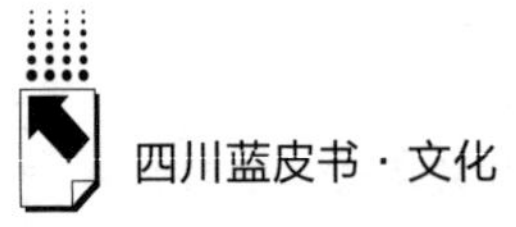

3. 市场化机制不完善，社会资本参与度低

四川民族地区体育旅游开发呈现政府主导型特征，这在发展初期虽具有资源整合效率高、基础设施建设快的优势，但长期单一的发展模式会带来结构性矛盾，突出表现为产品供给端创新乏力、消费端体验价值不足的双重困境。在具体运营层面，运营能力的短板使得景区可能陷入“投资—亏损—再投资”的恶性循环。政府主导模式还在客观上形成了较高的市场准入门槛，民营企业参与面临多重壁垒，阻碍了产业链上下游协同创新。

（二）促进民族地区体育旅游高质量发展的建议

1. 多渠道增强体育旅游人才储备，夯实发展基础

增强民族地区体育旅游人才储备及“造血能力”，可以从以下几个方面着手：优化高校专业教育体系，强化复合型人才培养，增设特色专业与课程模块，在四川民族学院、四川旅游学院、成都体育学院等高校的休闲体育、旅游管理专业中，融入民族传统体育文化课程和体育旅游实践模块，形成“民族文化+体育技能+旅游管理”的交叉学科体系；深化“双师型”师资建设，引进体育赛事策划、户外运动教练等行业专家与本地非遗传承人合作授课，提升教师队伍的实战能力；联合地方政府、企业（如九寨沟景区、四姑娘山景区）共建实训基地，开展定向培养；推动“订单式”人才培养，针对民族地区需求（如冰雪旅游、山地探险），与体育旅游企业签订人才输送协议，定制课程并安排实习；吸纳非遗传承人、民间体育达人担任兼职导师，通过“传帮带”机制培养本土人才。

2. 加强宣传推广，提高市场知名度

在网站、微博、短视频平台（如抖音、小红书、快手、微信视频号）建立新媒体矩阵，常态化推广四川民族体育旅游相关内容，例如，邀请户外达人拍摄“挑战四姑娘山攀登”“探秘藏寨传统射箭”等系列 Vlog，结合民族文化与网络热点，增强传播感染力；借力数字技术，增强宣传互动性，例如开发 VR 线上游览系统，让用户远程体验民族体育项目，并通过互动游戏发放线下优惠券，吸引潜在游客；邀请文化、娱乐、体育明星前来体验，邀

请综艺节目摄制组取景，增加项目热度。综合运用多种营销推广手段，打造兼具体育精神、民族特色、国际视野的体育旅游项目 IP。

3. 积极吸纳社会资本，提高市场化发展活力

通过政策扶持、金融创新与区域协同等方式，鼓励、支持、引导市场化力量参与到四川民族地区体育旅游发展的全产业链当中，特别是允许社会资本参与交通、住宿、景区开发等关键领域，实现经济效益与文化传承的双重目标。民族地区需要持续优化营商环境，吸引社会资本参与，并给予税收优惠或补贴；引入专业运营商管理景区，参与赛事策划、景区运营，并通过行业协会促进经验交流与人才培训；鼓励省内外企业开发四川的民族特色体育装备及文创产品；设立“民族体育旅游发展基金”，吸纳社会资本……可通过这些举措打造可持续的产业生态，增添民族地区体育旅游发展活力。

附　录
2024年四川文化产业大事记

闫现磊*

1月1日　四川省文化和旅游厅发布《2024年元旦假期全省文化和旅游市场情况综述报告》。元旦假期，全省纳入统计的832家A级旅游景区累计接待游客914.90万人次，实现门票收入8314.53万元，与2023年同期同口径相比，分别增长80.65%、89.60%；与2019年同期同口径相比，分别增长60.10%、81.31%，全面超过疫情前水平。全省5A级旅游景区累计接待游客58.73万人次，实现门票收入2175.28万元，与2023年同期同口径相比，分别增长89.86%、80.39%；与2019年同期同口径相比，分别增长79.65%、76.20%。全省图书馆、文化馆、博物馆累计接待群众195.74万人次。

1月2日　由中共四川省委宣传部主办的2023四川省文化发展十件大事评选活动发布仪式在成都举行。经过网络票选和专家评审，2023四川省文化发展十件大事正式发布，"成都第31届世界大学生运动会开闭幕式精彩绽放""三星堆博物馆新馆落成开放""三苏、蜀道、三星堆系统性研究宣传体系全面构建""首届金熊猫奖盛大举办""世界科幻大会首次走进中国""'川流不息'首届川剧汇演展现川剧振兴硕果""'汉字中国——方正之间的中华文明'成为全国现象级文博特展""首届'书香天府·全民阅

* 闫现磊，四川文化产业职业学院、四川省社会科学重点研究基地文化产业发展研究中心助理研究员，主要研究方向为文艺美学、文化产业。

读'大会掀起川人读书热潮""成都文化消费井喷式增长""'自贡彩灯全球巡展'推动巴蜀文化走向世界"最终入选。

1月3日　省文化和旅游厅召开39个欠发达县域托底性帮扶工作专题会。

1月3~4日　2024年全国文化和旅游厅局长会议在京召开。会议以习近平新时代中国特色社会主义思想为指导，全面贯彻落实党的二十大精神，深入学习贯彻习近平文化思想，落实全国宣传思想文化工作会议、中央经济工作会议和全国宣传部长会议精神，总结2023年工作，部署2024年任务。

1月16日　2024年全省文化和旅游局长会议在成都召开，传达贯彻全国、全省宣传部长会议和全国文化和旅游厅局长会议精神，总结2023年工作，部署2024年任务。2023年，全省文化产业实现大幅增长，旅游业强劲复苏。据测算，2023年全省A级景区共接待游客6.3亿人次，实现门票收入61.5亿元，双双超过疫情前水平，分别比2019年增长14.1%和20%。省委确立2024年为"消费促进年"，文旅行业作为扩内需、促消费的"主力军""主阵地"，肩负着重要任务。

1月17~18日　天府旅游名镇名村文旅发展联盟年会在阆中市召开。18日，嘉陵江文化旅游联盟年会暨风景道建设推进会在阆中市召开。

1月21日　由文化和旅游部、四川省人民政府主办，文化和旅游部艺术司、四川省文化和旅游厅、成都市人民政府承办的第十届中国京剧艺术节在四川成都圆满闭幕。艺术节秉承"京剧艺术的盛会，人民群众的节日"宗旨，组织举办了24台京剧优秀剧目展演、4台文化和旅游部全国戏曲表演领军人才培养计划京剧专场演出、5台京剧艺术表演人才提升计划汇报演出、4台川剧精品剧目展演、18场折子戏公益惠民演出。80余位京剧表演艺术家和3000余名演职人员共在成都的9个剧场演出72场，约6万人现场观演，线上直播30场，观演人数超5000万人次。

1月21~27日　四川省第二十六届"文化列车·同心艺术团"圆满完成广元、达州14个县（市、区）"全覆盖"巡回演出任务，为当地群众献上了精彩纷呈的文化盛宴。

1月29~31日 由中国文化和旅游部、中国驻法国大使馆主办，中国驻法国巴黎旅游办事处承办，四川省文化和旅游厅协办的2024“你好！中国”旅游推介活动在法国巴黎举行。

2月1日 由文化和旅游部科技教育司指导，四川省文化和旅游厅和攀枝花市人民政府共同主办的“多彩研学游四川”2024年四川主题研学旅游活动在攀枝花市启动。

2月2日 第30届自贡国际恐龙灯会在四川省自贡市中华彩灯大世界开幕。本届灯会分为“华夏乐章、盛世欢歌、年味中国、浪漫中国”四大主题板块，用27个标段、上千个灯组，展现华夏历史文化的魅力。

2月2日 “千龙千狮闹新春 欢欢喜喜过大年”四川省2024春节群众文化活动在巴中市恩阳区启动。主题文化和旅游活动涵盖文化艺术、群众活动、非遗保护、休闲消费、冰雪旅游、文博展览等6个方面，推出包括“文化迎春 艺术为民”“春到万家”“非遗过大年”“旅游迎春 休闲过年”“惠企乐民 欢度新春”“百馆联动过大年”“欢乐春节”等七大板块27个系列共计1900余项活动。

2月3日 由四川省文化和旅游厅主办，峨眉山市人民政府、四川省非物质文化遗产保护中心及21个市州文化和旅游局承办的“安逸四川 非遗过大年”——“品天府旅游美食·享非遗年味”活动在乐山市峨眉山市马路桥美食街启动。

2月3日 由驻阿联酋使馆、驻迪拜总领馆、文化和旅游部共同主办的2024年迪拜“欢乐春节”大巡游在世界最高建筑哈利法塔下公园盛大启幕。

2月18日 四川省文化和旅游厅发布《2024年春节假期文化和旅游市场情况》。据第三方大数据综合测算，全省共接待游客6047.82万人次，同比增长9.74%，按可比口径较2019年增长6.59%；旅游消费总额309.93亿元，同比增长11.99%，按可比口径恢复到2019年的94.92%。文化和旅游部公布的信息显示，四川接待游客人数居全国第二，出游人数居全国第三。全省纳入统计的833家A级旅游景区，共接待游客4488.14万人次，实现门票收入4.95亿元，同比分别增长27.94%、37.24%，较2019年同期分别增长 3.86%、18.88%。全省图书馆、文化馆、博物馆共接待群众 1039.46 万人次，同比增长 161.60%。

2 月 28 日　省文化和旅游厅举办“四川省发展入境旅游激励项目申报”培训班，部分旅行社、酒店、景区等文化和旅游企业负责人及业务骨干共 60 余人参加培训。

3 月 1 日　省委宣传部副部长、文化和旅游厅党组书记、厅长戴允康在文化和旅游厅机关，会见德国驻成都总领馆总领事密安龙。双方就加强交流合作，促进文旅发展交换意见。

3 月 4~6 日　四川省文化和旅游厅在绵阳市举办全省文化和旅游统计数据质量提升培训班。各市州文化和旅游部门文化和旅游统计工作人员以及绵阳市各县（区）文旅局统计工作人员共计 80 余人参加培训。

3 月 5~7 日　四川省文化和旅游厅组织代表团前往德国柏林，参加 2024 柏林国际旅游交易会（ITB Berlin）。

3 月 6~8 日　由文化和旅游部科技教育司、全国艺术科学规划领导小组办公室主办，四川省文化和旅游厅承办的全国艺术科学规划管理工作培训班在四川乐山成功举办。来自全国艺术科学规划项目管理中心、各省中级管理单位的负责同志参加会议。

3 月 8 日　由四川省文化和旅游厅主办、布鲁塞尔中国文化中心协办的“四川文化旅游走进比利时交流座谈会”在布鲁塞尔中国文化中心召开。

3 月 12 日　由四川省文化和旅游厅、眉山市人民政府主办的 2024 年四川省春季文旅推介活动、洪雅县首届油菜花季体验活动，在眉山市洪雅县柳江玉屏旅游度假区举办。

3 月 21~22 日　四川省文化和旅游厅在西安举办以“花开天府·安逸四川”为主题的 2024 文化旅游（陕西）推广活动。

3 月 28 日　由四川省文化和旅游厅、中国驻大阪旅游办事处主办，日本大阪多元文化中心承办的“天府四川 熊猫家园”文化和旅游推广活动在日本大阪举行，通过图片展、旅游推介、川剧表演、非遗展示、文创互动等活动，展示四川大熊猫、自然风光、历史遗迹、非遗传承和世界遗产，增进

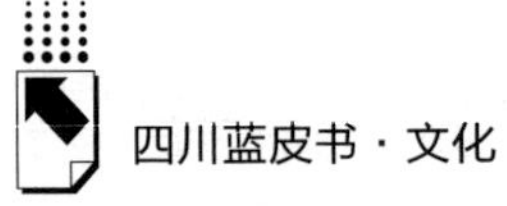

四川与日本关西地区在文化旅游的交流与合作。

4 月 1 日 由四川省文化和旅游厅、中国驻东京旅游办事处共同主办的“四川-东京文化旅游交流会”在日本东京成功举办。

4 月 2 日 由四川省文化和旅游厅、中国驻首尔旅游办事处共同主办的“四川-首尔文化旅游交流会”在首尔中国文化中心成功举办。

4 月 6 日 四川省文化和旅游厅发布《关于 2024 年清明假期全省文化和旅游市场情况的报告》。清明假期，全省纳入统计的 865 家 A 级景区，累计接待游客 1078.62 万人次、实现门票收入 10043.04 万元，与 2023 年清明假期同口径相比，分别增长 35.83%、89.45%；与 2019 年清明假期同口径相比，分别增长 36.24%、27.25%，文旅市场全面恢复发展。全省图书馆、文化馆、博物馆累计接待群众 189.42 万人次。

4 月 19 日 中国（四川）—智利经贸文化推介交流会在智利圣地亚哥举行，四川特色非遗及文创展在会上惊艳亮相。

4 月 21 日 “熊猫走世界·四川文旅巴西行”暨“川灯耀世界·自贡彩灯巴西路演”活动走进巴西里约热内卢，旅游推介、非遗及文创展示、图片展示、文艺表演、美食品鉴等，全方位展示四川多元魅力。

4 月 23～24 日 2024 安逸四川文化旅游推广活动在重庆举办。来自成都、自贡、攀枝花、泸州、德阳等 17 个市州的文旅部门代表参加了此次宣传推广活动。

4 月 24 日 四川省与墨西哥中国文化中心共同举办“中国（四川）大熊猫文化旅游周图片展”及“墨西哥画家笔下的四川”分享活动，精彩不断。

4 月 25 日 2024 年全省艺术创作培训会在成都召开。

4 月 26 日 2024 年成都世界园艺博览会在成都东部新区主会场天府眼广场开幕，国家副主席韩正出席开幕式并致辞。博览会以“公园城市美好人居”为主题，共建成 113 个室外展园，涵盖了英式、法式、日式、意式、中东、东南亚等全球主要园林风格，会期持续至 10 月 28 日。

4 月 26 日 由中共四川省委宣传部、四川省文化和旅游厅、成都市人民政府联合主办，以“巴山蜀水 音你而来”为口号的四川省首届原创歌曲大赛正式启动。

4月26~28日 第十二届澳门国际旅游（产业）博览会在澳门威尼斯人金光会展中心举办。四川省文化和旅游厅组织省内入境游、研学游旅行商以及金沙遗址博物馆、三星堆博物馆等单位亮相本次旅博会。

4月27日 2024香港国际授权展在香港会议展览中心盛大开幕。四川省文化和旅游厅携全省30余家优质的文博、非遗、文创企事业单位参展，与来自世界各地的参展商和买家共襄盛举，共同探索文旅产业发展的新机遇、新路径。

5月5日 四川省文化和旅游厅发布《关于2024年五一假期文化和旅游市场情况的报告》。5天假期，全省纳入统计的886家A级景区累计接待游客2744.74万人次、门票收入29692.89万元，较上年同期分别增长9.5%、3.28%。全省图书馆、文化馆、博物馆累计接待群众430.68万人次。据大数据监测显示，全省五一假期共接待游客4207.58万人次，较上年同期增长4.7%；实现旅游消费总额211.48亿元，较上年同期增长5.09%。随着入境旅游便利化措施加快实施，四川入境旅游恢复明显。据初步统计，五一假期仅成都市接待入境游客就达9644万人次，同比增长329.6%。

5月6日 全省文化遗产保护传承座谈会在成都召开，省委书记、省人大常委会主任王晓晖出席会议并讲话。他强调，要深入学习贯彻习近平总书记关于文化遗产保护传承的重要论述，坚定文化自信，坚持守正创新，扎实推动四川文化遗产保护传承高质量发展，为新时代新征程四川现代化建设注入强大文化力量。四川是非遗资源大省，现有联合国非遗代表性项目8项、国家级非遗代表性项目153项、省级非遗代表性项目1132项，国家级非遗代表性项目代表性传承人105人、省级非遗代表性项目代表性传承人1062人，建成国家级文化生态保护区1个、省级文化生态保护实验区6个，构建起具有四川特色的非遗保护传承体系。

5月7日 在四川省文化和旅游厅的指导下，四川广播电视台旗下四川星空影视公司携手道川传媒发布国内首个非遗文旅题材AIGC技术制作短片

《AI 蜀锦》。

5 月 9 日　为深入贯彻习近平总书记关于文化和旅游工作的重要论述，认真落实省委、省政府加快建设世界重要旅游目的地战略部署，推动全省入境旅游加快恢复发展，四川省文化和旅游产业领导小组印发《四川省促进入境旅游行动方案》。

5 月 14 日　文化和旅游部资源开发司发布 2023 年全国国内旅游宣传推广十佳案例、优秀案例名单，四川省文化和旅游厅申报的“打造‘安逸’熊猫——创新四川文旅品牌营销”入选十佳案例。

5 月 16~18 日　第 32 届广州国际旅游展览会在广州举行，四川文旅联袂成都、自贡、泸州、宜宾、广安等市州（区县）文旅部门和景区代表，以及四川成都铁路国际商旅集团、四川省中国青年旅行社等文旅企业代表，共同带来充满巴风蜀韵的四川玩法和四川好礼。

5 月 17 日　全国旅游发展大会在京召开。中共中央政治局委员、中宣部部长李书磊在会上传达习近平总书记重要指示并讲话，表示要深入学习贯彻习近平总书记重要指示和关于旅游发展的一系列重要论述，坚持以文塑旅、以旅彰文，走独具特色的中国旅游发展之路。习近平总书记对旅游工作作出重要指示强调，着力完善现代旅游业体系，加快建设旅游强国，推动旅游业高质量发展行稳致远。

5 月 19 日　2024 年“5·19 中国旅游日”四川省主会场活动、2024 年四川省夏季文化旅游宣传推广活动在乐山市市中区大佛景区南游客中心启幕。

5 月 22 日　省文化和旅游厅召开 39 个欠发达县域托底性帮扶文化和旅游产业投资促进工作座谈会。

5 月 23 日　四川省委宣传部副部长，文化和旅游厅党组书记、厅长戴允康率领省直文艺院团负责同志到省川剧院召开省直文艺院团改革与建设现场会。

5 月 23 日　四川省委宣传部副部长，文化和旅游厅党组书记、厅长戴允康主持召开文化和旅游厅 2024 年第 19 次厅党组（扩大）会议、第 8 次厅务（扩大）会议，传达学习习近平总书记对旅游工作的重要指示和全国旅游发展大会精神，研究贯彻落实意见。

5 月 27 日　国务院新闻办公室“推动高质量发展”系列主题新闻发布会推出“四川时间”。

5 月 27 日至 6 月 1 日　省文化和旅游厅举办 2024 年四川省文化和旅游公共服务效能提升培训班。

5 月 31 日　2024 年四川省旅游景区发展大会在成都邛崃举行。

6 月 3~30 日　为深入学习贯彻习近平文化思想，集中宣传展示我国批准《保护非物质文化遗产公约》20 周年以来非物质文化遗产保护成果、提高全社会的非遗保护意识、深化非遗保护理念，四川省以“保护传承非遗 赓续历史文脉 谱写时代华章”为主题，在“文化和自然遗产日”前后集中开展一系列精彩纷呈的非遗宣传展示活动，并举办第五届“四川非遗购物节”，精心筹备 200 余场线下线上极具特色的文化遗产宣传展示活动。

6 月 9 日　四川省文化和旅游厅在卡塔尔举办“熊猫走世界 · 四川文旅卡塔尔行”活动。

6 月 10 日　四川省文化和旅游产业领导小组办公室发布《2024 端午假日文化和旅游市场每日信息》。3 天假期，全省纳入统计的 891 家 A 级景区累计接待游客 1260.09 万人次、门票收入 10939.10 万元，同比分别增长 12.33%、6.23%，较 2019 年分别增长 49.67%、53.85%。全省图书馆、文化馆、博物馆累计接待群众 212.1 万人次，同比增长 94.98%。

6 月 10~13 日　四川文旅代表团在阿联酋开展系列文化旅游交流活动。

6 月 12 日　由中国驻东京旅游办事处、中国驻大阪旅游办事处、四川省文化和旅游厅、中国国际航空、四川航空联合主办的“大熊猫‘香香’家族生日会”在日本 · 东京中国文化中心成功举办。

6 月 13~16 日　第 38 届香港国际旅游展在香港会议展览中心举办。四川省文化和旅游厅组织了省内入境游旅行商参展，向国内外推介四川丰富的文化和旅游资源及产品。

6 月 17 日　由四川省文化和旅游厅、重庆市文化和旅游发展委员会、广安市人民政府共同主办的 2024 巴蜀非遗品牌大会在四川广安正式启动。

6月17~18日 四川省第五届红色故事讲解员大赛在广安市广安区成功举办。

6月19日 全省红色旅游工作推进会在广安召开。

6月22~27日 由中国驻首尔旅游办事处、四川省文化和旅游厅共同主办，四川航空提供支持的2024“你好！中国·天府四川”韩国旅行商踩线活动在四川成功举办。来自韩国首尔、釜山的旅行商受邀走进四川，实地考察四川的文化和旅游资源，与当地旅行行业单位开展交流活动。

6月27日 川渝暑期文旅消费季暨“玩转资大 欢乐盛夏”文旅消费季启动仪式在资阳市雁江区蜀人原乡广场举行。

6月28日 四川省金融服务与文旅企业恳谈对接会暨资阳大足文旅融合产业促进活动在资阳市举行。

6月28日 由四川省文化和旅游厅、四川省教育厅、宜宾市人民政府联合主办的2024年全省研学旅游推进大会在宜宾市兴文县召开。

7月2日 四川省艺术研究院魏明伦研究中心在成都揭牌成立。

7月5日 由四川省文化和旅游厅、广元市人民政府主办，广元市商务局、广元市文化广播电视和旅游局、广元市朝天区人民政府、广元市曾家山旅游度假区管委会承办的2024年“安逸一夏”四川暑期旅游宣传推广活动在广元市朝天区曾家山举行。

7月8日 长江国家文化公园（四川段）建设推进电视电话会在四川省文化和旅游厅举行，会议总结交流长江国家文化公园（四川段）建设工作推进成效，安排部署下一阶段工作。

7月8日 2024年首期“直播天府”乡村旅游网络达人短视频/直播运营进阶训练活动在荥经县正式启动。

7月9日 由省委组织部、文化和旅游厅联合举办的加快推进文化强省旅游强省建设专题培训班在成都市大邑县开班。

7月9日 由文化和旅游部公共服务司主办，四川省文化和旅游厅、中国文化馆协会共同承办，文化和旅游部全国公共文化发展中心支持的2024年全国夏季“村晚”示范展示活动在广安市广安区协兴镇牌坊村拉开帷幕。

7 月 12 日 德阳市罗江区成功举办全国夏季“村晚”示范展示活动。

7 月 23 日 2024 年全国夏季“村晚”广元市朝天区示范展示暨“清凉曾家山·嗨啤一夏”啤酒音乐季消费促进活动在广元市朝天区曾家镇荣乐养生谷拉开帷幕。

7 月 24 日 省文化和旅游厅召开第六届川剧节工作筹备会，会议通报了第六届川剧节整体活动安排，审议了《第六届川剧节总体活动方案》，进一步明确了活动内容和责任主体。

7 月 25 日 省委宣传部副部长，文化和旅游厅党组书记、厅长戴允康主持召开文化和旅游厅 2024 年第 23 次厅党组（扩大）会议、第 11 次厅务（扩大）会议，传达学习党的二十届三中全会精神，研究贯彻落实意见。

7 月 30 日 以“民族团结一家亲·赛马逐梦共富路”为主题的“大地欢歌”2024 年四川省乡村文化建设年——地方民俗活动理塘“八·一”赛马会在该县多旺塘启幕。

8 月 9 日 “大九寨”文旅发展联盟年会在松潘县召开。

8 月 9~11 日 2024 西安丝绸之路国际旅游博览会在西安国际会展中心举行。四川省文化和旅游厅携成都、攀枝花、泸州、德阳、绵阳等地文旅部门，九寨沟、黄龙、四姑娘山、稻城亚丁等景区，以及四川省旅游投资集团等企业代表惊艳亮相，围绕“天府之国、安逸四川、熊猫家园、古蜀文明”四川文旅四大名片进行展陈，并以线上+线下方式推介了四川暑假旅游特色资源和旅游体验，邀请八方游客走进安逸四川，共赏天府之国万千气象。

8 月 10 日 “2024 黄河源非遗保护与铸牢中华民族共同体意识会议”在阿坝州松潘县召开。

8 月 15 日 由四川省文化和旅游厅、中国国家画院主办，四川省诗书画院承办的“源浚流长——四川省诗书画院建院 40 周年成果展”在中国美术馆开幕。

8 月 22 日至 9 月 5 日 由文化和旅游部主办的第十二届全国杂技展演在辽宁沈阳举办。四川推荐的 4 个作品入选最终名单，创四川入选节目数量新高。

8 月 23 日 四川文化旅游宣传推广大使授聘仪式在成都举行，四川省文化和旅游厅聘请知名川籍歌手李宇春担任“四川文化旅游宣传推广大使”。

8 月 23 日 “群星璀璨”第十一届四川省群文视觉艺术精品展在泸州市文化馆隆重开幕。

8 月 26 日 2024 四川省“天府百姓大舞台”首场汇演——川东北片区汇演活动在南充仪陇县马鞍镇琳琅村客家文化广场启动。

8 月 28~29 日 由人民日报社和四川省委、省政府主办的 2024“一带一路”媒体合作论坛在成都举行。论坛上发布了 2024 丝路文化建设案例，四川省共 4 个案例入选。

9 月 1 日 《四川省川剧保护传承条例》正式实施。条例聚焦四川省川剧保护发展热点难点，将四川川剧保护发展成果总结提炼上升为地方性法规，通过抢救性保护、人才培养、剧目生产、院团建设、研究普及等一系列举措，进一步解决川剧传承发展面临的基层院团濒临消亡、从业人员紧缺等现实问题。

9 月 1 日 黑水达古冰川景区恢复开园。

9 月 6 日 省文化和旅游厅举办学习贯彻党的二十届三中全会精神宣讲报告会。省委宣讲团成员、省直机关党校哲学社会学教研部主任李绍华教授作《新征程上进一步全面深化改革的行动纲领》专题宣讲报告。

9 月 7 日 由四川省文化和旅游厅指导、四川音乐学院支持、成都市文化广电旅游局等主办的第 30 届“蓉城之秋”成都国际音乐季开幕。

9 月 9 日 2024 四川省“天府百姓大舞台”川南片区汇演活动在隆昌市石碾镇渔箭社区举行

9 月 10 日 由四川省文化和旅游厅、四川省人力资源和社会保障厅、四川省总工会联合主办的四川技能大赛——2024 年四川省文化和旅游行业研学旅游指导师技能竞赛在攀枝花市盐边县拉开帷幕。

9 月 14 日 第六届川剧节暨四川省第二届川剧汇演在成都开幕。

9 月 17 日 由四川省文化和旅游厅、泸州市人民政府主办的“月满酒城·诗意江阳”2024 四川省“万人赏月诵中秋”主题活动在泸州市江阳区江阳公园举行。

9月17日 四川省文化和旅游产业领导小组办公室发布《2024年中秋假期全省文化和旅游市场情况综述》。中秋假期，四川部分地区出现大到暴雨和泥石流地质灾害，成都、绵阳、乐山、雅安、阿坝、甘孜等旅游资源富集地区受影响较大，道路中断或实行临时交通管制，影响了游客假期出行。全省纳入统计的867家A级景区累计接待游客1008.12万人次，实现门票收入8157.76万元。全省图书馆、文化馆、博物馆共接待群众196.60万人次。

9月17日 “美丽长宁 美美与共”2024第二届长江社区文化节（中国·宜宾）暨长宁·蜀南竹海半程马拉松美食音乐周在宜宾市长宁县龙舟广场启幕。

9月18日 四川省文物局在成都组织召开博物馆暑期开放服务工作总结交流座谈会。2024年暑期，四川全省400多家博物馆接待游客总量超过1000万人次。

9月19日 由中央广播电视总台与文化和旅游部共同推出的大型文化节目《非遗里的中国》第二季摄制组走进四川成都。

9月22日 由四川省文学艺术界联合会、四川省作家协会联合主办，四川美术馆、四川省书法家协会联合承办，四川省美术家协会、诗婢家美术馆为支持单位的“书为心画——马识途书法作品展”在四川美术馆开幕。

9月23日 2024四川甘孜山地文化旅游节在乡城县青德镇下坝村拉开帷幕。此次活动设置了16项文化旅游活动，包含1场开幕式、12个特色活动及3个群艺体验活动。

9月24日 “2024李白故里文化旅游节”在绵阳市江油青莲镇开幕。

9月25日 由文化和旅游部公共服务司指导，四川省文化和旅游厅、重庆市文化和旅游发展委员会、宜宾市人民政府共同主办的“巴蜀和声·歌唱祖国”第三届巴蜀合唱季总决赛在宜宾长江公园落下帷幕。

9月26日 备受瞩目的“2024日本国际旅游博览会”在日本东京国际展览中心盛大开幕。四川参展团在中国馆舞台举办“天府四川 熊猫家园”推介活动，将四川的自然文化遗产、三国文化、都市风情、川菜美食等丰富

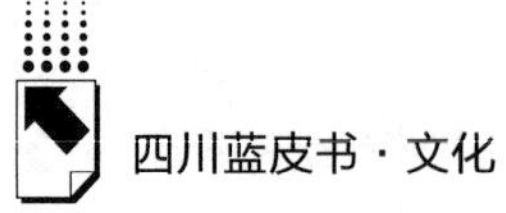

的文化旅游资源展示给参展商和日本观众。

9月27日　世界旅游日，2024四川省文化和旅游发展大会暨第十届中国（四川）国际旅游投资大会在雅安举行，省委书记、省人大常委会主任王晓晖，世界旅游联盟主席张旭出席并致辞；省委副书记、省长施小琳主持。会上，情景式推介了四川“天府之国”“熊猫家园”“古蜀文明”“安逸四川”四大国际旅游名片，向全球首发25条四川旅游风景道，解锁安逸新玩法。全省21个市州文化和旅游重大投资项目97个签约，签约总金额超484亿元。会上发布《2024年四川省文化和旅游重点招商项目指南》，聚焦城市漫步、夜间文旅、文博旅游、沉浸式旅游演艺、乡村民宿、康养旅游、生态旅游、冰雪温泉等新业态，推出优质文化和旅游招商项目242个，投资金额2647亿元，涉及33个类别。

9月27日　由文化和旅游部科技教育司指导，四川省文化和旅游厅、雅安市人民政府共同主办的2024四川数字文旅发展大会在雅安市雨城区成功举办。大会创新“一会、一展、一路演、一考察”模式，共同探索四川省数字文旅数字化、智能化、创新化发展的新趋势和新机遇。

9月27日　作为2024四川数字文旅发展大会重要系列活动之一，由文化和旅游部科技教育司指导，四川省文化和旅游厅主办的“文旅数字化新技术新装备展”在雅安举行。

9月27日　“海昏侯——西汉刘贺墓出土文物展”在三星堆博物馆开幕。

9月27日　第三届成渝美食工业博览会在成都世纪城新国际会展中心开幕。

9月28日　成都博物馆三大重磅特展——“目光交织——法兰西艺术院中法院士艺术特展”“大器无量——谢无量的学艺人生”“书怀无量——全国著名书家书谢无量诗书法展”正式向公众开放。

9月29日　由四川省川剧院、四川艺术职业学院、什邡市委和市政府出品，四川省文联主席、四川省川剧院院长、著名川剧表演艺术家陈智林担任艺术总监，雷云、肖德美、刘谊、李乔松、苏明德、张燕等出演的经典川剧《草鞋县令》亮相北京民族文化宫大剧院。

9月29日 以“美好生活·蜀里安逸”为主题的“双智新品 供需适配”对接交流暨第三届中国（四川）国际熊猫消费节在成都启动。

10月1日 《自贡市彩灯文化保护条例》正式施行。

10月7日 四川省文化和旅游厅发布《2024年国庆假期四川省文化和旅游市场情况综述》。据第三方大数据综合测算，全省共接待游客5531.80万人次，实现旅游消费总额348.37亿元，按可比口径计算，同比分别增长11.09%和9.48%。全省纳入统计的890家A级旅游景区，共接待游客3987.31万人次，实现门票收入4.18亿元，同比分别增长21.21%和7.73%。全省图书馆、文化馆、博物馆共接待群众621.65万人次，同比增长12.31%。

10月7日 多家旅游平台发布2024年国庆旅游消费报告，成都位列最热门目的地第二名。

10月8日 以“我把红叶寄给你”为主题的第二十二届四川光雾山国际红叶节开幕。持续开展“金秋十月·醉美巴中”全国摄影大展、“飞越巴山 纵览红川”低空飞行体验、“金秋红叶 璀璨星河”露营季暨红叶星空音乐会、“秋日漫游记”等活动。

10月10日 2024中国（内江）传统书画文化研讨会暨2024中韩日国际书画作品展在内江师范学院举行。

10月11~14日 由省委宣传部等单位指导，四川新华出版发行集团有限公司、四川省出版物发行业协会主办，新华文轩出版传媒股份有限公司承办，中国出版集团作为永久主宾团参展，广东省出版集团作为年度主宾团参展，以“书香润天府 改革谱新篇”为年度主题的2024天府书展在成都世纪城新国际会展中心举办。书展主展场新增1万平方米的3号馆作为全国出版物馆配馆建交易会会场，有500家全国各地出版单位、600家全国馆配商及图书馆参展，参展品种10万种以上。书展首次邀请国际书店入驻，精选1400余种、近4000册外文原版图书，联合国内外众多出版单位打造特色展区，展出包括儿童科普读物、国外经典文学、原版漫画等热销读物。同时，书展邀请了百余名知名作家、文化名人、艺术家参加，举办千余场文化活

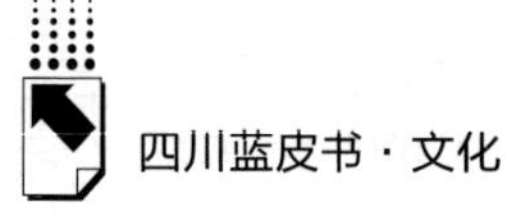

动，其中主展场活动达140余场。

10月12日 四川省世界文化遗产工作会议在成都举行，四川11处文化遗产冲击《中国世界文化遗产预备名单》。

10月16日 省文化和旅游厅举办“入境游激励政策宣讲会”，就省政府办公厅9月印发《关于推动经济持续回升向好的若干政策措施》（川办规〔2024〕3号）中“实施旅行社入境游激励措施”进行宣讲。

10月17~18日 第五届世界柠檬产业发展大会在资阳市安岳县举行。

10月18日 由中国作家协会指导、成都市人民政府主办的首届天问华语科幻文学大赛成果发布会在成都科幻馆雨果厅举行，10项天问大奖揭晓。

10月18日 “刺激之夜”2024《和平精英》年度潮流大秀在成都东安湖体育公园举办。

10月18日 2024年四川省生态旅游活动暨黑水县第十二届冰川彩林生态文化旅游季在黑水县开幕。

10月21~26日 中国驻伦敦旅游办事处、四川省文化和旅游厅共同开展英国旅行商考察团来川采风踏线活动。

10月22~24日 文化和旅游厅在成都市黄龙溪镇组织开展2024年全省乡村旅游带头人培训班。

10月25日 四川省文化和旅游厅深化文化体制机制改革领导小组办公室在成都召开会议，研究推进年度改革工作。

10月27日 2024年四川非遗保护传承优秀案例推选启动。

10月27日 2024年世界职业院校技能大赛总决赛中职·戏曲表演赛项争夺赛在四川艺术职业学院启动。

10月28日 由文化和旅游部、中国文联和四川省人民政府主办，四川省文化和旅游厅、四川省文联、达州市人民政府承办的第九届全国新农村文化艺术展演在达州市举行。展演以“乡村大舞台、幸福新农村”为主题，采取线下展演与线上直播相结合的方式开展，聚焦贯彻落实习近平文化思想和党的二十届三中全会精神，围绕推动农文旅深度融合发展和乡村全面振兴的时代主题，通过展演活动，大力赞颂农业新发展、全面展示农村新变化、热情讴歌农民新生活，唱响乡村振兴曲，共筑美好未来。

10 月 29 日至 11 月 1 日　由文化和旅游部产业发展司主办，四川省文化和旅游厅、成都市文化广电旅游局支持，成都市对外文化交流中心承办的文化和旅游产业投融资培训班在成都举办。

10 月 29 日至 11 月 1 日　由浙江省驻川工作组、四川省文化和旅游厅主办的乡村旅游培训（第一期）暨浙川协作文旅项目推介会在浙江省杭州市举办。

10 月 30 日　四川省旅游学会天文旅游研究专委会成立仪式在成都举行，现场首次发布了三大四川天文旅游线路产品，开启“文旅+天文”产业融合新模式。

10 月 30 日　国务院台湾事务办公室举行例行新闻发布会，四川有 12 个 5A 级景区、101 个 4A 级景区免除台湾“首来族”门票。

10 月 31 日　2024 年眉山市“东坡文化月”在眉山市会议中心启动。

11 月 1 日　四川省文化和旅游厅召开 2025 年全省研学旅游推进系列活动交流会。

11 月 1 日　四川省第七届青年川剧演员比赛（决赛）在德阳市演艺中心开幕。

11 月 2 日　“家 国 情”三苏诗词音乐会在四川师范大学龙湖剧场成功首演。

11 月 3 日　“安逸四川 劲舞暖冬”四川省第二届街舞大赛在双流体育中心开幕。

11 月 4~8 日　学经验补短板强创新 推动乡村旅游蓬勃发展——四川省文化和旅游厅 2024 年 39 个欠发达县域乡村旅游培训班（第二期）在浙江省杭州市顺利举办。

11 月 7 日　四川省文化和旅游厅召开金融赋能文旅产业发展座谈会。

11 月 8 日　由四川省文化和旅游厅、德阳市人民政府共同主办，以“创意传承 · 创美生活”为主题的第四届四川省文创大会在德阳文庙顺利举办。文创大会配套开展“1+1+N”系列活动，即举办 1 个文创大会、1 个四川文创转化推广活动，以及第五届天府文创大赛暨红色文创大赛成果展示、文创发展分享会、德阳市群众文化活动等 N 个系列配套活动。大会发布了四川省文化和旅游创意产业联盟 2023~2024 年度十大最具影响力活动、四川省 2023~2024 年度十大动漫 IP、四川省 2023~2024 年度十大熊猫文创、堆堆堆全新 VI 设计及系列产品、“中国诗词大会×川工蜀艺”IP 联名合作与衍生品开发项目共五项标杆成果。240 余家知名文创机构、7000 余件特色文创产品参展。

11 月 8 日 2024 第六届大凉山戏剧节在凉山州西昌市启幕。戏剧节汇聚来自法国、德国、日本、巴西、伊拉克等 11 个国家 100 部戏剧的精彩展演，同时开展国际戏剧对话、国际戏剧大师课、有戏展演季与剧聊、戏剧工作坊、自然戏剧实验营、戏剧特种兵计划、戏剧即生活短视频行动、戏游记八大主题活动。

11 月 9 日 由中央广播电视总台农业农村节目中心、文化和旅游部全国公共文化发展中心、四川省文化和旅游厅、广安市人民政府联合主办的“安逸走四川·广安‘柚’相见”——全国“和美乡村”文化旅游推介活动，在四川省广安市广安区协兴镇牌坊村启幕。

11 月 9 日 四川省曲艺研究院打造的曲艺剧《万里归来仍少年》在四川省文化艺术中心首演。该剧带领观众跨越近千年时空，感受舞台上的“三苏”家风魅力。

11 月 10 日 由四川省文化和旅游厅、中国国家画院主办，四川省诗书画院承办的“庆祝中华人民共和国成立 75 周年——四川省诗书画院建院 40 周年成果展”在四川中国书画美术馆开幕。

11 月 11 日 2024 四川省“天府百姓大舞台”成都眉山资阳片区汇演活动在邛崃市平乐古镇平沙落雁广场隆重举行。

11 月 12 日 下午 4 点 30 分，李子柒携最新“漆器”非遗作品全网发布，正式回归大众视野。不到 20 分钟，“李子柒回归”话题冲上微博热搜第一。截至北京时间 11 月 13 日 6 时，在微博、哔哩哔哩、抖音、微信视频号和小红书等平台，李子柒当天两条新发布视频的累计播放量超 2.6 亿次，点赞量超1170万次。在海外平台，李子柒视频展现的中国传统文化之美也引发关注热潮，首支“漆器”视频发布后10分钟，海外评论迅速突破5000条。当晚9时，李子柒的YouTube粉丝订阅量突破2000万。

11月12日 由省文化和旅游厅、省委网信办主办的2024年四川省乡村旅游网络达人大赛决赛暨颁奖典礼在成都温江举行。

11月12日 由四川省人民政府主办，省林草局、文化和旅游厅、省政府参事室、成都市公园城市建设管理局共同承办的“四川国际友城合作与发展大会守护熊猫家园：生物多样性保护与公园城市建设交流会”在成都举行。

11月12~22日 由成都市文化广电旅游局承办，成都市川剧研究院执行的第九届中国校园戏剧节在成都举行。

11月13日 川渝共建新时代文化高地暨巴蜀文化旅游走廊推进会在成都举行，会上发布了巴蜀文化旅游走廊建设成果。

11月13日 2024“焕新非遗·天府之夜”在成都举行，首届“天府非遗周”活动同步拉开帷幕。本届活动以“非遗之蕴 文化之魂”“薪火相传 历久弥新”“时代焕新 潮向未来”三个篇章，聚焦“多彩非遗、共生共享”主题，以非遗价值弘扬为主线，盘点四川非遗年度重大事件，展示非遗保护传承生动实践，赋能高质量公共文化服务和文旅消费新场景打造，引领驱动非遗创新融合发展。

11月15日 联合国旅游组织执行委员会第122次会议在哥伦比亚卡塔赫纳举行，会上公布了2024年“最佳旅游乡村”名单。我国共有7个乡村入选，理县桃坪村成为四川省首个入选的乡村旅游村。

11月16日 由四川省文化和旅游厅主办的“百场百戏”川剧展演活动在简阳市人民公园拉开帷幕。

11月17~23日 2024大蜀道文化旅游活动周在广元市剑阁县举行。

11月20~30日 2024第二届大凉山西昌民族电影周在凉山州西昌市举行。

11月21日 浙川政企座谈会暨金融机构与文旅企业恳谈会在广元剑阁举行，以金融赋能文旅进一步深化东西部协作，搭建交流对接平台，推动浙江四川两省文化产业发展合作迈步新篇章。

11月22~24日 2024中国国际旅游交易会在上海举行，四川省文化和旅游厅携手成都、自贡、攀枝花等20个市州（区县）文旅部门，以及四川旅投、京东方、西柚熊猫、央宇宙、省内入境游旅行商等文旅企业组团亮相，带来四川丰富文旅资源、冬季特色玩法及优惠政策。四川展馆以“一眼四川 半个中国”为主题精彩亮相，吸引众多境内外旅行商和游客的目光，并荣获2024中国国际旅游交易会“最佳展台奖”“最佳组织奖”两项大奖。

11月25日 由四川省文化和旅游厅主办的“安逸四川·遇见诗画浙江”文化和旅游宣传推广活动在杭州西湖之畔举行，四川多地景区推出浙江游客专属免费游。

11月26日 由四川省文化和旅游厅主办、浙江省文化广电和旅游厅支持的2024年四川省文化和旅游重点招商项目发布会在杭州举行，推出文化和旅游招商项目242个。

11月26日 以“人与自然和谐共生”为主题的2024全球熊猫伙伴大会在成都开幕。

11月28日 “2024四川省入境游精品线路”推介活动在成都举行。会上，四川省文化和旅游厅携手21个市州文旅部门，推出“2024四川入境游十条精品线路”，宣讲入境旅游激励政策，进一步助力入境游高质量发展。

11月29日 2024年四川省文化和旅游标准化工作交流会议在成都召开。

11月30日 由文化和旅游部产业发展司指导的“多彩中国 佳节好物”文化和旅游贸易促进活动（音乐之旅专题）在四川省成都市彭州市白鹿音乐小镇举办。

12月2日 由四川省文化和旅游厅、攀枝花市人民政府共同主办的2024年“安逸四川·盐边之冬”文化和旅游宣传推广活动在攀枝花市盐边县举行。

12月2日 第六届涪江文化艺术节在遂宁开幕。

12 月 4 日 “春节——中国人庆祝传统新年的社会实践”在巴拉圭亚松森举行的联合国教科文组织保护非物质文化遗产政府间委员会第 19 届常会上通过评审，列入联合国教科文组织人类非物质文化遗产代表作名录。四川省自贡灯会、绵竹年画、夹江年画等国家级非物质文化遗产代表性项目以及阆中春节文化相关内容参与申报。

12 月 5 日 2024 天府文化产业高质量发展研讨会暨四川文化产业发展联盟年会在成都举行。年会聚焦“科技赋能文化，技术催生未来”主题，深入探讨科技赋能文化新质生产力、催生文化新业态的新应用与新实践，助力文化强省建设。

12 月 6 日 由成都市文化产业发展促进中心主办的 2024 成都市文创业（数字文创）招商引智（北京）推介会在京举办。8 个优质文创项目成功签约并落地成都，覆盖了文创 IP 孵化、影视拍摄、科创服务等多个热门领域。同时京蓉文创产业联盟也在推介会上宣告成立，两地文创合作掀开新的一页。

12 月 7 日 2024 四川省冬季旅游启动仪式在九寨沟举行。四川非遗宣传推广大使李子柒等联合推介冬游四川的丰富玩法和特色路线。四川将继续聚焦“赏蜀山冰雪 · 享攀西暖阳”主题，从 2024 年 12 月到 2025 年 3 月重磅推出“冬游四川”消费季系列活动，开展 5000 场文旅活动，发放 1.5 亿元文旅大礼包，推出重点滑雪场、特色温泉、重点旅游度假区等 7 类优质冬季旅游产品。仪式上，35 家媒体和平台共同签约成立四川文化旅游宣传推广联盟，发布了《四川文化旅游宣传推广联盟公约》。

12 月 7~8 日 由中国驻东京旅游办事处、四川省文化和旅游厅共同组织，雅安市文化广播电视体育和旅游局、四川航空支持的“大熊猫‘香香’家族再会之旅”粉丝团到雅安碧峰峡熊猫基地采风。

12 月 10 日 省文化和旅游厅召开巩固拓展脱贫攻坚成果与全面推进乡村振兴推进工作组第一次会议，会议深入贯彻习近平总书记关于“三农”工作的重要论述，传达学习全省 39 个欠发达县域托底性帮扶工作专题会议精神，听取推进工作组部分成员单位工作汇报，安排部署近期重点工作。

12 月 10 日　2024 年凉山州文创大会暨“文创凉山·盟聚华章”凉山州文创联盟成立大会举行。

12 月 10~11 日　四川省文化和旅游厅召开文化和旅游规划工作暨天府旅游名县提升建设培训会。

12 月 11 日　首届“东坡曰”文化思享会在眉山三苏祠博物馆举行。

12 月 11~13 日　2024 年四川省文化和旅游产业融合发展专题培训班在绵阳举行。培训梳理回顾了 2024 年全省文旅产业发展情况，并就 2025 年全省文旅产业发展重点进行谋划。

12 月 12 日　“蓉汇产业·旅创未来”成都市文旅产业园区供需对接会在天府国际动漫城召开。此次对接会释放了 100 个合作机会，资金规模 1119 亿元；签约 12 个重大项目，总投资 97 亿元；银行授信 5 家文旅企业，总金额超 20 亿元。

12 月 13 日　第三届大蜀道文化旅游发展联盟理事会会议在德阳市罗江区召开。成都市、泸州市、德阳市等 8 个市州及 32 个县（市、区）大蜀道联盟成员代表齐聚罗江，共商大蜀道文化旅游发展大计，共谋蜀道文化遗产活化利用。

12 月 13~17 日　为纪念三星堆发掘九十周年，由四川大学主办，四川省文物考古研究院、三星堆博物馆协办的“欧亚大陆青铜时代中的三星堆：九十年后的国际省思”国际学术研讨会在成都举行，会上发布了新书《三星堆考古九十年》。

12 月 16 日　古蜀文明保护传承二期工程在德阳广汉启动，三星堆—金沙遗址未来三年的考古发掘有了新规划。

12 月 20 日　由四川省文化和旅游厅、中共四川省委金融委员会办公室、人民银行四川省分行、雅安市人民政府联合主办的四川省 39 个欠发达县域文旅项目专题招商推介会暨金融服务文旅企业恳谈对接会在雅安召开。

12 月 28 日　文化和旅游部网站通告，经文化和旅游部按程序组织综合评定，国家 5A 级旅游景区新添 19 个，成都天台山景区上榜。

12 月 28 日　由四川省文化和旅游厅主办、四川省文化馆承办的 2024

年四川省“天府百姓大舞台”省级展演活动在四川群星大剧院举行。

12 月 30 日　由文化和旅游部公共服务司主办，四川省文化和旅游厅、中国文化馆协会、攀枝花市人民政府承办的 2024 年全国“四季村晚”冬季主场活动在四川省攀枝花市米易县草场镇龙华村枇杷生态园上演。

12 月 30~31 日　四川彝绣产业推介会在凉山州西昌市举行。

皮书

智库成果出版与传播平台

✤ 皮书定义 ✤

皮书是对中国与世界发展状况和热点问题进行年度监测，以专业的角度、专家的视野和实证研究方法，针对某一领域或区域现状与发展态势展开分析和预测，具备前沿性、原创性、实证性、连续性、时效性等特点的公开出版物，由一系列权威研究报告组成。

✤ 皮书作者 ✤

皮书系列报告作者以国内外一流研究机构、知名高校等重点智库的研究人员为主，多为相关领域一流专家学者，他们的观点代表了当下学界对中国与世界的现实和未来最高水平的解读与分析。

✤ 皮书荣誉 ✤

皮书作为中国社会科学院基础理论研究与应用对策研究融合发展的代表性成果，不仅是哲学社会科学工作者服务中国特色社会主义现代化建设的重要成果，更是助力中国特色新型智库建设、构建中国特色哲学社会科学“三大体系”的重要平台。皮书系列先后被列入“十二五”“十三五”“ 十四五”时期国家重点出版物出版专项规划项目；自 2013 年起，重点皮书被列入中国社会科学院国家哲学社会科学创新工程项目。

S 基本子库
UB DATABASE

中国社会发展数据库（下设 12 个专题子库）

紧扣人口、政治、外交、法律、教育、医疗卫生、资源环境等 12 个社会发展领域的前沿和热点，全面整合专业著作、智库报告、学术资讯、调研数据等类型资源，帮助用户追踪中国社会发展动态、研究社会发展战略与政策、了解社会热点问题、分析社会发展趋势。

中国经济发展数据库（下设 12 专题子库）

内容涵盖宏观经济、产业经济、工业经济、农业经济、财政金融、房地产经济、城市经济、商业贸易等12个重点经济领域，为把握经济运行态势、洞察经济发展规律、研判经济发展趋势、进行经济调控决策提供参考和依据。

中国行业发展数据库（下设 17 个专题子库）

以中国国民经济行业分类为依据，覆盖金融业、旅游业、交通运输业、能源矿产业、制造业等 100 多个行业，跟踪分析国民经济相关行业市场运行状况和政策导向，汇集行业发展前沿资讯，为投资、从业及各种经济决策提供理论支撑和实践指导。

中国区域发展数据库（下设 4 个专题子库）

对中国特定区域内的经济、社会、文化等领域现状与发展情况进行深度分析和预测，涉及省级行政区、城市群、城市、农村等不同维度，研究层级至县及县以下行政区，为学者研究地方经济社会宏观态势、经验模式、发展案例提供支撑，为地方政府决策提供参考。

中国文化传媒数据库（下设 18 个专题子库）

内容覆盖文化产业、新闻传播、电影娱乐、文学艺术、群众文化、图书情报等 18 个重点研究领域，聚焦文化传媒领域发展前沿、热点话题、行业实践，服务用户的教学科研、文化投资、企业规划等需要。

世界经济与国际关系数据库（下设 6 个专题子库）

整合世界经济、国际政治、世界文化与科技、全球性问题、国际组织与国际法、区域研究 6 大领域研究成果，对世界经济形势、国际形势进行连续性深度分析，对年度热点问题进行专题解读，为研判全球发展趋势提供事实和数据支持。

法律声明